21세기 신약성서 신학

모든 인간은 하나님의 형상을 닮은 존엄한 존재입니다. 전 세계의 모든 사람들은 인종, 민족, 피부색, 문화, 언어에 관계없이 존귀합니다. 예영커뮤니케이션은 이러한 정신에 근거해 모든 인간이 존귀한 삶을 사는 데 필요한 지식과 문화를 예수 그리스도의 사랑으로 보급함으로써 우리가 속한 사회에 기여하고자 합니다.

한국신학총서⑧
21세기 신약성서 신학

지은이 · 김창선
초판 1쇄 찍은날 · 2004년 3월 15일
초판 1쇄 펴낸날 · 2004년 3월 20일
펴낸이 · 김승태
출판본부장 · 김춘태
편　집 · 박경미
등록번호 · 제2-1349호(1992. 3. 31)
펴낸곳 · 예영커뮤니케이션
　　　　110-616 서울 광화문우체국 사서함 1661
　　　　출판유통사업부 T. (02)766-7912　F. (02)766-8934　E-mail: jeyoungsales@chollian.net
　　　　출판사업부 T. (02)766-8931　F. (02)766-8934　E-mail: jeyoungedit@chollian.net
　　　　홈페이지 www.jeyoung.com

ISBN 89-8350-313-0　03230

copyright ⓒ 2004, 김창선

값 15,000원

■ 잘못 만들어진 책은 교환해 드립니다.

21세기 신약성서 신학

김창선 지음

예영커뮤니케이션

머리말

　신학을 공부한 지 어느새 20여 년의 세월이 흘러 21세기의 문턱에 들어섰다. 옆길을 기웃거리지 않고 오직 한 길만 달려올 수 있도록 인도해 주신 분께 감사드린다. 이 기간 중 '신약성서'와 '교회'는 저자의 머릿속에 항시 간직하고 있는 주제였다. '하나님의 말씀'으로 고백하는 신약성서는 성서학자로서 저자가 수행하는 연구의 중심 대상이고, 교회에 대한 관심은 이러한 연구에 추진력을 부여하는 내적 동인이다. 독일의 오랜 유학 생활(1982~1998)에서 돌아와 '교회의 책'인 신약성서와 이를 학문적으로 연구하는 신약성서학에 관해 그간 발표했던 글과 미발표 글을 한 권의 책으로 엮어 보았다. 본래 개별적으로 집필된 각각의 글을 하나로 모았으나 다행히 어느 정도 통일된 모습도 보이는 것 같다. 부족한 글을 세상에 내어 놓자니 부끄러운 마음이 앞선다. 그러나 진리를 탐구하는 학문의 길에는 완성이란 것은 있을 수 없고, 모든 연구는 예외 없이 한 단편에 불과할 뿐이라는 사실에서 위안을 얻는다.

　이 책은 신약성서학의 핵심에 속하는 여러 '고전적인(classical)' 주제를 다루고 있다. 이들 고전적인 주제는 20세기로 끝나지 않고 새로 돋튼 21세기에도 여전히 신약성서학의 중심 주제로 남을 것이다. 제1부의 첫번째 글은 21세기 성서학의 새로운 화두로 등장한 '신구약 전체 성서신학(Gesamtbiblische Theologie)'을 지향하며, 성서학의 정체성을 새롭게 묻는 "성경신학이란 무엇인가?"를 다루고 있다. 이와 관련하여 성서학의 실제적인 태동과 독립을 선언하는 가블러(Johann Philipp Gabler)의 기념비적인 강연(1787년)을 우리말로 완역하여 덧붙였다. 이어서 교회에 관한 모든 토론의 전제가 되는 신약성서에 나타나는 다양한 교회론을 "신약성서의 교회에서 취급하였다. 또한 "예수를 따를 것인가 신약성서를 따를 것인가?"라는 제목의 글을 통하여 지난 세기의 신약학 연구에서 불거진 핵심 쟁점을 이해하기 쉽게 설명하고자 하였다. 그 밖에 신약성서학 연구의 토대가 되는 "그리스어 신약성서 본문 비평본의 역사"에 대하여 개관하는 가운데, 20세기 말에 그 모습을 드러내기 시작하여 21세기에나 완성될 독일 뮌스터대학의 신약성서본문연구소에서 편찬 중에 있는 『그리스어 신약성서 대비평본』까지의 연구사를 다루었다.

제2부는 역사적 예수 연구사 및 예수의 죽음에 대한 구원론적 해석의 문제에 이어서, 바울신학의 중심이라 말할 수 있는 "바울의 십자가 신학"과 더불어 로마서 해석의 중심 주제로 다시 부상하고 있는 "로마서 9-11장과 이스라엘 문제"를 다루었다. 그리고 제3부는 복음서의 핵심 신학을 주제별로 나열하였으며, 마지막 제4부는 최근 중요 연구 분야로 각광을 받고 있는 쿰란 문서를 신약학과 관련시켜 소개하고 있다.

이 책에서 다루고 있는 내용이 성서학의 핵심 주제를 모두 망라한 것은 물론 아니나, 성서학계의 '대부'로 불리는 독일 신학계가 고전적인 주제로 다뤄 온 주제임에는 틀림이 없다. 신학이 발전하기 위해서는 지나온 연구사에 대한 이해가 불가피한데, 우리 성서학계는 이러한 연구사에 대한 관심이 비교적 부족하다는 생각이 든다. 이러한 부족을 일부나마 채우는데 본서가 기여하기를 바란다. 이 책은 일차적으로 신학생을 위하여 집필한 것이나, 목회자를 포함하여 신학에 관심을 갖고 있는 사람은 누구나 읽을 수 있다. 여기에 소개되는 내용을 통해 신약성서학의 중요성과 필요성을 느껴 신약성서학 연구에 관심을 갖게 된다면 이 책은 소임을 다한 것이라 생각한다. 한 걸음 더 나아가 성서학이 그 자체만을 위해 존재하는 것이 아니고 학문적 연구를 통해 한국 교회의 '말씀' 이해의 깊이가 더해질 수 있다면 더 이상 바랄 것이 없다. 끝으로 이 책이 빛을 볼 수 있도록 연구의 장을 마련해 준 장로회신학대학교와 예쁜 책으로 정성들여 출판해 준 예영커뮤니케이션에 감사드린다.

2004년 1월, 광나루 선지동산에서
김 창 선

차 례

머리말

제1부 '성경신학'과 교회

제1장 '성경신학(Biblische Theologie)'이란 무엇인가?   13

I. 들어가면서   13
II. 성경신학의 태동과 발전   16
  1. 성경신학이 태동하기 이전 시대 · 16
  2. 성경신학의 홀로서기 · 17
  3. 가블러와 바우어가 남긴 공헌과 오늘 우리의 상황 · 23
  4. 성경신학을 향한 현대적 노력 · 25
  5. 다양한 성경신학적 모델 · 29
  6. 성경신학을 지향하는 최근의 시도 · 33
III. 결론   41
부록 성경신학과 교의신학을 올바르게 구분함과 이들 양자의 목적을 바르게 규정함에 대하여(J. Ph. Gabler) · 43

제2장 신약성서의 교회   60

I. 들어가면서   60
II. 나사렛 예수와 교회의 관계   62
  1. 나사렛 예수와 '암시된 교회론' · 62
  2. 예루살렘의 12제자 · 64
III. 신약성서의 교회 이해   65
  1. 바울의 교회론 · 66
  2. 마가복음의 교회론 · 72
  3. 마태복음의 교회론 · 73
  4. 누가의 교회론 · 75
  5. 요한의 교회론 · 78
  6. 제2 바울 서신의 교회론 · 82
  7. 히브리서의 교회론 · 89
  8. 베드로전서의 교회론 · 91
  9. 요한계시록의 교회론 · 94
IV. 나가면서   95

제3장 예수를 따를 것인가 신약성서를 따를 것인가?   99

1. 들어가면서 · 99
2. 교계와 신학계 사이에 벌어진 괴리 · 100
3. 무엇이 문제인가 · 102
4. 19세기 말에 확립된 문헌 비평 · 105
5. 제1차 세계 대전 직후 탄생한 양식 비평 · 107
6. 양식 비평으로 초래된 문제점 · 110
7. 양식 비평에 대한 강력한 도전 · 112
8. 양식 비평이 초래한 회의적인 결과 · 113
9. 불트만에 대한 비판 · 117
10. 역사적 예수 연구의 중요성 · 119
11. 나가면서 · 126

제4장 그리스어 신약성서 본문 비평본의 역사 129

I. 들어가면서 129
II. 그리스어 신약성서 출판의 역사 131
  1. 제1 단계(비평본을 위한 준비 시대) · 131
  2. 제2 단계(이독의 수집 및 초기 비평 단계) · 135
  3. 제3 단계(본격적인 비평본 시대) · 140
III. 나가면서 150

제2부 예수와 바울

제5장 '역사적 예수 연구'의 발전사와 최근 경향 155

I. 들어가면서 155
II. 문제의 중요성 156
III. '역사적 예수' 연구사 개관 159
  1. 제1 단계 · 159
  2. 제2 단계 · 163
  3. 제3 단계 · 164
  4. 제4 단계 · 167
  5. 제5 단계 · 168
IV. 최근의 연구 경향과 이에 대한 평가 170
  1. 샌더스(Ed Parish Sanders) · 171
  2. 크로산(John Dominic Crossan) · 173
  3. 보그(Marcus J. Borg) · 175
  4. 버미스(Geza Vermes) · 177
  5. '예수 세미나(The Jesus Seminar)' · 179
V. 역사적 예수 – 교회를 향한 도전? 182
VI. 나가면서 184

제6장 예수의 죽음에 대한 구원론적 해석의 기원 187

I. 문제 제기 187
II. 신약성서의 가장 이른 전승에 속하는 구원론적 해석 188
  1. 바울 이전에 형성된 양식 전승 · 189
  2. 공관복음서 이전에 형성된 성만찬 전승 · 191
III. 구원론적 해석의 기원에 대한 다양한 입장과 이에 대한 평가 191
  1. 예수+이사야 53장 · 191
  2. 예수+이사야 43장 3절 이하 · 197
  3. 헬라 · 기독교적 구원론에서 유래한 헬라 · 기독교 공동체의 작품 · 200
  4. 팔레스타인 유대교에서 유래한 순교자 죽음에 대한 표상 · 202
  5. 헬라 신비교의 영향을 받은 헬라 · 유대 원시 기독교 · 204
IV. 결론–남은 문제와 문제 해결을 향한 새로운 접근 가능성 207

제7장 바울의 십자가 신학 210

I. 들어가면서 210
II. 십자가 신학의 뿌리 213
III. 십자가 신학(theologia crucis) – 바울 신학의 중심 217
  1. 십자가의 복음 · 217
  2. 하나님의 지혜로서의 십자가 · 219
  3. 율법과 대립된 십자가 · 224
  4. 새로운 실존의 근거로서의 십자가 · 229
IV. 십자가 신학이 담고 있는 교회론적 함의 230
V. 나가면서 233

제8장 로마서 9–11장과 '이스라엘 문제' 236

I. 들어가면서 236
II. 무엇이 문제인가 236

1. 로마서 9-11장은 로마서의 중심인가 · 238
2. 로마서 9-11장과 데살로니가전서 2장 14-16절 사이에 나타나는 차이 · 241
3. 로마서 9-11장은 바울의 개인적인 상황과 관련이 있는가 · 242
4. 이스라엘과 교회의 관계와 관련하여 · 246

III. 로마서 9-11장: 유대적 이의 제기와 바울의 항변   250
  1. 본문 이해 · 251
  2. 하나님의 '비밀'과 이에 대한 성서적 증거 · 255

IV. 나가면서   261

제9장 바울의 축도   264

1. 들어가는 말 · 264
2. 축도가 사용된 문맥 이해 · 265
3. 축도문의 구성과 이해 · 266
4. 바울 신학의 핵심으로서의 축도 · 269
5. 쿰란·에센파적 축도에 비추어 본 바울의 축도 · 270
6. 결론 · 271

제3부 복음서 신학

제10장 마가복음과 메시아 비밀   275

I. 서론   275
II. '빌리암 브레데'의 입장   278
III. 메시아 비밀에 대한 연구사 개관   279
  1. 역사적 해석 · 279
  2. 편집 비평적 해석 · 280
  3. 마가 공동체와 직결된 해석 · 282
  4. 단편 주제로 본 해석 · 284

IV. 본문 분석   284
  1. 병 고침과 관련된 침묵 명령 · 285
  2. 귀신들에 대한 침묵 명령 · 286
  3. 제자들에 대한 침묵 명령 · 288
  4. 제자들의 몰이해 · 289
  5. 비유론(Parabeltheorie) · 291

V. 결론   292

제11장 마태의 율법 이해   296

1. 들어가면서 · 296
2. 마태복음에 사용된 $νόμος$ 이해 · 298
3. 마태의 율법 이해를 둘러싼 다양한 입장 · 299
4. 마태복음 5장 17-20절의 문맥 내의 위치 · 303
5. 본문 분석 · 305
6. 나가면서 · 310

제12장 누가의 성령 이해   312

I. 들어가면서   312
II. 누가의 작품에 나타난 성령의 중요성   314
III. 누가의 성령 이해   316
  1. 성령과 예수 · 316
  2. 성령과 교회 · 318
  3. 성령과 구원사 · 321
  4. 성령과 기적 · 323

IV. 나가면서   325

제13장 누가의 구원사   327

1. 서론 · 327
2. H. 콘첼만의 입장 요약 · 330
3. 본문 분석 · 332
4. 예수의 승천 · 339
5. 누가의 구원사 · 340
6. 결론 · 343

제14장 요한복음의 파송 기독론　345

I. 들어가면서　345
II. 요한복음에 나타난 파송 기독론　346
　1. 파송 기독론 · 346
　2. 파송 기독론의 유래 · 350
　3. 바울 이전의 '파송 양식문' · 353
　4. 파송 기독론의 의미 · 355
III. 나가면서　359

제15장 '신령과 진정으로' 드리는
　　　예배?　361

I. 들어가면서　361
II. 내적인 혹은 영적인 하나님 섬김?　362
III. 요한의 사고에 따른 이해　366
　1. 요한복음 4장 24절의 문맥 이해 · 366
　2. 요한이 의미하는 '영'과 '진리' · 368
　3. 참된 예배란 · 372
V. 나가면서　375

제4부 신약학과 쿰란 문서

제16장 신약학을 위한 쿰란 연구의
　　　중요성　379

I. 들어가면서　379
II. 쿰란 문서의 중요성　380
　1. 구약성서 사본학 연구에 결정적인 역할
　　을 한다 · 380
　2. 쿰란 문서는 예수 운동 및 신약성서의
　　유대적 배경을 이해하기 위한 가장 중
　　요한 1차 자료이다 · 382
III. 쿰란 연구와 관련된 만연된 오해　383
　1. 에센파 · 383

　2. 에센파(위상과 관련하여) · 384
　3. 에센파(거주 지역과 관련하여) · 386
　4. 쿰란에서 마가복음의 단편이 발견되었
　　는가? · 389
IV. 신약학과 관련된 주요 쿰란 주제　390
　1. 세례 요한과 쿰란과의 관계 · 390
　2. 예수와 쿰란과의 관계 · 393
　3. 종말론적인 신앙 공동체 · 394
　4. 종말론적 성서 해석 · 395
　5. 성령론 · 397
　6. 메시아론 · 397
　7. 요한복음과 쿰란 비교 · 400
　8. 바울과 쿰란 비교 · 401
　9. 에베소서와 쿰란 비교 · 403
　10. 마태복음과 쿰란 비교 · 404
V. 나가면서　404

제17장 쿰란 공동체와 예수　407

I. 들어가면서　407
II. 에센파 및 쿰란 거주지에 대한 개론적
　　이해　411
III. 쿰란 문서는 예수 시대 유대 종파가 남긴
　　거의 유일무이한 1차 자료이다　416
IV. 예수와 쿰란 공동체는 어떤 관계에
　　있는가?　417
　1. 예수는 쿰란 · 에센파의 일원이 아니었다
　　· 417
　2. 쿰란 공동체와 예수는 다 같이 종말론
　　적인 문맥에서 사고했다 · 419
　3. 예수와 의의 교사의 가르침에 놓인
　　유사점 · 425
　4. 하나님나라에 대한 예수 선포의
　　독특성 · 429
V. 나가면서　430

제 1 부
'성경신학' 과 교회

제 1 장

'성경신학(Biblische Theologie)'
이란 무엇인가?

I. 들어가면서

　우리 교계는 성서에 남다른 애착을 갖고 있다. 이러한 애착은 주일 아침 고급스런 가죽 장정의 성서를 손에 들고 발걸음을 교회로 재촉하는 뭇 교인들의 모습에서 엿볼 수 있으며, 또한 개 교회마다 여러 종류의 성서 공부반을 개설하고 있는 데서 잘 드러난다. 뿐만 아니라 수많은 신학교의 설립에서 마찬가지로 성서에 대해 알고자 하는 뜨거운 관심도 읽을 수 있다. 심지어 숱한 교단의 분열 역시 성서 해석과도 무관하지 않다. 또한 요즈음 교계는 성서 말씀 자체를 강조하는 이른바 '강해 설교'에 관심이 많다. 이 모든 것을 볼 때, 한마디로 한국 교계는 성서에 대한 관심이 뜨겁다고 말할 수 있다. 이에 걸맞게 성서학에 대한 글들이 쏟아져 나오는 가운데 성서학의 중요성을 잘 인식하고 있는 것처럼 보인다.

그럼에도 불구하고 '성서신학 혹은 성경신학이란 무엇인가?'에 대한 본질적인 질문은 소홀히 다루지 않았나 생각된다. 이러한 태도의 이면에는, 성서학을 엄격한 학문성을 갖춘 전문분야로 생각하기보다는, 성서에 담겨 있는 여러 내용을 단순히 기계적으로 반복함으로써 이해했다고 안주하는 자세, 다시 말해 학문이라고 부르기에는 부족한 무비판적이며 자기도취적인 해석 정도로 이해한 것은 아닌가 하는 우려를 해 본다.

우리는 흔히 성서를 하나님의 말씀으로 고백한다. 이 말을 비기독교인을 염두에 둔 단순히 자기방어적인 수사적 진술로 여기지 않고 진정으로 우리의 심정 깊이 받아들이는 한, 우리는 성서의 가치를 그 무엇보다도 귀하게 여긴다. 그런데 성서를 '살아 계신 하나님의 말씀'으로 고백하는 것은 그야말로 우리의 신앙고백이다. 문제는 이와 같은 살아 계신 하나님의 말씀으로 고백하는 성서를 도대체 어떻게 '이해할 것인가'에 놓여 있다. 이때 중요한 것은, 나만의 사고와 아집에 찬 이해가 아니라 많은 사람이 공감할 수 있고 학적으로 확인할 수 있는 이해를 찾는 일이다. 신앙은 미신, 맹신 혹은 광신에 빠지지 않기 위해 이성적인 이해를 필요로 한다(fides quaerens intellectum). 이는 특히 우리 교계에 절실히 요청되는 말이라고 생각된다.

그런데 과연 우리 교계는 엄격한 학문으로서의 성서학에 얼마나 관심을 갖고 있는지 우려된다. 성서학은 신학 전체의 토대가 되기 때문에 우리는 이를 진지하게 다루지 않을 수 없다. 성서학이 '복음의 진리'를 바로 해석하여 제시하지 못하고 무기력하게 될 때, 교계 전체의 정신적 침체가 초래되는 것은 너무도 자명하다고 생각된다. 오늘날 여기저기서 거론되고 있는 한국 교계의 부패상은 우리 성서학계의 부족함과 결코 무관하다고 말할 수 없을 것 같다. 성서학은 개 교단적인 구습과 옛 사고에 얽매여 이끌려 갈 것이 아니라, 교단의 좁은 이해관계를 넘어서 전체 교계를 향도해 나갈 수 있는 역량을 갖추어야 할 것이다. 이로써 그 어디에도 얽매이지 않고 오직 진리의 말씀인 성서에 책임을 지는 학적인 성서학에 대한 관심이 더욱 자라날 수 있기를 바랄 뿐이다.

이러한 생각을 하면서 필자는 '성경신학(Biblische Theologie)'[1] 이란 무엇인가 하는 근본적인 문제에 관심을 기울이게 되었다. 이 문제는 사실상 오랜 역사를 갖고 있는 진부한 대상으로 들린다. 그런데 1990년대에 이르러 새로운 시각 하에 특히 독일 신학계의 폭넓은 관심을 받으며 성서학의 한 중심 주제로 급부상한 후, 이 주제는 현재 독일 성서학자들 사이에 뜨거운 논란의 대상이 되고 있다.[2] 이것은 새 천년이 시작된 현재 신학의 모습을 규정짓는 핵심 주제 가운데 하나임에 틀림없다. 그럼에도 불구하고 이러한 새로운 움직임이 우리 신학계에는 별로 소개되지 않았다. 따라서 이 글에서 필자는 성경신학의 탄생과 발전을 우리의 상황에 비추어 간략히 살피고, 아울러 신구약성서의 상호 관계성 규명에 초점을 맞추는 '전체 성경신학(Gesamtbiblische Theologie)' 과 관련된 최근의 연구 성과를 소개 및 검토하는 가운데 '성경신학' 의 중요성을 새삼 강조하고자 한다.

---

1) 'Biblische Theologie' 란 용어는 17세기부터 사용된 것으로 간주된다. Wolfgang Jacob Christmann, *Teutsche Biblische Theologie*(Kempten, 1629); Henricus A Diest, *Theologia biblica*(1643); Sebastian Schmidt, *Collegium Biblicum*(1671). 필자는 'Biblische Theologie' 란 용어의 우리말 번역으로서 오늘날 보편적으로 사용되고 있는 '성서신학' 이라는 표현 대신에 의도적으로 '성경신학' 이라는 표현을 택했다. 근자에 논란이 되고 있는 'Biblische Theologie' 에서 정경의 중요성이 특별히 강조되고 있기 때문이다.
2) 논란이 되고 있는 '성경신학' 에 대해 여러 학자들의 다양한 입장을 담은 유익한 단행본이 출판되었다: Ch. Dohmen, Th. Söding(eds.), *Eine Bibel - zwei Testamente. Positionen Biblischer Theologie*(München; Wien; Zürich: Paderborn, 1995).

II. 성경신학의 태동과 발전

1. 성경신학이 태동하기 이전 시대

신약성서가 생긴 이래 기독교 초창기에서부터 중세 가톨릭 교회의 시대까지 진정한 의미에서의 성경신학은 발전할 수 없었다. 당시 교회의 교리는 성서의 내용과 일치한다고 믿었기 때문이다. 이에 걸맞게 12세기부터 사용되기 시작하였다는 '신학(Theology)'이라는 단어는[3] '성서적(biblical)'이라는 수식어를 필요로 하지 않았다. 교회의 절대적인 영향 아래에 있던 당시 신학은 당연히 성서적인 것으로 통했기 때문이다. 그때까지도 이른바 성서학은 교리학의 보조 학문에 불과하다고 믿었다. 따라서 성서학은 교회가 표방하는 교리적 진술의 정당성을 뒷받침하기 위한 도구 정도로 이해되었을 뿐이다.

이러한 보편화된 생각에 변화가 오기 시작한 것은 성서의 권위만을 인정하여 성서로 되돌아갈 것을 주창한 종교개혁 운동의 영향이었다. 특히 마르틴 루터의 영향 아래에 '오직 성서로만(sola scriptura)'이라는 개신교 원칙이 설정됨으로써, 성서를 교회의 전통적인 해석과 스콜라주의 신학의 구속으로부터 해방시킬 수 있었다. 이 원칙에 따라 성서는 더 이상 교회의 전통적인 해석에 종속되지 않게 되었으며, 성서의 권위가 교회의 권위를 능가하는 것으로 받아들여졌다. 그 결과 성서의 가르침이 단지 교리를 보조하는 역할에서 벗어나게 되었으며, 역으로 교리는 성서로부터 유추되어야 하는 것으로 이해하게 되었다.[4] 칼빈은 『기독교 강요』(Institutio

---

3) Cf. G. Ebeling, "Theologie I. Begriffsgeschichtlich," in: *RGG*³ VI, 1962, pp. 757ff.
4) 이에 대한 좋은 예가 멜랑히톤(Melanchthon)의 저술 *Loci theologici*(1521)이다. 종교개혁 시대의 최초 교리서인 이 작품의 형태와 내용은 바로 로마서에 의존하고 있다.

Christianae Religionis, 1536년)에서 성서 이해가 무엇보다도 우선적이고, 교리는 인식의 원천인 성서로부터 유추되어 나온 것임을 분명히 하였다. 교리에 대한 성서의 우위는 "성서는 오직 스스로 해석한다.(scriptura sui ipsius interpres)"는 유명한 말을 통해서도 잘 드러난다. 성서의 자기 해석의 원칙은 향후 성경신학의 발전에 토대를 이룬다. 그럼에도 불구하고 종교개혁자들의 작품은 성경신학과 교의 체계(Lehrsystem) 사이의 관계에 관한 방법론적인 문제를 안고 있었다. 성경신학(Theologia Biblica)이 교의신학(Theologia Dogmatica)의 지배에서 벗어나 독자적인 관심의 대상이 되기 시작한 것은 합리주의와 진보적 사고의 영향을 받아 미신, 편견, 권위적인 사고에 저항하는 17~18세기 유럽의 정신 운동인 계몽주의의 영향이 컸으며, 그 후 가블러의 시대에 와서 성경신학은 드디어 독립된 학문 분야로서 홀로서기를 시작한다.

2. 성경신학의 홀로서기

1) 요한 필립 가블러(Johann Philipp Gabler)

요한 필립 가블러(1753~1826)는 1787년 3월 30일 알트도르프(Altdorf)대학에서 교수 취임 강연을 하게 되는데, 이 강연은 향후 새로운 연구 방법의 발전에 결정적인 영향을 미치게 된다: "De iusto discrimine theologiae biblicae et dogmaticae regundisque recte utriusque finibus"[= "성경신학과 교의신학의 올바른 구분과, 또한 이 양자의 목적에 관한 바른 정의에 대하여"]. "성서는, 특히 신약성서는 유일하게 빛나는 원자료입니다. 이로부터 기독교의 모든 진실하며 확실한 인식이 샘솟습니다."라고 시작되는 이 강연에서, 가블러는 "독자적이며 변치 않는 기초"로 이해한 성경신학의 역사적인 성격과 "항시 변하게 마련인" 교의신학이 내세우는 지침적이며 교훈적인 성격을 대조시켰다.

"성경신학은 성서 기자들이 신적인 문제에 관하여 생각한 것을(quid scriptores sacri de rebus divinus senserint) 전해 줌으로써 역사적인 성격을(e genere historico) 띠고 있다. 그와 달리 교의신학은 한 특별한 신학자가 자기의 이해 능력, 시점, 시대, 장소, 종파와 학파, 또한 유사한 다른 것들에 따라 이성적으로 신적인 문제에 대하여 성찰하는 것을 가르침으로써 교훈적인 성격을 지닌다."

이와 같이 성경신학과 교의신학을 서로 구분하는 가운데, 가블러는 "교리가 주석에 종속되어야 하지, 역으로 주석이 교리에 종속되어서는 안 된다."[5]는 점을 분명히 하였다. 그는 성경신학을 역사적인 연구 분야로 규정한 가운데 다음의 세 가지 방법론을 중시하였다.[6] 첫째, 신구약성서의 내용적인 통일성을 보증하는 영감을 성경신학적 고려의 대상에 속하지 않는 것으로 간주하였다. 하나님의 영이 결코 사람들의 이해력과 사물에 대한 통찰력을 무력화시킨 것은 아니라고 보았으며, 또한 신적 권위가 아니라 성서 기자들이 무엇을 생각하였는가를 살필 것을 주장하는 가운데, 영감설은 성서적 표상을 교리적으로 사용할 때 비로소 다룰 수 있다는 입장이다. 둘째, 성경신학의 과제를 각 성서 기자의 개념과 생각을 주의 깊게 수집하는 것으로 이해했다. 성서는 한 사람이 아니라 여러 사람의 생각을 담고 있기 때문에, 성서에 나타나는 다양한 진술을 구분해야 할 것을 주장하였다. 문서 비평, 역사 비평, 철학 비평의 도움을 받아 그 과제를 수행할 수 있다고 보았다. 셋째, 역사적인 시대 구분을 중시하는 가운데, 역사 연구로서의 성경신학은 그 정의상 옛 종교와 새 종교의 여러 시대들로 구분된다고 보았다.

---

5) J. G. Eichhorn, *Urgeschichte*, ed. by J. Ph. Gabler, I (1791), p. XV.
6) H.-J. Kraus, *Die Biblische Theologie. Ihre Geschichte und Problematik*(Neukirchen-Vluyn, 1970), pp. 53f.

가블러는 훗날(1802년 이후로부터는 명백히) 성경신학을 두 가지로 구분하였다. 즉, 넓은 의미로 사용된 '진정한 성경신학(wahre biblische Theologie)'과 좁은 의미로 사용된 '순수한 성경신학(reine biblische Theologie)'으로 구분하였다. '진정한 성경신학'이란, 성서 기자가 제시하고자 한 진정한 의미를 역사적으로 서술한 신학을 가리킨다. 이때 '진정한'이란 단어는 성서 기자의 생각을 왜곡시킴이 없이 있는 그대로 제시하는 것을 뜻한다. 다시 말하면, 철저한 본문 해석을 통해 성서 기자가 본래 나타내고자 한 진정한 의미를 제시하는 서술적인 과제를 목적으로 삼고 있다. 이와 달리 '순수한 성경신학'이란 '오늘날 기독교적인 종교의 가르침을 위한 토대가 될 수 있는 것만'을 가리킨다. 여기서 '순수한'이란 단어는 항시 변하기 마련인 시대적 사고와 '혼합되지 않은' 차원을 나타낸다. 철학적인 비판을 통해 순수한 성서적인 기본 사고를 세상적인 사고와 구분하여, 순수한 기독교적인 종교의 가르침(reine christliche Religionslehre)을 제공하는 것을 목적으로 한다. 그리하여 시대를 초월하여 적용 가능한 하나님의 영원한 진리의 말씀을 조직적으로 제시하는 규범적인 과제를 지니게 된다.

가블러는 '진정한 성경신학'을 '역사적인 종교 영역(historisches Religionsgebiet)'에 속하는 것으로서 '본래적인 성경신학(eigentliche biblische Theologie)'으로 이해하였고, '순수한 성경신학'은 '철학적인 종교 영역(philosophisches Religionsgebiet)'에 속하는 것으로 보았다. 그의 궁극적인 관심은 역사적 관심에 따라 수행되는 '진정한 성경신학'을 넘어서 교의신학을 지향하는 '순수한 성경신학'의 확립에 있었다. 그것은 곧 자신이 처한 시대를 위한 기독교적인 가르침의 토대를 구축하는 일이었다. 이 점에서 가블러가 단순히 역사적 사실을 재구성하는 것보다는 성서를 시대적 언어로 설명해야 하는 해석학적 과제를 강조하였다는 사실을 알 수 있다. 이는, 성서 본문을 문헌학적이며 역사적으로 풀이하는 '주석

(Auslegen)'과 특별한 추론 배후에 숨겨 있는 진정한 이유를 밝히는 '설명(Erklären)'을 구분한 사실에서도 드러난다.[7] 또한 가블러는 성경신학을 실천신학의 토대로 이해하여, "기독교적인 설교는 성서의 가르침을 토대로 삼아야지, 그렇지 않을진대 기독교적인 설교이기를 포기하는 것이다."라고 역설하였다.

이러한 시각에서 가블러는 성경신학을 독자적인 연구 분야로 부각시키는 선구자적인 역할을 했다. 이와 같은 가블러의 입장은 향후 성경신학이 나아갈 방향을 제시하였던 것이다. 성경신학의 역사와 문제점에 관해 중요한 연구사를 쓴 한스 요아힘 크라우스(Hans-Joachim Kraus)는 가블러에 대하여 "신학사를 서술할 때, 요한 필립 가블러를 '성경신학'의 발전에 지대한 영향을 끼친 학자로 규정하는 데 모두가 동의하고 있다."[8]고 말함으로써 성경신학의 역사에서 차지하는 가블러의 중요성을 높이 평가하였다. 그런데 향후 성경신학의 발전과 관련하여 가블러 외에 G. L. 바우어의 역할도 무시할 수 없다.

2) 게오르크 로렌츠 바우어(Georg Lorenz Bauer)

바우어(1755~1806)는 앞서 언급한 가블러가 몸담고 있던 알트도르프대학의 근동어학 교수로 1789년에 부름을 받는다. 이런 이유로 대체로 동료

---

7) 1801년에 쓴 그의 논문 "Ueber den Unterschied zwischen Auslegung und Erklärung, erläutert durch die verschiedene Behandlungsart der Versuchungsgeschichte Jesu"에서 처음으로 밝혔다.

8) H.-J. Kraus, *Die Biblische Theologie. Ihre Geschichte und Problematik.*, p. 52; cf. 차일즈, 『성서신학 上』, 도서출판 은성, 1994, 21쪽. 그럼에도 불구하고 크라우스는 가블러의 공적을 극대화시키는 것에는 어느 정도 유보적이다. 가블러는 앞서 활동한 Anton Friedrich Büsching("Gedanken von der Beschaffenheit und dem Vorzug der biblisch-dogmatischen Theologie vor der alten und neuen scholastischen," 1756)이나 Johann Georg Hofmann("Oratio de Theologiae biblicae praestantia," 1770)으로부터 영향을 받았다는 이유에서이다.

가블러의 영향을 입어 성경신학과 관련된 다양한 작품을 바우어가 쓴 것으로 간주하나,[9] 가블러와 만나기에 앞서 성경신학에 관한 자신의 주요 생각을 이미 정립한 것으로 보인다.[10]

성서 전체를 늘 염두에 둔 바우어는 구약신학(1796)에 이어서 1800~1802년에 『신약성서 신학』(Biblische Theologie des Neuen Testaments)을 집필하였다. 이 작품은 신약신학의 분야가 구약신학에서 분리되는 최초의 작품으로 간주된다. 바우어는 신약의 빛을 구약에 투영시키려는 옛 방법론을 거부하는 가운데, 구약과 신약을 구분하여 다루는 것이 불가피함을 역설하였다. 사고의 발전을 중시하면서 역사 비평적이고 비교 종교학적인 접근을 선호한 바우어는 다음과 같이 말하였다.

"신약성서의 사고는 구약성서의 사고에 연결되어 있다. 후자는 맹아이고, 여기에서 전자가 자라 나온다. 신약적 사고가 무엇을 근거로 하였는지를 모른다면, 그것을 결코 올바로 이해할 수 없을 것이다. 기독교는 유대교에서 유래하였다. 구약성경 신학에 이어서 비로소 신약성경 신학이 나올 수 있다. 신약성경의 어떤 사고가 새로우며, 어떤 것이 이미 알려진 것이며, 또한 계속 발전된 것인지 또한 응용된 것인지……에 대하여 이러한 발전이 가르쳐 준다."

---

9) G. L. Bauer, "Theologie des alten Testaments oder Abriss der religiösen Begriffe der alten Hebräer" (1796). 흔히 바우어의 이 작품을 가블러의 영향에 기인한 것으로 간주한다(H.-J. Kraus, Geschichte der historisch-kritischen Erforschung des Alten Testaments, Neukirchen-Vluyn, 21969, p. 151).
10) 이 점을 Otto Merk가 밝혔다(Biblische Theologie des Neuen Testaments in ihrer Anfangszeit, Marburg, 1972, pp. 144ff). 메르크는 바우어의 저서 『구약성경 신학』이 가블러의 입장과 무관하게 독자적으로 발전되었다고 보며, 두 사람 모두 같은 스승(C. G. Heynes, J. G. Eichhorn 등) 밑에서 공부하였기에 유사한 사고를 갖게 된 것으로 설명한다.

바우어는 이와 같은 입장에서 성경신학을 "다양한 시대와 성서 기자들에 대한 다양한 인식과 견해에 따라 성서로부터 나온, 그리스도 앞의 유대인들과 예수 및 그의 사도들이 갖고 있던 순수하며 온갖 낯선 표상으로부터 깨끗해진, 성서로부터 나온 종교론의 발전"[11]을 묘사한 것으로 정의하였다. 이처럼 신구약성서와 관련된 발전의 시각을 강조함으로써, 바우어는 구약과 신약 사이에 놓인 연속성과 동시에 불연속성의 문제점을 성경신학의 역사상 최초로 명백히 드러낸 학자라고 말할 수 있다.[12] 바우어의 공헌을 한마디로 요약하자면, 구약과 신약을 포괄하는 성경신학적 해석학을 나름대로 정립한 점에 있으며, 신구약 안에 담긴 내적 구조의 연결을 밝히고자 애썼다는 데 놓여 있다. 이를 실현시키기 위해 바우어는 오직 문법적이고 역사적인 방법론(grammatisch-historische Methode)을 통해서 연구할 때, 비로소 연구 목적에 합당한 '순수한' (역사 비평적인) 성경신학의 연구가 가능하다고 보았으며, 또한 순수한 성경신학 위에서야 비로소 교리사가 구축될 수 있음을 강조하였다.

바우어가 이성주의에 근거한 역사 비평적인 방법론을 철저히 적용한 것은 그의 위대성과 아울러 그의 한계를 보여 준다. 성경신학의 구축과 관련하여 가블러가 성서의 증거를 단순히 역사적으로 재건하는 것보다는 성서의 '해석(Interpretation)'에 더 큰 관심을 둔 것과 달리, 바우어는 해석보다는 성서 가운데 담긴 다양한 증거를 역사적으로 '재구축(Rekonstruktion)' 하는 일에 전념하였다고 말할 수 있다.[13]

---

11) G. L. Bauer, *Biblische Theologie des Neuen Testaments*, Vol. I-IV, Leipzig, 1800~1802. 이곳 Vol. 1 p. 6: "eine reine und von allen fremdartigen Vorstellungen gesäuberte Entwicklung der Religionstheorie der Juden vor Christo, und Jesu und seiner Apostel, nach den verschiedenen Zeitaltern und nach den verschiedenen Kentnissen und Ansichten der heiligen Schriftsteller, aus ihren Schriften."
12) H.-J. Kraus, *op. cit.*, p. 91.
13) O. Merk, *op. cit.*, p. 202. 메르크는 가블러와 더불어 바우어를 가리켜 '성경신학의 두

3. 가블러와 바우어가 남긴 공헌과 오늘 우리의 상황

가블러와 바우어로부터 비롯된 역사 비평적이며 해석학적인 인식은 향후 오늘날까지도 유효한 당시로서는 놀라운 통찰이었다. 그들이 남긴 통찰은 크게 다음과 같이 세 가지로 요약할 수 있다.[14] 첫째, 성서를 역사 비평적으로 연구하는 일을 포기해서는 안 된다는 사실이다.[15] 이 인식은 특히 오늘날 우리 신학계 분위기에 유용하다고 생각된다. 마치 역사비평학의 시대는 지나갔고, 이제는 문학 비평의 시대가 왔다고 보는 시각은 너무 편협한 시각이 아닐 수 없을 뿐만 아니라 경솔한 생각으로 보인다. "성서 연구에 이 역사 비평적 방법론의 적용을 거부하는 것은, 하나님의 계시의 역사성을 거부하는 것이며 이스라엘의 역사와 당신의 아들 예수 그리스도 가운데 자신을 계시한 분이신 하나님을 부정하는 것"[16]과 다름이 없기 때문이다. 그런데 문학 비평은, 역사적 질문은 제기하지 않고 문학적 구조에

창시자(die beiden Begründer der Biblischen Theologie)' 라 부른다(*ibid.*, p. 270). 두 사람 이후 수많은 새로운 통찰이 있었음에도 불구하고 방법론적인 차원에서 본질적으로 여전히 가블러와 바우어를 넘어서지 못하고 있다고 말한다(*ibid.*, p. 272).

14) Cf. O. Merk, op. cit., pp. 270-273.
15) 가블러와 바우어의 이러한 입장을 더욱 첨예화시킨 브레데(W. Wrede)는 다음과 같이 말하였다: "주어진 원자료로부터 성경신학(die biblische Theologie)은 하나의 사실, 즉 외형적이 아니라 정신적인 사실을 밝혀야 한다. 곧 그 사실을 가능한 한 객관적으로, 올바르게 또한 날카롭게 파악하려고 애써야 한다. 그것이 전부다. 조직신학자들이 그 결과들을 갖고 어떻게 다루며 논생을 벌이는가 하는 것은 그들 자신의 몫이다." (*Über Aufgabe und Methode der sogenannten Neutestamentlichen Theologie*, Göttingen, 1897, p. 9). 이와 달리 신약신학을 전적으로 역사적인 분야로 보는 시각에 반대하여 슐라터(A. Schlatter)는 "신약신학을 교의신학으로부터 독립시킴은 속이는 허구에서 생겨난 것에 지나지 않는다."["Die Theologie des Neuen Testaments und die Dogmatik," in: G. Strecker(ed.), *Das Problem der Theologie des NT*, Darmstadt, 1975, p. 156]고 선언하였다. 브레데와 슐라터의 논문을 우리말로 읽을 수 있다: R. 모건, "신약신학의 본질", 박문재 역, 《크리스챤다이제스트》, 1995. 91-154, 155-204쪽.
16) H. Hübner, "Was ist Biblische Theologie?" in: Ch. Dohmen, Th. Söding(eds.), *op.*

관심을 모으면서 성서를 마치 고전 문학처럼 다루는 경향이 강하다. 따라서 "많은 문학 비평가들이 성서의 실제 문제를 회피하고, 본문과 그 주제의 실재 사이를 구별하기를 거부하려 하는 것은 성경신학의 신학적 기회를 심하게 손상시킨다."[17]고 본 B. S. 차일즈의 평가는 정당하다. 독일 성서학계는 "역사 비평적 방법론은 공격받을 수 없으며, 철저히 적용되어야 한다."[18]는 것을 여전히 천명하고 있다는 사실에 유의할 필요가 있다.

둘째, 첫번째 인식과 관련하여 성경신학은 교리의 일방적인 지배로부터 벗어나야 한다는 점이다. 오늘 우리나라에서 신학을 전문적인 학문 과제로 삼고 연구하는 이들은 예외 없이 신앙 노선과 관련한 이른바 '보수-자유 논쟁'으로부터 자유롭지 못하다. 물론 본질적으로 볼 때, 어느 누구를 막론하고 신학자는 이미 자신의 사고 깊이 자리 잡은 신앙적 전제로부터 영향을 받는다는 사실은 너무도 자명하다. 이런 의미에서 성경신학은 개개의 학자가 갖고 있는 전통 교리적 혹은 신앙적 확신과 관련을 맺을 수밖에 없다. 그것은 지극히 정당하다고 생각한다. 그러나 문제는 자신의 확신에서가 아니라, 외압으로부터 영향을 받는 일이 생긴다면, 이것은 신학의 학문적인 발전을 가로막는 일과 다름없다. 성경신학(혹은 성서학)이 오직 그 자체의 학문성에 기초하여 바로 설 때, 궁극적으로 '교회(Ekklesia)'에 봉사할 수 있으리라고 생각한다.

---

cit., p. 213. Cf. 김지철, "복음주의적 성서 해석을 위한 역사 비평의 가능성", in: 《교회와 신학》 11 (1979. 11.), 164-182쪽, 이곳 167쪽("성서의 주장에 대하여 역사 비평을 사용하기 거부하는 것은 성서의 증거 된 역사가 진정한 역사라는 것을 거부하는 것이 되는 한편, 신앙에 대한 지성적 요구를 불가능하게 만들며 역사의 중요성을 강조하는 성서로부터 역사를 분리시키는 것이 되고 마는 것이다.").

17) B. S. 차일즈, 『성서신학 上』, 42쪽.

18) J. Becker, "Christologische Deutung des Alten Testaments," in: Ch. Dohmen, Th. Söding(eds.), op. cit., p. 17. 독일 성서학계는 문학 비평을 역사 비평에 대립된 것으로 보기보다는 역사비평학을 보충하는 것으로 간주하는 경향이 있다.

셋째, 성서적 진술에 대한 '재구축'과 '해석' 사이의 관계 설정이 중요한 문제라는 사실을 보여 주었다. 이것은 현재까지 계속 논의되고 있는 문제이다.[19] 재구축과 해석 사이의 문제는 앞의 두 가지 사항과 밀접히 관련된 것으로서, 성서를 이해한다는 것이 생각처럼 간단한 일이 아니라는 것을 암시한다. 성서는 수천 년 전에 기록된 문헌이기에 시간적이며 문화적으로 오늘 우리의 삶과 상당히 괴리되어 있으며, 이로 인한 당시 사람들의 사고와 현대인의 사고를 연결 짓기 위해서는 엄청난 해석의 과정을 필요로 하기 때문이다. 그러나 우리 교계는 이러한 문제를 직시하기보다는 도외시하는 가운데, 과거에 주어진 해석에 매달리려는 경향이 강한 것 같다. 이와 같은 우리의 상황을 고려할 때, 가블러와 바우어가 남긴 성경신학적 노력과 고민은 오늘 우리 신학계를 위해 시사하는 바가 적지 않다고 생각한다.

4. 성경신학을 향한 현대적 노력

1) 성경신학의 필요성

우리는 앞에서 성경신학이란 개념을 성서 자체의 신학, 즉 거의 1,500년 동안 존속해 온 교의신학과 구분하여 성서 자체에 담겨 있는 신학과 관련하여 언급하였다. 교의신학이 성서를 따른다고는 하나 성서 자체가 증언하는 진술에 귀를 기울이기보다는 교회의 오랜 전통적인 입장으로부터 강한 영향을 받고 있는 것과 달리, 성경신학은 정경으로서의 성서 자체에 귀를 기울인다. 그런데 앞서 언급했듯이 근대에 들어와 가블러와 G. L. 바우

---

19) 예컨대, E. Käsemann, "Vom theologischen Recht historisch-kritischer Exegese," in: ZThK, p. 64, 1967, pp. 259ff; G. Sauter, "Vor einem neuen Methodenstreit in der Theologie?" in: ThExh, 164, 1970, pp. 15ff, 22ff, 29ff, 88ff.

어 이래로 구약신학과 신약신학은 따로 분리되어 독자적인 연구 영역으로 분화되었다. 이와 함께 성서학의 전문화 현상이 점차 두드러지면서 신구약 간의 양극화 현상은 더욱 심해졌다. 20세기 중반기에 접어들면서 이를 문제로 여기기 시작한 학자들은 구약신학과 신약신학을 단순히 나열하는 데 만족하지 않고, 신구약성서 신학을 함께 아우르는 '전체 성경신학(Gesamtbiblische Theologie)'의 필요성을 역설하기 시작하였다.

예컨대, 구약학자인 플뢰거(Otto Plöger)는 1956년에 나온 Evangelische Kirchenlexikon 제1권에서 "구약신학과 신약신학의 독자적인 진술들 위에 기초한 전체 성경신학"을 구축하는 것을 "우리의 역사적 인식과 교리적 요청에 부합하는 것"으로서 시대적 사명으로 보았다.20) 또한 신약학자인 쉴리어(H. Schlier)는 그의 논문「신약성서 신학의 의미와 과제」(1957)에서 21) 신약성서 신학의 과제는 신약 각 문서에 담겨 있는 다양한 신학들로부터 통일성을 밝혀내는 일을 넘어, 궁극적으론 "구약성서 신학과의 내용적인 통일성을 입증"함으로써 완성된다고 말함으로써 전체 성경신학의 중요성을 지적하였다.

성서학자들뿐만 아니라 조직신학자들도 성경신학의 중요성을 강조하였다. 빌트베르거(H. Wildberger)는 "성경신학을 향한 도상에서"(1959)라는 긍정적인 프로그램을 담은 글에서 "아무 연관 없이 구약신학과 신약신학을 병렬시키는 것 이상의 것인 성경신학이 성서 주석의 과제로 드러나고 있다."고 말하였다.22) 같은 관심을 나타내면서, 벡(M. A. Beek)은 "구약과 신약신학을 서로 연결시키지 않고 단순히 나열하는 것보다는, 먼 안목에

---

20) O. Plöger, "Biblische Theologie I. AT," in: *EKL* 1, 1956, p. 510.
21) H. Schlier, "Über Sinn und Aufgabe einer Theologie des Neuen Testaments," in: idem, *Besinnung auf das Neue Testament; Exegetische Aufsätze und Vorträge* II, Freiburg, 1964, pp. 7-24, 이곳 pp. 19f(=in: *BZ NF* 1 [1957], pp. 6-23).
22) H. Wildberger, "Auf dem Wege zu einer biblischen Theologie", in: *EvTh* 19, 1959, pp.

서 볼 때 성경신학이 기독 공동체에게 보다 만족스러울 것"으로 전망했다.[23] 또한 에벨링(G. Ebeling)은 신구약의 상호 관련성을 연구할 것을 강조하면서 "성서를 전체로 이해하는 것, 즉 무엇보다도 성서의 다양한 증언들의 내적인 통일성을 묻는 신학적인 문제들을 기술해야 한다."고 역설하는 가운데, 성경신학으로 말미암아 신학의 여러 전문 분야가 밀접히 협동 작업을 하게 될 것으로 전망하였다.[24]

2) 성경신학의 과제

앞서 언급한 학자들의 진술에서 드러나듯이, '성경신학'의 과제는 한마디로 신구약 성서의 통일성에 대하여 묻는 것이다. 신구약 성서의 통일성에 대한 질문은 성서의 두 부분을 이루고 있는 구약성서와 신약성서 사이의 관계에 대하여 묻는 것이다. 이에 대한 질문은 2세기 중엽 마르키온 이래로 기독교 신학의 첨예한 문제로 오늘날까지 제기되곤 하였다. 예컨대, 하르낙(Adolf von Harnack, 1851~1930)은, 신구약성서의 통일성은 단지 외형적인 것일 뿐이고, 구약성서와 신약성서 사이에는 오히려 긴장이 큰 것으로 간주하였다.[25] 그러면서 마르키온의 영향을 입어 구약을 과소평가하면서 다음과 같은 유명한 말을 남겼다: "2세기에 구약을 폐기시키는 것은 하나의 실수였다. 이를 교회가 거부한 것은 정당한 것이었다. 16세기에 구약을 그대로 보유한 것은 종교개혁이 아직 피할 수 없었던 하나의 운명이었다. 그러나 19세기 이후 개신교가 구약을 정경으로 보유하고 있는 것은

70-90.
23) M. A. Beek, "Altes Testament," in: *BBH* 1, 1962, pp. 66-76, 이곳 p. 76.
24) G. Ebeling, "Was heisst 'Biblische Theologie'?" in: idem, *Wort und Glaube*, Tübingen, 1960, p. 89.
25) A. von Harnack, *Marcion. Das Evangelium vom fremden Gott*, Darmstadt, 1985(1판, 1921), pp. 217, 222.

종교적이며 교회적인 마비 상태의 결과이다."[26]

또한 독일의 저명한 조직신학자로 통하는 히르슈(Emanuel Hirsch)는 구약과 신약의 근본적인 분리를 강조하면서 구약과 신약이 영원한 '대립적인 긴장' 가운데 있다고 보았다.[27]

그러나 구약성서를 기독교의 경전으로부터 제거하려는 시도는 정당하지 못하다. 한 걸음 더 나아가 구약성서를 신약성서와 무관한 독립된 두 가지 책으로 보는 시각도 기독교적인 시각에서 볼 때 타당하지 않다. 나사렛 예수와 바울을 포함한 사도들 모두 유대인으로서 그리스도교의 시작부터 이스라엘의 성서를 공유하였다는 역사적 사실뿐만 아니라, 최초의 그리스도교인들은 예수 사건, 즉 예수의 사역과 죽음 및 부활을 "(구약)성경에 따라"(고전 15:3-5) 이루어졌다는 신앙고백만 고려하더라도 신구약성서 사이에는 내적인 연관성이 놓여 있음을 쉽게 알 수 있기 때문이다. 결국, 구약성서가 없이는 신약성서를 온전히 이해할 수 없다고 말할 수 있다. 이렇게 볼 때 신구약 상호간의 관계성을 묻는 성경신학적 과제는 회피할 수 없는 중요한 신학적 과제임을 알 수 있다.[28]

---

26) Ibid., pp. 217, 222.
27) E. Hirsch, *Das Alte Testament und die Predigt des Evangeliums*, Tübingen, 1936, pp. 27, 59, 83.
28) 그럼에도 불구하고 성경신학의 정당성에 대해 이의를 제기하기도 한다. 그것은 특별히 다음의 세 가지 차원과 관련되었다. 첫째, 구약과 신약의 내용적인 통일성을 주장하는 것은, 구약과 신약에 담겨 있는 다양한 신학적 구상에 비추어볼 때 문제가 있다. 둘째, 신구약 정경은 정경에 속하지 못한 당시의 문헌과 밀접히 관련되었다는 점에서 볼 때, 정경의 중요성을 강조하는 성경신학의 시각을 문제로 제기한다. 셋째, 성서의 가르침과 교리가 일치한다는 전통적인 시각은 계몽주의 시대 이후에 제기된 역사 비평적인 시각에 의해 의문시되었고, 성서와 교리 사이에는 차이가 있다는 사실을 점차 분명히 인식하게 되었다는 것이다. 특히 G. Strecker, "'Biblische Theologie?' Kritische Bemerkungen zu den Entwürfen von Hatmut Gese und Peter Stuhlmacher," in: D. Luhrmann, G. Strecker(eds.), *Kirche, FS Günter Bornkamm*, Tübingen, 1980, pp. 425-445; idem, *Theologie des Neuen Testaments*, Berlin-New York, 1996, pp. 4-9.

5. 다양한 성경신학적 모델

신구약성서의 관계성과 관련된 질문은 어제오늘의 질문이 아니라 기독교 신학의 역사와 함께 자랐다고 말할 수 있다. 따라서 고대 교회로부터 현대에 이르기까지 여러 종류의 해석모델이 존재한다. 여기서는 주로 중요한 모델에 국한하여 간략히 설명하고자 한다.

1) 약속과 성취(Verheissung-Erfüllug) 모델

신구약의 연속성을 나타내는 가장 중요한 모델로서, 고대 교회에 있어서뿐만 아니라 오늘날까지도 가장 커다란 영향력이 있는 모델이다. 한마디로 구약 가운데 나타나는 하나님의 약속이 신약에 와서 성취된 것으로 여기는 해석을 가리킨다. 다시 말하면, 구약성서에 담긴 모든 약속이 그리스도 가운데에서 전적으로 '충만해진' 것으로 보는 해석이다. 이와 같은 해석은 신약성서 가운데 나타나는 구약의 직간접 인용을 통해 자연스럽게 주어진 해석이다. 종말론적인 차원을 강조하는 가운데, 신약에서 출발하여 구약으로 향하는 시각을 취한다. 이 모델이 안고 있는 약점은, 신약의 성취가 구약의 약속에 완전히 일치하지 않는다는 점이다(예컨대, 예수 그리스도는 구약적인 메시아와는 전적으로 다르다). 이 모델을 표방하는 주요 학자들로서 아이히로트, 베스터만, 침멀리 등을 들 수 있다.[29]

2) 유형론(Typologie) 모델

이 모델은 앞서 언급한 '약속과 성취의 모델'을 근거로 한 가운데 이를

---

29) W. Eichrodt, *Israel in der Weissagung des Alte Testaments*, 1951; C. Westermann, *Das Alte Testament und Jesus Christus*, 1968; W. Zimmerli, "Verheissung und Erfüllung," in: EvTh 12, 1952/53, pp. 34-59; idem, *Das Alte Testament als Anrede*, 1956.

한층 구체화시킨 모델이라고 말할 수 있다. 구약과 신약을 유형론적인 관계 속에서 연구하는 것으로, 구약의 인물, 관례, 사건, 장소, 신앙적 진술 등을 신약에 나오는 것들을 위한 모형과 예시로 파악한다. 이로써 구약성서의 역사는 신약성서를 위한 전 단계의 역사로 파악된다. 구약이 '원형(Typos)'을 이루다면, 신약은 '대조형(Antitypos)'을 이룬다. 신구약성서는 한 분 하나님을 증거하며 또한 그리스도는 구약성서를 넘어서는 분임을 전제한다. 폰 라트와 고펠트가 대표적이다.[30] 구약성서 내에서 유사한 유형의 구조를 찾을 수 있으나(예컨대, 출애굽 사건/ 바빌론 탈출 사건), 전체적으로 볼 때 이 모델은 신약에서 출발한 사고를 구약에서 찾으려는 경향이 짙다(로마서 5장에 나오는 '아담-그리스도-유형론'이 좋은 예다). 이 모델이 안고 있는 약점은, 신구약 사이에 상응하는 개별적인 면을 찾을 수 있으나, 이를 전체 성서에 적용시키기는 어렵다는 데 놓여 있다.

3) 구속사(Heilsgeschichte) 모델

구약과 신약의 관계를 단순한 역사적 차원에서가 아니라 구속사적인 차원에서 이해하고자 한다. 예수가 메시아라는 신약의 증언은 하나로 통일된 하나님의 구원 계획의 시각에서 볼 때 역사의 통일성을 나타낸다는 입장이다. 이 모델은 구약에 나오는 신앙의 역사를 지속적으로 발전하며 증대하는 대망의 역사로 파악한다. 보스는 계시의 역사를 성서에 보도되는 객관적 사건들과 단순히 일치시켰으나, 쿨만은 구속사를 특별한 형태의 역사로 보는 가운데, 일반 역사와 종종 서로 얽혀 있기도 하나 대체로 이와 명확히 구분되는 것으로 이해한다.[31] 역사의 특수성과 역동적인 움직임을

---

30) G. von Rad, "Typologische Auslegung des Alte Testaments," in: *EvTh* 23, 1963, pp. 143-168; L. Goppelt, *Typos: Die typologische Deutung des Alten Testaments im Neuen*, Gütersloh, 1939.
31) G. Vos, *Biblical Theology. Old and New Testaments*, Grand Rapids, 1948, pp. 14ff; O.

부각시키는 강점을 안고 있는 이 모델은 신약성서 가운데 부분적으로 나타나나(특히, 누가의 작품), 구속사적인 사고 구조를 신구약 전체로 확대시키기는 어렵다는 난점을 안고 있다.

4) 계시로서의 역사(Geschichte als Offenbarung) 모델

구속사 모델을 근거로 발전된 것으로, 전체 역사를 하나님의 계시로 이해하는 해석이다. 이 모델은 보편사를 성경신학적인 해석학 범주로 이해한다. 모든 신학적 진술은 역사의 틀 내에서만 의미를 지닌다고 보는 가운데, 역사는 인간 및 온 피조물과 더불어 하나님의 계시로서 세상 가운데 감추어진 미래를 향해 있으며, 그 미래는 예수 그리스도 가운에 이미 계시되었다고 본다. 역사의 의미는 하나님에 대한 사고로 특징지어진 이스라엘의 역사의식에서 비롯된 것으로 보며, 신구약을 포괄하는 역사는 하나로 연결된 하나님의 활동하심 가운데 기초한다는 입장이다. 예수의 부활을 선취된 역사의 종말로 보는 시각을 중시한다. 대표적인 학자로 판넨베르크를 들 수 있다.[32] 역사와 계시를 동일시하는 시각은 성서적인 계시 이해와 거리가 있다는 것이 이 모델이 안고 있는 약점이다.

5) 기독론적인 해석(Christologische Deutung) 모델

구약의 본문이 담고 있는 독자적인 케리그마에 대해 묻지 않고, 마치 그 본문 가운데 숨겨져 있다고 생각되는 선포를 기독론적인 해석을 통하여

Cullmann, *Cristus und Zeit*, Zürich 1962. Cf. 차일즈, 『성서신학 上』, p. 36.

32) W. Pannenberg, "Heilsgeschehen und Geschichte," in: *KuD* 5, 1959, pp. 218-237, 259-288; idem, "Hermeneutik und Universalgeschichte," in: *ZThK* 60, 1963, pp. 90-120; idem(ed.), *Offenbarung als Geschichte*, Göttingen, ³1965; R. Rendtorff, "Hermeneutik des Alten Testaments ald Frage nach der Geschichte," in: *ZThK* 57, 1960, pp. 27-40.

밝혀내고자 한다. 간단히 말해 구약과 신약이 모두 그리스도에 대해 증거하고 있다고 보는 입장이다. 구약은 그리스도가 무엇인가에 대하여 말하고, 신약은 그리스도가 누구인가에 대해 말하고 있다고 봄으로써 신구약을 서로 연결시킨다. 이와 같은 해석은 이미 신약성서 기자들 가운데 찾을 수 있다. 예컨대, 출애굽기 17장 1-7절에 언급된 "반석"을 그리스도로 해석하였는가 하면, 또는 히브리서 1장에 인용되고 있는 여러 시편 구절(시 2:7, 45:6, 97:7, 110:1)을 그리스도와 관련시켜 이해하고 있다. 이러한 해석의 대표자로 피셔를 들 수 있는데,[33] 구약성서 가운데 나타난 여러 가지 사고와 이야기들은 예수의 십자가를 향하고 있다고 보았다. 또한 그럴로는 구약성서 가운데 그리스도 자신이 말하며 사역하며 고난을 받고 있는 것으로 해석하였다.[34] 그러나 구약성서를 천편일률적으로 알레고리의 시각을 통해 오로지 그리스도를 목표로 한 진술로 해석하려는 데에는 무리가 있다.[35]

6) 전승사적인 해석(Traditionsgeschichte) 모델

이 모델은 구약성서와 신약성서 사이의 연결을 전승사를 통해 즉, 전승 과정의 연속성(Kontinuum) 혹은 통일성(Einheit) 가운데 파악하고자 한다. 다시 말하면 구약성서에서 출발한 전승 과정(Traditionsprozess)이 신약성서에서 완성된 것으로 여긴다. 전승 과정이란 여러 변화에도 불구하고 변치 않는 방향을 제시하며 종국의 목적을 지향하는 것을 나타낸다. 이 종국의 목적은 그리스도 사건이다. 따라서 성경신학의 과제는 구약과 신약을

---

33) W. Vischer, *Das Christuszeugnis des AT*, 1934; II 1942. 그 외에도 H. Helbardt, *Der verheissene König Israel. Das Christuszeugnis des Hosea*, 1935; K. Schwarzwäller, *Das Alte Testament in Christus*, 1966.
34) P. Grélot, *Sens chrétien de l' Ancien Testament*, Tournai, 1962.
35) G. von Rad는 Vischer의 입장을 비판하였다(*ThBl* 14, 1935, pp. 249ff).

아우르는 전승의 연결 고리와 과정을 찾아 밝히는 데 있다고 본다. 이 모델을 대표하는 학자는 튀빙겐대학의 구약학 교수로 은퇴한 게제이다. 그는 다음과 같이 말한다.[36] "성서적인 전승은 전체적인 것으로, 구약이 신약 가운데 또한 신약과 더불어 전체가 된다."고 보아, 단지 "하나의, 성서적인 전승 형성(eine, die biblische Traditionsbildung)"만이 있으며,[37] 또한 "구약성서는 신약성서를 통해 탄생되며, 신약은 본질적으로 하나의 통일체, 하나의 연속체로 된 전승 과정의 마감을 이룬다."[38] 신구약성서에 놓여 있는 전승의 연속성을 잘 드러내고 있다는 장점에도 불구하고 이 모델은 그리스도를 지향하지 않는 구약 전승을 배제시킬 뿐만 아니라, 구약성서의 독특성이 약화될 여지가 있다는 약점을 안고 있다.

6. 성경신학을 지향하는 최근의 시도

1950~60년대에 여러 학자들이 성경신학의 중요성을 새롭게 강조하였음에도 불구하고, 기대만큼 결과가 따르지 못했다. 그래서 폰 라트(G. von Rad)는 그의 유명한 저서 『구약성서 신학』 제2권의 마지막 "회고와 전망"("Rückblick und Ausblicks," 41965) 부분에서 성경신학의 과제가 조만간에 성취되기 어려울 것으로 여기면서 "그러한 성경신학이 어떤 모습을 띨지 상상하기 어렵다."는 약간 회의적인 전망을 하였다.[39] 또한 메르크(Otto

---

36) H. Gese, "Erwägungen zur Einheit der biblischen Theologie," in: idem, *Vom Sinai zum Zion. Alttestamentliche Beiträge zur Biblischen Theologie*, München, ²1984, pp. 11-30; idem, *Zur Biblischen Theologie. Alttestamentliche Vorträge*, Tübingen, ²1983, pp. 9-30.
37) H. Gese, "Der Johannesprolog," in: idem, *Zur biblischen Theologie*, pp. 152-201, 이곳 p. 152.
38) H. Gese, "Erwägungen zur Einheit der biblischen Theologie," in: idem, *Vom Sinai zum Zion*, 1974, pp. 11-30, p. 14.
39) G. v. Rad, *Theologie des Neuen Testaments*, Vol. 2, München, 1968, p. 447.

Merk)는 *Theologische Realenzyklopädie* 제6권(1980)의 "Biblische Theologie II"(p. 472)라는 항목에서 신약성서 연구의 현재 상황에 따르면 구약과 신약을 서로 긴밀히 연관시키고자 하는 전체 성경신학을 지향하는 본격적인 연구가 아직 두드러지게 나타나지 않고 있다고 지적했다. 그러나 1980년대 후반에 들어서면서 상황이 반전되기 시작했다. 전체 성경신학과 관련된 주제를 본격적으로 다룬 글들이 나오기 시작했으며,[40] 본격적인 논문 모음집이 연쇄물의 형태로도 출판되고 있는 중이다(예컨대, *Jahrbuch für Biblische Theologie*[=*JBTh*] 제1권이 "성경신학의 통일성과 다양성"["Einheit und Vielfalt Biblischer Theologie"]이란 주제로 1986년에 출판). 전체 성경신학을 향한 노력이 한층 구체화되면서 1990년대에 와서는 드디어 하나 둘씩 결실을 맺기 시작한다. 여기에 소개하는 성경신학적인 시도들은 모두 각 저자가 오랜 신학적 숙고 끝에 원숙한 단계에서, 다시 말해 자신들의 거의 평생에 걸친 신학 작업에서 비롯된 역작들이라고 말할 수 있다.

1) 브레버드 차일즈(Brevard S. Childs)

예일대학의 구약학 교수 차일즈는 1992년에 *Biblical Theology of the Old and New Testaments*라는 저서를 출판함으로써, 성서 전체적인 신학을 만

---

40) M. Oeming, *Gesamtbiblische Theologien der Gegenwart. Das Vehältnis von AT und NT in der hermeneutischen Diskussion seit Gerhard von Rad*, ²1987; U. Luck, "Der Weg zu einer Biblischen Theologie des Neuen Testaments," in: DPfBl 88, 1988, pp. 343-346; C. Dohmen, "Gesamtbiblische Theologie," in: Pastoralblatt fur die Diözese Aachen 41, 1989, pp. 354-361; F. Mildenberger, *Biblische Dogmatik. Eine biblische Theologie in dogmatischer Perspektive*, Vol. 1, 1991; C. Dohmen, F. Mussner, *Nur die halbe Wahrheit? Für die Einheit der ganzen Bibel*, 1993; A.H.J. Gunneweg, *Biblische Theologie des Alten Testaments. Eine Religionsgeschichte Israels in biblisch-theologischer Sicht*, 1993.

들어내는 작업을 처음으로 실천에 옮긴 사람이다.[41] 그의 관심은 정경적인 접근 방식(cannonical approach)을 통한 성경신학을 새롭게 정립하는 것이다. 정경적 접근은 그의 해석학을 이해하는 핵심 개념이다. 정경이란 범주를 "교회가 하나님의 말씀을 듣는 영역을 나타내는 준칙"[42]으로 이해하며, 성경신학을 수행하기 위한 가장 적합한 문맥으로 간주한다. 정경의 문맥 안에서 성경신학을 수행하는 것은 성서 전승이 지니고 있는 규범성을 인정하는 것을 뜻한다. 정경이 된 성서의 최종 형태와 정경 안에 정해진 각 성서 문헌의 순서에서 차일즈는 신학적인 성서 해석의 토대를 마련하고자 한다.[43]

이와 같은 정경적인 접근이 나오게 된 배경은, 성서를 역사적 과거의 문맥에만 가두어둠으로써 점차 신앙 공동체의 관심을 잃고 있는 기존의 성서 접근에 대한 반성과 아울러, 특정 주제를 통해 성서 전체의 내용을 관통하는 개념을 찾으려는 시도가 문제가 있다는 것에 대한 인식에 놓여 있다. 정경적 접근을 통해서 차일즈는, 주관에 빠진 편향된 성서 해석에 대항하여 정경의 객관성을 지키려는 의도를 보여 준다. 이로써 구약성서 속에 나타나는 그리스도를 가리키는 내용을 찾는 가운데, 구약성서가 기독교 신

---

41) 우리말 번역:『성서신학』, 상/하, 유선명 역, 도서출판 은성, 1994. 차일즈는 이미 자신의 저서 *Biblical Theology in Crisis*(Philadelphia: Westminster Press, 1970 = "성경신학의 위기", 박문재 역,《크리스챤다이제스트》, 1992)에서 정경적인 접근의 필요성을 역설하였다.
42) *Ibid.*, p. 100.
43) 외밍(M. Oeming, *JBTh* 3, pp. 241-251)은 각 본문의 특성이 정경이라는 집합 가운데 잠겨 버릴 위험성을 지적함으로써 차일즈의 구상에 비판을 가한다. 심지어 차일즈의 '정경적 접근' 자체를 정경적인 접근이라 부를 수 없다고 말한다. 왜냐 하면 정경의 원칙을 받아들인다는 것은 정경적인 통일된 전망에 이른다기보다는, 오히려 역사적이며 신학적으로 서로 구분되는 작업을 하게 마련인 것으로 보기 때문이다. 정경은 주제에 따른 완벽한 일치를 나타내지 않고, 살아 움직이며 세분화된 신학적인 숙고가 이루어지는 장소로 보아야 한다는 입장이다.

앙 공동체의 문서로서 갖고 있는 고유의 권리를 밝히고자 한다.[44]

2) 한스 휘프너(Hans Hübner)

괴팅겐대학 신약학 교수 휘프너는 모두 세 권으로 이루어진 역작 『신약성서 신학』을 저술하였다: Biblische Theologie des Neuen Testaments(제1권: Prolegomena, Göttingen, 1990; 제2권: Die Theologie des Paulus und ihre neutestamentliche Wirkungsgeschichte, 1993; 제3권: Hebräerbrief, Evangelien u. Offenbarung, Epilegomena, 1995).

'실존론적 성서 해석(existentiale Interpretation)' 이라는 불트만의 입장을 수용하는 가운데 휘프너는 성경신학을 다음과 같이 정의하고 있다: "성경신학이란 결국 오늘날 새로운 요청, 즉 전체 성서를 대상으로 하는 신학의 요청이다. 따라서 구약성서와 신약성서를 신학적인 통일체로 이해하고자 하는 신학의 요청이다."[45] 거의 모든 신약의 전승자들이 구약의 전승을 자기들의 신학적인 논증에 관련시키는 가운데 구약의 전승을 새롭게 해석하였다는 사실에 신구약성서의 신학적 연관성이 결정적으로 드러난다고 보면서, 신약성서 기자들이 구약성서를 신학적으로 어떻게 다루고 있느냐를 밝히는 일을 신약성서에 담겨 있는 신학적 작업의 핵심으로 여긴다. 따라서 신구약성서가 맺고 있는 신학적인 관계 규명을 위해 신약에 나타나는 구약성서의 직·간접 인용문에 특히 관심을 기울인다. 이때 구약의 인용문은 유대인의 마소라 본문이 아니라 그리스어로 기록된 칠십인경(LXX)을 토대로 하였다는 사실에 주목하면서 구약의 인용문들이 신약의 본문 가운데 새롭게 해석되고 있다는 점을 강조한다. 다시 말하면 기독교의 구

---

44) 차일즈의 이러한 의도가 그의 저서 가운데 명확히 드러나지 않았다는 것을 지적하는 H. 휘프너는 정경 문제를 해결하려는 차일즈 시도가 결국 실패한 것으로 간주한다 (Biblische Theologie des Neuen Testaments I, pp. 75f).

45) H. Hübner, Biblische Theologie I, p. 14.

약성서는 그리스도 사건을 받아들인 사람들의 새로워진 실존에 적용되는 전적으로 새로운 본문이라는 것이다. 그리하여 휘프너는 '구약성서 자체(Vetus Testamentum per se)'와 '신약에 수용된 구약(Vetus Testamentum in Novo receptum)'을 구분한다. 이와 같은 시각을 갖고 휘프너는 신구약성서가 맺고 있는 신학적 관련을 '하나의 신학적 전체로 모으고자(zu einem theologischen Ganzen zusammenzuführen)' 한다.

신약에 전제되거나 인용된 구약과 전승되어 내려온 구약성서 자체를 구분하는 이와 같은 휘프너의 시도는 일면 설득력이 있다. 구약 전체가 신약성서에 긍정적으로만 인용되지 않고, 신약이 구약의 내용을 넘어서는 것을 제시하거나 구약의 내용을 거부하는 경우도 있기 때문이다. 이와 같은 구분은, 기독교가 유대인 특유의 히브리 성서 해석의 권리와 가능성을 배제하지 않는 열린 시도로 간주되나, 구약성서 자체를 기독교적 신학의 관심에서 배제시켰다는 문제를 안고 있다.

3) 페터 슈툴마허(Peter Stuhlmacher)

튀빙겐대학의 신약학 교수 슈툴마허는 이제까지의 자기의 신학 연구를 종합한 두 권으로 이루어진 『신약성서 신학』(Biblische Theologie des Neuen Testaments)을 출판하였다(제1권: Grundlegung. Von Jesus zu Paulus, Göttingen, 1992; 제2권: Von der Paulusschule bis zur Johannesoffenbarung. Der Kanon und seine Auslegung, Göttingen, 1999). 앞서 언급한 휘프너의 저서와 동일한 제목이었으나 휘프너와 다른 각도에서 접근하고 있다. 슈툴마허는 신약성서 신학을 "구약성서에서 출발하며 구약을 향해 개방된 성경신학으로"[46] 이해하고자 한다.

신구약성서를 따로 서로 분리하여 연구하는 현대적인 경향에 강한 이의

---

46) P. Stuhlmacher, Biblische Theologie des Neuen Testaments I, p. X.

를 제기하면서, "구약과 신약성서는 정경의 첫번째와 두 번째 부분으로서 서로 구분되지만, 그렇다고 분리시켜서는 안 된다. 이들을 분리시킨다면, 신약성서를 역사적으로뿐만 아니라 또한 신학적으로도 왜곡하여 이해하게 된다."고 경고한다.[47] 신약성서는 구약성서와 무관하게 정경이 된 것이 아니며, 구약성서는 최초의 그리스도인들의 성서로서 교회의 기독론과 구원론 및 윤리를 이루고 있는 성경신학적 토대가 되며, 따라서 신약신학은 성경신학의 두 번째 부분을 이루고 있는 반면 구약신학은 첫번째 부분을 형성한다고 이해한다. 이러한 이해 위에서 "(구약과) 신약성서의 성경신학은 세상을 창조하시고, 이스라엘을 당신 소유의 백성으로 선택하시고, 유대인과 이방인의 구원을 위해 그리스도로서의 예수를 보냄 가운데 역사하신 한 분이신 하나님을 선포하는 증거에 의해 구축된다."고 말한다.[48] 튀빙겐의 동료 교수 H. 게제의 전승사적 접근을 수용한 슈툴마허는[49] 전승에 대한 방법론적인 의심에 반대하는 가운데 성서 전승에 대한 신뢰를 강조한다.

또한 신약성서는 구약성서를 이스라엘의 성서로 받아들여 적극적으로 사용했을 뿐만 아니라, 한 걸음 더 나아가 구약이 제시한 주제와 전승을 수용하며 발전시켰다는 점을 강조하는 가운데, 결정적으로 중요한 것은, 신약이 증거하는 그리스도 선포와 구원 선포는 "하나님의 의지에 대한 그의

---

47) *Ibid.*
48) *Ibid.*, p. 38.
49) O. Merk는 슈툴마허가 수용한 신구약을 일직선으로 연결된 전승과정으로 간주하는 '전승사적인 연속성'의 시각을 비판하는 가운데 종교사적인 시각의 중요성을 강조하며, 신약성서가 갖고 있는 독특성이 상대화되는 위험성에 대해 경고한다 ["Gesamtbiblische Theologie. Eine offene Diskussion," in: Ch. Dohmen, Th. Söding(eds.), *op. cit.*, pp. 230ff]. 메르크는 신구약성서 사이에 놓인 '거리(Ferne)'를 우선적으로 확실히 인정한 뒤에야 비로소 이들 간의 '친밀함(Nähe)'에 대해 말할 수 있다는 입장을 표명한다(*ibid.*, p. 235; cf. R. Smend, U. Luz, Gesetz, Stuttgart, 1981, p. 142).

가르침과 더불어 전적으로 구약성서의 토대 위에서 형성되었다."[50]는 사실을 부각시킨다. 신구약성서는 대체로 상호 일치하는 주제를 갖고 있다고 전제하는 슈툴마허는 특히 하나님이 인간을 향한 독생자 예수 그리스도를 통한 '속죄와 화해(Sühne und Versöhnung)'의 주제를 '성서의 중심(Mitte der Schrift)'으로 여기며 이 주제를 통해 신구약성서 사이의 내용적인 연결성을 입증하고자 한다.[51]

이 모델은 구약성서의 독자성과 완전성을 존중하였다는 장점을 갖고 있으나, 신학적으로 중요하나 해결되지 않은 문제를 안고 있다. 즉 이 모델에 따른 전체 성경신학이 미쉬나와 탈무드로 발전된 유대적 전승과, 다른 한편 신약성서로 귀결되는 기독교적 전승이라는 구약성서의 이중의 발전을 인정하는지에 관한 문제이다.

4) 빌헬름 튀징(Wilhelm Thüsing)

가톨릭 신약학자 튀징은 모두 네 권으로 이루어진 신약성서 신학을 구상하였다. 그러나 이 작품은 세 권만 간행되고 중단됨으로 미완성품으로 남게 되었다. 신약성서 신학의 토대가 되는 규범을 다룬 제1권은 이미 1981년에 나왔고[Kriterien aufgrund der Rückfrage nach Jesus und des Glaubens an seine Auferstehung(『예수에 관한 질문과 그의 부활에 대한 신앙에 근거한 준거』)], 오랜 시간이 지나서 드디어 1998년에 제2권이 모습을 드러냈다(Die neutestamentlichen Theologie und Jesus Christus. Grundlegung einer Theologie des Neuen Testaments II: Programm einer Theologie des Neuen Testaments mit Perspektiven für eine Biblische

---

50) Ibid., p. 5.
51) 이와 같은 슈툴마허의 시도를 가리켜 J. Roloff는 "역사적 긴장과 문제점들을 무효화시키는 변증"이라고 비판한다(ThLZ 119, 1994, p. 245).

Theologie, Münster: Aschendorff, 1998).[52] 1998년 5월 24일 유감스럽게도 빌헬름 튀징이 별세하나, 다행히 제3권의 원고가 이미 탈고된 상태라 이듬해에 출판될 수 있었다(*Die neutestamentlichen Theologie und Jesus Christus. Grundlegung einer Theologie des Neuen Testaments III: Einzigkeit Gottes und Jesus-Christus-Ereignis*, Münster: Aschendorff, 1999).[53] 아직 출판되지 아니한 제4권에서는 신약을 전체로 향하는 한 부분으로 보며 동시에 전체로부터 부분을 향하는 가운데 내적 구조를 규명하며 비교하는 내용을 다룰 생각임을 밝혔으나(제2권, p. 15), 고인이 됨으로 말미암아 애석하게도 이제는 더 이상 이룰 수 없게 되었다.[54]

튀징은 제2권에서 '성경신학'의 문제를 자세히 다루고 있다(특히 pp. 194ff). 여기에서 그는 신구약성서의 관계에 관한 세 가지 명제를 제시한다. 첫째, 성경신학의 범주 안에서 구약의 특징이 전적으로 드러나도록 하기 위해, 우선적으로 구약을 신약과 구분하여 조망해야 한다. 그런 다음 구약과 신약을 아우르는 전체적인 조망을 밝혀야 한다. 이는 오로지 '신-학', 즉 하나님 이해의 관점을 통하여 가능하다. 둘째, 성경신학은 구약의 특징과 그 이상의 것을 포함하여야 하며, 또한 신약의 특징과 고유한 그 이상의 것을 포함시켜야 한다. 성경신학은 신구약성서를 단순히 연결시키고 비교하는 데 머무르지 않고, 이스라엘의 하나님 활동을 통하여 구약과 신약에 나타난 구원현실의 '연속성(Kontinuität)'과 '독특성(Andersartigkeit)'의 양

---

52) 『신약성서 신학과 예수 그리스도: 신약성서 신학의 토대 II - 성경신학의 전망을 담은 신약성서 신학의 프로그램』.
53) 『신약성서 신학과 예수 그리스도: 신약성서 신학의 토대 III - 하나님의 유일성과 예수 그리스도 사건』.
54) 간행된 제3권 뒷면 표지에 제4권의 제목이 나타난다: *Exemplarische Darstellungen zu neutestamentlichen Theologien*.

면을 고려해야 한다. 셋째, 성경신학의 목적은 구약과 신약을 신학적으로 연결짓는 것으로, 이는 곧 예수 그리스도의 인격적 현실 가운데 놓여 있다. 따라서 성경신학은 구약과 신약을 연결짓기에 앞서, 양자를 받치는 '축(Angelpunkt)'을 밝혀야 하는데, 그것은 이스라엘을 향한 하나님의 사역과 예수 그리스도를 통한 부활절 이후의 하나님의 사역 가운데 놓여 있다. 그 것은 다름 아닌 예수의 선포, 사역, 죽음, 부활 가운데 나타난 하나님의 활동하심을 가리킨다. 유대인 나사렛 예수 안에서 구약성서의 유산과 신약성서적인 구원 현실의 맹아가 서로 연결되었다고 보는 가운데, 튀징은 나사렛 예수에 대한 질문이 구약과 신약을 아우르는 핵심 질문으로서 성경신학을 구축하는 데 유용할 뿐만 아니라 불가피하다는 입장이다.

III. 결론

'성서의 신학적 차원을 회복하자는 도전'[55]으로 이해할 수 있는 '성경신학'과 관련하여 최근 독일학계를 중심으로 자주 거론되고 있는 신구약성서의 통일성에 대한 질문은 중요한 신학적 질문으로서, 회피할 수 없고 회피해서도 안 될 것이다. 신구약성서의 통일성, 즉 양자간에 놓인 신학적 상호 연관성에 대한 질문은 이미 신약성서의 증언 가운데 내포되어 있으며, 이스라엘의 역사와 예수 그리스도를 통한 한 분 하나님의 활동하심이 전체 성서의 중심 맥을 이룬다고 말할 수 있기 때문이다. 또한 이스라엘 사람들의 삶과 신앙고백을 담고 있으며 최초의 그리스도 신앙 공동체가 유일한 하나님의 말씀으로 받아들인 구약성서를 배제하고서는, 신약성서를 온전히 이해하기 어려울 뿐만 아니라 기독교의 정체성을 유지하기 어렵다는

---

55) 차일즈, 『성경신학의 위기』, 34쪽.

사실을 고려할 때, 신구약의 관계를 묻는 성경신학의 필요성이 절실함을 알 수 있다.

따라서 그리스도교 신앙 공동체는 구약과 신약으로 구성된 성서를 서로 무관하게 생성된 전적으로 상이한 두 책의 조합으로 보는 것에 만족하지 않고, 두 책 가운데 놓인 내적인, 신학적인 연결성을 밝히는 일에 마땅히 관심을 기울여야 할 것이다. 이렇게 볼 때, '전체 성경신학(Gesamtbiblische Theologie)'을 향한 접근은 지극히 정당하다고 말할 수 있다. 신구약성서의 통일성에 대한 질문은 오늘날 역사 비평적인 성서 해석과 (조직)신학적인 해석 사이에 벌어진 간격을 좁히는 데 공헌할 것이 분명하다.

신구약성서의 내적인 연결을 나타내는 통일성을 강조한다고 해서 성서에 속하는 각각의 문서가 지니고 있는 독특성을 부인할 필요는 없다. 각 문헌의 독특성에 관심을 갖는 일은 성서의 통일성을 밝히는 작업과 배치된 것으로 이해할 필요가 없고, 오히려 히브리서 기자가 언급했듯이 "옛적에 선지자들로 여러 부분과 여러 모양으로 우리 조상들에게 말씀하신"(히 1:1) 한 분 하나님의 활동하심을 각 문서를 진지하게 살펴 옳게 드러냄으로써, 전체 성서에 흐르는 내적인 통일성과 각 문헌의 독특성이 서로 조화를 이룰 수 있다고 생각한다. 이와 관련하여 단일한 주제 및 특정 시각을 통해 구약성서와 신약성서 전체를 조망하려는 성경신학적 시도가 안고 있는 위험성을 경시해서는 안 될 것이다. 그러한 시도로 말미암아, 예수의 삶·선포·그의 십자가 죽음과 부활 사건에 담긴 옛 전통을 넘어서는 전적인 새로움의 차원이 흐려진다면, 기독교 정체성의 혼란을 초래할 수 있기 때문이다.

부록

성경신학과 교의신학을 올바르게 구분함과 이들 양자의 목적을 바르게 규정함에 대하여[56]

- 요한 필립 가블러의 알트도르프대학 교수 취임 연설,
1787년 3월 30일 -

번역: 김창선 [57]

가블러는 자신의 프로그램을 담은 이 강연에서 성경신학이 지니고 있는 역사적 성서를 강조하였을 뿐만 아니라, 역사적인 발전 가운데 놓여 있는 성서에 나타나는 다양한 가르침을 서로 구분할 필요가 있다고 역설하였다. 성서가 안고 있는 이러한 역사적 차원을 진지하게 밝힌 다음에야 비로소 성서에 담긴 규범적인 성격을 띤 진리의 말씀이 온전히 드러나게 된다고 보았다. 이 강연은 교의신학의 지배 아래에 있던 성경신학의 진정한 독립을 선언하는 중요한 글로 간주되고 있다(번역자).

---

56) 라틴어 원제목은 다음과 같다: "De iusto discrimine theologiae biblicae et dogmaticae regundisque recte utriusque finibus." 라틴어 원문은 *Kleine theologische Schriften*, ed. T. A. Gabler, J. G. Gabler(Ulm 1831), II, pp. 179-198에서 찾을 수 있다.

57) 이 글의 번역은 가블러 교수의 라틴어 강연을 Otto Merk가 자신의 저서(Habilitation, Marburg, 1970) *Biblische Theologie des Neuen Testaments in ihrer Anfangszeit: Ihre methodischen Probleme bei Johann Philipp Gabler und Georg Lorenz Bauer und deren Nachwirkungen*(Marburg: N. G. Elwert Verlag, 1972, pp. 273-284) 가운데 독일어로 번역한 것을 기초로 하였다.

성서는, 특히 신약성서는 유일하며 빛나는 원 자료입니다. 이로부터 기독교의 모든 진실하며 확실한 인식이 샘솟습니다. 또한 인간 학문이 심히 의심스럽고 뒤바뀔 때 우리가 도피할 수 있는 유일한 신성한 보증이기도 합니다. 우리가 신적 본질에 대한 확고한 통찰을 얻기 위해 애쓰고, 확실하며 신뢰할만한 구원에 대한 희망을 받기를 원할 때 말입니다. 존경하는 청중 여러분, 물론 이 점을 그리스도의 신성한 신앙 공동체에 속하는 사람은 누구나 한결같이 고백하고 있습니다.

그런데 이러한 의견 일치에도 불구하고 그토록 많은 이견이 종교 자체에 나타나게 되는 것은 어찌된 까닭입니까? 셀 수 없을 정도로 많은 분파가 도대체 어디에서 유래한 것입니까? 물론 이러한 불협화음이 성서의 몇몇 구절에 나타나는 모호함에서 나오기도 합니다. 또는 자기 자신의 입장과 판단을 성서에 끼워 넣는 못된 습관에서 비롯될 수도 있습니다. 혹은 성서를 해석하는 노예적인 방법론[교의신학의 노예가 된 해석 방법론]에서 나올 수도 있습니다. 또한 종교와 신학 사이의 구별을 주의하지 않음에서 그럴 수도 있습니다. 마지막으로 성경신학의 단순함과 가벼움을 교의신학의 날카로움과 엄함과 잘못 혼합함으로써 비롯될 수도 있습니다.

사실, 성서는 여러 구절에서 우리가 본문을 혹은 내용 자체를 비판적으로 관찰하면 상당한 모호함에 쌓여 있는 것을 드물지 않게 발견하게 됩니다. 물론 이 점에 대해서는 여러 말로 밝힐 필요가 없다고 생각합니다. 그것은 너무도 자명하며, 또한 해석자들의 성과 없는 숱한 작업들이 하늘을 향해 울부짖는 데서 알 수 있기 때문입니다. 이에 대해서 여러 이유가 있습니다. 때로는, 성서 가운데 전승된 대상 자체의 본질과 자연 상태나, 때로는 기괴한 용어들이나 일반적인 연설 양식, 때로는 우리 시대의 것과는 상당히 차이가 나는 시대와 관습의 양태에 의해서, 마지막으로 때로는 대체로 구습에 의해서건 혹은 각 저자의 독특한 언어사용에 의해서건 성서를 바르게 해석할 수 없는 많은 사람들의 무능력으로 설명될 수 있습니다.

그런데 지금 이 자리에서 이 모든 이유들을 하나하나 거론하는 것이 중요한 것이 아닙니다. 왜냐 하면 어디에서 유래하건 간에 성서의 모호함으로부터 수많은 이견들이 나올 수밖에 없다는 점은 어쨌든 분명하기 때문입니다. 우리 종교의 이와 같은 불행한 운명으로 말미암아 성서의 저자 자신들을 경솔하게 저마다 각자의 생각, 심지어 중요하지 않은 생각 밑에 구속시키는 불행을 여전히 많은 사람들이 범하고 있습니다. 물론 이 사람들은 자신들의 경솔한 입장을 성서 저자의 권위로써 뒷받침하고자 애씁니다. 자신의 인간적인 망상을 신성한 것으로 바꾼다는 것은 참으로 중요한 일입니다. 하지만 이들은 이런 식으로 성서에 폭행을 가하고 있다고 보아야 할 뿐만 아니라, 이들이 성서를 올바로 주석하는 능력에서 완전히 벗어났다는 사실을 우리가 알게 됩니다. 뿐만 아니라 참으로 예리한, 이 문제에 정통한 주석가조차도 올바른 주석 법칙을 무시한 채 자기 자신의 입장만을 주장함으로써 실패하고 만다는 사실도 우리가 알고 있습니다. 게다가 결국 이들이 성서 자체의 말씀을 사용한 자기 자신의 가르침을 적합하며 올바른 방식으로 성서로부터 펼치고 있다고도 생각되지 않습니다. 이들이 단어에 매달려 성서 저자의 고유한 언어 사용을 보지 못하고, 그 저자의 바른 생각과는 다른 것을 제시하게 되는 일이 종종 일어나기 때문입니다. 한 가지 예를 들자면, 이들은 은유들을 작은 먼지로 떼어 내는 가운데 그 내용을 보편적인 개념으로 전환시킴으로써, 하나의 의미를 성서로부터 판독해 내었다고 확신에 찬 이 사람들은 역으로 성서에 그 의미를 끼워 넣은 것이기 때문입니다.

불일치에 대한 또 다른 중요한 이유는 종교와 신학 사이에 놓인 차이를 무시하는 데 있습니다. 신학의 영역에 속한 것이 종교 자체와 관련되었을 때, 우리는 적나라한 의견의 차이가 자리할 수 있는 넓은 공간이 여기에 있다는 사실을 쉽게 깨닫게 됩니다. 이때 이 이견들이 불행을 초래하면 할수록 저마다 종교 자체에 관련된 것을 더욱 억지로 분리시키게 됩니다. 그런데 종교와 신학 사이에 엄청난 차이가 있다는 사실을 에르네스티, 젬믈러, 텔러, 슈팔딩, 퇼너 등 이후 존경할 만한 사람인 티트만이 최근에 멋지게 밝혔습니다. 즉 이분의 말로 표현하자면, 종교는 글로 전승된 신적인 가르침입니다. 이것은 현재와 미래의 생에 축복을 얻기 위해서 각 그리스도인이 알고 믿고 행해야만 하는 것을 가르칩니다. 말하자면 종교는 일상적이며 자명한 학문입니다. 반면 신학은 섬세하며, 형태를 갖췄으며, 여러 다른 학문과 관계를 맺고 있습니다. 다시 말하면 신학은 성서에서뿐만 아니라, 다른 곳으로부터 철학 주변으로부터 특히 역사로부터 나온 것입니다. 따라서 신학은 인간의 능력과 이성으로 이루어진 분과로서, 다른 분과들과 다양한 교차 관계를 나눈 주의 깊고 꾸준한 관찰에서 생긴 것입니다. 왜냐하면 신학은 기독교 종교 영역에 속한 것들을 다룰 뿐만 아니라, 어떤 식으로든 이와 관련된 것들을 모두 주의 깊고 진정 자세히 구분하는 가운데, 결국 변증법적인 철저함과 엄격함의 공간을 마련하기 때문입니다. 그러나 이처럼 엄청난 양의 문헌과 역사를 대중적인 종교는 포괄하지 못합니다.

우리를 슬프게 만드는 이러한 의견의 차이들은 마지막으로, 완전히 서로 다른 것을 혼합시키고자 하는 저 불운한 노력으로 인해 지속되었고 또한 유감스럽지만 앞으로도 한동안 지속될 것입니다. 예컨대 이른바 성경신학의 단순함을 교의신학의 예리함과 섞는 시도 말입니다. 제가 보기에 이 양자는, 이제까지 대다수의 사람들이 해온 것보다 더욱 정교하게 서로 완전히 구분되어야 함에도 불구하고 말입니다. 이러한 구분을 하는 데 필요한 어떠한 원칙이 설정되어야 하며, 혹은 어떠한 방법이 지켜져야 하는지, 바로 이 점을 저의 강연 가운데에서 미력이 미치는 한 최선을 다해서 아주 간략히 다루고자 하는 것이 저의 생각입니다. 그러니 여러분의 은혜를 간절히 기대하며, 저의 간곡한 심정으로 여러분 각자에게 부탁하오니, 저의 강연 동안에 제게 관심을 집중해 주실 것을 바라며, 중요한 내용을 너무 소심하게 묘사하는 저에게 여러분께서 친절한 관심을 표명해 줌으로써 용기를 주시기 바랍니다.

성경신학은 성서 기자들이 신적인 문제에 관하여 생각한 것을(quid scriptores sacri de rebus divinus senserint) 전해 줌으로써 역사적인 성격을 (e genere historico) 띠고 있습니다. 그와 달리 교의신학은 한 특별한 신학자가 자기의 이해 능력, 시점, 시대, 장소, 종파와 학파, 또한 유사한 다른 것들에 따라 이성적으로 신적인 문제에 대하여 성찰하는 것을 가르침으로써 교훈적인 성격을 지닙니다. 전자[성경신학]는 역사적으로 논증을 전개시키기에 그 자체로서 항시 불변합니다. (비록 완성된 가르침의 체계에 따라 성경신학조차 사람에 따라 다르게 전개될 수 있다손 치더라도 말입니다.) 그러나 후자[교의신학]는 다른 분과와 마찬가지로 다양한 변화를 겪게 마련입니다. 지난 수백 년 동안의 지속적인 관찰을 통해 명백히 드러났듯이 말입니다. 식자들의 교회들이 기독 종교의 초창기와 얼마나 다르며, 교부들은 시간과 지역의 상이함에 따라 얼마나 다양한 시스템들을 표방하고 있습니까! 연대기뿐만 아니라 지역 또한 신학에 결부되었다는 사실을 신학사는 가르치고 있기 때문입니다. 야만의 짙은 어둠 속에 가려져 있던 중세 스콜라 신학이 저 고상한 분과[신학]와 얼마나 커다란 차이를 나타내고 있습니까! 그러나 구원론의 빛이 이러한 어둠 가운데 나타났음에도 불구하고, 신학이라는 분과 가운데 저 엄청난 차이가 사라진 것은 아닙니다. 심지어 정화된 교회 안에서조차도 마찬가지입니다. 소시니주의자와 아르미니우스주의자들의 당파만 보더라도 말입니다. 루터 교회에만 국한하더라도, 켐니츠와 게르하르트의 가르침이 있는가 하면, 칼로프의 가르침이 있고, 또한 파프와 모스하임의 가르침이 있고, 바움가르텐의 가르침과 카르포프의 가르침, 또한 미카엘리스와 하일만의 가르침이 있는가 하면, 에르네스티와 자카리에의 가르침이 있고, 텔러의 가르침이 있으며 발히와 카르프초프의 가르침이 있는가 하면, 젬믈러의 가르침이 있고, 끝으로 되덜라인의 가르침이 있습니다. 그런데 성서 기자들이 신학 분과의 각양각색의 형태와 모양을 취할 정도로 실로 그렇게 변화무쌍하지는 않습니다. 물론 그렇다고 신학에 내재된 모든 것이 불확실하며 의심스럽다거나, 혹은 모든 것이 인간의 의지에 허용되어 있다는 사실을 말하는 것은 아닙니다. 오히려 신적인 것과 인간적인 것을 구분해야 한다는 사실을 말하고 싶을 따름입니다. 그리하여 성경신학과 교의신학을 확실히 구분 지으며, 또한 성서 가운데 특히 당시와 당시 사람들을 향한 것을 구분함으로써 이러한 순수한 표상이 모든 장소와 시간에 적용되는 종교에 관한 우리의 철학적 관찰에 토대를 이루게 됩니다. 그리하여 신적 지혜의 영역과 인간적 지혜의 영역을 보다 정교하게 나타내게 됩니다. 그리하여 마침내 우리의 신학이 보다 확실해지며 굳세게 되어, 적의 강력한 공격에 대해서 더 이상 아무것도 두려워하지 않을 것입니다. 그런데 이러한 영역은 고인이 된 자카리에의 책[58]에서 성공적으로 다루어졌습니다. 그가 다른 사람들에게 교정하는 일과 보다 정확히 정의 내리는 일이며 보충하는 일에 얼마나 커다란 공헌을 하였는가에 대해서는 언급할 필요조차 없을 정도입니다. 그 모든 일이 다음과 같은 방향으로 귀착됩니다. 즉 우리가 한편으론 성서 기자들의 표상을 보다 신중하게 묘사할 때 올바른 방식으로 정확한 기준을 지키며, 다른 한편으론 그런 표상들을 교리적으로 사용함과 이들의 한계를 정확히 규정 짓는 것입니다.

    이 지극히 중요한 일과 관련해 첫번째 일은, 우리가 성스러운 표상들을

---

58) 괴팅겐대학의 신학자 G. T. Zachariä(1729~1777)의 저서 『성경신학』(*Biblische Theologie*)을 가리킨다. 이 책은 1771~1775년 사이에 모두 4권으로 출판되었다. 자카리에는 교회의 교리와 성서의 가르침을 비교하여 이들 가운데 무엇이 옳고 그른가를 구분하기 위해서 이 책을 저술했다고 말한다. 즉 교의학으로부터 성경신학을 독립시킬 목적으로 집필하였으나, 신구약성서에 놓여 있는 역사적 발전을 고려함이 없이 성서 진술 전체를 한 가지 차원에 국한하여 조화된 것으로 전제함으로써 성서를 무비평적으로 다루었다는 평가를 받고 있다(W. G. Kümmel, *Das Neue Testament. Geschichte der Erforschung seiner Probleme*, 제2판, München, 1970).

신중히 모으는 일이며, 그런 다음 이것들이 성서 가운데 구체적으로 언급되면 이것들을 서로 비견될 만한 구절들로부터 합당하게 조합하는 일입니다. 이와 같은 작업이 보다 효과적으로 이루어지기 위해서, 또한 무언가 무작정 전개되거나 혹은 제멋대로 수행되는 일이 없도록 하기 위해 상당한 조심과 주의가 요망되는 것은 물론입니다. 무엇보다도 다음과 같은 일을 주의하여야 합니다. 이 성서 가운데는 한 사람의 견해가 담겨 있는 것이 아니며, 또한 같은 시대의 견해만도 아니며 혹은 같은 종교의 견해만도 아닙니다. 물론 성서 기자들은 모두 성인이며 하나님의 권위로 보호를 받고 있습니다. 그러나 이들 모두가 종교의 동일한 형태와 관련된 것은 아닙니다. 어떤 이들은 바울 자신이 유치한 교훈(ptocha stoicheia, 갈 4:9)이라는 칭호로 부른 기본이 되는 오랜 가르침의 형태를 위한 교사들이며, 다른 이들은 보다 새롭고 진보된 기독교의 가르침 형태를 위한 교사들입니다. 따라서 성서 기자들이 저마다의 글 가운데 각인된 하나님의 권위로 인해 우리로부터 한결같은 존경을 받을 만함에도 불구하고, 우리가 교리적으로 사용할 때 그들 모두를 같은 차원에 놓아서는 안 될 것입니다. 그러나 각 성서 기자 가운데 내재하시는 성령이 이성의 고유한 힘과 사물을 들여다보는 자연스런 통찰력의 양을 파괴시키지 아니하였다는 사실에 대해서는 언급할 필요조차 없습니다. 결국, 어쨌든 현 시점에서 성서 기자 각 사람이 신적인 일들에 대해 어떠한 생각을 가졌는지를 연구해야만 할 것입니다. 또한 이 일은 하나님의 권위를 고려함이 없이 그들의 책 자체에서 인식될 수 있기 때문에 저의 견해는 이렇습니다. 이미 인정된 것을 수용하듯이, 뭔가 입증이 필요하다는 인상을 불러일으키지 않도록, 성서 기자들이 어떤 권위로 기록하였는가가 중요하지 않고 어떠한 종류의 견해를 표방했는가가 중요한 이 첫번째 연구 가운데, 하나님의 영감이라는 사항을 완전히 무시하는 것이 보다 나으며, 영감은 성서적 표상을 교리적으로 사용할 때 비로소 다루어야 한다는 생각입니다. 이러한 상황 가운데 우리가 아무 성과 없이 작업하기를 원치 않는다면, 옛 종교와 새 종교라는 각 시대와, 또한 각 저자와, 끝으로 시대와 지역에 따라 저마다 사용한 각각의 언어 형태를 서로 분리해야 합니다. 그래서 그것들이 역사적인 종류인지 교훈적인 종류인지 시적인 종류인지를 구분해야 합니다. 우리가 어려움을 동반하며 지극히 편안치 못한 이 곧은 길을 벗어난다면, 우리는 필연적으로 길을 잃고 불안한 곁길로 빠져 헤매게 될 것입니다. 따라서 각 성서 기자들의 표상을 열심히 수집하여 저마다 제 자리에 위치시켜야만 할 것입니다. 족장들의 표상, 모세의 표상, 다윗과 솔로몬의 표상, 예언자들의 표상, 즉 각 예언자의 표상, 이사야, 예레미아, 에스겔, 다니엘, 호세아, 스가랴, 학개, 말라기, 또한 기타 예언자들의 표상들을 말입니다. 또한 여러 이유에서 볼 때 외경을 다루는 것도 경시해서는 안 될 것입니다. 그런 연후에 신약성서의 시대로부터 나온 예수의 표상, 바울의 표상, 요한의 표상, 또한 야고보의 표상들을 다루어야 합니다. 이러한 과업은 무엇보다도 두 부분으로 나누어 작업할 수 있습니다. 첫째 부분은 이와 관련된 구절을 바르게 해석하는 일이며, 다른 부분은 모든 성서 기자들의 표상들을 서로 주의 깊게 비교하는 일입니다.

물론 첫째 부분에 대다수의 어려움이 담겨 있습니다. 왜냐 하면 언어 사용을 고려해야만 하기 때문입니다. 신약성서 가운데는 히브리-그리스어뿐만 아니라 당시 그리스 대중 언어가 담고 있는 일반적인 언어 사용을 고려할 경우가 있는가 하면, 각 성서 기자 특유의 언어 사용, 무엇보다도 한 특정 구절에만 나타나는 상세하거나 간략한 표현을 고려해야 합니다. 이때 서로 차이가 나는 것도 고려하여야 할 것입니다. 또한 가능하다면, 같은 단어에 담겨 있는 몇몇 의미들이 함께 나타나는 일반 표상이 설명되어야 할 것입니다.

뿐만 아니라 한 문장의 의미와 뜻도 파악해야 할 것입니다. 그리하여 한 단어의 기본적인 의미가 무엇인지, 또한 이에 첨가된 뜻은 무엇인지를 파악해야 할 것입니다. 왜냐 하면 번역자는 한 단어의 토대를 이루는 첫번째 의미에 머물러서는 안 되며, 또한 시대와 이해 및 내용 영역에서 볼 때 그 단어와 관련된 부차적인 의미 역시 다루어야 할 것이며, 그리하여 이러한 토대에서 보다 중요한 개념들을 유추해 낼 수 있게 됩니다. 게다가 한 단어의 본래적이거나 혹은 비 본래적인 사용법에도 주의를 기울여야 합니다. 이 점에 특히 과오를 범하게 됩니다. 저자들이 전혀 생각하지도 않은 용법에 우리가 매달린 나머지 전적으로 새로운 도그마를 제시하는 과오 말입니다. 그러한 일이 종종 일어납니다. 시가서뿐만 아니라 예언서, 또는 사도들의 문서 가운데 말입니다. 이와 같은 비 본래적인 단어 사용법은 풍성한 재능이나 적들의 통상적인 표현 방식, 혹은 처음 독자에게 친숙한 단어 사용에서 비롯될 수가 있습니다. 이것은 상당히 중요한 사항입니다. 우리가 한 저자, 예컨대 바울의 몇몇 생각들을 꼼꼼히 서로 비교하거나, 또는 내용과 단어들을 비교할 때 다양하게 표현되었으나 같은 의미를 지니는 여러 구절들이 하나의 표상과 내용으로 귀결될 수가 있습니다. 이를 최근 명성을 떨치고 있는 모루스 씨가 훌륭하게 입증하며 보여 주었습니다.

마지막으로 구분해야 할 것은 다음과 같습니다. 사도가 자기 자신의 말을 하고 있는지 아니면 다른 사람의 말을 하고 있는지를, 또는 그가 임의의 논지를 단순히 제시할 생각인지 아니면 이를 입증하고자 하는지를 말입니다. 또한 그가 구원론 자체의 내적 본질과 구성으로부터 그 증거를 도출하고 있는지, 아니면 옛 가르침의 책[구약성서]으로부터 나온, 처음 독자의 이해에 적응한 진술들로부터 도출하고 있는지를 구분해야 할 것입니다. 왜냐 하면 비록 우리가 사도들의 문장을 전적으로 신뢰하여 쉽게 그에 대한 임의의 증거를 필요치 않다 할지라도, 처음 독자들은 자기들의 이해와 판단에 따른 증거를 요구하였기 때문입니다. 따라서 사도가 임의의 견해를 그리스도교적인 가르침의 한 부분으로 제시하고 있는지, 아니면 이를 그 당시의 요구에 적응하여 마치 논리학자들이 말하듯 문제점들을 대신하는 것으로 간주할 수 있는지를 구분하는 것은 상당히 중요한 일입니다. 우리가 이 모든 것들을 바로 지킬 수만 있다면, 각 저자에게 친숙한 진실하며 신성한 표상들을 비로소 건져낼 수 있게 됩니다. 물론 모든 표상들은 아닐지라도, 기록하는 기회나 필요성이 성서 기자의 마음으로부터 마지못해 나온 표상들일지라도 말입니다. 그럼에도 불구하고 충분히 많은 표상들이 있다고 생각합니다. 간과된 나머지 표상들은, 이것들이 유일하며 명백히 제시된 원칙적인 견해들을 나타내거나, 아니면 그것들이 임의의 불가피한 결과를 통해 그 견해들과 결부되어 있을 때 어렵지 않게 수집할 수 있습니다. 그런데 이것은 상당한 주의를 요하는 일입니다.

마침내 이제 저의 과업의 다른 부분, 즉 두 가지 가르침의 형태[구약성서와 신약성서]에 속하는 다양한 부분들을 서로 꼼꼼하고 진지하게 비교하는 일로 넘어가야 하겠습니다. 따라서 우리는 개개의 의견들을—저 유명한 모루스 씨가 횃불을 높이 치켜들었거니와—보편적인 표상 아래에 종속시켜야만 합니다. 특히 성서의 이런 저런 구절 가운데 나타난 표상들을 읽어야 하는데, 저마다의 시대며 저마다의 종교적 가르침의 형태며 저마다의 지역과 또한 각자의 정신에 따라 각기 확고한 표상들이 있다는 전제하에서 말입니다. 그리하여 어떤 이유에서건 서로 구분되는 것을 혼합해서는 안 될 것입니다. 이와 같은 주의 사항을 경시하게 될 때, 보편적인 표상이 갖고 있는 이익이 불가피하게 진리에 대한 엄청난 손해로 바뀔 것이며, 각 성서 기자들이 정확히 밝혀내기 위해 쏟아 부었던 수많은 노력을 무용지물로 만들며 파괴시킬 것입니다. 그런데 이와 같은 비교가 보편적인 표상들의 도움으로 수행된다면 각자에게 속한 것이 손대지 않은 채 남을 것이며, 또한 개개의 표상들이 어느 점에서 서로 어울리는지 아니면 구분되는지가 명백히 드러나게 될 것입니다. 그리하여 마침내 다른 것과 혼합되지 아니한 순수한 성경신학의 모습이 드러나게 될 것이고, 그런 다음 결국 우리는 티데만이 스토아철학에 대해 성공적으로 이룩한 것과 같은 체계의 성경신학을 갖게 될 것입니다.

성서 기자들의 이와 같은 견해들을 성서로부터 주의 깊게 모아 적합하게 배열하며 보편 개념[보편적인 표상들]으로 환원시켜 서로를 정확히 비교한 다음에야 비로소 그것들을 교리적으로 사용하는 일이며, 또한 두 가지 신학, 즉 성경신학과 교의신학 사이의 경계를 올바로 규정짓는 일이 유용하게 이루어질 수 있게 됩니다. 이러한 일 가운데 특별히 연구해야 할 사항은, 어떤 견해들이 항존하는 형태의 그리스도교적인 가르침과 관련된 것인지, 하여 우리 자신들에게도 관련된 것인가의 문제이며, 또한 어떤 견해들이 특정한 시대와 특정한 가르침에 해당된 사람들을 향해 언급된 것인가의 문제입니다. 즉 모든 사람들에게 명백한 점은, 성서의 전체 내용이 모든 부류의 사람들을 위한 것이 아니라, 그들 가운데 많은 부분은 오히려 특정한 시대와 특정한 장소며 특정한 부류의 사람들을 위해 하나님 스스로의 결정에 따라 이루어졌다는 사실입니다. 질문하건대, 어느 누가 이미 그리스도가 철폐해 버린 모세의 제식들과 관련시키며, 어느 누가 교회 안에서 여자들은 머리를 가려야 한다는 바울의 지침을 우리의 시대와 관련시키겠습니까? 모세의 가르침에 관한 표상들은 예수와 그의 사도들 혹은 이성 자체에 의해서도 입증되지 아니한 것들로서 교리적으로 전혀 유용하지 않습니다. 같은 방법으로, 신약성서 가운데 무엇이 처음 그리스도교 세계를 향해 언급된 것인지 또한 어떤 것이 항존하는 구원론과 관련된 것인지를 열심히 연구해야 할 것입니다. 사도들의 진술 가운데 무엇이 진정 신적이며, 무엇이 우연한 것이며 순전히 인간적인 것인지를 말입니다.

끝으로 이 지점에서 하나님 숨결(Theopneustie)의 양태에 대한 연구가 아주 제격이라고 생각합니다. 물론 상당히 까다로운 이 일은 하나님의 숨결을 언급한다는 사도들의 말로부터는 비교적 올바르지 못하게 가르쳐지고 있다고 생각됩니다. 이 각각의 구절들이 상당히 많은 모호함과 애매함을 담고 있기 때문이 아니라, 우리가 서두르거나 욕심을 내지 않고 이성적으로 이러한 일들을 다루고자 할 때 다음과 같은 점에 조심해야 할 것이기 때문입니다. 즉 우리가 사도들의 견해를 허용된 경계를 넘어 다루어서는 안 된다는 사실입니다. 이 일들의 원인이 아니라 단지 결과만이 의식적으로 인지되기 때문에 특히 그렇습니다. 그러나 저의 판단으론 물론 이 전체 일이 오직 주석적인 관찰로부터, 다시 말하면 지속적이고 꼼꼼한 관찰로부터 이루어져야만 한다고 생각합니다. 그리고 이 일은 이 사항과 관련하여 우리의 구원자 되시는 분의 명백한 약속과 비교가 이루어져야 할 것입니다. 그럼으로써 사도들의 모든 견해가—이것들이 어떤 양태의 것인가를 막론하고—진정 신적인 것인지, 혹은 결코 구원과 관련되지 아니한 몇몇 견해들은 그들 자신들의 생각에 맡겨 둬야 할 것인가가 확실히 규정될 것입니다.

  이 모든 일들이 동시에 올바르게 관찰되고 꼼꼼하게 확정될 때, 마침내 성서의 저 구절들이 구분되어 투명하게 될 것입니다. 즉 의심스럽지 않은 독법에 의해서, 모든 시대의 기독 종교에 관련되며 분명한 말로 진정 신적인 형태의 신앙을 나타내는 구절들 말입니다. 진정한 의미에서 고전적인 말씀들(dicta classica)로서 철저한 교리적 연구의 토대로 놓일 수 있는 구절들 말입니다. 이러한 구절들로서만, 의심의 여지 없이 오직 교의신학에서 사용할 수 있는 확고하며 모호하지 아니한 보편적인 표상들을 이끌어낼 수 있게 됩니다. 이러한 보편적인 표상들이 합당한 해석을 통해 그 고전적인 말씀들로부터 유추될 수 있고 서로 꼼꼼하게 비교된다면, 각 처소에서 정확하게 비교하는 가운데 질서 지음으로 말미암아 진정한 신적 가르침들을 필요하며 유용하게 연결시키고 질서를 지운다면, 그렇다면 그 결과 '단어 사용의 좁은 의미에 따른 성경신학'이 진정 나타나게 됩니다. 아시는 바와 같이 고인이 된 자카리에 씨가 자신의 경이로운 작품을 작업할 때 따랐던 의미에서 말입니다. 좁은 의미에서 이해된 성경신학의 이러한 확실한 토대가-우리가 불확실한 방식에 따르지 않고자 하면-우리가 지금껏 묘사한 방식에 따라 수행된 다음에야 비로소 교의신학이, 즉 우리 시대에 적합한 교의신학이 구축되어야 합니다. 우리가 살고 있는 세기의 이성은, 때론 우리가 신적 교리와 인간 이성에 따른 결정 사이의 일치를 가르치는가 하면, 때론 가능한 뛰어난 기교와 솜씨로 각 장의 가르침을 이끌어내어 구절들을 올바로 배열하거나 올바른 입증을 제시할 때 소용되는 철저성뿐만 아니라 보편적인 모양과 형태에 들어 있는 우아함, 혹은 인간의 지혜, 특히 역사철학과 관련된 풍부한 지식 역시 어느 부분에서건 결핍되어서는 안 될 것을 요구하기 때문입니다.

따라서 교의신학의 체계와 형태는—교의신학은 본래 기독교 철학(philosophia christiana)이기 때문에—철학과 관련해서뿐만 아니라 날카롭고 교양이 풍부하며 적합하며 유용하여 결국 우아하며 흥을 자아나는 것에 대한 인간적 견해의 다양성과 관련하여 여러 종류이게 마련입니다. 그런데 그것은 동시에 학문 자체의 엄청난 변모 가운데 성경신학으로 남게 되었는데, 물론 성서 기자들이 종교에 관한 것들에 대해 생각하였던 것과 또한 우리의 견해에 유용하게 지어내지 아니한 것만을 다루는 한에 있어서 말입니다.

상황이 이렇기 때문에 우리가 신학 분과들을 완성하기 위해 얼마나 해야 할 일이 많은가를 깨닫게 됩니다. 어쨌든 우리가 확고한 가르침의 형태를 취하고자 한다면 말입니다. 그러나 우리는 그것들을 성취하는 데 진정 올바르고 확고한 길과 더불어 우뚝 선 완성의 정상으로 인도하는 올바르고 확고한 방법을 지켜야만 할 것입니다. 또한 제가 보기에, 이러한 보다 나은 길을 바로 지시하며 이러한 것들을 다루며 보다 꼼꼼하게 묘사하는 데 적합한 방식, 바로 이것이 오늘 여러분에게 말씀드리고자 했던 사항입니다. 제가 이를 얼마나 성공적으로 수행했는가는 여러분 스스로 판단하시기 바랍니다. 여러분이 보았듯이, 저는 이 일 자체 가운데 감히 아무것도 규정짓고자 하지 않았습니다. 또한 여러 해 동안의 경험과 관찰을 한 후에도 마찬가지로 아무것도 규정짓지 않을 것입니다. 왜냐 하면 이는 신참자의 과업이 아니라, 원숙한 자의 과업이기 때문입니다. 오히려 저의 이 모든 강연은 성경신학을 보다 확실하며 조심스럽게 파악하여 이것의 경계를 보다 올바르게 규정짓는 방법을 찾는 것을 목표로 삼고 있을 따름입니다. 또한 저는 이 일에 대해 보다 잘 알고 있는 다른 분들을 위한 보증인과 충고자의 역할을 하기를 원할 뿐입니다. 이로써 그들이 제가 묘사한 그 길을 최소한 지켜 제 스스로 아직 부족하다고 여긴 것을 완성하기 위해서입니다. 이 일이 하나님과 종교와 성서에 대한 겸손과 경외 가운데 그리고 새로운 것을 만들어내려는 무모한 열정과 성급함이 없이 수행된다는 한에서 말입니다. 물론 종교의 순수함과 신성함 때문으로 신학이, 즉 성경신학과 교의신학이 날마다 놀랍게 성장하기를 기원해야 할 것입니다.

　이제 남은 것은, 이미 이 땅의 삶을 마감하신 존경하는 분, 이 대학과 공동체에 공로가 많은 신학자 요한 아우구스트 디텔마이어 박사님께 저의 존경과 감사를 표하는 일입니다. 저는 저 고명하신 우리 대학의 이사님들의 총애를 입어 독일의 변방으로부터 멋진 학문을 하는 이 유명한 대학의 정식 신학 교수로 부름을 받았으며, 또한 커다란 은혜를 수없이 받았습니다. 황제 요셉 2세의 자비로운 통치 가운데 고명한 도시 뉘른베르크가 날로 성장하고 번창하기를 바라는 것 외에는 더 이상 바랄 것이 없습니다. 위대하신 하나님께서 이 유명한 공화국 위원들을 섭리 가운데 돌보아 주시기를 바랍니다. 그리하여 놀랍도록 현명한 회의들의 결과가 성공적이기를, 그리하여 모든 조언들이 고명하신 분들을 축복으로 인도하며 고결한 세대를 지키기를 빕니다. 하나님의 은혜가 특별히 이 대학의 고명하신 이사님들에게 함께하시길 빕니다. 이 귀하신 분들은 그들의 명성 때문보다는 영광스런 그들의 출신을 통해 존경을 받는 분들로서 저에게 훌륭한 신학부에 특별히 중요한 자리를 마련해 주셨을 뿐만 아니라, 또 다른 수많은 선행들을 베풀어 주셨습니다. 또한 고명하신 당국자 여러분께 저의 일평생 동안 어찌 감사드려야 할지를 모르겠습니다. 하여 하나님께서 제 스스로는 할 수 없는 것을 허락하사 저분들에게 모든 일마다 간절히 원하는 최상의 복을 내려 주시기를 기원합니다. 나아가 그들이 우리 대학의 안녕과 관련해 기획한 모든 계획이 더할 나위 없이 좋은 결과를 맺기를 하나님께 기원합니다. 이를 위해 실로 열심히 노력하겠습니다. 하나님께서 제게 장수를 허락하신다면, 온 힘을 다해 저의 직분에 속하는 제반 영역들을 관리할 것입니다. 그리하여 그 고명하신 분들께서 제게 베풀어 주신 은혜가 헛되었다고 생각하지 않도록 하겠습니다.

이제 대학 총장님께 감사의 말씀을 드리고자 합니다. 총장님은 실로 제게 커다란 호의를 베풀었습니다. 대단하며 특별한 관심과 호의의 표시를 제게 보여 주셔서, 저는 총장님의 존경받을 만한 이름을 항시 각별히 귀하게 생각할 것입니다. 물론 제가 이미 도르트문트에서 받은 커다란 은혜에 대해 총장님께 합당한 감사를 드릴 수 없습니다만, 미래에 어떤 식으로든지 총장님께 추천할 만한 것이 제 안에 있다면, 그것은 실로 총장님을 존경하는 저의 경건한 마음입니다. 지고하신 하나님께 뜨거운 기도로 간절히 기도하기를 멈추지 않을 마음으로 말입니다. 하나님께서 간구하는 원을 채워 주시기를 바랍니다. 선하시며 위대하신 하나님께서 우리 대학의 특별한 보석이며 저의 가장 큰 후원자 되시는 총장님을 장수하시도록 건강하고 상함이 없이 지켜 주시기를 바랍니다. 그리하여 하나님께서 총장님께 커다란 복을 내리셔서 이로 말미암아 저와 모든 선한 분들이 넘치게 기뻐하며 온 대학이 감사드리기를 바랍니다.

또한 이 자리에 함께하신 이 대학의 부총장님을 향한 존경의 말씀을 드리고자 합니다. 이 분은 전체 학문뿐만 아니라 특히 이 대학의 학문에 굉장한 공헌을 하신 분이십니다. 이분이 공적이며 학문적인 일을 유용하게 하도록 가능한 한 오래 이 나라를 가꾸어, 조국의 일과 관련된 놀라운 노력이 풍성히 열매 맺기를 하나님께 기도합니다.

또한 같은 것을 이 도시와 이 지방의 귀하신 시장님을 위해서도 기도합니다. 이분의 정신적 교양을 존경해야 할지 아니면 귀한 직책에 대한 존경의 말씀을 드려야 할지 모르겠습니다. 제가 이곳에 왔을 때 시장님은 저를 커다란 호의로 맞아 주셨습니다. 마치 제가 이 대학과 이 지역 공동체를 위해 이미 공적이 많은 사람처럼 말입니다. 또한 지금까지 제게 큰 배려를 베풀어 주어 당신께 각별한 관계를 갖도록 해 주셨습니다. 하나님께서 귀한 세대와 함께 시장님을 가능한 한 오래 지켜 주시기를 바라며, 시장님께 온갖 축복을 베풀어 주시길 바랍니다.

끝으로, 존경하옵는 후원자며 동료 되시는 훌륭하시며 유명하신 모든 학부 교수님들께 감사의 말씀을 드리고자 합니다. 귀한 신학부에 속하는 여러분들은 제가 가장 존경하는 분들입니다. 제가 이리로 온 이후로 저를 그야말로 친절히 영접해 주었으며, 제게 호의와 동료애를 보여 줌으로 말미암아 여러분과 맺어진 특히 편안한 유대관계를 제 생의 가장 큰 행복으로 여길 것입니다. 여러분의 선행을 제가 결코 잊지 않을 것을 믿어 주시기 바랍니다. 또한 제가 무슨 일을 하든지 미래에도 역시 여러분의 우정을 얻을 수 있고 그 우정을 지킬 수 있다면 마찬가지로 참으로 행복할 것입니다. 하나님께서 여러분의 개인적이며 공적인 일들을 항시 축복해 주시기를 기도합니다. 또한 하나님께서 긴 세월 동안 여러분에게 힘을 주시고 강하게 하사, 이 대학이 가능한 오랜 동안 명성과 공적으로 날리는 여러분들로 인해 축복 받기를 바랍니다.

마지막으로, 존경하는 동료 학생 여러분, 제게 종종 보여 준 여러분들의 큰 사랑에 대하여 참으로 감사드리며, 모든 종류의 과제와 연구를 여러분에게 기꺼이 감사하는 마음으로 주고자 합니다. 하나님께서 여러분의 학업을 지켜 주셔서 여러분들이 이제는 조국의 희망이며, 언젠가는 조국의 보석으로서 빛을 발할 수 있기를 바랍니다. 이 대학 전체가 더욱 번창하며 자라도록 지고하신 하나님께서 함께하시기를 기원합니다. 이로써 제 강연을 마치고자 합니다.

제 2 장

신약성서의 교회

I. 들어가면서

오늘 우리 사회에서 '교회'는 심각하면서도 중요한 주제로 인식되고 있다. 교회와 직간접으로 관련된 여러 불미스러운 사건들이 우리 사회 곳곳에서 터짐으로 인해 사회 일반인들이 교회에 대해 대체로 부정적인 인상을 갖고 있다는 현실과 관련하여 교회의 심각성을 이야기할 수 있을 것 같다. 또한 이와 관련하여 특별히 교회 내부에 속해 있는 사람들은 한국 교회의 문제점을 언급하는 가운데, 교회 혹은 교회 개혁의 중요성을 잘 인식하고 있는 상태라고 말할 수 있다. 문제는 교회의 개혁을 어떻게 실천에 옮기느냐에 달려 있다. 21세기가 시작된 오늘 이 심각하면서도 중요한 문제에 답하기에 앞서 우리는 무엇보다도 신약성서에 눈을 돌릴 필요가 있다. 신약성서는 초창기 교회의 모습을 담고 있는데, 초창기 교회를 이해함으로써 오늘 우리 교회의 나아갈 방향을 모색할 수 있기 때문이다.

그런데 초창기 교회의 모습이 반드시 모든 시대에 걸쳐 귀감이 되는 '영속적인 교회론(ecclesiologia perennis)'을 제시한다고 말하기는 어려울 것 같다. 왜냐 하면 교회에 관한 신약성서에 나타나는 진술들은, 특정한 역사적인 삶의 자리에서 비롯된 것으로서 특정 시대와 장소의 산물이기 때문이다. 이에 걸맞게 초창기 그리스도교는 단 하나로 통일된 교회론을 갖고 있다기보다 처한 시대와 지역에 따라 여러 특징으로 구분되는 다양한 교회론을 우리에게 보여 주고 있다. 그럼에도 불구하고 사도 바울을 비롯하여 초기 교회의 성서 기자들이 지향했던 이상적인 교회에 관한 기본 구상들을 배움으로써 오늘 우리 교회가 안고 있는 문제를 넘어설 수 있는 실마리를 발견할 수 있으리라 생각한다. 이러한 차원에서 신약성서의 교회론은 오늘 우리의 교회 이해에 규범이 된다고 말할 수 있다.

이러한 시각에서 본고는, 교회란 무엇인가에 관한 교회의 본질에 대한 조직신학적인 숙고에 초점을 맞추지 않고, 신약성서에 나타나는 여러 교회의 특징적인 모습을 단지 요약하여 서술하는 데 목적이 있다.[59] 신약성서의 교회 이해를 서술하기에 앞서 우선적으로 교회와 나사렛 예수와의 관계에 대하여 잠시 생각해 보고자 한다.

---

59) 신약성서의 교회론에 관하여 다음과 같은 책들을 참조하시오: F. Hahn, K. Kertelge, R. Schnackenburg, *Einheit der Kirche. Grundlegung im Neuen Testament*(QD 84)(Freiburg, Basel, Wien, 1979); W. Kirchschläger, *Die Anfänge der Kirche: Eine biblische Rückbesinnung*(Graz, Wien, Köln, 1990); J. Roloff, *Die Kirche im Neuen Testament*(Göttingen, 1993); R. Schnackenburg, *Die Kirche im Neuen Testament*(QD 14)(Freiburg, Basel, Wien, 1961); E. Schweizer, *Gemeinde und Gemeindeordnung im Neuen Testament*(Zürich, 1959); idem, *Matthäus und seine Gemeinde*, SBS 71(Stuttgart, 1974). 본고는 신약성서의 교회론에 관한 모범적이 단행본이라고 말할 수 있는 J. 롤로프의 책에 의존하였음을 밝힌다.

II. 나사렛 예수와 교회의 관계

1. 나사렛 예수와 '암시된 교회론'

교회는 나사렛 예수에 의해 설립되었나? 혹은 나사렛 예수는 교회 설립을 원했는가? 이러한 질문에 대하여 전통적인 시각은 교회를 세운 것은 바로 나사렛 예수 자신이라고 대답한다. 혹은 나사렛 예수는 최소한 교회 설립에 결정적인 영향을 끼쳤다고 말한다. 이에 대한 증거로 베드로를 향한 예수의 말씀(마 16:17-19, "17 예수께서 대답하여 이르시되 바요나 시몬아 네가 복이 있도다 이를 네게 알게 한 이는 혈육이 아니요 하늘에 계신 내 아버지시니라 18 또 내가 네게 이르노니 너는 베드로라 내가 이 반석 위에 내 교회를 세우리니 음부의 권세가 이기지 못하리라 19 내가 천국 열쇠를 네게 주리니 네가 땅에서 무엇이든지 매면 하늘에서도 매일 것이요 네가 땅에서 무엇이든지 풀면 하늘에서도 풀리리라 하시고")을 제시한다. 여기에서 예수는 자기의 교회를 세우리라고 분명히 밝히고 있다. 게다가 열두 제자를 부른 사건(마 10:1-42)이며 예수의 성만찬 제정(막 14:22-25)과 세례를 베풀라는 예수의 명령(마 28:18-20)도 예수가 교회 설립을 원했다는 명백한 증거로 제시한다.

19세기 말부터 본격화되고 20세기를 넘어 지속되고 있는 비평적인 연구는 이러한 전통적인 시각에 이의를 제기하였다. 위에서 언급한 구절들의 역사성을 문제시하는 가운데 복음서에 나타나는 교회 설립과 관련된 예수의 의도는 부활 이후의 교회 상황을 부활 이전 예수의 상황에 투영시킨 것으로 간주하였다. 이처럼 전통적인 시각과 비평적인 시각 사이의 논쟁은 첫째 사도 베드로 위에 교회가 설립되었다는 전통적인 시각을 고수하려는 로마 가톨릭 교회와 종교사학파에 속하는 개신교 학자들(W. Wrede; W. Heitmüller) 사이의 논란으로 발전되기도 하였다. 오늘날 서구 성서학계는 교회 설립과 관련된 핵심 로기온(마 16:17-19)을 예수 선포의 문맥에서 다루기보다는 마태신학의 문맥에서 다루는 경향이 강하다. 따라서 역사적 예수의 말씀으로 간주되는 전승은 '교회'라는 개념을 담고 있지 않았을 것으로 보고 있다.

이와 관련하여 "예수는 하나님 나라를 선포하였으나, 도래한 것은 교회였다."는 가톨릭 주석가 알프레드 르와지(Alfred Loisy)의 진술을 자주 인용한다.[60] 이를 인용하는 사람들은 교회가 예수 선포의 주제가 아니라는 사실을 강조하고자 하나, 정작 르와지는 위의 진술을 통해 예수의 하나님 나라 선포가 교회 탄생으로 연결되는 역사적 과정의 시작에 서 있다는 점을 지적하고자 했다. 루돌프 불트만으로 대표할 수 있는 전 시대의 극단적인 비평학은 예수와 초기 교회 사이의 불연속성을 지나치게 강조한 것과 달리, 불트만의 제자들을 포함한 근자의 성서학계는 양자 사이의 연속성에 대하여 보다 철저하게 숙고할 것을 요청하고 있다. 이러한 관점에서 '암시된 기독론(implizite Christologie)'이란 용어를 사용하고 있다. 이와 걸맞게 예수 전승 가운데 나타나는 '암시된 교회론(implizite Ekklesiologie)'에 대하여 물을 수 있다.[61] 이것은 예수의 선포와 사역 가운데 교회의 탄생이 예비되었는가에 관한 질문을 가리킨다.

암시된 교회론과 관련하여 무엇보다도 예수의 '제자단(Jüngergemeinschaft)'을 언급할 수 있다. 다양한 구성원들로 이루어진 제자단은 12명 이상이었음에 틀림없다. 선행하는 예수의 부름에 따라 형성된(막 1:16-20 par; 2:14 par) 예수의 제자단은 예수의 선포와 사역에 감동된 사람들로서 미래 이스라엘을 예표하는 상징이라고 말할 수 있다. 예수를 '따른다

---

60) A. Loisy, *L'évangile et l'église* [Paris, 1903(2판)], p. 155.
61) 이와 관련하여 W. Trilling, "'Implizite Ekklesiologie.' Ein Vorschlag zum Thema Jesus und die Kirche," in: idem, *Die Botschaft Jesu* (Freiburg, 1978), pp. 52-72.

(akoluthein)'는 것은 하나님의 권세가 지배하는 예수의 운명 공동체에 동참하는 것을 뜻한다.[62] 이들은 예수처럼 고향과 가족을 뒤로하고(눅 9:58 par; 마 8:20) 박해와 죽음도 마다 않는(눅 14:27 par; 마 10:38) 예수의 운명 공동체를 이루었다. 우리의 주제와 관련한 핵심 질문은, 이와 같은 예수 제자단의 형성은 부활 후 교회 형성과 어떤 관련을 맺고 있는가 하는 것이다.

2. 예루살렘의 12제자 - 교회의 전조

교회의 시작과 관련하여 귄터 보른캄(Günther Bornkamm)은 다음과 같이 말하였다: "교회의 시작은 지상적 예수의 작품이 아니라 부활하신 분의 작품이다."[63] 나사렛 예수를 죄인 된 인간을 위해 하나님께서 마련하신 종말의 구세주로 믿는 신앙인들의 모임이 교회라는 시각에서 볼 때, 이러한 입장은 일면 설득력이 있다. 그럼에도 불구하고 이러한 입장은 문제점을 안고 있다. 성금요일의 참담함을 경험한 예수의 제자들을 하나의 새로운 공동체로 묶어준 것은 부활 사건 자체라기보다 종말론적인 하나님의 백성 이스라엘을 모으라는 부활 이전의 예수 명령에 따른 것이기 때문이며, 또한 이러한 명령의 연속성과 더불어 부활 이전의 예수 제자단과 부활 후 12 제자들[64] 사이의 구조적 연속성 역시 교회의 시작을 부활 이전 나사렛 예수의 사역과 관련짓게 하기 때문이다. 부활 사건으로 인하여 전적으로 새로운 공동체가 탄생하였다는 자각은 추후에 비롯된 것이다. 즉 예수 부활을

---

62) M. Hengel, *Nachfolge und Charisma: Eine exegetisch-religionsgeschichtliche Studie zu Mt 8, 21f und Jesu Ruf in die Nachfolge*(Berlin, 1968), p. 98.
63) G. Bornkamm, *Jesus von Nazareth*(Stuttgart, Berlin, Köln, Mainz, [13]1983), p. 164.
64) 12제자단 설립의 역사성에 대하여 학자들 사이에 논란이 있다. 이 그룹을 부활 이후 교회가 만들어낸 신학적 구상물로 간주하는 학자도 있으나, 예수를 배반한 유다가 12제자에 속했다는 명백한 전승을 고려할 때 그러한 추론은 설득력이 적다. 이와 관련하여

종말론적인 구원 사건으로 체험한 제자들은 자신들의 신앙 공동체를 종말론적인 하나님의 백성의 핵심을 이루는 것으로 이해하기 시작했다. 이렇게 볼 때, 교회의 탄생은 부활 사건에서 비롯되었다고 말하기보다, 부활 사건은 교회의 발견을 가능하게 한 사건이었다고 말할 수 있다.[65] 부활 사건에 앞서 12제자를 향한 나사렛 예수의 부름은 종말론적인 하나님 백성인 '새로운 이스라엘'을 위한 초석이었으며, '예수의 전체 사역의 유일한 의미는 종말론적인 하나님의 백성을 모으는 일'[66]이었다.

III. 신약성서의 교회 이해

예수를 하나님의 아들이며 종말론적 구세주로 고백하는 바울을 필두로 하는 신약성서 기자들은 종말론적인 하나님의 백성을 모으라는 예수 그리스도의 명령을 실천에 옮기는 과정의 일환으로 저마다의 글을 남겼다. 이들 문서 가운데는 성서 기자들이 갖고 있던 나름대로의 교회 이해가 직접적으로 혹은 간접적으로 나타나 있다고 말할 수 있다. 본고는 신약성서의 각 책에 나타난 교회론을 개별적으로 예외 없이 모두 서술하는 것을 목적으로 하지 않고, 교회론적인 사고가 상대적으로 분명하게 드러나는 성서 기자들에 국한하여 다루고자 한다.[67]

다음을 참조하시오: B. Rigaux, "Die 'Zwölf' in Geschichte und Kerzgma", in: K. Kertelge(ed.), *Das kichliche Amt im Neuen Testament* (WdF 439)(Darmstadt, 1977), pp. 279-304.

65) J. Roloff, *Die Kirche im Neuen Testament*, p. 62.
66) J. Jeremias, *Neutestamentliche Theologie. Erster Teil: Die Verkündigung Jesu*(Gütersloh, 1971), p. 167.
67) 신약성서 전체 가운데 '교회(ekklesia)'라는 개념은 모두 114회 사용되었다. 공관복음서 가운데 유독 마태복음의 경우 3회 나타날 뿐이다(마 16:18, 18:17). 요한복음에는 전

1. 바울의 교회론

신약성서 가운데 가장 먼저 기록된 문서는 기원후 50년대에 기록된 바울 서신이다. 오늘날의 소아시아와 그리스 지역에 위치한 바울이 세운 교회들은 당시 지중해 일대에 확산된 헬레니즘의 영향 가운데 있었다. 바울 서신을 통해 주로 이방 그리스도인들이 주축이 된 헬라 세계에 속한 교회에 대한 바울의 이해를 얻을 수 있다. 바울의 신학 전체가 그렇듯이, 그의 교회론 역시 기독론과 밀접히 연관되어 있다. 이에 걸맞게 그리스도인의 모임인 교회를 그리스도 안에서 새로워진 실존으로 이해했다. 이러한 시각에 따라 바울은 한마디로 완벽한 이상적인 교회를 추구하였다고 말할 수 있다. 바울은 서신의 수신자 교회에서 야기된 구체적이 여러 문제에 대하여 답변하는 가운데 교회에 관한 많은 진술을 하였다. 그럼에도 불구하고 바울은 '교회의 신학'을 집필하려고 의도하지는 않았다. 따라서 조직적으로 사고하지 않은 주제를 갖고 조직화시키려는 시도는 위험성을 내포한다. 이러한 시각 아래에서 바울의 교회론을 다음과 같이 요약할 수 있다.

1) 세례를 통해 '그리스도로 옷 입은' 자의 모임

"26 너희가 다 믿음으로 말미암아 그리스도 예수 안에서 하나님의 아들이 되었으니 27 누구든지 그리스도와 합하기 위하여 세례를 받은 자는 그리스도로 옷 입었느니라 28 너희는 유대인이나 헬라인이나 종이나 자유인이나 남자나 여자나 다 그리스도 예수 안에서 하나이니라"(갈 3:26-28)

혀 나타나지 않는다. 가장 많이 사용된 문서는 바울 서신이다(모두 46회, 그 중 고린도 전서에만 22회 사용되었다). 제2 바울 서신에는 16회, 사도행전에는 23회, 그리고 히브리서에는 2회, 요한3서에 3회, 야고보서에 1회, 요한계시록에 19회 사용되었다.

이 본문은 바울 교회론의 핵심 구절을 이룬다. 여기에서 바울은 세례를 그리스도 안이라는 영역에 포함되는 작용으로 이해하는 가운데, 세례를 통해 새로워진 실존을 가리켜 "그리스도로 옷 입은" 실존이라고 부르고 있다. 이러한 실존은 세례를 통한 그리스도와의 연합으로 인해 죄와 죽음의 옛 세력에서 자유하게 된 전적으로 새로워진 실존을 뜻한다. 죄에 구속된 아담적인 옛 인간은 세례를 통하여 그리스도와 함께 십자가에 못 박힘으로써 더 이상 죄에 종노릇하지 않는(롬 6:6) "새로운 피조물"(고후 5:17)로 바뀌었다는 것이다. 이것은 종말론적인 진술로서, 그리스도가 하나님의 새 창조 세계에서 처음으로 부활함으로써 세례를 통해 그리스도와 연합된 믿는 사람들 역시 이 새로운 창조 세계에 동참하게 된다는 뜻이다.

이러한 새로운 실존은 그리스도와의 육적인 일치성으로 볼 것이 아니라 교회론적인 차원에서 이해해야 한다. 이제까지의 모든 차이 예컨대, 종교적이거나 사회적인 혹은 가정의 차이를 극복하는 가운데 그리스도 안에서 하나 된 새로워진 실존을 가리킨다. 즉, '그리스도 예수 안에서'라는 표현은 세례 받은 자가 모인 교회를 염두에 둔 교회론적인 표현이다.

2) 성만찬 공동체로서의 그리스도의 몸

"16 우리가 축복하는 바 축복의 잔은 그리스도의 피에 참여함이 아니며 우리가 떼는 떡은 그리스도의 몸에 참여함이 아니냐 17 떡이 하나요 많은 우리가 한 몸이니 이는 우리가 다 한 떡에 참여함이라"(고전 10:16-17)

여기에서 바울은 교회를 몸에 비유하고 있는데,[68] 몸과 교회의 연결점은 유기체라는 점에 있다. 이로써 바울은 성만찬을 통해 신앙인들은 새로운

---

68) 그 밖에도 '그리스도의 몸'과 관련된 중요한 다른 두 구절은 다음과 같다(고전 12:12-26; 롬 12:5).

통일체로 연합되었다는 사실을 부각시키고자 한다. 곧 다양한 성원으로 구성되어 있는 교회가 하나로 통일된 유기체로 이해되고 있음을 알 수 있다. 이때 바울은 이상적인 전체 교회를 염두에 두지 않고 구체적인 개 교회를 염두에 두었다. 각 지역 공동체는 성만찬을 통해 주님의 몸에 참여한다는 시각에서 그리스도의 몸이며 하나님의 성회(ekklesia)를 대표한다.

3) 종말론적인 하나님의 성전[69]

"5 그런즉 아볼로는 무엇이며 바울은 무엇이냐 그들은 주께서 각각 주신 대로 너희로 하여금 믿게 한 사역자들이니라 6 나는 심었고 아볼로는 물을 주었으되 오직 하나님께서 자라나게 하셨나니 7 그런즉 심는 이나 물 주는 이는 아무 것도 아니로되 오직 자라게 하시는 이는 하나님뿐이니라 8 심는 이와 물 주는 이는 한가지이나 각각 자기가 일한 대로 자기의 상을 받으리라 9 우리는 하나님의 동역자들이요 너희는 하나님의 밭이요 하나님의 집이니라 10 내게 주신 하나님의 은혜를 따라 내가 지혜로운 건축자와 같이 터를 닦아 두매 다른 이가 그 위에 세우나 그러나 각각 어떻게 그 위에 세울까를 조심할지니라 11 이 닦아 둔 것 외에 능히 다른 터를 닦아 둘 자가 없으니 이 터는 곧 예수 그리스도라 12 만일 누구든지 금이나 은이나 보석이나 나무나 풀이나 짚으로 이 터 위에 세우면 13 각 사람의 공적이 나타날 터인데 그 날이 공적을 밝히리니 이는 불로 나타내고 그 불이 각 사람의 공적이 어떠한 것을 시험할 것임이라 14 만일 누구든지 그 위에 세운 공적이 그대로 있으면 상을 받고 15 누구든지 그 공적이 불타면 해를 받으리니 그러나 자신은 구원을 받되 불 가운데서 받은 것 같으리라 16 너희는 너희가 하나님의 성전인 것과 하나님의 성령이 너희 안에 계시는 것을 알지 못하느냐 17 누구든지 하나님의

---

69) Cf. 고후 6:16; 롬 15:20. 그 밖에도 바울은 "세우다"라는 단어를 여러 번 사용하는데, 이때 교회를 염두에 두고 있다(고전 8:1, 8:10. 10:23. 14:4, 14:17; 살전 5:11).

성전을 더럽히면 하나님이 그 사람을 멸하시리라 하나님의 성전은 거룩하니 너희도 그러하니라"(고전 3:5-17)

이처럼 교회를 하나님의 성전으로 여긴 바울은 교회를 전적으로 하나님의 소유로 간주하였다. 이러한 시각에서 바울은 살아 계신 하나님의 성전이냐 아니면 우상 신전이냐(고후 6:15-16) 하는 극단적인 양자택일의 불가피성에 대해 말했다. 또한 이와 같이 교회를 하나님의 성전으로 보는 시각을 그리스도인 각자에게도 전이시켜, 교회의 각 성원은 하나님의 영에 속하냐 아니면 창녀의 육에 속하느냐(고전 6:16-17) 하는 양자택일에 대해서도 말했던 것이다. 바울은 성전에 대한 표상을 전통에서 넘겨받았으나, 여기에 나름대로 새로운 성격을 첨가하였다. 그것은 사도를 통해 그 터가 놓였다는 점과 그 터는 다름 아닌 그리스도라는 사실이다(고전 3:10-11). 교회를 "세운다"는 단어로부터 바울이 생각하는 교회는 정적인 것이 아니라 동적인 것, 즉 계속하여 성장되어야만 하는 것이다. 이때 바울이 의미하는 성장은 외적인 성장이 아니라, 예수 그리스도를 믿는 사람들이 예배를 통하여 하나님과 하나님의 아들 예수 그리스도의 권세를 세상에 더욱 강도 높게 증거하는 것을 가리킨다.

4) 악인들이 제거된 성령에 의한 신성한 공동체

"13 밖에 있는 사람들은 하나님이 심판하시려니와 이 악한 사람은 너희 중에서 내쫓으라"(고전 5:13)

이 구절은, 바울이 고린도교회 내의 이른바 성도로서 음행한 자들과 사귀지 말라는 옛 서신에서 한 경고를 다시 설명하고 있는 문맥 가운데 나온다(고전 5:9-13). 바울은 음행한 자들을 교회 밖에 있는 믿지 않는 사람들을 가리키지 않고 교회 내의 이른바 믿는 '형제들'을 가리키는 것이라고 말하는 가운데, "음행하거나 탐욕을 부리거나 우상 숭배를 하거나 모욕하거나 술 취하거나 속여 빼앗거든 사귀지도 말고 그런 자와는 함께 먹지도 말라"(고전 5:11)고 권면한다. 교회 밖의 사람들에 대한 판단은 하나님께 맡길 일이나, 교회 안의 성도 가운데 있는 '악한 사람'들에 대한 판단은 교회가 책임적으로 나서서 판단해야 한다고 바울은 권면한다. 이들을 우선 복음에 비추어 검증하고, 잘못을 제거하고 죄를 회개하도록 권면하나, 그럼에도 불구하고 말을 듣지 않는 '형제'는 교회로부터 추방시키라는 뜻이다.

5) 하나님의 백성으로서의 교회

"1 형제들아 나는 너희가 알지 못하기를 원하지 아니하노니 우리 조상들이 다 구름 아래에 있고 바다 가운데로 지나며 2 모세에게 속하여 다 구름과 바다에서 세례를 받고 3 모두가 같은 신령한 음식을 먹으며 4 모두가 같은 신령한 음료를 뒤따르는 신령한 반석으로부터 마셨으니 그 반석은 곧 그리스도시라 5 그러나 그들의 다수를 하나님이 기뻐하지 아니하셨으므로 그들이 광야에서 멸망을 받았느니라 6 이러한 일은 우리의 본보기가 되어 우리로 하여금 그들이 악을 즐겨 한 것 같이 즐겨 하는 자가 되지 않게 하려 함이니 7 그들 가운데 어떤 사람들과 같이 너희는 우상 숭배하는 자가 되지 말라 기록된 바 백성이 앉아서 먹고 마시며 일어나서 뛰논다 함과 같으니라 8 그들 중의 어떤 사람들이 음행하다가 하루에 이만 삼천 명이 죽었나니 우리는 그들과 같이 음행하지 말자 9 그들 가운데 어떤 사람들이 주를 시험하다가 뱀에게 멸망하였나니 우리는 그들과 같이 시험하지 말자 10 그들 가운데 어떤 사람들이 원망하다가 멸망시키는 자에게 멸망하였나니 너희는 그들과 같이 원망하지 말라 11 그들에게 일어난 이런 일은 본보기가 되고 또한 말세를 만난 우리를 깨우치기 위하여 기록되었느니라 12 그런즉 선 줄로 생각하는 자는 넘어질까 조심하라 13 사람이 감당할 시험 밖에는 너희가 당한 것이 없나니 오직 하나님은 미쁘사 너희가 감당하지 못할 시험 당함을 허락하지 아니하시고 시험 당할 즈음에 또한 피할 길을 내사 너희로 능히 감당하게 하시느니라"(고전 10:1-13)

바울은 여기에서 출애굽 사건을 염두에 두면서 출애굽 시 광야에서 방랑하던 옛 이스라엘을 오늘의 교회와 비교하는 가운데 양자와 관련된 역사는 그리스도를 통한 한 분 하나님의 사역임을 강조한다. 이때 바울은 1절에서 출애굽 시의 이스라엘인들을 가리켜 "우리의 조상들"이라고 부른다. 이는 당시의 이스라엘과 지금 예수 그리스도를 믿는 사람들은 하나님의 구원 사역을 통해 서로 밀접히 연결되어 있다는 사실을 뜻한다. 또한 로마서 4장 11절에서 바울은 믿음의 전형적인 예로서 나오는 아브라함을 가리켜 "무할례자(이방 그리스도인)로서 믿는 모든 자의 조상"이라고 부른다. 이 점에서 바울이 이스라엘인과 그리스도인을 다 함께 아울러 하나님의 백성으로 간주하고 있음을 알 수 있다. 다시 말하면, 교회는 구원사적으로 하나님의 백성에 속한다고 바울은 믿었다. 이러한 시각을 바울은 로마서 9-11장에서 자세히 다룬다.

바울은 실제적인 시각에서 교회를 가리킬 때, 예수 그리스도의 구속의 은혜로 말미암아 모여 성령의 역사로 하나 된 '에클레시아' 공동체를 말한다. 이때 에클레시아는 교회에 대한 일종의 전형적인 모델로서의 지역 교회를 염두에 두고 있다. 다른 한편 구원사적인 시각에서, 교회를 이스라엘을 향한 하나님 사역의 마지막 단계로서 이해했음을 알 수 있다. 이는 이방인이 하나님의 백성에 포함되는 것이야말로 궁극적인 하나님의 섭리라고 믿었던 바울의 확신에서 나온 것이다. 바울은 이방인을 향한 선교 사역의 결과 마침내 이스라엘 역시 예수를 메시아로 고백하는 신앙에 도달하리라 소망했다.

6) 선포를 강조하는 교회

중요한 교회 직분으로서 바울은 '사도'와 '예언자' 그리고 '교사'의 직분을 특별히 강조하였다(고전 12:28, "하나님이 교회 중에 몇을 세우셨으니 첫째는 사도요 둘째는 선지자요 셋째는 교사요 그 다음은 능력을 행하는 자요 그 다음은 병 고치는 은사와 서로 돕는 것과 다스리는 것과 각종 방언을 말하는 것이라"). 이 세 가지 은사 직분의 공통점은 모두가 말씀 선포에 봉사한다는 것이다. 여기에서 바울이 말씀 선포를 교회의 최우선적인 목적으로 여겼다는 사실을 알 수 있다. 말씀과 관련된 이 세 가지 직분 외에도 바울의 교회 가운데 감독과 집사가 나타나고 있는데(빌 1:1), '감독'은 지역 교회의 영적 지도자로 간주되며 '집사'는 구체적으로 식탁 준비 봉사와 관련된 것으로 보인다.

2. 마가복음의 교회론

복음서 가운데 제일 먼저 기록된(70년경) 마가복음에는 교회와 직접적으로 관련된 진술이 전혀 나타나지 않는다. 그러나 예수의 제자와 관련된 진술이 나타나기에 이에 근거하여 간접적이나마 교회에 관한 마가의 입장을 엿볼 수 있다.

예수의 동행자로 나오는 제자들은 예수의 권세로 채비하고 파송되며 예수의 특별한 가르침을 받기도 한다(막 4:10 이하, 7:17 이하, 13:1-37 등). 특히 마가복음에서 강조되는 제자들의 모습은 고난의 길인 예수의 길을 따르는 자들로 나타난다: "무리와 제자들을 불러 이르시되 누구든지 나를 따라오려거든 자기를 부인하고 자기 십자가를 지고 나를 따를 것이니라"(막 8:34).

제자들은 예수의 권세뿐만 아니라 그의 수난과 죽음에도 동참해야 한다. 마가는 제자들의 예수에 대한 몰이해를 강조한다. 그러한 제자들의 몰

이해는 결국 예수를 배반하며 부인하며 예수로부터 도주하는 모습으로 귀결된다. 마가복음에 따르면, 예수를 하나님의 아들로 온전히 이해할 수 있게 되는 것은 예수가 죽은 뒤에나 가능하다는 입장이다. 이런 시각을 통해, 마가는 부활 이전의 제자단과 부활 이후의 교회 사이를 구분 지으려 한다는 점을 알 수 있다. 예수의 참 모습을 깨닫지 못하고 누차 오해와 절망에 빠진 제자들의 모습을 지적함으로써 마가는 부활 이후 교회를 향한 메시지를 보내고 있다. 그것은, 교회 역시 참담하게 실패한 제자들의 모습에 처하기 쉽다는 점을 경고하는 가운데 교회는 부활하신 주님의 인도와 자비에 전적으로 의지해야 한다는 점을 말하고 있는 것이다.

3. 마태복음의 교회론

복음서 가운데 교회론의 영향을 가장 많이 받은 복음서는 기원후 80~90년 사이에 기록된 것으로 추정하는 마태복음이라고 말할 수 있다.[70] 복음서 기자가 활동한 장소가 어디인지 확실하지 않으나, 마태의 교회가 한편으로 유대 공동체와 긴밀한 관계에 있으면서 다른 한편으론 헬라적인 영향을 받은 것으로 간주되기에 마태의 교회가 있을 법한 장소로 주로 시리아(cf. 마 4:24)를 언급하고 있다.

'교회(ekklesia)'라는 용어가 복음서의 중심 부분에 나타나고 있으며(마 16:18, "또 내가 네게 이르노니 너는 베드로라 내가 이 반석 위에 내 교회를 세우리니 음부의 권세가 이기지 못하리라"), 공동체적인 삶을 권면하는 단락(마 18:15-20, 이곳 17절에 2회)에서도 사용되고 있는 것은 우연이라고

---

70) Cf. G. Bornkamm, "Enderwartung und Kirche im Matthäusevangelium," in: idem/G. Barth/H. J. Held, *Überlieferung und Auslegung im Matthäusevangelium*(Neukirchen, ⁷1975), p. 35.

보기 어렵다. 또한 부활하신 분이 제자들을 향해 "내가 세상 끝날까지 너희와 항상 함께 있으리라"(마 28:20)고 말하는 장면으로 복음서가 끝나고 있는 것에서 교회를 향한 마태의 남다른 의도를 읽을 수 있다. 마태복음 기자가 이해하는 교회의 특징을 다음과 같이 요약할 수 있다.

1) 의인과 악인이 공존하는 교회(corpus permixtum)

마태에 따르면 교회 역시 하나님의 종말론적인 심판의 대상으로 나타난다. 사람들을 제자 공동체로 부르시는 하나님의 사역을 무작위의 부르심으로 묘사한다(마 22:10). 세상에 있는 교회는 의인과 악인이 공존하는 공동체이다(알곡과 가라지 비유, 마 13:24-30; 그물 비유, 마 13:47-50). 최후 심판에 가서야 둘 사이의 구분이 이루어진다. 따라서 마태에게는 교회의 소속 여하가 아니라 하나님의 뜻을 얼마나 잘 지켜 행했는가가 최후 심판을 결정한다.

2) 예수의 뒤를 따름을 강조하는 교회

마태복음 28장 19절에 "너희는 가서 모든 민족을 제자로 삼으라"는 부활하신 예수그리스도의 최후 명령 가운데 마태의 교회 이해가 잘 드러난다. '제자(mathetai)' 란 본래 지상의 예수를 따라 다니던 무리를 가리키나, 이로써 복음서 기자는 부활 이후 예수를 믿는 자를 나타낸다. 제자의 개념을 부활 이후의 그리스도인에게 확대시키고 있는 것을 볼 때, 부활 이전의 예수 제자단을 교회의 규범과 이상으로 간주한 마태의 시각을 엿볼 수 있다. '예수를 따른다는 것(Nachfolge)' 을 통해 마태는 예수와의 지속적인 인격적 결합을 강조한다. 마태에게 신자가 된다는 것은 곧 예수의 뒤를 따르는 것과 같다. 이때 마태는 예수 그리스도의 주도적인 부름을 강조한다. 즉 예수의 제자가 되는 것은 스스로 할 수 있는 일이 아니라, 예수의 부르심으로 가능하다는 것이다. 예수와의 인격적인 관계에 있는 제자들의 모임인 교회는 예수와 운명 공동체의 관계 속에 있다. 이에 따라 교회는 모든 하나님의 의를 이루어야만 한다. "우리가 이와 같이 하여 모든 의를 이루는 것이 합당하니라"(마 3:15) 예수를 따르는 사람들은 예수처럼 머리 둘 곳도 없으며 고향도 떠난 상태에서 하나님 나라를 위해 결혼과 가족을 포기해야 된다고 말한다(마 8:20, 19:12). 또한 예수를 따르는 사람들은 예수의 고난에 동참할 것을 역설한다(마 16:24, "이에 예수께서 제자들에게 이르시되 누구든지 나를 따라오려거든 자기를 부인하고 자기 십자가를 지고 나를 따를 것이니라"). 이는 또한 겟세마네의 기도 장면 가운데 제자들이 예수와 "함께 깨어 있으라"(마 26:38, 40)는 점을 강조하는 데서도 드러난다.

3) 세상을 향한 선교 수행의 과제를 강조하는 교회

마태는 지상의 교회를 종말론적인 구원 공동체의 현존으로 이해하기보다는 세상을 향한 선교의 과제를 수행하는 공동체로서 파악하고 있다(마 28:19-20, "그러므로 너희는 가서 모든 민족을 제자로 삼아 아버지와 아들과 성령의 이름으로 세례를 베풀고 내가 너희에게 분부한 모든 것을 가르쳐 지키게 하라"). 마태는 세상 가운데 있는 교회를 세상의 부분으로 이해하는 가운데 교회를 기능적으로 이해하고 있다는 사실이 여기에 잘 드러난다.

4. 누가의 교회론

본래 연속된 작품으로 구상하여 기원후 80~90년대에 기록된 것으로 추정되는 누가의 두 작품, 이른바 누가복음과 사도행전에서 저자는 교회의 탄생과 역사를 이야기 형식으로 묘사하는 가운데 구원사(Heilsgeschichte)[71]에 따른 교회 상을 그리고 있다. 이러한 교회상에는 하나님의 백성이라

---

71) '누가의 구원사'와 관련하여 이 책 제13장에 나오는 필자의 글을 참조하시오.

는 사고가 중심을 이루고 있다. 바울과 마찬가지로 누가는 구원사에서 차지하는 이스라엘의 우선성을 강조하며 이방 그리스도인이 하나님의 백성에 속하게 되었다는 사실을 부각시킨다. 누가의 교회 이해는 다음과 같은 특징을 지닌다.

1) 예수 역사의 연속으로서의 교회의 역사

누가는 자신의 두 작품을 통해 예수의 전령들이 복음을 증거함으로써 발전되어 나가는 교회를 묘사하는 가운데 하나님의 사역을 통해 교회의 역사는 예수의 역사와 연속되어 있다는 사실을 강조한다. 다시 말하면 구원사적인 시각에 따라 예수로부터 시작된 복음 선포가 예수의 승천 후 예루살렘에서 시작된 교회의 역사와 더불어 땅 끝까지 퍼져 나가는 과정을 이야기체로 묘사하였다. 교회의 역사를 예수 역사의 연속으로 묘사하는 누가의 시각은 기독교 제3 세대에 속한 특징이라 말할 수 있다. 그런데 구원사의 틀에 속한 교회의 역사는 동시에 일반 세속사와 직접적인 관계에 놓여 있다는 사실을 누가는 강조한다.

2) 새롭게 거듭난 이스라엘로서의 교회

누가는 교회의 탄생을 역사적으로 드러나는 하나님의 활동 과정으로 묘사하는 가운데, 하나님의 백성으로서의 이스라엘의 연속성을 강조하고 있다. 제3 세대에 속한 신약성서 기자 가운데 이스라엘에 대한 남다른 관심을 보인 누가는 비록 교회가 이스라엘을 대체했다는 주장은 하지 않으나, 유대인의 상당수가 점차 하나님의 백성으로부터 스스로 떨어져 나갔다는 입장을 표방했다고 말할 수 있다. 교회론을 구원사적인 시각에 따라 묘사했다는 점에서 바울과 유사하다고 말할 수 있으나, 교회를 '그리스도 안에서' '몸' 혹은 '성전'과 같은 개념과 연결시키는 것은 찾아볼 수 없다. 다시 말하면 교회론이 기독론적인 성향을 띠고 있지 않다는 점에서 바울의 교회론과 차이가 난다.

3) 성령의 인도하에 있는 교회

누가는 교회가 성령의 역사 가운데 있다는 사실을 강조한다. 복음서 기자 가운데 성령을 특별히 강조하는 누가는 예수의 전체 사역을 성령의 사역으로 보며(눅 4:1), 예수만이 성령의 담지자로 그리고 제자들은 예수 승천 이후에야 비로소 성령을 영접하는 것으로 묘사한다. 성령은 예수를 대신하여 와서(행 1:6) 제자들로 하여금 예수 사역에 대한 중인이 되도록 할 뿐 아니라(행 1:8), 예수의 가르침에 따라 행동하도록 한다(행 10:14, 19). 또한 제자들에게 말하는 이도 예수의 영이다(행 16:7). 따라서 성령의 인도함을 받는 교회는 전적으로 예수를 규범으로 삼는다. 한마디로 교회는 성령을 통해 성장할 뿐만 아니라 나아갈 길 혹은 선교 방향을 제시받기도 한다(행 8:29, 10:19, 11:12, 13:2, 14:27).[72]

4) 사도 전승에 기초한 교회

누가는 전승의 중요성을 특별히 강조한다. 누가복음 서문은 다음과 같다.

"1 우리 중에 이루어진 사실에 대하여 2 처음부터 목격자와 말씀의 일꾼 된 자들이 전하여 준 그대로 내력을 저술하려고 붓을 든 사람이 많은지라 3 그 모든 일을 근원부터 자세히 미루어 살핀 나도 데오빌로 각하에게 차례대로 써 보내는 것이 좋은 줄 알았노니 4 이는 각하가 알고 있는 바를 더 확실하게 하려 함이로라"(눅 1:1~4)

---

72) 이와 관련하여 필자의 논문을 참조하시오: "누가의 성령 이해: 선포와 선교의 영으로서의 성령", in: 〈성서와 성령〉, 『박창건 교수 은퇴 기념 논문집』, 조경철 엮음, 대한기독교서회, 2002, 49-62쪽. 이 논문은 이 책 제12장에 실려 있다.

여기에서 누가는 선포를 결정짓는 예수 전승의 왜곡을 방지하기 위해 그 유래를 정확히 밝히는 것이 필요하다는 점을 강조하고 있다. 이를 위해 누가는 12사도의 중요성을 부각시킨다.[73] 이로써 누가는 예수에 관한 그릇된 전승을 막고자 했다. 예수 부활 사건의 증인인(행 1:22) 12사도는 예루살렘교회의 토대로서(행 2:42) 부활절 이후 예수 전승에 대한 교회의 선포를 가능하게 하며 보증한다(행 2:22-23; 4:10).

5. 요한의 교회론

E. 케제만은 요한복음에는 "어떠한 명백한 교회론도(keine explizite Ekklesiologie) 발전되지 않은 것처럼 보인다."고 말했다.[74] 실제로 요한복음에는 '교회(ekklesia)'라는 개념이 전혀 나타나지 않고 있으며, 또한 요한 서신에도 거의 나타나지 않는다(단지 요한삼서에 3회 나타남). 게다가 교회와 관련된 은유('그리스도의 몸' '집' '성전')라든가, 교회의 규정과 조직에 관해서도 전혀 관심이 없다. 따라서 요한 문서의 교회론에 대하여 묻고자 할 때, 단지 간접적인 교회론에 대하여 말할 수 있을 뿐이다. 요한은 교회의 제도화에 강한 거부감을 갖고 있다. 이에 상응하게 전통과 직분에 관련된 신학적인 숙고를 담고 있지 않다. 그 대신 부활하신 예수 그리스도가 말씀하시는 자유로운 예언자적 증거가 규범이 된다. 이러한 요한의 교회 이해는 바울 이후에 발전된 제도화된 교회론적인 프로그램과 차이가 난다고 말할 수 있다.[75] 1세기 말경에 기록된 것으로 추정할 수 있는 '요한

---

73) 신약성서의 다른 흔적을 고려할 때(막 6:30; 마 10:2; 계 21:14) 누가가 처음으로 사도를 '열 둘'과 일치시켰다고 볼 수 없으나, '12사도'라는 개념을 철저히 발전시켰다는 점에서 누가의 구성물로 간주할 수 있다(행 1:22). 이에 관하여 J. Roloff, *Apostelgeschichte*, pp. 29-34를 참조하시오.
74) Käsemann, *Jesu letzter Wille nach Johannes 17*(Tübingen, ³1971), p. 65.
75) J. Roloff, *Die Kirche im Neuen Testament*, p. 321.

문서'(요한복음 + 요한 서신)에서 찾아볼 수 있는 교회론적인 특징을 다음과 같이 정리할 수 있다.

1) 성령(파라클레토스)에 의해 진리로 인도되는 교회

요한은 부활 이전의 제자단을 자기 교회의 원형으로 묘사하지 않는다. 예수가 하나님의 아들로서 온전히 계시된 부활 이후의 전적으로 새로워진 상황 가운데 교회를 이해하고자 한다. 전적으로 새로워진 상황이란, 예수가 이 땅에 옴으로 종말에 일어날 구원과 심판이 예수 그리스도에 대한 신앙 유무에 따라 현재 결정되는 상황을 가리킨다.[76] 이러한 새로운 상황은 곧 부활하신 분이 제자들에게 성령을 수여함으로써 가능해진 상황이다. 요한의 성령 이해에 나타나는 특징은 성령을 '파라클레토스'와 동일시하고 있다는 점이다. 제자들을 위한 중보자며 보혜사인 성령은 동시에 예수에 대한 전권적인 해석자이다(요 14:16-17).

예수의 이름으로 '아버지'가 보낸 성령인 파라클레토스는 제자들에게 예수의 모든 말씀을 상기시키고(요 14:26) 예수를 증거하며 제자들에게 증거의 능력을 수여한다(요 15:26). 또한 제자들을 진리 가운데로 인도하며 장차 일어날 일을 제자들에게 선포한다(요 16:13-14). 뿐만 아니라 세상 가운데 있는 제자들을 지키며 불신앙의 세상을 심판한다(요 16:8-11). 한마디로 파라클레토스는 부활 이전의 제자들이 아직 이해할 수 없었던 '온전한 진리' 안으로 교회를 인도함으로써 교회가 예수 그리스도의 계시 사건을 온전히 파악할 수 있도록 한다. 파라클레토스의 인도로 예수 그리스도의 진리의 증거를 깨달은 요한의 교회는 현재를 충만한 상태로

---

[76] 이를 가리켜 '현재적 종말론'이라 부른다. 현재적 종말론 표상은 요한복음의 특징에 속한다. 그렇다고 요한이 미래 종말론적인 표상을 버린 것은 아니다. 예수 그리스도의 재림을 여전히 대망하며(요 14:2-3, 14-21, 28; 16:13, 16), 죽은 자들의 종말론적인 부활을 선포한다(요 5:28-29; 6:39, 40, 44, 54).

(Erfüllungssituation) 이해하였다. 성령의 능력으로 신앙 가운데 예수를 바라보고 그의 진리를 현재 온전히 깨달을 수 있다고 확신했던 것이다.

2) '유대인' / '세상' 과 구분되는 교회

요한복음은 예수의 적대자를 가리켜 한마디로 "(그) 유대인"이라고 부른다(모두 71회 사용). '유대인'은 하나님의 유일한 계시자인 예수를 거부하는 가운데 예수를 없애려는 자들로 나타난다(요 5:16, 18; 7:1, 19, 25; 8:59 등). 심지어 유대인을 사탄의 자식이라고 이해하고 있다(요 8:44). 그럼에도 불구하고 요한이 반유대적인 원칙을 가졌던 사람이라고 말하기 어렵다. 요한의 반유대적인 묘사는 당시 요한 공동체가 구체적으로 처했던 상황, 즉 유대인 가운데 박해받던 소수자라는 상황에서 비롯된 것이기 때문이다. 예수의 적대자로 나타나는 유대인은 곧 예수 믿기를 거부하는 악한 '세상(Kosmos)'을 대표한다. 요한의 교회는 믿음이 없는 이 악한 세상과 싸움 가운데 있다. 승리를 확신하는 교회는(요 16:33, "이것을 너희에게 이르는 것은 너희로 내 안에서 평안을 누리게 하려 함이라 세상에서는 너희가 환난을 당하나 담대하라 내가 세상을 이기었노라") 인간적인 도구로써가 아니라 성령의 도움으로써 이 싸움을 수행하고 있다고 믿는다. 그래서 파라클레토스가 "죄에 대하여, 의에 대하여, 심판에 대하여 세상을 책망하시리라"(요 16:8)고 말한다.

종말론적인 모임으로서의 이스라엘 전체 혹은 이스라엘을 상징하는 12제자 모임에 대하여 요한은 관심이 없다. 요한이 묘사하는 예수는 이스라엘을 위한 메시아 목자가 아니라, 오직 예수를 알고 그의 목소리를 듣는 자(요 10:14, 16)에 국한되었을 뿐이다. 이처럼 요한은 구원사적인 시각을 포기하는 가운데, 유대인과 이방인을 구분하지 않고 신앙 가운데 예수를 믿는 자들의 연합체로서의 교회에 초점을 맞추고 있다.

3) 믿는 자들로 하나 된 사랑의 교회

예수의 고별 기도(요 17:11)에서 예수는 다음과 같이 간구한다. "나는 세상에 더 있지 아니하오나 그들은 세상에 있사옵고 나는 아버지께로 가옵나니 거룩하신 아버지여 내게 주신 아버지의 이름으로 그들을 보전하사 우리와 같이 그들도 하나가 되게 하옵소서" 또는 "아버지여, 아버지께서 내 안에, 내가 아버지 안에 있는 것같이 그들도 다 하나가 되어 우리 안에 있게 하사 세상으로 아버지께서 나를 보내신 것을 믿게 하옵소서"(요 17:21). 여기에서 하나님이 믿는 자들이 하나가 되는 것의 주체로 나온다. 이때 이와 같은 하나 됨은 예수 그리스도와 하나님을 연결시키는 사랑의 공동체에 믿는 자들이 참여함으로써 이루어진다. 아버지와 아들이 하나라는 사실이(요 17:21a; cf. 요 14:10-11, 20) 믿는 자들이 아버지와 아들과 하나가 되는 근거가 된다.

※Excursus: 사회 구조로서의 교회의 의미에 대하여

신약성서학자 에두아르트 슈바이처(Eduard Schweizer)는, 요한은 구원의 개인주의를 강조하기에 요한의 교회 이해에는 사회 구조로서의 의미가 상실되었다고 말했다 : "아버지를 본 자는 모든 것을 갖고 있다. 따라서 그는 본질적으로 다른 어떤 것도 필요로 하지 않는다. 단지 그 자체로서 완성되고 완벽한 동일한 단일체만 존재한다. 이것들은 여기에 나란히 살고 있을 뿐이다."[77] 다시 말하면 옛 그리스도의 온전한 자기 계시로 인한 '새로운 상황'에 처해 있음을 깨달은 각 그리스도인에게 사회적 구조로서의 교회는 신학적으로 아무 의미가 없다는 입장이다.

그러나 요한이 순전히 개인주의적인 그리스도교를 표방한다고만 말하기 어렵다. 요한 역시 공동체의 차원을 강조하기 때문이다. 예수를 '사랑하는' 자는 제자 공동체 내의 형제자매 사랑(cf. 요일 4:16-21)을 실천해야

---

77) E. Schweizer, "Der Kirchenbegriff im Evangelium und den Briefen des Johannes", in: idem, *Neotestamentica* (Zürich, Stuttgart, 1963), pp. 254-271, 이곳 262f.

한다고 요구하고 있으며(요 15:12; cf. 14:15, 23), 또한 예수의 세족식에 나타나듯이, 예수가 제자들에게 직접 보여 준 섬기는 사랑의 본을 통해 제자들이 서로의 발을 씻겨 줄 것을 요청하기 때문이다(요 13:14-15). 결국, 요한의 교회 역시 사회 구조적인 차원의 의미를 지녔다고 보아야 한다.

6. 제2 바울 서신의 교회론

앞서 다룬 요한의 경우와 달리, 교회론은 제2 바울 서신의 중심 주제를 이룬다. 이 그룹에 속하는 서신들[골로새서, 에베소서, 목회 서신(디모데전/후서, 디도서)]은 스스로를 바울의 서신이라 말하나, 비평학자들의 연구 결과에 따르면 이들 서신들은 사도 바울이 죽고 나서 대략 40년 사이에 위대한 사도 바울의 신학적이며 교회적인 유산을 귀하게 여겨 보전하고자 했던 '바울학파'에 의해 기록된 것으로 간주된다. 골로새서와 에베소서는 사변적인 신학적 사고를 통해 구원의 현실 체험을 강조하는 것이 특징인 반면, 목회 서신은 사변적인 신학적 사고와는 거리를 두면서 교회의 전통과 질서를 공고히 다지려는 실용주의를 강조한다. 하지만 양자는 교회의 전통을 사도 바울에게 밀착시키는 가운데 사도적 교회의 토대를 마련했다고 말할 수 있다.

6.1 골로새서의 교회론

제2 바울 서신 가운데 바울 전승에 가장 근접한 서신으로 AD 70년경에 기록된 것으로 간주되는 골로새서의 교회론은 두 가지 특징을 지닌다. 하나는, 교회는 바울의 사도직과 밀접히 연결되어 있다는 사실이다. 사도 바울이 불러 모은 이방인으로 이루어진 전체 교회는 우주적인 목적을 갖고 있는데, 그것은 온 세상 사람을 향해(골 1:28) 복음을 선포하는 일이다. 하나님의 말씀을 이방인에게 전하는 역할은 전적으로 바울 고유의 직분으로 나온다. 골로새서는 바울을 유일한 사도로 다루고 있지 다른 사도들은 전혀 염두에 두고 있지 않다고 말할 수 있다. 이러한 현상은 2~3세기의 바울 이후 시대의 이방 그리스도교의 자기 이해와 관련이 있다. 하나님의 구원 계획을 수행하는 자는 오직 사도 바울이라는 그들의 확신에 따른 것이다(골 1:25). 하나님의 구원 계획을 수행하는 동안 겪는 바울의 고난이 교회와 관련되었다는 점이 특징적이다. 골로새서 1장 24-25절에서 바울은 다음과 같이 말한다: "24 나는 이제 너희를 위하여 받는 괴로움을 기뻐하고 그리스도의 남은 고난을 그의 몸된 교회를 위하여 내 육체에 채우노라 25 내가 교회의 일꾼 된 것은 하나님이 너희를 위하여 내게 주신 직분을 따라 하나님의 말씀을 이루려 함이니라". 여기에 나오는 "그리스도의 남은 고난"이라는 표현에서 바울은 자신의 고난을 그리스도가 당한 고난의 연속선에서 이해하고 있음을 알 수 있다. 또한 그리스도의 몸 된 교회를 위해 기꺼이 고난을 감내한다고 말함으로써 선교 가운데 접하는 자신의 고난이 온 세상을 아우르는 교회의 탄생에 불가피한 전제가 된다고 믿었음을 알 수 있다.

골로새서 교회론의 또 다른 특징은 그리스도의 우주적인 권세와 관련되었다. 골로새서 1장 17-18절에 다음과 같은 말이 나온다: "17 또한 그가 만물보다 먼저 계시고 만물이 그 안에 함께 섰느니라 18 그는 몸인 교회의 머리시라 그가 근본이시요 죽은 자들 가운데서 먼저 나신 이시니 이는 친히 만물의 으뜸이 되려 하심이요". 여기에서 그리스도는 온 세상 피조물의 창조를 중개한 자며 구원자로서 나타나며, 교회는 그리스도의 몸으로서 그리스도가 모든 권세 위에 주로서 군림하는 영역으로 이해되고 있다. 이로써 그리스도의 몸이라는 표현이 우주론적으로 파악되고 있음을 알 수 있다. 그리스도는 하늘까지 고양된 주로서 머리가 되는 반면, 지상에 존재하는 교회는 그의 몸이 된다. 이러한 머리와 그에 속한 몸의 관계가 강조되고 있다. 교회는, 하늘로 들려 올라가신 주 되는 그리스도의 아직 드러나지 않은 미래의 권세가 현재 이 땅에서 상징적으로 드러나는 장소라고 말할 수 있다. 이때 바울 친서의 경우와 달리, 골로새서는 '성장하는 교회'에 대하여 말한다. 즉 그리스도의 성장하는 몸으로서 교회는 온 우주 위에 머리 되는 그리스도의 권세가 드러나는 영역인 것이다. 이때 '교회의 성장'을 자연적이며 물리적인 과정으로 이해할 것이 아니라, 복음 선포와 성례전을 통해 신앙으로 인도하는 과정을 가리키는 것으로 보아야 한다. 교회의 우주론적인 개방이라는 시각을 통해 교회가 온 세상을 포함하는 하나로 통일된 교회로 이해되고 있음을 알 수 있다.

6.2. 에베소의 교회론

에베소서는 골로새서를 전제하고 있다고 생각되므로 골로새서보다 늦은 80~90년경 소아시아 지역에서 기록된 것으로 추정된다. 에베소서를 가리켜 '교회에 관한 신학적 논술'[78]이라고 말하듯이, 이 서신의 중심은 교회론에 있다. 교회는 구원 공동체이지 단순히 인간적인 조직이 아니다. 따라서 에베소의 교회론은 교회의 본질에 대한 묘사를 강조하지, 경험적인 개 교회의 구체적인 모습을 부각시키지 않는다. 사도 바울이 그리스도 사건을 핵으로 삼아 교회론을 전개시키는 것과 달리, 그리스도 사건을 교회론을 통해 해석하고 있다. 에베소의 교회론은 앞서 언급한 골로새서의 교회론이 갖고 있는 두 가지 특징을 공유한다. 그 밖에도 남편과 아내의 관계에 비추어 그리스도와 교회의 관계에 대하여 말한다.

"22 아내들이여 자기 남편에게 복종하기를 주께 하듯 하라 23 이는 남편이 아내의 머리 됨이 그리스도께서 교회의 머리 됨과 같으니 그가 바로 몸의 구주시니라 24 그러므로 교회가 그리스도에게 하듯 아내들도

---

78) R. Roloff, *Die Kirche im Neuen Testament* (Göttingen, 1993), p. 231.

범사에 자기 남편에게 복종할지니라 25 남편들아 아내 사랑하기를 그리스도께서 교회를 사랑하시고 그 교회를 위하여 자신을 주심 같이 하라 26 이는 곧 물로 씻어 말씀으로 깨끗하게 하사 거룩하게 하시고 27 자기 앞에 영광스러운 교회로 세우사 티나 주름 잡힌 것이나 이런 것들이 없이 거룩하고 흠이 없게 하려 하심이라 28 이와 같이 남편들도 자기 아내 사랑하기를 자기 자신과 같이 할지니 자기 아내를 사랑하는 자는 자기를 사랑하는 것이라 29 누구든지 언제나 자기 육체를 미워하지 않고 오직 양육하여 보호하기를 그리스도께서 교회에게 함과 같이 하나니 30 우리는 그 몸의 지체임이라 31 그러므로 사람이 부모를 떠나 그의 아내와 합하여 그 둘이 한 육체가 될지니 32 이 비밀이 크도다 나는 그리스도와 교회에 대하여 말하노라 33 그러나 너희도 각각 자기의 아내 사랑하기를 자신 같이 하고 아내도 자기 남편을 존경하라"(엡 5:22-33)

구원 공동체를 하나님이나 메시아의 신부로 그리는 종말론적인 표상은 전통에서 유래한 것이나(막 2:19-20; 고후 11:2; 계 19:7, 21:2, 9), 에베소서의 표상은 더 이상 종말론적인 시각에서 이해되지 않고 지금 현재와 관련되었다는 점에 그 독특성이 있다. 즉 교회는 그리스도의 현재 사역의 주 관심 대상이 되고, 그리스도의 사역은 개개의 신앙인을 향한다기보다 교회를 향하고 있다고 말할 수 있다. 그리스도는 교회를 위해 죽었으며, 교회를 성스럽게 하며 세례를 통해 깨끗하게 하였으며(엡 5:25), 교회를 양육하며 보호한다(엡 5:29). 한마디로 그리스도는 교회의 구주이다(엡 5:23).

에베소서의 교회론의 또 다른 특징은, 그리스도가 구원 사역의 영역인 교회를 만들고 이로써 각 개인이 신앙 가운데 이 영역에 참여하는 것을 가능하게 한다는 것이다. 이와 같은 시각은, 은혜로써 믿음을 허락 받은 인간이 구원 공동체에 참여함으로써 교회가 이루어진다고 보는 바울의 시각과 차이가 난다. 그리하여 칭의는 교회의 전제가 아니라, 교회로 말미암은 영향으로 파악되고 있다고 말할 수 있다. 교회에 속할 때 구원이 가능하며 보장된다는 점에서, 교회론이 구원론의 전제로 변하였음을 알 수 있다.

에베소서에는 골로새서에 나타나지 않는 전통적인 교회론적 표상이 있다. 그것은 교회를 '집' 혹은 '하나님의 성전'으로 묘사하는 것이다: "19 그러므로 이제부터 너희는 외인도 아니요 나그네도 아니요 오직 성도들과 동일한 시민이요 하나님의 권속이라 20 너희는 사도들과 선지자들의 터 위에 세우심을 입은 자라 그리스도 예수께서 친히 모퉁잇돌이 되셨느니라 21 그의 안에서 건물마다 서로 연결하여 주 안에서 성전이 되어 가고 22 너희도 성령 안에서 하나님이 거하실 처소가 되기 위하여 그리스도 예수 안에서 함께 지어져 가느니라"(엡 2:19-22). 초창기의 결정적인 증인인 사도와 선지자들을 교회의 터로 보는 것은 3세대 그리스도인 시각의 반영이다. 또한 이 본문에서 알 수 있는 것은, 교회는 모퉁잇돌 되는 그리스도에 의해 규정되는 성장 과정에 있다는 점이다. 교회는 그리스도의 충만함으로 인해 세상을 향한 선교를 수행함으로써 성장하는 가운데 그리스도의 사역에 동참하게 된다.

또한 에베소서는 본질적으로 하나로 통일된 교회라는 사고를 강조한다: "평안의 매는 줄로 성령이 하나 되게 하신 것을 힘써 지키라 몸이 하나요 성령도 한 분이시니 이와 같이 너희가 부르심의 한 소망 안에서 부르심을 받았느니라 주도 한 분이시요 믿음도 하나요 세례도 하나요 하나님도 한 분이시니 곧 만유의 아버지시라 만유 위에 계시고 만유를 통일하시고 만유 가운데 계시도다"(엡 4:3-6). 이러한 교회의 통일성이 처음으로 구체화되는 장소는 세례이며, 또한 교회의 통일성을 보증하는 것은 다름 아닌 예수 그리스도의 화해의 사역이다.

6.3. 목회 서신의 교회론

기원후 100년경 에베소에서 기록된 것으로 추정되는[79] 디모데전후서와

---

79) U. Schnelle, *Einleitung in das Neue Testament* (Göttingen, ³1999), pp. 346f.

디도서를 총칭하여 흔히 '목회 서신'이라고 부른다. 앞서 다룬 에베소서의 경우와 마찬가지로 교회는 목회 서신의 중심 주제에 속한다. 에베소의 교회론이 이상적인 교회의 본질에 대하여 상당히 사변적이며 신학적으로 묘사하였다면, 이와 달리 목회 서신은 전승에 의존하는 가운데 구체적인 지역 교회 상에 대해 언급한다. 바울의 교회론이 영적인 차원을 강조하는 것과 달리, 목회서신의 교회론은 제도적인 차원을 강조한다고도 말할 수 있다. 목회 서신은 교회와 사회를 구분하기보다 서로 밀접히 연결시키는 가운데 사회를 향해 열려 있는 교회의 선포를 강조한다.

1) '하나님의 집'으로서의 교회

교회를 "하나님의 집"(딤전 3:15, "이 집은 살아 계신 하나님의 교회요 진리의 기둥과 터니라")에 비유한 것은 목회 서신에 나타나는 가장 중요한 교회론적인 은유라고 말할 수 있다. 이때 교회는 건축물의 개념이라기보다는 잘 짜여지고 질서가 잡힌 사회의 기본 구조를 연상시키는 표현이다. 하나님이 그 집의 '주인'으로서(딤후 2:21) '집사'를 두어(디 1:7) 집주인의 역할을 대신 수행하도록 한다. 이때 집사는 하나님의 집을 어떻게 관리해야 하는지를 잘 알아야 한다. 이 말은 교회 내의 다양한 그룹들에게 적용되는 규칙에 대해 잘 알아야할 뿐만 아니라 자신의 권위로써 그 규칙들이 적용되도록 해야 한다. 따라서 집사는 앞에 서서(딤전 3:4) 바르게 권면하며 명령하는(딤전 6:17; 디 3:10) 사람이다. 질서 잘 잡힌 하나님의 집으로서의 교회는 세상에 하나님의 진리를 증거한다.

2) '제도'로서의 교회

교회는 튼튼한 토대 위에 서 있는 하나님의 집이다: "19 그러나 하나님의 견고한 터는 섰으니 인침이 있어 일렀으되 주께서 자기 백성을 아신다 하며 또 주의 이름을 부르는 자마다 불의에서 떠날지어다 하였느니라 20

큰 집에는 금 그릇과 은 그릇뿐 아니라 나무 그릇과 질그릇도 있어 귀하게 쓰는 것도 있고 천하게 쓰는 것도 있나니 21 그러므로 누구든지 이런 것에서 자기를 깨끗하게 하면 귀히 쓰는 그릇이 되어 거룩하고 주인의 쓰심에 합당하며 모든 선한 일에 준비함이 되리라 22 또한 너는 청년의 정욕을 피하고 주를 깨끗한 마음으로 부르는 자들과 함께 의와 믿음과 사랑과 화평을 따르라"(딤후 2:19-22). 견고한 하나님의 터로 비유된 교회는 구원을 위한 가르침을 제공하는 과제를 안고 있는 제도화된 하나님의 집이다. '귀하게 쓰는 것과 천하게 쓰는 것'에 대한 비유는 교회 내의 순종하는 자와 불순종하는 자를 가리키는데, 불순종하는 자는 곧 교회에서 거짓된 가르침을 표방하는 자를 뜻한다. '큰 집'에 비유된 교회는 신앙인과 불순종하는 자가 공존하고 곳으로(corpus permixtum), 불순종하는 자를 회개하도록 가르치는 곳이다. 다시 말하면, 교회는 구원을 위한 교육을 과제로 삼고 있다. 이러한 것이 이루어지도록 하나님에 의해 마련된 제도화된 공간이 교회인 것이다. 즉 교회는 구원의 도구로서 교회의 질서와 조직을 통해 복음을 가르치며 지키는 하나님의 집이다.

3) 직분과 안수를 강조하는 교회

목회 서신은 교회 직분의 질서와 관련해 자세히 다룬다. 3개의 직분(감독, 집사 그리고 장로)에 대해 언급한다. 장로직은 교회를 대표하는 특성을 띤 명예직이다. 대외적으로 존경을 받는 사람이 성원이 된다. 한 명의 감독 곁에는 몇몇의 집사가 있다(딤전 3:8). 목회 서신 저자의 관심은 감독에게 있기 때문에 집사의 기능에 관해 거의 언급하지 않는다. 집사는 본래 성만찬을 준비할 때 식탁 준비를 하던 직분이었던 것으로 간주된다(행 6:2). 감독직과 집사직은 사례비를 받는 일종의 직업으로 간주된다(딤전 3:1; 5:17). 목회 서신에 나타나는 교회의 지도자로서의 감독직은 가르치는 직분이라는 것이 특징적이다.

신약성서 가운데 오직 목회 서신만이 안수에 대해 언급하고 있다. 안수와 관련해 성령의 은사가 언급된다(딤전 4:14; 딤후 1:6). 이 은사로 말미암아 교회의 지도자 직분을 수행하는 능력을 얻는다.

7. 히브리서의 교회론

80~90년경 헬라 유대 주석 전통을 잘 알고 있으며 고도의 수사적 능력을 갖춘 익명의 그리스도인 기록한 히브리서는 요한 문서와 함께 신약성서 가운데 교회에 관심을 가장 적게 보인 문서다. 'ekklesia' 라는 단어가 오직 한 번 나타나는데(히 2:12), 그것도 시편 인용 가운데 천사들의 하늘 모임과 관련해 사용될 뿐이다. 따라서 히브리서의 교회론은 기독론적인 묘사 가운데 간접적으로 얻을 수 있다.

1) 말씀을 강조하는 연합체

인간의 모습으로 성육신한 그리스도는 낮아짐과 고난을 통해 인간과 새로운 연합을 가능하게 한다. 이러한 연합은 예수가 하늘의 성소를 위한 대제사장으로 취임함으로써 마련된 것이다. 교회는 예수의 성육신으로 인해 가능해진 신앙인의 연합체로서 미래의 구원을 위한 소망을 갖게 하는 장소이다. 이때 교회는 '말씀의 교회' 로서 성령의 가르침을 통한 성서 말씀이 들리는 장소이다. 말씀을 들은 자는 "하늘의 은사를 맛보고 성령에 참예한 바 됨"(히 6:4)는 것이다. 말씀을 통해 교회가 유지되고 신앙인들에게 소망을 갖게 한다.

2) 구원의 완성을 향한 도상에 있는 하나님의 백성

제3세대에 속한 성서 기자 가운데 베드로전서와 함께 히브리서는 '하나님의 백성' 이란 주제를 비교적 자세히 다루고 있다. 히브리서 3장 7부터 4

장 11절까지에서 저자는 이스라엘의 40년 동안의 광야 생활을 오늘의 교회를 위한 구원사적인 원형으로 여긴다. 여기에서 저자는 시편 95편 7-11절을 인용하면서 이 본문을 그리스도교를 향한 말씀으로 해석하는 가운데, 광야를 거쳐 약속된 땅을 향해 가는 이스라엘 백성의 상황에 비추어 세례로부터 시작하여 미래의 구원 장소를 향해 가는 교회의 현 상황을 이해하고 있다. 현재 저자가 속한 교회와 맺고 있는 하나님의 역사는 과거 이스라엘을 향했던 하나님의 역사와 같다고 보았다. 고로 이스라엘을 향한 구원의 약속은 이제 그리스도 가운데 교회에 드러난 것과 마찬가지이다(히 4:2, "그들과 같이 우리도 복음 전함을 받은 자이나…").

저자는 오늘 교회가 처해 있는 상태를 하나님의 약속이 마지막 성취 단계에 있는 상태로 보았다. 하늘의 처소로 들어가게 되는 하나님의 약속은 광야 세대의 불순종으로 말미암아 아직 성취되지 않았다. 그래서 저자는 4장 9절에서 자신의 교회를 향해 "그런즉 안식할 때가 하나님의 백성에게 남아 있도다"라고 말함으로써 아직 완성된 구원의 가능성이 열려 있음을 강조한다.

여기서 저자는 오늘의 교회를 향한 경고를 하고 있다. 마치 이스라엘의 광야 세대가 구원을 얻기 전 광야에서 죽었듯이, 오늘의 교회가 비록 성취의 상태에는 있으나 다시 넘어지거나(히 3:12-13, "12 형제들아 너희는 삼가 혹 너희 중에 누가 믿지 아니하는 악한 마음을 품고 살아 계신 하나님에게서 떨어질까 조심할 것이요 13 오직 오늘이라 일컫는 동안에 매일 피차 권면하여 너희 중에 누구든지 죄의 유혹으로 완고하게 되지 않도록 하라") 약속 뒤로 처지거나(히 4:1, "그러므로 우리는 두려워할지니 그의 안식에 들어갈 약속이 남아 있을지라도 너희 중에는 혹 이르지 못할 자가 있을까 함이라") 함정에 빠짐으로써(히 4:11, "그러므로 우리가 저 안식에 들어가기를 힘쓸지니 이는 누구든지 저 순종하지 아니하는 본에 빠지지 않게 하려 함이라") 옛 광야 세대의 전철을 밟게 될 수도 있다는 것이다.

저자가 말하는 "한 하나님의 백성"은 유대인과 그리스도인 모두를 포함하는 개념이다. 바울의 경우에 나타나는 이스라엘과 교회 간의 문제는 히브리서에는 나타나지 않는다. 한 하나님의 백성을 강조하는 저자의 시각은 하나님의 말씀을 강조하는 시각과 직결되었다고 생각된다. 하나님의 백성인 교회는 "옛적에 선지자들을 통하여 여러 부분과 여러 모양으로 우리 조상들에게 말씀하신 하나님이 이 모든 날 마지막에는 아들을 통하여 우리에게 말씀"(히 1:1-2)하신 오직 하나님의 말씀을 통해서 이루어지기 때문이다.

8. 베드로전서의 교회론

베드로전서는 그리스도교가 소아시아에 널리 퍼져 있으며, 그리스도인들과 이방 세계 사이의 긴장이 고조된 대략 기원후 90년경 로마나 소아시아에서 기록된 것으로 간주된다.[80] 이 서신은 구체적인 지역 교회에 대하여 언급하기보다 소아시아에 있는 전체 그리스도인들을 수신자로 생각하는 가운데 각각의 개 교회를 포함하는 소아시아 전체 교계를 염두에 두고 있다. 베드로전서의 교회 이해는 다음의 3가지 특징을 갖고 있다.

1) '나그네' 로서의 교회

"예수 그리스도의 사도 베드로는 본도, 갈라디아, 갑바도기아, 아시아와 비두니아에 흩어진 나그네에게"(벧전 1:1). 여기에서 우리는, 최초로 부름받은 사도 베드로의 권위에 의지하여 서신의 저자는 소아시아 전역에 있는 그리스도인들을 향해 회람 서신을 보내고 있는 사실을 알 수 있다. 특정 개 교회를 언급한다거나, 사도 베드로의 이전 사역에 대한 뭔가 구체적인

---

80) Cf. U. Schnelle, *Einleitung in das NT*, p. 416.

언급이 없이 아시아의 북동쪽 끝에 위치한 본도로부터 서쪽 에게해와 연결된 아시아 지방에 이르는 지역에 있는 전체 교회를 수신자로서 총괄적으로 언급하고 있다. 이때 소아시아 지역 전체에 흩어져 있는 전체 교회를 가리켜 "나그네"라고 부르고 있는 것이 눈에 띈다. 교회의 나그네 됨은 당시 소아시아 그리스도인의 실제 상황에 대한 묘사로 볼 수 있다. 예수와의 유대로 인하여 교인들은 주변 사회의 삶의 양식과 다른 삶을 살기에 그들로부터 소외된 나그네적인 삶을 영위했기 때문이다.

2) 성스러운 집이며 선택된 하나님 백성으로서의 교회

"4 사람에게는 버린 바가 되었으나 하나님께는 택하심을 입은 보배로운 산 돌이신 예수께 나아가 5 너희도 산 돌 같이 신령한 집으로 세워지고 예수 그리스도로 말미암아 하나님이 기쁘게 받으실 신령한 제사를 드릴 거룩한 제사장이 될지니라 6 성경에 기록되었으되 보라 내가 택한 보배로운 모퉁잇돌을 시온에 두노니 그를 믿는 자는 부끄러움을 당하지 아니하리라 하였으니 7 그러므로 믿는 너희에게는 보배이나 믿지 아니하는 자에게는 건축자들이 버린 그 돌이 모퉁이의 머릿돌이 되고 8 또한 부딪치는 돌과 걸려 넘어지게 하는 바위가 되었다 하였느니라 그들이 말씀을 순종하지 아니하므로 넘어지나니 이는 그들을 이렇게 정하신 것이라 9 그러나 너희는 택하신 족속이요 왕 같은 제사장들이요 거룩한 나라요 그의 소유가 된 백성이니 이는 너희를 어두운 데서 불러내어 그의 기이한 빛에 들어가게 하신 이의 아름다운 덕을 선포하게 하려 하심이라"(벧전 2:4-9)

비록 서신 가운데 '에클레시아(ekklesia)'라는 용어가 나타나지는 않으나, 교회를 "성스러운 집"이며 "하나님의 선택 받은 백성"으로 보는 이스라엘에게 적용되는 전통적인 표상을 수용하여 이 둘을 독특한 방식으로

서로 연결시키고 있는 데서 특징적인 교회 이해를 살펴볼 수 있다. 그리스도를 믿지 않는 경험적인 이스라엘은 이 서신의 관심 밖에 있다.

3) 은사의 질서 위에 있는 교회

베드로전서는 교회의 질서와 헌법을 강조한다. 목회 서신이 성령의 은사를 안수에 제한하고 있는 것과 달리 이 서신은 전체 교회는 은사의 질서 위에 놓여 있음을 강조한다. 그리스도인은 저마다 하나님으로부터 영접한 사랑의 증거로 은사를 영접하였다는 사실을 힘주어 말한다. 따라서 각 그리스도인은 받은 하나님의 은사를 선한 청지기와 같이 교회를 위해 봉사해야 한다고 말한다: "7 만물의 마지막이 가까이 왔으니 그러므로 너희는 정신을 차리고 근신하여 기도하라 8 무엇보다도 뜨겁게 서로 사랑할지니 사랑은 허다한 죄를 덮느니라 9 서로 대접하기를 원망 없이 하고 10 각각 은사를 받은 대로 하나님의 여러 가지 은혜를 맡은 선한 청지기 같이 서로 봉사하라 11 만일 누가 말하려면 하나님의 말씀을 하는 것 같이 하고 누가 봉사하려면 하나님이 공급하시는 힘으로 하는 것 같이 하라 이는 범사에 예수 그리스도로 말미암아 하나님이 영광을 받으시게 하려 함이니 그에게 영광과 권능이 세세에 무궁하도록 있느니라 아멘"(벧전 4:7-11). 이때 두 가지 구체적인 은사가 언급되고 있다. 하나는 '말하는 것'으로서 하나님의 말씀을 선포하는 것을 뜻하고, 다른 하나는 '봉사하는 것(diakonein)'으로서 이웃에 대한 육체적인 봉사를 하나님의 은사로 이해하고 있다. 또한 베드로전서 5장 1-4절은 장로의 삶에 대하여 말한다: "1 너희 중 장로들에게 권하노니 나는 함께 장로 된 자요 그리스도의 고난의 증인이요 나타날 영광에 참여할 자니라 2 너희 중에 있는 하나님의 양 무리를 치되 억지로 하지 말고 하나님의 뜻을 따라 자원함으로 하며 더러운 이득을 위하여 하지 말고 기꺼이 하며 3 맡은 자들에게 주장하는 자세를 하지 말고 양 무리의 본이 되라 4 그리하면 목자장이 나타나실 때에 시들지 아니하는 영광의 관을 얻으리라". 여기에서 오직 복수 형태의 '장로들'에 대하여 언급한다. 즉 장로는 장로 모임을 통해 나타나고 있다는 사실이 눈에 띈다. 이들은 "하나님의 양 무리를 치는 사람들"이라고 말함으로써 감독으로 발전되기 직전 단계의 이해를 엿볼 수 있다.

9. 요한계시록의 교회론—결단을 강조하는 박해받는 하나님의 백성

묵시 문학에 속하는 요한계시록은 로마 황제 숭배가 본격화됨으로 그리스도인들과의 갈등이 컸던 도미티안 황제 통치 말기인 90년대 전반에 기록된 것으로 간주된다. 당시 교회는 심한 박해와 곤경에 노출되었으며 또한 이단적 가르침으로 인해 교회의 정체성이 위협 받던 시기에 처해 있었다.

요한계시록은 예수의 지나간 지상 사역이나 지나간 이스라엘의 역사에 관심이 적고, 현재와 미래의 역사상에 초점을 맞추면서 미래를 위한 지금의 결단을 중시한다. 전적으로 예수의 십자가와 부활 그리고 세상 주로서의 올리움 가운데 일어난 그리스도 사건을 하나님의 활동의 중심에 놓고 있다. 교회와 이스라엘 사이의 연속성을 전제하는 요한계시록 기자는 성서에서 나온 그림과 상징을 교회에 전이시키고 있다. 따라서 구원 공동체인 교회를 구약성서적인 상징 '딸 시온'(사 1:8; 렘 4:31; cf. 4Esr 9:38; 계 19:9; 21:2, 9; 22:17), 메시아를 낳은 하나님의 백성(계 12:1)으로 부른다. 어린 메시아의 어머니로서 천상의 여인은 구약의 하나님 백성이라든가, 유대 그리스도인과 동일시되지 않고 종말론적인 하나님의 백성을 총체적으로 이해한 개념으로 보인다.

또한 교회는 하나님이 당신의 백성 가운데 거하는 지성소로 이해된다(계 11:1). 교회는 "새 예루살렘"(계 21:2)으로서 새로워진 창조 세계의 중심이 된다(계 21:2). 교회는 모세의 "새로운 노래"가 "양의 노래"로 불리는 곳이다(계 15:2-3). 이때 특히 열둘이라는 수가 이스라엘의 성스러운 질서를 보증하는 수로서 특별한 역할을 수행한다. 이 수가 교회의 수로 바뀐다. 이스라엘 상징이 압축된 형태의 교회로 전이된 모습은 "선택된 자의 봉함"에 관한 환상(계 7:1-8)에서 살펴볼 수 있다. 선택된 자의 수를 144,000으로 잡고 있는데, 이 수는 이스라엘의 성스러운 12지파와 관련된 수로서 이스라엘의 완성을 가리키는 수이다(12×12×1000). 각 지파는 이스라엘의 완전수를 상징하는데, 이로써 종말의 충만함을 이룬 하나님의 백성을 나타낸다. 종말의 전쟁을 위한 하나님의 보호 인증으로 무장한 교회는 승리를 확신하는 종말의 완전한 신앙 공동체로서 세상 및 사회와 대립된 사회(Kontrastgesellschaft)를 나타낸다.

IV. 나가면서

우리는 위에서 신약성서에 나타나는 다양한 교회론에 대하여 살피는 가운데, 각 성서 기자들이 교회의 본질과 기능 또는 형태에 관해 나름대로의 특징을 지닌 교회론적인 구상을 갖고 있음을 보았다. 다양한 교회 이해에도 불구하고 신약성서에 나타나는 공통점은, 교회는 하나님에 의해 종말론적인 하나님 백성의 중심으로 부르심을 받은 사람들의 무리라는 점이다. 이런 기본 이해 위에서 신약성서는 3세대에 걸친 초창기 교회의 다양한 모습이 반영된 문서다.

제1 세대의 교회는 사도 시대의 교회를 가리킨다. 사도 시대에 존재했던 다양한 교회론을 하나로 묶어 주는 끈은 부활 이후의 제자들이 체험한 종말론적인 성령 체험이라고 말할 수 있다. 이로써 그들은 자신들의 신앙 공동체를 하나님에 의해 옛 언약을 넘어 세워진 '새로운 하나님의 백성'(ekklesia tou theou, 갈 1:13; 고전 15:9; 행 20:28)으로 이해하였다. 다시 말하면, 성령 체험을 통한 새로운 하나님 백성의 결성은 하나님이 자기 백성과 맺은 언약을 단절시키는 것을 뜻하지 않고 역으로 그것의 종말론적인 성취를 뜻한다고 믿었다. 이스라엘이 한 백성이듯이, 하나님의 종말론적인 새 창조 사역을 통해 새로 태어난, 예수 그리스도를 주님으로 고백하는 보다 큰 백성 역시 하나라는 것이다. 이러한 시각 아래에 교회는 본질적으로 하나라는 사실을 받아들이게 된 것이다. 제1 세대 사도 시대의 교회들은 이러한 확신을 통해 분열되지 않고 교회의 통일성을 보전할 수 있었다. 교회의 통일성을 보증한 것은 역사적으로 볼 때 '사도회의'의 결과였다. 이때 평등한 조직과 구조라는 외형적 요소를 통해서 그와 같은 교회의 통일성이 보증되고 이루어진 것이 아니라, 하나님의 에클레시아는 하나님 스스로의 종말론적인 사역을 입증하는 것이라는 인식을 모두가 겸손히 수용한 결과이다.

 제1 세대 교회가 오늘 우리의 사분오열된 개 교회 중심적인 교계에 대하여 분명한 메시지를 던지고 있다. 교회를 '그리스도의 몸'이라고 특징지은 제1 세대의 위대한 사도 바울은, 오늘 우리에게 교회는 살아 있는 유기체로서 자신을 바쳐 타인을 섬기는 예수의 삶을 본받아 성도들의 사랑의 코이노니아가 이루어지는 곳이라는 사실을 가르치고 있다. 또한 제1 세대 교회의 특징은 사도 직분과 관련되었다. 사도는 그리스도의 종으로서 종말론적인 하나님 백성을 모으는 것을 목표로 하는 복음 선포의 전수자이며 중개자이다. 사도는 그리스도의 종으로서의 자신의 삶을 통해 교회의 삶을 위한 규범이 된다. 복음을 전파하며 교회를 세운 사도 바울의 그리스도를 닮아 죽기까지 순종한 섬김의 삶을 통해 사도 직분이 얼마나 고귀하며 중요한가를 배울 수 있다. 이러한 사도상은 교회의 지도자 직분 이해를 위한 모범을 제시한다. 오늘 우리 교계의 지도자들은 순교까지 마다않던 초창기 교회 사도들의 모습에 얼마나 부합하는가?

 제2 세대를 거쳐 제3 세대에 발전된 신약성서에 나타난 교회론은 두 가지 중요한 질문과 씨름하였다. 교회가 발전함에 따라 하나님의 백성으로서의 정체성과 연속성에 대한 질문이 제기되었다. 임박한 재림에 대한 기대가 약화되면서 교회는 예수 그리스도의 이름으로 모인 하나님의 백성으로서의 자기 이해에 안주할 수 없었고, 교회와 역사와의 관계를 점차 중시하게 되었다. 이와 더불어 교회는 제도화의 길을 피할 수 없게 되었다.

바울이 중요하게 여겼던, 교회가 갖고 있던 구원사적인 차원이 교회의 정체성과 밀접히 연관되었다는 인식이 제3 세대에 와서 많이 약화되었다. 교회를 유대인과 이방인을 모두 포함하는 하나님 사역의 결과로 이해하고자 하는 누가의 경우와, 불순종의 이스라엘 대신에 교회를 부름에 순종하는 백성으로 이해하고자 하는 마태의 경우는 예외에 속한다. 교회가 갖고 있던 구원사적 차원이 약화되었다는 것은, 이스라엘의 연속성이 교회의 정체성을 규정짓는 데 중요하다는 인식이 점차 희석되어 갔다는 것을 뜻한다. 한국 교회는 이러한 인식이 담고 있는 신학적 중요성을 아직 깨닫지 못하고 있다고 생각된다.

하나님의 백성으로서의 교회의 연속성이란 주제는 특히 바울과 그의 영향 가운데 있는 제2 바울 서신에서 보다 진지하게 다루어졌다. 특히 목회 서신은 교회 직분의 중요성을 강조하는 가운데 이를 교회의 연속성을 이루는 중요한 수단으로 이해하였다. 성도들에게 주어지는 풍성한 은사의 중요성을 약화시키는 가운데 직분으로 제도화된 은사를 중시함으로써 결국 '그리스도의 몸' 이라는 사랑의 공동체로서의 유기체로 이해한 교회의 차원이 퇴색하였다고 말할 수 있다. 교회의 대형화와 함께 제도화의 성향이 강한 우리 교회의 경우에서도 유사한 모습을 발견할 수 있다.

교회와 세상과의 관계에 대해 제3 세대는 두 가지 극단적인 입장을 취했다. 요한계시록은 정치/사회 세력인 그리스도의 적대자와 싸우는 종말 전쟁 가운데에서 교회를 이해했다. 그리스도인으로서 세상에 존재한다는 것은 곧 그리스도의 적대자와 싸우는 가운데 고난을 감당해야만 하는 실존을 뜻한다. 이런 의미에서 교회는 세상 및 사회와 대립된 대립 사회

(Kontrastgesellschaft)를 이룬다. 이와 달리 목회 서신에 따르면, 교회와 사회는 서로 분리되지 않고 하나님의 뜻에 따라 서로 밀접하게 연관되었다고 여긴다. 교회가 사회의 윤리적 이상의 실천 가능성을 제시함으로써 사회의 규범과 사고방식에 교회가 개방적이어야 한다는 점을 보여 준다.

기독교인이 상당수를 차지하고 있는 오늘 우리 사회는 제3 세대 교회가 처해 있던 상황과 유사하다고 말할 수 있다. 기독교가 한국에 본격적으로 들어온 것은 이제 100년 좀 넘을 뿐이라는 시각에서도 현재 한국 교회는 한국의 기독교사에만 국한시킬 경우 대략 제3 세대에 속한다고 말할 수 있다. '새로운 하나님의 백성'으로서의 교회의 정체성과 연속성이 오늘 우리 교계에도 심각하고 중요한 문제로 부상되고 있다. 기독교인이 전체 국민의 4분의 1을 차지하고 있는 오늘 우리 사회의 경우, 교회와 사회의 연관성을 중시 여기는 목회 서신의 입장이 매력적으로 보인다. 그러나 사회를 향한 교회의 개방성으로 인해 제1 세대 교회가 그토록 소중하게 여겼던 구원사적인 차원과 관련된 종말론적인 하나님의 백성으로서의 교회의 정체성과 연속성이 약화되어서는 안 될 것이다.

본고의 앞부분에서 우리는 교회의 탄생을 예수 사역의 결과로 이해하였다. 따라서 예수는 교회의 창시자라기보다 교회의 토대요 근거가 된다. 바로 이 점에서 교회는 예수의 섬김의 삶(Proexistenz)을 본받아 이웃사랑을 실천해야 한다는 당위성이 나온다. 오늘 우리 교회는 많은 경우 자기생존을 위해 몸부림치고 있다. 그러나 교회 실존의 의미는 자기를 세우기 위해서가 아니라 타인을 세우는 데 있다는 것을 오늘 우리 교회는 깊이 반성해야 하리라고 생각된다.

제 3 장

예수를 따를 것인가
신약성서를 따를 것인가?

- 학문적 신학과 목회 현장 사이의 괴리 극복을 위하여 -

1. 들어가면서

'예수를 따를 것인가 아니면 신약성서를 따를 것인가?'[81] 하는 질문은 상당히 도발적인 질문처럼 들린다. 이 질문은 기독교 신앙의 근거요 토대

---

81) 본 글은 학생들을 위한 독서 자료로 사용하기 위해 빌리 막센(Willi Marxsen) 교수의 강의를 참조하는 가운데 우리의 상황에 맞춰 필자가 나름대로 새롭게 정리한 것임을 밝힌다. 막센 교수는 뮌스터대학에 속한 개신교 신학부에서 1966/67년 겨울학기에 '학문적 신학과 기독 공동체'라는 주제로 대학의 전체 학생들을 위한 공개 강의를 하였다: "Jesus-oder das Neue Testament" in: K. Aland(ed.), *Ein Anderes Evangelium? Wissenschaftliche Theologie und christliche Gemeinde. Ringvorlesung der Evangelisch-Theologische Fakultät der Westfälischen Wilhelms-Universität Münster*(Witten, 1967).

가 되는 예수를 선택할 것인가 아니면 살아 계신 하나님의 말씀으로서 우리 신앙의 규범이 되는 신약성서를 선택할 것인가 하는 양자택일적인 질문으로 생각할 수 있기 때문이다. 일반 성도가 이와 같은 질문에 접한다면, 근본적으로 잘못된 질문이라고 여길 가능성이 높다. 그런데 이 질문은 주로 대학교에서 이뤄지고 있는 학문적 신학과 교회 현장에서 강조되는 예수 그리스도에 관한 신앙 사이에 놓인 괴리를 가리키는 말로도 이해할 수 있다.

오늘 우리 사회는 학문적 신학과 교회의 신앙 이해 사이에 패인 갈등의 골이 대단히 심각한 지경에 처해 있다고 생각된다. 그래서 교회 현장에서 일하는 목회자들은 심지어 신학 무용론을 들고 나오면서, 대학에서 전개되는 신학은 신약성서를 하나님의 말씀으로 선포하는 목회 현장과 완전히 유리되었다고 주장하는 경우도 있다. 그런 반면 신학대학교에서 가르치는 교수들은 전통적인 고루한 성서 해석에 매여 있는 목회 현장의 문제점들을 지적하는 가운데 건전한 신학적 인식의 중요성을 강조한다.

'예수를 따를 것인가 아니면 신약성서를 따를 것인가?' 하는 질문은 신학을 전문적으로 공부하지 않은 일반 성도들에게는 이해하기 어려운 질문으로 비쳐질 수 있다. 그러나 신학을 공부하는 학생이나 목회 현장에 있는 목회자의 경우, 이 문제는 한번 숙고해 볼 가치가 충분히 있다고 생각한다. 이로써 우리 목회 현장과 신학 사이에 가로 놓인 간격이 조금이라도 축소되기를 바라는 마음이다.

2. 교계와 신학계 사이에 벌어진 괴리

'예수를 따를 것인가 아니면 성서를 따를 것인가?' 하는 질문은 오늘 우리의 교계가 안고 있는 문제점을 드러내는 질문으로 이해할 수 있다. 오늘날 신학과 교회는 서로 간에 많은 빚을 지고 있다. 이미 신학을 공부하고 목회 현장에서 사역하는 목회자와 더불어 대학에서 신학을 가르치며 연구하는 신학자들은 이미 수 세대에 걸쳐 서구에서 발전되어 온 신학적 연구 결과를 오직 자신들을 위해서만 알고 있을 뿐 성도들에게는 전달해 주기를 꺼려하고 있는 것이 오늘 우리의 현실이다. 성도들은 아직 신학적으로 미성숙하기에 발전된 서구의 신학적 연구 결과를 이해할 역량이 부족하다는 이유에서이다. 그러나 오늘날 성도들은 그와 같은 시각을 단순히 용납하기를 거절한다. 요즘 우리 주변에서 지적 호기심이 많은 성도들은 쉽게 발견할 수 있다. 이들은 대형 서점에 즐비하게 나열되어 있는 여러 신학 책에 쉽게 접할 수 있게 되었으며, 그리하여 신학에서 다루고 있는 문제점들을 대하고는 당황하는 경우가 종종 있다. 성도들은 오늘날 문제가 되고 있는 신학적 질문이 담고 있는 옛 전제들을 알지 못하기 때문이다. 다시 말하면, 왜 그와 같은 신학적 질문이 문제로 부각되었는지를 이해하지 못한다. 성도들의 이러한 반응은 목회자들과 신학자들이 성도들에게 적극적으로 알려 주지 않았기에 비롯된 것으로 볼 수 있다.

  오늘날 우리 성도들은 신학적인 정보에 굶주려 있다고까지 말할 수 있다. 신학적 정보를 주려면 신뢰할 만하며 정확한 정보를 주어야 할 것이다. 그런데 유감스럽게도 오늘 우리 교계에는 학문적인 객관적 정보라기보다는 학문적 정보라는 미명 아래 무비판적인 정보가 여전히 커다란 영향력을 발휘하고 있다고 생각된다. 여러 종류의 성서 번역뿐만 아니라 각 성서에 첨부된 간략한 해설과 각주가 있으나, 많은 경우 비학문적인 정보를 담고 있고, 성도들은 이들 설명을 무조건적으로 수용하고 있는 실정이다.

  서구 교계의 역사에서 찾아볼 수 있는 극보수적인 입장에서부터 극진보적인 입장에 이르기까지 다양한 방향의 신학적인 입장을 오늘 우리 교계와 신학계에서 발견할 수 있다. 그런데 교계와 신학계의 분위기가 종종 한 쪽 방향으로만 치우치는 경향이 있다. 신학 노선의 방향에 따라 교회와 신학교에서 다루는 책자가 특정한 방향의 책자만 소개되고 그 결과 성도들은 어느 한 시각의 서적만 접하게 되는 경향이 있다. 이러한 책들은 현대 신학의 연구 결과를 적절하게 묘사하지 못하는 경우가 많다. 이러한 현상은 결코 바람직하지 못하다고 생각된다. 가능한 여러 시각의 서적이 제시되어야 하며 그럼으로써 성도 스스로가 판단할 수 있어야 한다. 한마디로 성도는 스스로 판단 내릴 수 있는 성숙함을 요청할 권리가 있다고 생각한다. 다시 말하면 현존하는 어려움과 문제점들이 무엇인지를 성도들에게 밝히 보여주어야 하며, 또한 그들에게 가능한 한 양질의 정보를 폭넓게 제공하여야 한다. 이로써 이들이 자신의 결정을 스스로 내리는 데 도움이 되도록 해야 할 것이다.

3. 무엇이 문제인가 – 예수와 신약성서 사이의 관계 규명

여기서 언급되고 있는 문제란 도대체 무엇인가? 어떤 사실에 대한 보도는 그 사실 자체와 구분할 필요가 있다. 우리가 어떤 사실에 대한 보도에 접할 경우, 그 보도는 사실에 대한 중개의 역할을 하고 있을 뿐이지, 우리가 그 사실 자체와 직접적인 관계를 맺고 있는 것은 아니다. 마찬가지로 신약성서는 예수에 대한 성서 기자들의 보도와 증언이지 예수 자신이 직접 기록한 글은 아니라는 점을 이해하는 것이 중요하다. 동시에 신약성서의 증언과 예수 자신 사이에 밀접한 관련이 있다는 것을 이해할 필요가 있다. 따라서 '예수를 따를 것인가 아니면 신약성서를 따를 것인가?' 라는 대립명제를, 마치 이 양자를 완전히 분리시키는 것처럼 이해해서는 안 될 것이다. 이러한 질문을 통해 양자를 올바른 관계에서 이해하고자 하는 노력이 중요하다는 사실을 깨닫는 일이 절실히 필요하다. 예수와 신약성서는 동일시될 수 없다는 것은 자명하기 때문이다. 이 점에서 20세기 신약학 연구에 커다란 영향을 끼친 루돌프 불트만(Rudolf Bultmann)의 신학적인 구상과 논쟁을 벌임으로써 우리의 주제를 전개시켜 나가고자 한다. 그렇게 하는 이유는, 불트만의 신학적 구상에 영향을 받은 사람은 예수를 쉽게 포기하게 되고 그 대신 교회의 선포를 취하게 된다는 시각으로 잘못 인도될 수 있기 때문이다. 예수를 취하고 케리그마(Kerygma) 혹은 복음 선포를 버리는 식의 해결은 위험스러울 뿐만 아니라 정당하지도 않기에, 그와 같은 해결방식에 마땅히 반박해야 할 것이다.

  우선적으로 일반적인 생각을 할 필요가 있다. 우리가 다루고자 하는 주제는 불트만의 구상이나 교계의 일반적인 질문과 무관한 나름대로의 의미를 갖고 있다. 우리의 핵심 신앙고백인 "사도신경"에 "그 외아들 우리 주 예수 그리스도를 믿사오니"라는 고백으로 되어 있지, "성서를 믿사오니"라든지 아니면 "신약성서를 믿사오니"라고 되어 있지 않다. 이 두 가지 진술을 서로 대립시킬 경우, 우리의 주제인 "예수를 따를 것인가 아니면 신약성서를 따를 것인가"에서 "아니면"이라는 단어 사용이 완전히 틀렸다고 말할 수 없을 것 같다. 사실 자체와 그에 대한 중개의 관계에 대해 설명이 있어야 할 것이다.

  물론 여기서 문제가 되는 것은, 우리가 '신앙'이라는 개념을 정확히 파악하느냐 하는 것이다. 내가 "……을 믿는다."라고 말한다면, 나의 삶에 방향을 제시하며 내가 그 믿음에 순종하는 가운데 자신을 전적으로 바칠 수 있는 대상에 대하여 언급하고 있는 것이다. 간단히 말하자면 나의 신앙의 근거를 대고 있는 것이다. 이렇게 본다면, "…에 대한 신앙"이라는 진술은 오직 한 대상만을 언급하고 있을 뿐이지 다른 것을 배제시키는 진술이다. 우리는 두 주인을 동시에 섬길 수 없다. 우리의 주제와 관련해서 말하자면, 예수를 섬기면서 동시에 신약성서를 섬길 수 없다는 것으로 말할 수 있다. 다르게 표현하자면, 성서를 믿으면서 동시에 예수를 따를 수 없다는 것이다. 신앙이 갖고 있는 배타적인 성격을 진지하게 받아들인다면, 예수와 신약성서 사이의 관계에 대한 해명이 있어야만 한다.

  이럴 경우 문제점이 분명히 드러난다. 우리 모두가 한결같이 "예수 그리스도를 믿사오니"라고 고백한다 할지라도 곧장 질문이 제기된다. 즉, 도대체 어디에서 그리고 어떻게 우리가 사도신경에서 고백하는 바로 그 예수를 발견할 수 있단 말인가 하는 질문이 제기된다. 이에 대해 "신약성서에서 발견할 수 있다."는 대답 말고는 다른 대답이 있을 수 없다. 그런데 예수와 신약성서는 앞서 언급했듯이 동일하지 않기 때문에 바로 양자 사이의 관계가 설명되어야만 한다. 다르게 표현하자면, 신약성서를 믿는다는 것이 어떤 의미에서 예수를 믿는다는 말과 같은지를 밝혀야 할 것이다. 우리가 예수를 따른다는 것이 어떤 의미에서인가를 묻지 않고, 단순히 우리는 신약성서를 따른다고 말한다면, 그것은 하나님의 본래 계시를 신약성서가 생성된 시기인 50~130년 사이로 옮기는 것을 뜻하게 되는 셈이다. 그렇다면 대략 30~33년 사이에 공적으로 활동했던 나사렛 예수 자신이 하나님의 계시가 되지 못할 것이다. 우리의 신앙고백이 진정 나사렛 예수에 대한 신앙고백이라면, 어떤 의미에서 그러한지를 밝혀야 할 것이다.

우리는 앞에서 불트만의 신학적 구상으로 인해 성급하게 예수를 포기하는 데로 오도될 수 있는 위험이 있다는 말을 했다. 어떤 의미에서 그러한 위험이 나타나는지 밝히고자 한다. 물론 한 두어 마디 인용문으로써는 입증할 수 없을 것이다. 인용문을 반박하기는 너무도 쉽다. 그렇기 때문에 몇몇 현대 신학자들의 문맥에서 떼어낸 인용문을 이용하여 반박하는 것이 현대의 논쟁 가운데 유행하고 있다고 생각된다. 그와 같은 방식으론 진지한 논쟁을 벌일 수 없다. 인용문에 대한 올바른 이해는 문맥을 통해서 비로소 분명히 드러난다. 그런데 문맥이란 몇몇 문장도 아니고 심지어 한 연구자의 작품 전체만도 아니다. 문맥에 대한 이해란 그의 전체 연구사의 관계 속에 위치하는 그의 작품 이해를 뜻한다. 연구사 전체의 문맥을 보는 일이 중요하다. 자기 나름대로의 신학적 입장을 주장하는 사람이 다른 주장을 하는 사람과 논쟁을 벌일 경우 대체로 첨예화된 표현을 사용하기가 쉽다. 이럴 경우 이 첨예화된 표현을 상대방의 입장과 분리시켜 이해하면 안 된다. 왜냐 하면 그런 첨예화된 표현은 상대방의 입장과 더불어 파악할 때 비로소 제대로 이해될 수 있기 때문이다. 첨예화된 표현이란 특정한 상황 가운데에서 특별한 목적을 갖고 있는 진술이지, 어느 시대에나 통용되는 보편적인 진술이 아니기 때문이다. 따라서 한 신학자의 작업은 그가 속한 시대와 분리시켜서는 올바로 이해할 수 없게 된다. 이런 시각에서 불트만을 진정 이해하고자 할 경우, 불트만이 그의 전체 작품을 통해 언제나 특정한 입장을 주장했다고 말하는 것만으론 부족하고, 그의 입장이 누구와 싸우고 있는 것이며 어떠한 상황 가운데 전개되고 있는가를 파악하는 일이 불가피하다. 이제 바로 이에 대하여 간략히 묘사하고자 한다.

4. 19세기 말에 확립된 문헌 비평

계몽주의 이후 당시 사람들은 신약성서에서 예수를 찾으려고 애썼다. 신약성서의 예수가 실제 살았던 역사적 예수인 나사렛 예수와 동일하지 않다는 사실을 깨달았기(혹은 깨달았다고 믿었기) 때문이다. 계몽주의 이후 신약성서에 나타나는 예수 상은 교리적으로 덧칠된 것이라고 간주하여 바로 이러한 교리적인 덧칠을 벗겨내고자 했던 것이다. 그래야만 소박하고 단순하며 무엇보다도 교리적이지 않은 실제 예수의 모습을 얻을 수 있으리라고 생각하였고, 바로 그러한 예수를 따르고자 했다. 그런데 이런 생각이 간과한 것이 있었는데, 그것은 이러한 질문 제기도 역시 교리적 가정에 싸여 있다는 사실이다. 소박하며 비교리적인 예수의 모습이 본래적인 모습일 것이라고 전제하였는데, 이것은 입증되지 않은 주장에 불과하며 계몽주의 시대에나 가능한 사고였다.

이제 사람들은 역사적인 질문을 훨씬 비판적으로 제기하는 가운데 예전보다 더욱 정확하게 자료를 다루기 시작했고, 복음서들을 서로 비교하여 상호 관계를 규정하였다. 19세기 말경 학계는 갖은 노력 끝에 한 가지 중요한 결론에 이르렀다. 그것은 마가복음이 가장 오래된 복음서라는 사실과 또한 마태와 누가는 마가복음을 자료로 사용했다는 사실이다.[82]

당시 사람들은, 마태와 누가가 여러 관계에서 마가와는 다르게 예수를 묘사하고 있기 때문에 마가복음이야말로 역사적 예수의 실상에 직접적으로 근접한 묘사를 하고 있다는 성급한 결론에 이르렀다. 하지만 그것은 그릇된 결론이었다는 사실이 곧바로 드러났다. 물론 마가가 복음서를 최초로 기록한 것은 사실일지라도 그 역시 앞선 시대에서 유래한 전승을 사용했다는 것이 밝혀졌다. 따라서 마가 역시 예수의 생애에 대한 직접적인 증인이 아니었던 것이다. 마가는 자기가 물려받은 여러 전승을 단지 특정하게 배열시켰다는 것이다.[83] 이때 마가는 당시 존재했던 전승을 모두 취한 것은 아니었다. 존재하는 전승 중에서 의도적으로 선택을 하였기 때문이며, 또한 마가가 모든 전승을 알고 있던 것도 아니었기 때문이다. 게다가 나중에 마태와 누가는 마가에 없는 훨씬 많은 다른 자료를(부분적으로는 더 오래된 자료를) 제공하고 있다는 사실이 밝혀졌다.

이와 관련하여 중요한 것은, 본래적인 예수 전승은 개별적인 이야기들로 구성되어 있다는 인식이다. 오늘날 우리는 복음서에서 이 점을 잘 인식하고 있다. 요한복음과는 구분이 되는 처음의 세 복음서(마태, 마가, 누가)에

---

82) 이것은 이른바 "두 자료설"(Zwei-Quellen-Theorie)이 주장하는 내용에 속한다. 두 자료설이란, 마가복음은 공관 복음서 가운데 가장 오래된 복음서이고 마태와 누가는 자신들의 복음서를 기록할 때 마가복음 외에 예수의 말씀으로 구성된 예수 어록(Q)을 참조하였다는 가설을 가리킨다. 이 가설의 창시자는 Christian Gottlob Wilke(Der Urevangelist, 1838)와 Christian Hermann Weisse(Die evangelische Geschichte, 1838)로 간주된다. 두 자료설은 홀츠만(Heinrich Julius Holtzmann, *Die synoptische Evangelien.Ihr Ursprung und geschichtlicher Charakter*, 1863)과 Paul Wernle(Die synoptische Frage, 1899)에 의해서 확고한 가설로 확립되었다. Cf. W. Schmithals, *Einleitung in die ersten Evangelien*(Berlin, New York, 1985), pp. 182-233.
83) 이와 관련하여: W. Marxsen, *Der Evangelist Markus, Studien zur Redaktionsgeschichte des Evangeliums*〔Göttingen ²1959(1956)〕.

서 비교적 쉽게 개별 이야기들을 구분해 낼 수 있다. 복음서에 제시된 내용의 순서가 부차적인 것으로 밝혀졌기에, 오늘날 학자들은 이른바 '문헌 비평(Literarkritik)'이란 방법을 사용하여 개별적인 전승을 전체 이야기 틀로부터 분리해 낼 수 있다. 예수에 관한 연속적인 생애를 쓴다는 것이 이제부터는 쉬운 일이 아니라는 사실이 드러났다. 왜냐 하면 본래적인 개별 전승들을 하나의 이야기로 엮은 전체 틀은 부차적인 것으로 드러났기 때문이다. 하지만 최소한 개별 전승 안에서는 실제 역사적인 예수의 상에 도달한 것은 아니었는가? 예수가 행하거나 말한 것이 그의 사역 초기나 중간기 혹은 말기에 속했던지 간에, 어쨌든 실제 예수의 사역과 말씀일진대 무슨 상관이 있겠는가 하는 질문을 제기할 수 있다.

5. 제1차 세계 대전 직후 탄생한 양식 비평

바로 이러한 질문에 집중한 것이 이른바 '양식 비평(Formkritik 혹은 Formgeschichte)'이었다. 이 방법론은 제1차 세계 대전 직후 특히 칼 루트비히 슈미트와 마르틴 디벨리우스 그리고 루돌프 불트만에 의하여 시작되었다.[84] 여기에서 제기된 질문은 연구사의 한 새로운 국면을 뜻하였으며 오늘날도 여전히 제기하는 중요한 질문이다. 개별 전승을 관찰하는 가운데 어떤 전승들은 같은 형태를 취하고 있는데 또한 같은 형태를 갖고 있는 다른 전승과 구분된다. 다음과 같은 몇 가지 예를 들 수 있다.

복음서에 보면 한 상황을 단지 간결하게 이야기하는 경우가 있는데, 장면 묘사를 간단히 언급한 뒤에 대체로 예수의 핵심 말씀이 전해진다. 예컨

---

84) K. L. Schmidt, *Der Rahmen der Geschichte Jesu*(Darmstadt, 1964); M. Dibelius, *Die Formgeschichte des Evangeliums*(Tübingen, ⁶1971); R. Bultmann, *Die Geschichte der synoptischen Tradition*(Göttingen, ⁹1979). 이 세 저서는 양식 비평에 관한 고전으로 통한다.

대, 이른바 '어린이 복음'이라 불리는 마가복음 10장 13-16절에 다음과 같은 예수의 말이 나온다. "어린아이들이 내게 오는 것을 용납하고 금하지 말라 하나님의 나라가 이런 자의 것이니라"(14절). 또한 마가복음 12장 13-17절에 나오는 "가이사의 것은 가이사에게, 하나님의 것은 하나님께 바치라"(17절)는 예수의 말씀도 유사한 경우이다. 그러나 완전히 다른 형태의 경우도 있다. 예컨대 마가복음 4장 35-41절에 나오는 바다 위로 걸으시는 장면이나 또는 마가복음 4장 35-41절에 나오는 바람과 바다를 잔잔하게 하시는 장면은 상세하면서도 생생하게 이야기하고 있다. 전체 과정이 눈앞에서 전개되듯이 자세히 묘사되고 있다. 하지만 이 이야기에는 중요한 예수님의 말씀이 빠져 있다.

이와 같이 다르게 묘사하는 것이 어떻게 이루어진 것인가 하는 질문이 생긴다. 앞서 언급한 예수가 어린아이를 축복하는 이야기를 어쩌면 아주 생생하게 묘사할 수도 있었을 텐데, 그렇게 되어 있지 않다. 이에 대해 양식 비평은, 각 이야기가 생성된 '삶의 자리(Sitz im Leben)'가 서로 다르기 때문에 그와 같은 차이가 생겼다고 설명한다. 한 상황 묘사의 형태는 그 이야기가 추구하는 목적에 의해서 규정된다는 것이다. 예컨대, 누군가가 교통사고가 나서 경찰에 보고서를 작성하는 경우와 자기 아내에게 편지로 전하는 경우, 서로 다른 두 가지 문서가 작성된다. 비록 같은 사건을 다루는 내용을 담고 있으나, 두 문서는 완전히 다른 두 가지 형태를 취하게 된다. 만일 제삼자가 이 두 가지 문서를 제목을 가린 채 나란히 놓는다면, 그는 각각의 묘사가 어떤 목적에서 작성된 것인지를 쉽게 판단하기 어려울 것이다. 그럼에도 불구하고 형태만 보더라도 하나는 경찰 보고서이고, 다른 하나는 사적인 편지라는 사실을 쉽게 말할 수 있을 것이다. 양식 비평가의 전문 학술 용어로 말하자면, 한 문서의 삶의 자리는 경찰 심문이고 다른 문서의 삶의 자리는 편지 서술가의 상황이다. 각각의 삶의 자리가 서술의 형태를 결정하고 있음을 알 수 있다.

여기에서 아무도 반박할 수 없는 명백한 인식을 얻을 수 있다. 어떤 특정한 삶의 자리를 갖고 있지 않은 문서란 근본적으로 있을 수 없다는 사실이다. 여기에서 또 다른 인식을 얻을 수 있다. 즉 어떤 목적이 한 상황 묘사의 형태를 결정짓는다면, 독자는 실제 일어난 일에 대하여 단지 각 삶의 자리가 허용하고 보여 주는 정도 안에서만 이해할 수 있을 뿐이라는 사실이다. 예컨대 편지로 된 문서를 읽는 사람은 사고 낸 자동차의 번호라든지 운전자가 도주를 했는지 등에 대해서는 모르기가 쉽다. 반면 경찰의 심문 기록을 읽는 사람은 사고 당시 피해자의 느낌이나 감정, 기분이나 충격 등에 대하여 모르기가 쉽다. 즉 목적에 부합하는 내용만 이야기하게 된다는 것이다. 화자가 역사가로서 일어난 사건을 가능한 한 상세히 묘사하고자 할 때 독자는 아마도 가장 많은 정보를 얻을 수 있을 것이다. 그러나 엄밀하게 말하면 역사가 역시 자신이 기록할 때 항상 다른 생각을(예컨대 특별한 독자층을) 염두에 두기 마련이다.

다시 양식 비평으로 돌아가면, 한 문서의 형태가 그 문서가 생겨난 삶의 자리에 대한 추론을 가능하게 하느냐 하는 것이 질문의 핵심이다. 예수의 성만찬 제정에 관한 보도를 예로 들 수 있다. 성만찬 보도는 예수의 마지막 만찬이 어떻게 진행되었는가에 대해 말하지 않는다. 만일 그렇게 할 경우 성만찬에 대하여 장황하게 보도했어야 할 것이다. 문맥에서 이탈된 성만찬 제정 보도는 단지 앞의 떡 행위와 마지막의 잔 행위에 대해서만 이야기하고 있을 뿐이다. 왜 이처럼 축약하여 보도하고 있는가 하는 질문이 생긴다. 이에 대한 답변은, 원시 교회가 성만찬 시 중요하게 여겼던 것은 바로 그 두 가지 행위에 있었다는 점에서 그에 대한 답변을 찾을 수 있다. 성만찬 제정을 보도하는 형태가 교회의 성만찬식을 결정했던 것이다. 이 성만찬 전승의 '삶의 자리'는 바로 제의(Kultus)였다. 따라서 전승되어 내려온 성만찬 제정보도는 '예전(Liturgy)'이라 부를 수 있다. 예수의 성만찬 제정에 관한 보도는 원시 교회가 예배를 드릴 때 사용되던 본문이지 보도용 본문이 아니다. 보도용으로 읽을 경우 여러 생략된 부분을 발견하게 된다. 결국 한 문서의 형태로부터 그것이 생겨난 삶의 자리를 찾는 것이 가능하다는 사실을 알 수 있다.

다른 예를 들 수 있다. 복음서에는 일련의 논쟁 사화가 전해진다. 예수가 적대자들과 논쟁을 벌였다는 사실은 의심의 여지가 없다. 하지만 현재 전해지고 있는 논쟁 사화에서 알 수 있는 사실은, 거기에는 동시에 원시 교회가 적대자들과 벌였던 논쟁 역시 반영되었다는 것이다. 심지어 어떤 경우에는(예컨대, 막 2:1-12) 본래의 치유 이야기에 논쟁이 첨가되어, 이적 이야기가 논쟁 사화로 바뀌게 된다(5절 후반-10절). 이 점에서 우리는 이야기들이 단지 역사적인 기억을 하기 위한 목적에서 진술된 것이 아니라는 사실을 알 수 있다. (물론 역사적 핵심이 근저에 놓여 있다는 것을 부인할 필요는 없다.) 그 이야기기의 도움으로 원시 교회가 적대자들과 현재 벌이고 있는 논쟁에 관여하기 위하여 표현되었다는 사실이다. 이 논쟁 사화의 삶의 자리는 따라서 변증(Apology)이다.

여기에서 다음과 같은 사실이 드러난다. 원시 교회는 예수 전승을 예수에 관한 전기적이며 역사적인 관심에서 표현하고 기록한 것이 아니라, 교회 선포의 목적에서 기록했다는 사실이다. 메시지 선포가 목적이지 지나간 일에 대한 단순한 정보를 주는 것이 관심사가 아니었다. 이를 가리켜 귄터 보른캄(Günter Bornkamm)은 "원시 교회는 예수가 누구인가를 말하고자 했지, 누구였는가를 말하고자 하지 않았다."는 첨예한 표현으로 말하였다.

6. 양식 비평으로 초래된 문제점 – 역사적 예수 대신에 케리그마를 강조

이와 같은 양식 비평적인 연구의 결과로 인해 사람들은 당황하게 되었다. 당시 사람들이 느꼈던 당혹감을 이해할 법도 하다. 역사적인 예수를 찾기 위해서 길을 나섰건만 발견한 것은 원시 교회였기 때문이다. 이로써 심지어 원시 교회에 대한 생생한 표상을 얻게 되었다. 팔레스타인에서 복음을 선포하였던 원시 교회에 대한 표상뿐만 아니라, 그리스 헬라 영역에 있던 교회의 표상도 얻게 되었다. 적대자들과의 논쟁 가운데 있는 원시 교회를 보았을 뿐만 아니라, 성만찬에 대한 그들의 이해도 알게 되었다. 게다가 앞선 시대에 전승의 변형이 이미 일어났다는 사실이 드러났다. 이와 더불어 이러한 변형을 초래한 신학적 관심에 대해서도 알게 되었다. 어쨌든 복음서를 연구하는 사람들은 실제 예수의 모습을 찾고자 하였다. 그런데 예수는 전승 뒤로 사라져 버린 것인가? 단지 원시 교회가 선포했던 케리그마(Kerygma)에만 만족해야 하고 역사적 예수를 찾는 일은 포기해야만 하는가 하는 질문이 제기되었다. 이와 관련하여 양식 비평가들에 대한 비판이 있었다. 양식 비평가들이 문체 비평의 차원을 너무 성급하게 역사 비평의 차원과 혼합하였다는 것이다. 양식 비평가들이 끌어낸 케리그마란 단어가 신학의 유행어가 되었으며, 깊이 생각함이 없이 곧장 케리그마와 역사를 대립된 것으로 간주하였던 것이다. 다시 말하면 원시 교회가 선포한 것은 그들의 신앙의 표현에 불과하지 역사적 사실과는 거리가 멀다고 본 것이다.

그런데 이러한 사고방식에 변화가 왔다. 이로 말미암아 양식 비평은 종언을 고하게 되었다. 그것은 흥미롭게도 비평적인 신학 작업 자체가 예상하지 못한 결과였다. 비평 신학은 원시 교회가 선포했던 케리그마로부터 출발했다. 다시 말하면, 역사적인 신빙성이 적다고 생각한 부활 이후에 생겨난 교리적인 예수 상과 대립되는 확실히 따를 만한 역사적 예수를 찾기 위해 출발했다. 하지만 비평 신학이 연구한 결과, 발견하고자 하는 목표에 도저히 이를 수 없다는 사실을 인정할 수밖에 없었고 기껏 도달할 수 있는 곳은 케리그마에 불과했던 것이다. 그리하여 케리그마 배후에 있는 역사적 예수로 가는 길을 이제 더 이상 올라갈 수 없는 도달 불가능한 길이라는 생각이 만연되면서 신약성서가 증거하는 케리그마에 자족하고자 했다.

7. 양식 비평에 대한 강력한 도전 – 요아힘 예레미아스

이러한 생각에 강력한 이의를 제기한 사람들이 있었다. 이른바 신학 우파에 속한 이들은, 예수가 핵심 사항이지 원시 교회가 아니라는 점을 강조하였다. 다시 우리의 주제로 표현하자면, 중요한 것은 예수 자신이지 그에 대한 증거인 신약성서가 아니라는 것이다. 이른바 신학 우파에 속한 신학자로 잘 알려져 있는 요아힘 예레미아스(Joachim Jeremias)를 예로 들 수 있다. 그는 『예수의 비유』라는 저서에서 신약의 전승 배후에 관해 비판적으로 물었다.[85] 그는 이 책의 서문에서 "가능한 한 확실하게 예수의 음성 그 자체에 도달하는 길을 내고자" 한다는 말을 했다. 왜냐 하면 "인자 자신과 그의 말씀 외에는 어느 누구도 우리의 선포에 전권을 줄 수 없다."는 것이 이유였다. 우리가 선포하는 전권은 신약성서에서 나오는 것이 아니라, 오직 인자 되시는 예수로부터 비롯되며, 따라서 신약의 전승 배후에 있는 예수의 음성 자체에 대해 물어야만 한다고 주장한 사람은 불트만이 아니라 예레미아스였다. 불트만을 올바로 이해하고자 하는 사람은 바로 다음과 같은 상황을 파악해야만 한다. 계몽주의 이후 이른바 신학 좌파는 신약성서가 아니라 예수를 붙잡을 것을 강조했다. 그런데 예수를 신약성서에서 직접적으로 발견할 수 없다는 사실을 알게 되면서 비평적인 연구는 예수를 찾기 위해 더 이상 질문하는 것을 단념하면서 신약성서의 케리그마에 머무를 수밖에 없다는 사실이 드러났을 때, 이제 역으로 신학의 우파가 신약성서가 아니라 예수가 핵심 사항이라는 점을 주장하였던 것이다. 신학이 그렇게 성급하게 예수를 포기할 경우 기독교 신앙은 그 근거를 잃게 되리라고 신학 우파는 우려하였다. 예수와 신약성서 사이에서 이들은 예

---

85) J. Jeremias, *Die Gleichnisse Jesu*(Göttingen, 1970(8판)). 우리말 번역, 『예수의 비유』, 허혁 역, 분도출판사, 1974.

수가 중요하다고 강조했던 것이다. 그런데 도대체 예수에게 어떻게 도달할 수 있단 말인가?

역사 비평의 중요성을 쉽게 무시할 수 없기 때문에 거기에 담겨 있는 오류를 지적해 내어야만 했다. 예컨대, 양식 비평은 삶의 자리를 잘못 규정하였다고 지적하는 일이다. 원시 교회는 단지 선포하기를 원한 것이 아니라, 역사적으로 충실하게 보도하고자 하는 의도가 있다고 말하게 된 것이다. 전승 형태가 나온 삶의 자리는 곧 과거를 있는 그대로 충실히 보도하고자 하는 역사가의 상황이라고 주장하였다. 그러나 이러한 주장은 설득력이 적다. 왜냐 하면 그와 같은 관심이 당시 사람에게는 아직 낯선 일이었기 때문이다. 앞서 언급했던 성만찬의 경우를 다시 한 번 생각하면, 역사가라면 예수의 최후의 만찬 전체 과정을 섬세한 역사적 관심을 갖고 묘사했을 것이지, 후대의 예배와 관련된 부분만을 묘사하는 것으로서 만족하지 않았을 것이다. 역사적으로만 판단한다면, 원시 교회는 전승을 충실하게 다루지 못했다고 말할 수 있다. 이런 의미에서 원시 교회는 역사적 관심을 철저하게 추적하였다고 말할 수 없을 것이다.

8. 양식 비평이 초래한 회의적인 결과

지금까지 1920년대에 있었던 양식 비평적인 연구에 대한 요약을 하였다. 이로써 19~20세기로 넘어가던 당시 역사적 연구가 처해있던 어려움을 간단하게나마 소개하였다. 이로 말미암아 가장 먼저 기록된 마가복음에서조차 예수의 생애에 대한 역사적으로 신뢰할 만한 보도를 발견하는 일이 어려운 일로 드러나게 되었으며, 심지어 복음서에 담겨 있는 개별 전승들도 역사적인 예수를 위한 직접적인 자료로 사용하기가 쉽지 않게 되었다. 역사적 질문이란 사람들이 예전에 생각했던 것보다 훨씬 복잡한 질문이라는 사실이 밝혀졌던 것이다.

물론 그렇다고 해서 역사적 예수에 관한 역사적 질문은 당시 미궁의 도가니에 전적으로 빠져 있었다고 말할 수는 없다. 디벨리우스뿐만 아니라 불트만 역시, 역사적으로 따를 만한 것이라고 간주되어 왔던 전승들이 후대 교회의 산물이었다는 점을 입증할 수 있었을지라도, 두 사람 모두 교회의 신앙에 의해 각인된 전승의 적지 않은 부분이 예수에 관한 역사적으로 신뢰할 만한 정보를 담고 있다고 여겼다. 마르틴 디벨리우스의 경우, 예수의 생애에 관한 간단한 이야기들에서 역사적 신빙성을 찾았고, 불트만의 경우 예수의 개별 말씀들에서 그와 같은 신빙성을 찾았다. 따라서 두 사람 다 양식 비평에서 나온 회의적인 연구 결과에도 불구하고 저마다 예수에 관한 단행본을 서술할 수 있었다.[86] 하지만 역사적인 질문은 해결하기 어려운 질문이란 사실을 인식한 그 당시, 케리그마를 넘어서 역사적 예수에 관해 묻는다는 일이 신학적으로 어떤 의미가 있는가 하고 불트만이 던진 질문은 향후 커다란 영향을 미쳤다. 불트만은 그러한 질문은 결국 아무런 신학적인 의미가 없다고 보았고, 따라서 그러한 역사적인 질문 제기 자체를 위험스러운 것으로 간주하였다.

여기에서 분명히 해야 할 것은, 불트만은 케리그마를 넘어서 역사적 예수에 관해 질문할 수 없다고 말한 것은 아니라는 사실이다. 불트만은 심지어 예수 단행본을 저술했고, 이에 관해 훗날 그것은 케리그마가 아니라고 분명히 주장하기까지 했다. 하지만 케리그마 배후에 관한 질문에서 나온 역사적인 결과는 확실하지 않고 불안하기 그지없다. 학자들마다 서로 다른 결론에 도달하기 때문이다. 그런 상이한 결론을 갖고 신학적으로 뭔가 의미 있는 것을 시작할 수 있겠는가? 훨씬 중요한 질문은, 사람들은 대체 어떤 이유에서 케리그마 배후에 관한 질문이 목표로 하고 있는 역사적인 확실성을 요구하고 있는가 하는 것이다. 신학 우파는, 만일 신학이 단지 케

---

[86] R. Bultmann, *Jesus*(Tübingen, 1926); M. Dibelius, *Jesus*(Berlin, 1939).

리그마에만 매달려있고 역사적인 예수를 포기한다면, 기독교 신앙은 그 근거를 잃을 것이라고 주장한다.

이와 달리 불트만은, 보증되어야만 하는 신앙이란 더 이상 진정한 의미의 신앙이 될 수 없다고 강조한다. 다시 말하면, 누군가가 자기 신앙을 보증하기 원하여 자기 신앙의 보증을 불가피하다고 여긴다면, 그는 모험을 피해 가고자 할 것이다. 그러한 사람은 신앙의 확실성을 역사적 보증을 통해 입증하려고 하는 사람이다. 신앙이란 언제나 모험의 성격을 갖고 있기에 그처럼 보증된 신앙이란 더 이상 신앙이 아니라는 것이다. 따라서 케리그마의 역사적 신뢰성이 중요한 것이 아니라, 오히려 케리그마 자체에 귀를 기울이는 것이 중요하다고 불트만은 강조한 것이다. 나를 케리그마의 부름에 내맡길 때, 나는 내게 말을 거는 케리그마 가운데 나의 신앙의 토대를 갖게 된다는 것이다. 예수를 선택할 것인가 혹은 케리그마를 선택할 것인가? 이 질문에 대하여 불트만은 분명히 케리그마라고 대답할 것이다.

이러한 불트만의 해결책은 분명 문제를 안고 있다. 하지만 그러한 문제점을 지적하기에 앞서 불트만의 신학적 구상이 보여 주는 잘 짜여진 신학적 사고를 쉽게 평가절하해서는 안 될 것이다. 또한 우리가 잊어서는 안 될 것은, 자기의 구상을 지지하는 빼어난 성서 증인으로서 불트만은 사도 바울을 갖고 있다는 사실이다. 바울은 예수 전승에서 나온 말을 극히 제한적으로만 전해 주고 있을 뿐이다. 예수 생애에 관해 바울로부터 얻을 수 있는 정보란, 예수가 십자가에 못 박혔다는 극히 제한된 사실에 불과하다. 이로 미루어 역사적 예수를 사용하지 않고서도, 또는 예수 생애에서 나온 구체적인 자료를 이용하지 않고서도 기독교 선포를 훌륭히 수행할 수 있다고 말할 수 있을 것이다.

그런데 계시를 예수로부터 신약성서로 옮기는 것과 관련해 불트만은 '가현설(Doketismus)'의 위험을 어떻게 피하고 있는가 하는 질문이 일어난다. 불트만의 경우, 계시가 예수로부터 케리그마로 옮겨갔다고 말할 수 있는가? 실제로 불트만은 케리그마 신학적인 가현설을 주장한다고 비난받았다. 그러나 이러한 비난이 정당한가? 이와 관련하여 많이 인용되고 있는 불트만의 표현 "그가(예수가) 왔었다는 바로 그 사실"("das Dass seines Gekommenseins" 혹은 "das Dass seiner Geschichte"[87] =예수의 역사적 실존의 사실=십자가에 돌아가시고 무덤에 묻혔다는 사실)이란 것이 중요하다. 다시 말하면, 불트만이 설령 케리그마에 있는 예수의 역사성이 문제가 아니라고 말한다 하더라도, 그가 특히 강조했던 것은 케리그마가 예수를 내용으로 삼고 있다는 사실이다.[88] 하나님의 구원이란 어떤 신비적인 사건 속에 마련된 것이 아니라, 한 구체적인 인간, 즉 나사렛 예수 안에서 마련되었다는 것이다. 하지만 문제는 이 사람의 '무엇과 어떻게'에, 곧 역사적 예수에 놓여 있는 것이 아니라, 그가 인간이 되었다는 사실에, 즉 그가 이 땅에 오셨다는 실제성이 중요하다는 것이다. 바로 이 '사실'을 불트만은 포기할 수 없었다. 바울 역시 예수가 인간이 되었다는 바로 그 사실을 특히 강조하고 있다. 이로써 기독교 선포는 신화와 구분될 수 있다고 말한다. 바울의 경우 예수가 인간이 되었다는 사실은 십자가 사건을 염두에 두고 있다. 이로써 구원이 역사 가운데 마련되었다는 사실을 나타낸다. 예수가 인간으로 오셨다는 그 사실을 바울은 하나님의 구원 활동으로 선포한다. 그러나 이러한 사실을 넘어 그것이 도대체 어떻게 가능한가 하고 묻는다면, 그리하여 내가 케리그마를 믿는지 혹은 믿지 않는지를 '어떻게'라는 역사적 질문에 종속시킨다면, 그럴 경우 나는 신앙의 확실성을 보증하기 위해 애쓰는 것이 되고, 그것은 곧 신앙을 거부하는 것과 다름이 없게 된다. 신

---

87) R. Bultmann, Das Verhältnis der urchristlichen Christusbotschaft zum historischen Jesus, 1960(= Exegetica, Tübingen 1967, pp. 445-469; 우리말 번역: 〈학문과 실존 I〉, 성광문화사, 1980).

88) 이와 관련하여: W. 슈미탈스, 『불트만의 실존론적 신학』, 대한기독교출판사, 1983, 203-227쪽("역사적 예수")을 참조하시오.

앙이 진정 신앙으로 남도록 하기 위해 불트만은 역사적 예수에 관한 질문이 신학적으로 중요하다고 인정하기를 거부한 것이다. 한 걸음 더 나아가, 역사적 예수에 관한 질문이 신학적으로 중요하다고 주장하는 사람은 그와 같은 질문을 제기함으로써 결국 신앙을 애초부터 거부하는 것과 동일하다는 것이다.

'예수를 따를 것인가 혹은 신약성서를 따를 것인가?' 하는 질문에 대해 불트만은, 명확하게 '케리그마'라고 대답할 것이다. 이때 이 케리그마는 한 인간 가운데 하나님이 예비하신 구원을 선포하고 있다는 점에서 예수를 담고 있다고 말할 수 있다. 하지만 우리가 신앙에 대해 말하는 한, 역사학의 대상으로서의 역사적 예수에 관한 질문은 우리의 관심사가 될 수 없다고 불트만은 주장하였던 것이다.

9. 불트만에 대한 비판

우리는 위에서 살펴본 불트만의 입장을 전적으로 수용할 수 없다. 하지만 그를 비판하기에 앞서 먼저 그가 밝혀 낸 정당한 신학적 인식을 다음과 같이 정리할 수 있다. 첫째, 각 문서는 나름대로의 삶의 자리를 갖고 있다는 사실이다. 이들 문서로부터 가치 있는 역사적 판단을 얻고자 한다면 그 문서의 삶의 자리를 규명하고 또한 이를 유의해야만 할 것이다. 둘째, 신앙의 보증을 요구하는 신앙은 진정한 의미에서 신앙으로 드러날 수 없다는 사실이다.

성급한 역사적 판단을 내리는 것에 대한 양식 비평의 경고뿐만 아니라, 역사적 확실성에 근거한 신앙의 보증을 요구하는 신앙을 참된 신앙과 구분 지은 것은 바로 불트만의 공헌이라고 생각한다. 이 점을 오늘의 신학은 간과해서는 안 될 것이다. 하지만 우리는 불트만이 주장한 바로 '그 사실(das Dass)'과 관련해 그를 비판할 수 있다. 물론 불트만은 이 진술로써 하나님이 역사 가운데, 즉 한 인간인 나사렛 예수 가운데 구원을 예비하셨다는 사실을 확고히 붙잡고자 한다. 하지만 예수가 인간이 되셨다는 바로 그 '사실'을 불트만이 붙잡고 있다는 것만으로써 문제가 다 해결되었다고 말할 수 없다. 그렇다면 예수는 단지 한 이름에 불과한 것이 아닌가? 그렇다면 어찌하여 굳이 예수만이 문제가 되는가? 예수를 다른 사람으로는 대체할 수 없는가?

불트만에 따르면 기독교 신앙은 부활절 이후에 비로소 존재했다고 한다. 왜냐 하면 부활절 이후에야 비로소 예수 그리스도를 하나님의 종말론적인 구원 사역으로 선포하는 케리그마가, 다시 말하면 예수 그리스도를 십자가에 돌아가시고 부활하신 분으로 선포하는 케리그마가 존재하기 때문이다. 말씀하시고 활동하셨던 지상의 예수는 십자가에 돌아가시고 부활하신 분의 전임자에 불과할 뿐이기에 그러한 인물은 우리의 신앙과 본질적으로 아무런 관련이 없다고 불트만은 말한 것이다. 지상의 예수에 담겨 있는 의미는 단지 그가 십자가에 죽고 부활했다는 사실로 축소될 뿐이다. 하지만 케리그마가 예수를 말한다면, 그때 다른 사람이 아닌 진정 예수를 가리켜야만 할 것이다. 이러한 의미에서, 불트만이 역사적 예수를 포기한 것은 잘못이라고 생각한다. 따라서 불트만의 우려에도 불과하고 역사적 예수에 대한 질문은 그의 제자들(예컨대, E. 케제만, G. 보른캄)에 의해서 새롭게 제기되었다.[89]

조직신학자 에벨링(Gerhard Ebeling)은 문제점을 다음과 같이 표현했다. "만일 예수가 살지 않았다든가 혹은 그에 대한 신앙이 역사적 예수에 대한 오해였다는 사실로 드러난다면, 기독교 신앙은 그 근거를 잃게 될 것이다. 신앙이 역사적 예수와의 접촉점을 상실한다면 기독교 신앙은 대상 그 자

---

89) E. Käsemann, "Das Problem des historischen Jesus," in: *ZThK* 51(1954), pp. 125-153; G. Bornkamm, *Jesus von Nazareth*〔Stuttgart, Berlin, Köln, Mainz, ¹³1983(1956)〕.

체를 전적으로 상실했다고는 말할 수 없지만 기독교 선포가 언제나 핵심 신앙 대상으로 제시하였던 바로 그 대상을 상실한 것과 마찬가지이다."[90]

이러한 에벨링의 진술에 동의한다면, 역사적 예수에 관한 질문을 다룰 때 앞서 언급한 불트만이 밝힌 두 가지 인식을 성급하게 포기해서는 안 된다는 점을 명심해야 할 것이다. 우리는 자료 문제를 건너 뛸 수 없고, 성급한 역사적 판단을 조심하라는 양식 비평의 경고를 무시해서도 안 될 것이다. 예수를 포기할 수 없다는 사실을 우리가 깨닫는다면, 남는 문제는 우리가 과연 그에게 도달할 수 있을까 하는 것이다. 이를 성취하기 위해 오늘날 학자들은 다양한 방법으로 애쓰고 있다. 그러나 진정한 합의점에 도달했다기보다는 오히려 훨씬 커다란 불안이 지배하고 있는 실정이다.

10. 역사적 예수 연구의 중요성

이러한 상황에 직면하여 또 하나의 경고를 하고자 한다. 이제껏 역사적 예수를 찾는 일이 합의에 이르지 못했다고 해서 그저 체념해서는 안 될 것이다. 이 질문으로부터는 어떠한 해결책도 기대할 수 없기에 차라리 그 질문을 포기하는 것이 바람직하다고 말해서도 안 된다. 또한 아직 불확실한 연구 결과로 인해 오늘 우리가 갖고 있는 신약성서에 기록된 그대로 받아들이는 것이 좋을 것이라고 말해서도 안 될 것이다.

그러나 논쟁점은 전혀 그 점에 놓여 있지 않다. 신약성서에 무엇이 기록되어 있는지는 분명하다. 그것이 기독교의 신앙에 비추어 무슨 뜻인지에 관한 입장이 서로 나누어져 있을 뿐이다. 누군가가 특정 신학 노선에 서 있는 자신의 입장을 신약성서가 뜻하는 바로 그 입장이라고 주장하는 데에 문제가 있다. 그것은 단지 신약성서에 대한 자기의 입장에 지나지 않는다.

---

90) G. Ebeling, *Das Wesen des christlichen Glaubens*(1959), p. 51.

여러 상이한 입장 가운데 하나일 뿐이다. 이런 일반화된 불확실성 때문에 우리는 역사적 예수에 대한 질문을 포기해야만 할 것인가?

만일 우리가 문제의 어려움으로 인해 극단적인 결론을 내린다면, 그것은 우리의 주제 질문('예수를 따를 것인가 신약성서를 따를 것인가')으로부터 양자택일을 하는 것을 뜻한다. 그것은 신약성서 내지는 케리그마를 택하고 예수를 포기하는 것과 동일하기 때문이다. 그것은 지난 200년 동안 수행되었던 신학 연구가 성취한 수많은 값진 인식을 무시해 버리고 그 모든 연구 성과를 없었던 것으로 되돌리는 것과 마찬가지다. 이럴 경우 불트만이 했던 경고, 즉 신앙의 보증을 요구하는 신앙은 참된 신앙이 될 수 없다는 경고를 간과하게 된다. 따라서 이러한 상황 가운데 할 수 있는 유일한 길은, 해당 과제를 본격적으로 다루는 가운데 가능한 한 명확한 방법론 위에서 문제를 풀려고 노력하는 일이라고 생각한다. 기독교 신앙은 27권으로 이루어진 책자를 향하고 있다기보다는, 말할 필요 없이 예수 그리스도를 향하고 있기 때문이다. 바로 예수 때문에 우리는 이 과제를 온 힘을 다해 수행하지 않을 수 없다.

문제를 해결하기 위해서는 어떤 방향으로 나아가야 할까? 다양한 '삶의 자리들'로부터 비롯된 수많은 개별 전승이 있다. 이들 개별 전승은 모두 메시지 선포가 목적이지 역사적인 사실 보도가 목적이 아니라는 공통점을 지닌다. 그렇다고 해서 해당 전승의 내용이 역사적이 아니라는 결론을 이끌어 내서는 안 된다. 역사적인 사실 보도를 하는 것이 복음서 기자의 일차적인 의도가 아니라는 것이다. 예컨대, 텔레비전에서 방영되는 어떤 사극의 경우, 이 사극 작가는 특정 과거에 대한 역사적 정보를 제공하는 것이 목적이 아니라, 역사 자료를 이용하여 자신의 시대에 무엇인가를 진술하고자 한다. 이 사극에서 역사적 진실이 무엇인가를 알고자 한다면, 이 사극만 보아서는 밝혀낼 수 없고, 다른 사료를 통해 원하는 역사적 정보를 얻을 수 있을 것이다. 이 경우처럼 다른 사료가 존재한다면 우리는 훨씬 따를 만하고 안전한 역사적인 판단을 내릴 수 있을 것이다. 하지만 역사적 예수의 경우, 우리는 사복음서에 담긴 선포들을 서로 비교할 수는 있으나, 이와 비교할 만한 다른 어떤 역사적인 자료를 유감스럽게도 갖고 있지 못하다.

게다가 복음서에 담겨 있는 여러 전승들의 생성 시기에도 차이가 있다. 특정 준거(Kriterium)에 *따라* 이들 전승들을 대략적이나마 시기적으로 배열할 수 있다. 그래서 어떤 전승은 후대에 속하고, 다른 전승은 이른 시기에 속하는 것으로 보아 역사적 예수에 상당히 근접한 전승이라고 규정할 수 있다. 또는 전승들을 *주제별*로 분류할 수 있다. 예를 들면, 성만찬 제정에 관해 서로 다른 네 가지 보도가 있다.[91] 보도 내용은 언뜻 보기와 달리 서로 간에 차이가 적지 않다. 이해를 돕기 위해 해당 본문을 제시하면 다음과 같다.

"22 그들이 먹을 때에 예수께서 떡을 가지사 축복하시고 떼어 제자들에게 주시며 이르시되 받으라 이것은 내 몸이니라 하시고 23 또 잔을 가지사 감사기도 하시고 그들에게 주시니 다 이를 마시매 24 이르시되 이것은 많은 사람을 위하여 흘리는 나의 피 곧 언약의 피니라 25 진실로 너희에게 이르노니 내가 포도나무에서 난 것을 하나님 나라에서 새 것으로 마시는 날까지 다시 마시지 아니하리라 하시니라"(막 14:22-25)

"26 그들이 먹을 때에 예수께서 떡을 가지사 축복하시고 떼어 제자들에게 주시며 이르시되 받아서 먹으라 이것은 내 몸이니라 하시고 27 또 잔을 가지사 감사기도 하시고 그들에게 주시며 이르시되 너희가 다 이것을 마시라 28 이것은 죄 사함을 얻게 하려고 많은 사람을 위하여 흘리는 바 나의 피 곧 언약의 피니라 29 그러나 너희에게 이르노니 내가 포도나무에서 난 것을 이제부터 내 아버지의 나라에서 새것으로 너희와 함께

---

91) 성만찬 전승과 관련하여 예컨대: J. Jeremias, *Die Abendmahlsworte Jesu*, Berlin, ³1963; H. Patsch, *Abendmahl und historischer Jesus*, Stuttgart, 1972를 참조하시오.

마시는 날까지 마시지 아니하리라 하시니라"(마 26:26-29)

"15 이르시되 내가 고난을 받기 전에 너희와 함께 이 유월절 먹기를 원하고 원하였노라 16 내가 너희에게 이르노니 이 유월절이 하나님의 나라에서 이루기까지 다시 먹지 아니하리라 하시고 17 이에 잔을 받으사 감사기도 하시고 이르시되 이것을 갖다가 너희끼리 나누라 18 내가 너희에게 이르노니 내가 이제부터 하나님의 나라가 임할 때까지 포도나무에서 난 것을 다시 마시지 아니하리라 하시고 19 또 떡을 가져 감사기도 하시고 떼어 그들에게 주시며 이르시되 이것은 너희를 위하여 주는 내 몸이라 너희가 이를 행하여 나를 기념하라 하시고 20 저녁 먹은 후에 잔도 그와 같이 하여 이르시되 이 잔은 내 피로 세우는 새 언약이니 곧 너희를 위하여 붓는 것이라"(눅 22:15-20)

"23 내가 너희에게 전한 것은 주께 받은 것이니 곧 주 예수께서 잡히시던 밤에 떡을 가지사 24 축사하시고 떼어 이르시되 이것은 너희를 위하는 내 몸이니 이것을 행하여 나를 기념하라 하시고 25 식후에 또한 그와 같이 잔을 가지시고 이르시되 이 잔은 내 피로 세운 새 언약이니 이것을 행하여 마실 때마다 나를 기념하라 하셨으니 26 너희가 이 떡을 먹으며 이 잔을 마실 때마다 주의 죽으심을 그가 오실 때까지 전하는 것이니라"
(고전 11:23-26)

여기에서 분명한 사실은 예수는 네 가지 서로 다른 방식으로 성만찬식을 거행했다고 볼 수 없다는 것이다. 따라서 이들 각 성만찬 전승을 통해 역사적으로 확인할 수 있는 사실은, 원시 교회의 다양한 모임이 성만찬을 어떻게 이해하였으며 어떻게 집행하였는가를 우리에게 보여 준다는 것이다. 예컨대 마가가 제시하는 본문은 분병과 분잔의 요소를 강조한 반면, 바울이 제시하는 본문은 성만찬 전체 과정을 염두에 두고 있다는 사실을 알 수 있다. 이때 분병 분잔의 요소를 강조하는 것은 헬라적인 사고방식과 관련이 있다. 이와 달리 유대교에서는 전체 만찬 과정이 중요하다는 점을 고려하면, 바울이 제시하는 본문이 더 오래된 본문이라는 사실을 유추해 낼 수 있다. 이처럼 한 전승이 유대적인 색채를 띠고 있는지 아니면 헬라적인 색채를 띠고 있는지에 관한 질문이 한 기준이 될 수 있다는 것이다. 물론 본문이 나타내는 색채만으로는 확실한 증거라고 말할 수 없고 다른 논증도 뒷받침되어야 할 것이다.

예수의 말씀과 행위는 주변 사람들에게 상반된 인상을 끼쳤다. 그와 같은 사실을 우리는 복음서 전승에서 확인할 수 있다. 예수가 귀신을 쫓아내는 것을 보고, 어떤 사람은 "하나님의 손을 힘입어 귀신을 쫓아낸다"(눅 11:20)라고 말한 반면, 다른 사람은 똑같은 사건을 보고 "바알세불을 힘입어 귀신을 쫓아낸다"(마 12:24, 27; 눅 11:15, 18, 19)고 말한다. 또는 "예수가 누구인가"라는 질문에 선지자 엘리야라고 대답하든가 또는 다시 살아난 세례 요한이라고 말하는 사람들이 있는 반면, 베드로는 "주는 그리스도"라고 대답한다(막 8:28-29). 결국 예수의 말씀과 행위는 예수에 대해 사람들이 결단할 것을 촉구한다. 누군가가 "하나님의 손을 힘입어 귀신을 쫓아낸다"고 말할 때, 이는 누구나가 검증할 수 있는 한 객관적인 판단이 아니라, 예수의 행위에 대해 보인 반응으로서의 신앙고백이다. 동일한 예수의 행위에 대한 반응임에도 불구하고 다른 이들은 완전히 다른 반응을 보였던 것이다. 복음서 전승들이 역사적인 사실 보도가 아니라 예수에 대한 신앙고백이라는 사실에서 이 전승들은 바로 케리그마의 특성을 보여준다. 예수를 체험한 증인들은 예수가 유발시킨 신앙고백을 말로 표현했던 것이다. 이렇게 볼 때, 이른바 역사적 예수에 직접 도달하는 것은 불가능하다는 것이 드러난다. 또한 역사적 예수를 갖고서는 아무런 신학적 작업을 시작할 수 없다. 역사적으로는, 예수는 병을 고쳤다는 사실만 확정지을 수 있을 뿐이다. 이것은 별로 의미가 없다. 하지만 누군가가 이러한 예수의 병 고침을 근거로 "하나님의 손을 힘입어 귀신을 쫓아낸다"는 신앙고백을 감행할 때 비로소 예수의 치병 행위가 중요한 신학적 진술이 된다는 사실을 알 수 있다. 여기에서 신앙은 어떤 확고부동한 보증을 찾고자 한 것이 아니라는 것을 알 수 있다. 복음서 전승은 바로 이러한 성격의 본문인 것이다.

사정이 이렇다면 역사적 예수는 결국 포기해야 하는가? 긍정과 부정의 대답을 동시에 할 수 있다. 역사적 예수를 통하여 신앙의 모험성을 제거하면서 신앙의 확실성을 보증받기를 원할 경우, 역사적 예수는 포기해야 할 것이다. 당시 예수를 현장에서 눈과 귀로 직접 체험한 사람들 역시 신앙의 결단을 감행했던 것이다. 그들이 역사적으로 확정할 수 있었던 사실은 그들의 신앙을 입증하였던 것이 아니라 그들의 신앙을 유발시켰던 것이다. 그런 다음 그들은 그들의 신앙을 신앙고백으로 표현했던 것이다. 따라서 실제 예수를 고백한 최초의 증인들로부터 예수를 분리시켜서는 안 될 것이다. 이런 의미에서 오늘 우리의 신앙은 최초 증인들의 신앙과 함께 하는 신앙이라는 것이 분명해진다. 이런 의미에서 역사적 예수를 붙잡는 시도가 타당하다는 것을 알 수 있다.

그러면 예수에 대한 신앙고백은 어떠한가? 예수 전승에 속한 몇 가지 예를 들어 보자. 유대인들은 종말에 나타나 최후 심판에 참여할 인자를 대망하였다. 하지만 예수는 인자 말씀을 통해 인자의 도래를 선포한 것이 아니라, "누구든지 사람 앞에서 나를 시인하면 인자도 하나님의 사자들 앞에서 그를 시인할 것이요"(눅 12:8)라고 말한다. 이 말은, 예수를 고백하는 사람은 누구든지 도래할 심판을 두려워할 필요가 없다는 것을 뜻한다. 그에 대한 심판이 바로 지금 내려지고 있기 때문이다. 현재 예수에 대한 신앙고백을 하는 자는 미래에 대한 확신을 가질 수 있다. 또한 예수는 세리와 죄인을 식탁 교제에 초대하기를 즐겼는데, 이것은 단순히 인간에 대한 그의 우호적인 태도로만 볼 것이 아니다. 여기에는 훨씬 중요한 의미가 담겨 있다. 종말이 되면 하나님과 함께 하는 식탁 교제가 있을 것으로 믿은 유대인들은 자신들의 현재 식탁 교제를 종말 식사의 선취로 이해하였다. 그렇기 때문에 부정한 세리와 죄인은 그러한 식사에 동참할 수 없고 오직 정결한 사람만이 종말 식사에 동참하리라고 믿었다. 그런데 예수는 다름 아닌 세리와 죄인을 초대하여 이들과 종말론적인 교제를 나누었던 것이다. 다른 말로 하자면, 바로 그 자리에서 심판이 이미 선고된 것이며, 바로 그 자리에서 죄의 용서가 일어났던 것이다. 이 식탁 교제의 말씀이 인자 말씀과 다른 것이 결코 아니다. 따라서 가장 오래된 예수 전승의 내용을 다음과 같이 요약할 수 있다. 사람들은 바로 지금 하나님의 미래를 제공하는 분으로서 예수를 체험했으며, 또한 보이지 않는 하나님을 인간에게 보이셨으며, 또한 미래의 하나님을 바로 현재 이 자리에 있게 하신 분을 체험하였던 것이다. 이러한 예수의 초청에 자신을 과감히 내어 맡긴 사람은 예수를 통하여 이미 지금 오시는 하나님과 함께하는 삶을 살고 있는 것이다. 그러한 사람은 예수의 단순한 치병 행위를 보고 하나님의 역사하심을 고백하게 된다.

이와 관련하여, 도대체 역사적이란 말을 어떻게 이해할 것인가? 우리는 역사적이란 말을 가능한 정확히 표현하려고 애써야 할 것이다. 자신의 신앙과 무관하게 신앙의 근거로 사용될 법한 고립된 예수를 가리켜 역사적인 예수라고 말하는 것보다, 오히려 직접적인 증인을 통하여 예수를 신앙의 근거로 증거하는 것이 훨씬 더 역사적이라고 보아야 한다. 예수에 관한 위에서 다룬 가장 이른 시기의 전승은(자유주의 신학에서 주장하듯이) 비교리적인 예수 상을 제공한다고 말할 수 없고 역시 '교리적인' 예수 상을 나타낸다고 보아야 한다. 어쨌든 이 전승의 증인들은 예수를 그들의 신앙의 근거로 고백하고 있다. 예수는 그들에게 하나님과의 교제를 중개한다. 그들은 예수에 대한 신앙고백을 주어진 표상들을 사용하여 아주 다양하게 표현하고 있다. 여기에서 어떤 표상을 사용했는지가 중요한 것이 아니라, 이러한 표상으로써 그들이 무엇을 말하려고 했는가 하는 것이 중요하다.

11. 나가면서 — 역사적 예수 연구가 갖고 있는 신학적 의미

역사적인 연구 결과가 도대체 신학적으로 어떤 의미가 있는가? 역사적 연구 결과를 이용하여 기독교 신앙의 진리가 입증될 수 없다는 사실을 명심해야 할 것이다. 기독교 신앙의 진리란 근본적으로 입증될 수 있는 것이 아니다. 모든 사실들이 역사적으로 입증될 수 있다 하더라도 말이다. 역사적으로 확실한 것은 더 이상 따를 필요가 없기 때문이다(예컨대, 부활의 경우를 생각해 보라!).

모든 시대에 걸쳐(원시 교회 시대, 신약성서 시대, 초기 및 중세 시대, 종교개혁 시대 또한 현재에 이르기까지) 자신을 가리켜 그리스도인이라고 말하는 사람은 과거에도 있었고 지금도 있다. 그들의 신앙 자체는 혹은, 그들이 신앙이라 주장하는 것은 그 어떤 방법을 갖고서도 객관적으로 검증할 수 없다. 그들은 한결같이 "우리는 예수를 믿는다."고 주장한다. 그런데 그들이 자기들의 신앙고백을 상세히 설명하며 표현하고자 할 때, 곧 '예수를 믿는다'는 말이 구체적으로 무슨 뜻인지를 진술해야만 할 때, 종종 상당히 다른 방식으로 설명하는 것을 볼 수 있다. 그들 가운데 서로 대립된 진술과 표현이 나타나는 것을 확인할 수 있고, 그로 말미암아 종종 논쟁이 유발되곤 하였다. 그와 같은 논쟁은 오늘 우리 주변에서도 어렵지 않게 찾아볼 수 있다. 이러한 논쟁 가운데 과연 누가 옳은가? 자기의 신앙 진술이 단지 신약성서와 연관성을 갖고 있다는 것을 제시하는 사람보다, 예수를 눈과 귀로 직접 체험했던 최초의 증인들의 증거에 접촉점을 갖고 있다는 사실을 보여줄 수 있는 사람이 보다 큰 정당성을 갖고 있다고 생각한다. 이를 행하기를 거부하는 사람은 자기가 정당하지 않다는 것을 스스로 인정하는 것이다. 이미 앞에서 언급했던 에벨링의 말을 다시 한 번 인용하고자 한다. 역사적 예수와의 접촉점을 상실한 신앙은 "대상 그 자체를 전적으로 상실했다고는 말할 수 없지만 기독교 선포가 언제나 핵심 신앙의 대상으로 제시하였던 바로 그 대상을 상실한 것과 마찬가지이다." 예수와의 접촉점을 보여 줄 수 없는 신앙 역시 대상이 없는 신앙이라 말할 수 없다. 그러한 신앙 역시 하나의 신앙적 대상을 갖고 있다 할지라도, 그것은 예수의 교회가 믿는 대상과는 다른 대상을 갖고 있는 셈이다. 이렇게 볼 때 신약성서를 향한 신앙이 참되고 심오하며 정직한 신앙일 수는 있지만, 기독교 신앙이 예수를 향한 신앙일진대 그러한 신앙이 반드시 '기독교적인 신앙'이라 부르기는 어렵다. 그런데 기독교 신앙이 예수를 향한 신앙이라고 이해한다면, 그것은 신약성서를 향한(혹은 성서를 향한) 신앙이 아니다. 따라서 전통적인 신앙을 갖고 있는 사람이, 자기는 성서를 믿는 교회를 대표한다 말한다면, 그것은 결국 성서와 전통적인 신앙고백을 따르고 있는 교회를 믿는다는 말과 같다. 이 사람의 신앙 역시 진실할 수 있다. 그러나 이러한 신앙은 예수를 향한 신앙과는 차이가 있다. 신약성서를 무차별적으로 따르다 보면 쉽게 이단에 빠질 수 있다는 것을 유의해야 할 것이다.

혹시 위의 논증을 오해하는 사람이 있을지도 모르겠다. 위와 같이 논증했다고 해서, 기독교 신앙은 신약성서를 따르지 않는다고 말해서는 결코 안 된다. 이로써 강조하고자 하는 것은, 기독교 신앙은 신약성서를 따를 수밖에 없는데, 이때 예수를 왜곡시키거나 감추지 않고 혹은 예수를 대체하지 않는 그러한 신약성서를 따라야 한다는 것이다. 예수는 그 무엇으로도 대체되어서는 안 된다. 예수를 찾는 일은 결코 쉽지 않고 수고스러운 일임에 틀림없다. 하지만 예수에 대한 우리의 신앙은 이러한 수고를 능히 감당할 충분한 가치가 있고 귀한 것이다.

오늘날 우리 주변에서, 현대 신학자들이 전통적인 예수 상과 다른 예수 상을 만들어냈다고 말하면서 현대 신학을 총체적으로 비난하는 사람들을 쉽게 찾아볼 수 있다. 그러나 이른바 현대 신학자들이 추구하였고 지금도 애써 추구하고 있는 것은, 우리의 시각이 결코 포기할 수 없는 한 점, 즉 기독교 신앙은 예수를 향해야 한다는 점을 강조하고자 한 것이지, 성서 말씀을 훼손시키며 전통적인 신앙고백을 무조건 파기시키려고 한 것은 아니라는 것을 이해할 필요가 있다. 학자들의 연구로 인하여 우리에게 친숙한 어떤 표상들이 포기되거나 수정될 경우도 있을 것이다. 하지만 이러한 친숙한 표상들 역시 예수와의 접촉점을 갖고 있는지를 진지하게 생각해 보아야 할 것이다. 이들 표상 역시 예수를 감추어서는 안 되기 때문이다. 우리 그리스도인의 신앙이 향하는 궁극적인 방향은 예수를 향한 것이고, 우리의 신앙고백은 다름 아닌 나사렛 예수로 이 땅에 오신 하나님의 아들이시며 구세주이시며 나의 주님 되시는 예수 그리스도에 근거하고 있다는 사실을 언제나 기억해야 할 것이다. 신약성서는 바로 그 예수에 대한 선포이며 증거이기 때문이다.

제 4 장

그리스어 신약성서 본문 비평본의 역사

I. 들어가면서

우리 그리스도교인들은 다른 나라 사람 못지않게 아니 그 이상으로 성서에 대한 열의가 대단하다. 이처럼 성서 읽기에 남다르다는 점이 우리 교인들이 갖고 있는 여러 특징 가운데 하나라고 말할 수 있다. 그리스도교는 그 무엇보다도 성서에 근거한다는 시각에서 볼 때, 이것은 우리가 갖고 있는 참으로 귀한 장점이 아닐 수 없다. 이러한 우리의 장점을 잘 살려 성서 속에 담긴 하나님의 말씀을 올바로 깨닫고 이를 실천에 옮기는 우리들이 되어야 할 것이다.

그런데 근 2,000년 전에 기록된 신약성서는 생각처럼 그리 간단한 책이 아니다. 잘 알려져 있듯이, 처음 성서 기자들이 기록한 성서의 '원본

(Autographa=Urtext)'은 오늘날까지 남아 있는 것이 안타깝게도 하나도 없고, 다만 수많은 '필사본(Handschriften)'이 전해져 내려올 뿐이다.[92] 오늘날 우리가 이용하는 현대어 번역 성서는 바로 이 수많은 필사본들을 서로 비교 연구하는 가운데 가장 원본에 가깝다고 추정되는 본문에 근거한 것이다. 이렇게 볼 때, 성서 연구의 일차적인 작업은 바로 성서의 본문 연구라는 점이 분명히 드러난다. 성서 본문을 연구하는 데 가장 기초가 되는 작업은 원본에 가까운 성서 본문을 구축하고, 이를 학문적으로 입증하는 것이다. 이를 가리켜 '본문 비평(Textkritik)'이라 부른다. 성서학의 모든 연구는 바로 본문 비평에서부터 출발한다. 이처럼 본문 비평은 성서학 발전에 가장 중요한 토대를 이루고 있고, 본문비평학의 발전 여하에 성서학 발전 전체가 달려 있다고까지 감히 말할 수 있다.

서구 신학계는 이미 오래 전부터 본문비평학의 이와 같은 중요성을 인식하고 이에 대한 연구를 계속해 왔다. 20세기에 들어오면서부터 성서 본문에 관한 학문적 연구의 필요성을 절실히 느끼면서 학문용으로 편집된 성서를 본격적으로 출판하기 시작했다.[93] 몇몇 변천 과정을 거쳐 오늘날 신학생들이 일반적으로 사용하는 학문용으로 고안된 그리스어 신약성서는 바로 네스틀레-알란트 판(*Nestle-Aland* 27판, cf. *Greek New Testament* 4판)이다. 여기까지 오는 데 오랜 시간이 걸렸던 것이다. 소개적인 성격을 띤 본 글에서는 오늘날까지 계속되고 있는 그리스어 신약성서의 발전 과정 전체를 개관하는 것을 목적으로 한다. 이 과정은 에라스무스(Erasmus von Rotterdam)로부터 시작하여 20세기 말에 그 모습을 드러내기 시작한

---

92) 신약성서 전부 혹은 그 일부를 담고 있는 그리스어로 기록된 신약성서 사본들은 대략 5,400개나 전해 내려온다. 이들은 파피루스(Papyrus)와 대문자 사본(Majuskel=Unziale) 그리고 소문자 사본(Minuskel)으로 구분할 수 있다.
93) 이에 관하여, 민영진, "성서의 학문용 편집: 그 필요성과 편집 형태", in: 『성경 원문 연구』 제3호(대한성서공회, 1998), 7-25쪽을 참조하시오.

독일 뮌스터대학의 신약성서 본문연구소에서 편찬하고 있는 그리스어 신약성서 대비평본(Novi Testamenti editio critica maior)까지를 포함한다.[94]

II. 그리스어 신약성서 출판의 역사

그리스어 신약성서의 발전사는 크게 세 단계로 나눌 수 있다. 그 첫 단계는 비평본을 위한 준비 단계이고, 두 번째 단계는 이독(異讀=서로 다른 본문)의 수집 및 초기 비평 단계이고, 마지막 세 번째 단계는 본격적인 비평본 시대이다.

1. 제1 단계(비평본을 위한 준비 시대)

최초로 성서가 인쇄되기 시작한 것은 15세기 중엽 구텐베르크(Gutenberg)의 라틴어 성서였다.[95] 당시 신학자들은 주로 라틴어 번역으로 만족하였고, 그리스어 신약성서의 필요성이 제기되고 그에 따라 그리스어 신약성서가 인쇄되기 시작한 것은 그로부터 약 반 세기가 지난 16세기 초

---

94) 아래의 내용은 주로 다음의 문헌을 참고로 하였다: K. Aland, B. Aland, *Der Text des Neuen Testaments*(Stuttgart ¹1982 (²1989)); K. Aland, Chr. Hannick, K. Junack, "Bibelhandschriften," in: *Theologische Realenzyklopädie* 6(1980), pp. 114-131; B. M. Metzger, *The Text of the New Testament. Its Transmission, Corruption, and Restoration*(New York, London, 1964); idem, *A Textual Commentary on the Greek New Testament*(²1994); F. G. Kenyon, W. W. Adams, *Der Text der griechischen Bibel*(Gottingen, 1961); O. Paret, Die Bibel. *Ihre Uberlieferung in Druck und Schrift*(Stuttgart, ²1950); H. Zimmermann, *Neutestamentliche Methodenlehre, Darstellung der historisch-kritischen Methode* (Stuttgart, 1982), pp. 29-76.
95) 42행으로 이루어진 이 라틴어 성서는 1452~1456년 사이 독일 마인츠(Mainz)에서 처음으로 그 모습을 드러냈다.

였다. 이때부터 시작된 제1 단계는, 그리스어 신약성서를 비교적 뒤늦게 생긴 몇몇 특정 사본에 의거한 가운데, 이에 제시된 본문을 전체적으로 볼 때 무비판적으로 받아들인 단계를 가리킨다.

1) 에라스무스(Erasmus von Rotterdam, 1467~1586) — 그리스어 신약성서본의 효시

인문주의자로 잘 알려진 네덜란드 사람 에라스무스(Erasmus von Rotterdam)는 『노붐 인스트루멘툼 옴네』(Novum Instrumentum omne)로 불리는 그리스어로 기록된 신약성서를 1516년 3월 1일 바젤(Basel)에서 펴냈다. 사실상의 '최초의 판본(editio princeps)'의 영예를 누리게 된 이 책은[96] 그의 가장 위대한 학문적 업적이었다고 말할 수 있다. 레오 10세(Leo X)에게 바친 이 책의 서론은 3부분으로 되어 있다. 신약성서를 읽을 것을 권면하는 부분(Paraclesis)이 나오고, 다음으로 효과적인 강독을 위한 지침(Methodus), 또한 이와 같은 작업을 하게 된 것을 변호하는 말(Apologia)이 나온다. 이어서 본문이 시작된다. 본문은 두 개의 칼럼으로 나누어져 있는데, 그리스어 본문이 한편에 나오고, 다른 편에는 그리스어를 모르는 독자를 위해 에라스무스가 직접 번역한 라틴어 역이 담겨 있다. 끝으로 결론부에는 방대한 분량으로 이루어진 본문 각주가 나온다. 전체 1,000쪽 이상이나 되는 이 책은 그 후 판을 거듭하며(1519년, 1522년, 1527년, 1535년) 수정 작업을 거쳤다.

에라스무스가 출판한 이 책은 결정적인 약점을 안고 있었다. 그것은, 그가 토대로 한 그리스어 사본은 12~13세기 때 나온, 가장 뒤늦게 이루어진

---

96) 이른바 콤플루텐시스(Complutensis=Complutensische Polyglotte)로 불리는 신약성서의 일부를 그리스어로 기록한 책이 1514년 1월 10일에 인쇄 준비를 마쳤으나, 이 성서의 마지막 권이 1517년에 끝나고, 교황의 출판 허락이 1520년에 가서야 이루어지기 때문에 '최초본(editio princeps)'의 자리를 에라스무스에게 빼앗기게 된 것이다.

본문 형태인 코이네 본문(비잔틴 본문)을 따르는 세 가지 사본이었다는 데 놓여 있다. 그럼에도 불구하고 이 에라스무스 본은 널리 보급돼 여러 곳에서 30여 판이나 되는 재판이 나올 정도였다.

2) 스데반, 베차, 엘제비어(Stephanus, Beza, Elzevier 형제) — 이른바 '수용 본문(Textus receptus)' 의 형성

에라스무스 이후 커다란 영향을 끼친 그리스어 성서본이 있었는데, 그것은 프랑스 파리에서 인쇄업과 출판업으로 유명해진 로베르 에스티엔(Robert Estienne, 1503~1559)이 출판한 것이었다. 그의 이름을 라틴어식으로 부르면, 이른바 '스데반(Stephanus)' 이 된다. 따라서 그가 출판한 그리스어 신약성서를 가리켜 보통 스데반 본이라 부른다. 이 책은 그 후 네 판에 걸쳐 인쇄된다(1546년, 1549년, 1550년, 1551년). 그 중 1500년에 두 권으로 나온 제3판은 처음으로 본문 비평 장치를 갖추게 된다. 이 제3판은 당시 많은 사람들로부터 호응을 얻게 된다. 특히 영국에서 스데반 본은 1880년에 이르기까지 그리스어 신약성서의 대명사로 통하게 될 정도로 각광을 받았다. 스데반 본의 본문(1546년, 1549년)은 '콤플루텐시스(Complutensis)' 본과 에라스무스 본을 서로 합하여 이루어진 것으로, 흔히 비잔틴 본문이라고 부르는 본문의 뒤늦은 형태를 담고 있다. 제네바에서 출판된 스데반 본 제4판(1551년)이 향후 성서 발전과 관련하여 중요한 이유는, 언급했듯이 연속적으로 번호가 매겨진 절 나누기가 그리스어 신약성서에 처음으로 도입되었다는 데 있다.

얼마 지나지 않아 1565년과 1604년에 걸쳐 칼빈의 친구이기도 하며 언어학자며 성서주석가인 보통 베차(Beza)로 불리는 테오도르 드 베즈(Théodor de Béze, 1519~1605)가 신약성서를 여러 판본에 걸쳐 출판하게 된다. 이것은 설명을 담고 있을 뿐만 아니라, 제롬의 불가타 말고도 자기가 직접 번역한 라틴어 역도 담고 있었다. 베차는 다양한 종류의 본문 자료를 활용했으나, 자기가 편찬한 성서본에 기록된 신약성서 본문은 1551년에 나온 스데반 본의 본문과 별 차이가 없다. 베차는 시리아어 및 아랍어로 번역한 신약성서를 활용한 최초의 학자로 간주된다. 베차가 죽은 뒤 1611년에 간행된 성서본을 포함하여, 모두 10종류의 성서본이 출판될 정도로 베차 본은 널리 사용되었다. 그가 제시한 성서 본문은 이어서 나타나게 되는 엘제비어 형제의 성서본에 많은 영향을 끼친다.

네덜란드 라이덴에서 출판업을 하고 있던 엘제비어 형제(Bonaventura Elzevier, Abraham Elzevier)는 1624년에 그리스어 신약성서를 작은 판으로 출판하였다. 여기에 사용된 본문은 주로 베차의 1565년 판이었다. 엘제비어 형제의 제2판이 1633년에 나오는데, 그 서문에 다음과 같은 말을 담았다. "독자는 이제 모든 사람들로부터 인정을 받은 본문(textum receptum)을 갖게 되었다. 여기서 우리는 바뀌었거나 손상된 어떠한 것도 제시하지 않고 있다."[97] 이에 따라 이른바 '수용 본문(Textus receptus)'이란 명칭이 자연스럽게 이 판본에 붙게 되었다. 엘제비어 형제의 성서본은 향후 특히 대륙에서 널리 사용되었다.

'수용 본문'으로 불리게 된 본문은 다름 아닌 스데반 본과 베차 본 또한 엘제비어 형제의 판본들도 공유한 본문이었다. 이들 모두가 공유한 그리스어 신약성서 본문이 그야말로 "유일한 참된 본문"이라고 주장하게 되었다. 1611년에 나온 '킹제임스 역본(King James Version)'의 영어 번역뿐만 아니라 향후 유럽 개신교의 성서 번역들은 바로 이 본문을 근거로 하였던 것이다. 그러나 이 그리스어 신약성서 본문은 전체적으로 볼 때, 임의로 수집된 몇 안 되는 비교적 늦은 시대에 만들어진 소문자 사본들(Minuskelhandschriften)로부터 비롯된 것이라, 그 정확도에 있어서 문제가

---

97) Textum ergo habes, *nunc ab omnibus receptum: in quo nihil immutatum aut corruptum damus.*

적지 않았다.

2. 제2 단계(이독의 수집 및 초기 비평 단계)

이 단계의 특징은, 비록 수많은 이독(異讀)을 모으는 데 많은 정성을 쏟았으나, 당시 나온 그리스어 신약성서는 스테반 본으로 대표되는 전 단계의 '수용 본문'에 거의 전적으로 의존하였다는 사실이다. 바로 이것이 결정적인 약점이라고 말할 수 있다.

1) 여러 언어 병행 성서(Polyglot Bible)

앞서 언급한 '수용 본문'의 영향력은 대단하여, 16~17세기 동안 그리스어 신약성서의 대명사처럼 통용되었다. 당시에 성서 본문과 관련된 새로운 움직임이 있었는데, 그것은 성서 원문과 더불어 또한 그에 병행하는 다양한 번역들을 담은 '여러 언어 병행 성서(Polyglot Bible)'가 여러 종류 출판되었다는 사실이다. 다시 말하면 히브리어 구약성서 본문과 그리스어 신약성서 본문에 각각 라틴어 번역을 달고, 그 옆에 당시 구할 수 있던 여러 번역들을(시리아어, 이디오피아어, 아랍어, 심지어 페르시아어 번역) 나란히 배열하여 성서 본문 연구에 도움이 되도록 하였다.

이때 나온 여러 언어 병행 성서본으로 안트베르펜(Antwerpen) 본(1569~1572), 파리(Paris) 본(1629~1645), 런던(London) 본(1655~1657)이 있다. 이 런던 본은 월튼(Brian Walton, 1600~1661)이 편찬하였는데, 그는 여기서 수많은 이독을 최초로 조직화하는 공을 세웠다. 이 여러 언어 병행 성서본이 제시하는 그리스어 신약성서 본문은 1550년에 나온 스테반 본의 본문을 약간 바꾼 것이다. 그럼에도 불구하고 본문 비평적인 측면에서 의미가 있는 것은, 각 면의 하단에 알렉산드리아 사본(Codex Alexandrinus)이 기록되어 있고, 또한 이 런던 본의 제6권 부록에 본문 비평 장치를 제시하였다는 사실이다.

2) 펠(John Fell, 1625~1686)

당시 그리스도 교회(Christ Church)의 감독이며 나중에 옥스퍼드의 주교가 된 존 펠(John Fell)은 1675년에 그리스어 신약성서를 편집하였다. 이때 그는 1633년 엘제비어 본을 다시금 인쇄한 본문에 무려 100개 이상의 사본들과 다른 옛 번역들에서 나온 이독들을 본문 비평 장치에 기록하였다.

이때까지만 하더라도, 비록 여러 사본들에 대해 언급하는 상당량의 본문 비평 장치가 출판된 성서본에 첨가되어, 일면 본문 비평적인 과제를 간접적이나마 수행했다고도 말할 수 있다. 그럼에도 불구하고 앞선 '수용 본문'에 대한 신뢰는 계속되었고, 본문 비평 장치가 달린 성서본을 출판한 사람들은 주위로부터 공격을 받게 된다. 18세기에 이르러서야 비로소 '수용 본문'에 대한 본문 비평적인 공격이 본격적으로 시작된다. 이때 공격의 주도권은 우선적으로 영국 사람들이 쥐게 된다.

3) 밀, 벤틀리, 메이스(Mill, Bentley, Mace)

펠의 성서본이 출판될 즈음에 옥스퍼드의 퀸스칼리지(Queen's College)에서 교편을 잡고 있던 밀(John Stewart Mill, 1645~1707)은 신약성서에 대한 본문 비평적인 연구를 시작하여 그로부터 대략 30년 후 1707년에 그리스어 신약성서에 대한 기념할 만한 업적을 남긴다. 밀의 이 그리스어 신약성서 본은 앞부분에 본문비평학적으로 의미 있는 서문(Prolegomena)을 썼다. 여기에는 신약성서의 정경 및 본문의 전승을 다루었으며, 또한 32종류의 그리스어 신약성서 인쇄본과 더불어 거의 100여 개의 사본들에 대하여 묘사되었다고 나온다. 동시에 교부들의 책에 나오는 성서 인용문들도 조사하였다. 한 마디로 밀은 당시 구할 수 있는 모든 자료를 동원하여 이전의 '수용 본문'을 대체할 수 있는 야심작으로 자신의 성서본을 세상에 내놓았던 것이다. 그럼에도 불구하고 밀은 독자적인 그리스어 본문을 구축하지 않고, 1550년의 스데반 본을 바꾸지 않고 그대로 인쇄하였다.

케임브리지의 트리니티칼리지(Trinity College)의 대표자이며 뛰어난 고전어 실력을 갖춘 고대문헌학자인 벤틀리(Richard Bentley, 1662~1742)는 1720년에 6쪽으로 된 「출판을 하기 위한 제안」(Proposals for Printing)을 간행한다. '수용 본문'을 대체할 목적으로, 구상하고 있는 그리스어 신약성서의 한 예로서 벤틀리는 요한계시록의 마지막 장을 그리스어와 라틴어로 제시한다. 여기에만 40곳 이상이 '수용 본문'에서 벗어난다. 그는 이른 시기의 그리스어 사본들과 제롬의 불가타 본문을 따르는 가운데, 신약성서 본문을 4세기 때의 모습 그대로 회복시킬 수 있다는 확신을 가졌다.

뉴베리(Newbury) 출신의 개신교 목사인 다니엘 메이스(Daniel Mace)가 1729년에 그리스어와 영어로 된 신약성서(The New Testament in Greek and English. Containing the Original Text Corrected from the Authority of the Most Authentic Manuscripts: and a New Version Form'd agreeably to the Illustrations of the most Learned Commentators and Critics: with Notes and Various Readings, and a Copious Alphabetical Index.)를 출판한다. 이 성서의 그리스어 본문은 메이스가 밀의 본문 비평 장치에서 더 나은 독법이라고 생각되어 취사선택한 것이다. 메이스의 이 성서본은 성서 비평 작업을 곱지 않은 시각으로 바라보던 많은 사람들로부터 비난을 받고 무시되는 가운데 점차 잊혀져 갔다.

4) 벵엘(Johann Albrecht Bengel, 1687~1752) — 본문 비평의 새로운 전기

독일 슈투트가르트(Stuttgart) 빈넨덴(Winnenden) 출신의 요한 알브레히트 벵엘은 신약성서 본문 비평사의 한 전기를 이룬다. 당시 경건주의 신앙에 젖어 있던 벵엘은 튀빙겐(Tübingen)대학에서 신학생으로 있을 때, 밀

(Mill)이 출판한 그리스어 신약성서 가운데 나오는 3만 개의 이독(서로 다른 본문)으로 인해 충격을 받아 일생을 성서 본문 연구에 바치기로 결심한다. 1725년 뎅켄도르프(Denkendorf)의 수도원학교 교사로 재직하고 있을 때, 벵엘은 자기가 구상하고 있는 신약성서의 준비 단계 작품으로 한 연구서(Prodromus Novi Testamenti recte cauteque ordinandi)를 발표한다. 여기에서 그는 건전한 비평 원칙을 제시하였다. 증거 본문들을 단순히 나열하는 것으로 만족하지 않고, 벵엘은 최초로 그 가치에 따라서 '그룹, 가족, 계보, 민족' 별로 구분하였다. 콘스탄티노플과 그 일대에서 생성된 사본들을 '아시아 그룹'으로 분류하고, 또한 알렉산드리아 사본(Codex Alexandrinus)과 베투스 라티나(Vetus Latina)를 중심으로 양분되는 '아프리카 그룹'으로 분류하였다.

벵엘은 후대의 본문비평학에 귀감이 되는 여러 규칙과 원칙들을 세웠다. 이독들을 구분하기 위해서 한 규칙을 정했는데, 필사자는 더 어려운 본문 구조를 더 간단하게 만든다는 것이다. 이를 가리켜 다음과 같이 불렀다. "보다 어려운 독법은 알기 쉬운 독법보다 더욱 가치 있다."("proclivi scriptioni praestat ardua")

1734년에 벵엘은 튀빙겐에서 본문 비평 장치가 없는 그리스어 신약성서를 출판하였다. 이때 전해 내려온 '수용 본문'을 자기의 판단에 근거하여 교정하지 않았다(요한계시록의 경우는 예외). 하지만 각각의 이독들에 대한 가치 평가를 책의 둘레 빈 공간에 여러 카테고리로 나누어 기록하였다. a는 원래의 독법을 나타내며, b는 제시된 본문보다 나은 독법을 가리키며, g는 제시된 독법과 같은 수준의 독법을 나타내며, d는 제시된 본문보다 떨어지는 독법을 나타내며, 끝으로 e는 버릴 정도로 가치가 적은 독법을 나타내었다. 그밖에도 벵엘은 구두점 통일시키고자 하였으며, 본문의 단락 구분을 시도하였다.[98] 대략 400면에 달하는 방대

---

98) 본문 비평과 관련된 여러 원칙을 벵엘은 신약성서를 한 권으로 간략히 주석한 그의 유

한 본문 비평 장치를 담은 성서본은 1790년까지 6판이 출판되었다.

경건한 신앙의 소유자로 알려져 있던 벵엘은 자기의 성서본을 출판하고 나서 긍정적인 반응도 접했으나, 성서의 가치를 훼손시켰다는 이유로 주위 사람들로부터 많은 손가락질을 받았다. 그리하여 자기의 성서본을 방어하는 글을 쓰지 않으면 안 될 정도였다. 자신을 향한 이러한 비난을 벵엘은 그리스도의 고난을 지는 것으로 믿었다. 이 성서본으로 인해 벵엘은 일약 유명해졌다. 그의 공적은, 새로운 자료를 발굴했다는 데 있지 않고, 기존의 자료를 체계 있게 정리했다는 데 있다.

5) 베트슈타인(Wettstein, 1693~1754) — 사본 약어 표시 제도의 창시

벵엘의 성서는 바젤 출신의 요한 야콥 베트슈타인(Johann Jakob Wettstein)으로부터 일관성이 부족하다는 이유로 비판을 받았다. 20세에 목사 안수를 받은 베트슈타인은 신약성서 본문 비평에 특별히 관심이 많았다. 그러나 이러한 그의 관심이 오해를 사 1730년에 목사직을 박탈당하였다. 그 후 암스테르담의 한 세미나에서 교수로 부임하면서 다시금 본래의 관심에 매진하였다. 1751/52년에 그의 40여 년간의 노작인 그리스어 신약성서가 두 권으로 출판되었다.

여기에 제시된 본문은 엘제비어의 본문을 그대로 옮긴 것이나, 여백에 자기가 옳다고 생각하는 독법을 표시하였다. 자신의 성서 제2권 부록에 수많은 제안을 담았다(예컨대, 사본은 수에 따라서가 아니라 그 중요성에 따라 평가해야 옳다). 그의 본문 비평 장치는 최초로 대문자 사본들을 라틴어 철자로 표시했으며, 소문자 사본들과 예배용 성서 본문들(Lektionare)은 아랍식 숫자로 표시하였다. 이 표시법은 오늘날까지 사용되고 있다. 성서 본문과 관련된 자료 말고도, 수많은 그리스 작가, 라틴 작가, 랍비들의 인

명한 『그노몬 노비 테스타멘티』(*Gnomon Novi Testamenti*, Tübingen, 1741) § VIII에서 요약하고 있다.

용문까지도 수집해 놓았다. 그의 주장은 때때로 오류를 담고 있음에도 불구하고, 그의 성서본은 본문 비평본의 발전에 커다란 영향을 끼쳤다. 100여 개의 사본들을 검토하여 이루어진 이 성서에서 베트슈타인이 기록한 설명은 오늘날의 본문 비평 연구에도 많은 정보를 주고 있다. 이 성서로 말미암아 벵엘의 성서가 빛을 잃게 될 정도였다.

3. 제3 단계(본격적인 비평본 시대)

18세기 후반에 들어서자 학문적인 본문 비평이 비로소 본격적으로 이루어지기 시작하였다. 학문적인 본문 비평이란, 그리스어 신약성서를 본문 비평적으로 다룰 때, 비평자의 주관적인 신앙의 차원이 배제된 상태에서, 다시 말하면 어떤 호교적인 목적이 전면에 나서지 않고 본문을 구축할 때 사실 그대로를 객관적으로 밝히는 것을 최상의 목적으로 하는 것을 뜻한다. 즉, 순수한 학문적 관심에서 이루어지는 본문 비평 작업을 가리킨다. 독일 학자들의 역할이 두드러진 시대였다.

1) 그리스바흐(Griesbach, 1745~1812) — 학문적인 본문 비평의 시조
순수한 학문적 본문 비평의 토대는 독일인 요한 야콥 그리스바흐(Johann Jakob Griesbach)가 놓았다고 말할 수 있다. 그의 작업은 향후 계속되는 작업에 근거를 이루고 있다. 젬플러(Semler)의 제자였던 그는 1773년에 할레(Halle)에서 교수직을 수행하다가 1775년부터 예나(Jena)로 옮겨 그곳에서 죽을 때까지 교수로 일했다. 사본들을 모으기 위해 유럽의 여러 나라를 여행한 그는 그리스 교부와 다양한 번역본 가운데 나타나는 신약성서 인용문에 많은 관심을 가졌고, 또한 신약성서가 고대로부터 전승되어 내려온 과정을 연구하였다. 벵엘과 젬플러가 구분한 사본들의 구룹별 구분을 한층 발전시켰다. 사본들을 크게 다음과 같이 세 그룹으로 나누었다:

① 알렉산드리아 그룹: 오리게네스를 알렉산드리아 그룹의 전형적인 대표자로 보는 가운데, 대문자 사본들인 C, L, K과 소문자 사본 1, 13, 33, 69, 106, 118, 또한 Bohairic, Armenian, Ethiopic, Harclean, Syriac. 또한 오리게네스, 알렉산드리아의 클레멘스, 유세비우스, 알렉산드리아의 퀴릴, 펠루시움의 이시도르 안에 나오는 인용문들이 여기에 속한다.

② 서방 그룹: D, 라틴어 번역, 부분적으론 시리아어 번역, 아랍어 번역이 여기에 속한다.

③ 비잔틴 그룹: 그리스바흐는 이 그룹을 다른 두 그룹의 조합으로 보는 가운데, A(복음서의 경우), 비교적 뒤늦은 대문자 사본, 소문자 사본 및 교부 인용문들 대다수가 여기에 속한다.

그리스바흐는 독일인으로서 처음으로, 권위 있는 것으로 전해 내려온 '수용 본문(Textus receptus)'의 여러 부분을 과감하게 따르지 않았다(물론, 수용 본문 전체를 자기가 이상적으로 여긴 본문으로 바꾸지는 않았다). 그가 제시한 본문은 이후 나온 여러 그리스어 신약성서본의 토대가 되었다는 데 그 중요성이 있다. 뿐만 아니라, 1774년에 그리스바흐는 마태, 마가, 누가복음의 공관 복음서 대조(Synopsis)를 출판하여,[99] 오늘날 의미의 역사 비평적인 연구의 근거를 세웠다고 말할 수 있다.[100] 그가 본문 비평과 관련하여 세운 여러 세부적인 규범은, 상당 부분 오늘날에도 그 타당성을 잃지 않았다.

---

99) Libri historici Novi Testamenti Graece. Pars Prior, sistens synopsin Evangeliorum Matthaei, Marci et Lucae. 그리스바흐는 공관복음서 대조 연구를 1776년에 따로 출판하였다: Synopsis Evangeliorum Matthaei, Marci et Lucae. 1797년의 제2판에 요한복음의 수난사와 부활 이야기 본문이 첨가된다.

100) 물론 그가 세운 이른바 '그리스바흐 가정(Griesbach Hypothese)'이 오늘날에는 설득력을 잃었다. 이 가정은, 마태, 누가, 마가의 순서대로 기록되었다고 보는 가운데, 마가는 마태와 누가를 대본으로 삼았다고 간주한다.

2) 라흐만(Karl Lachmann, 1793~1851) – '수용 본문(Textus receptus)'의 폐기

하나님으로부터 직접 주어진, 따라서 한 치의 오류도 없다고 믿는 가운데 이제까지 전해 내려온 '수용 본문(Textus receptus)'의 권위를 완전히 넘어뜨린 최초의 사람은, 당시 베를린의 고대언어학 교수로 명성이 높은 칼 라흐만(Karl Lachmann)이다. 고대의 고전 작품들의 본문에 대한 편집 경험이 풍부한 그는 비교적 뒤늦은 시대에 나온 본문들로 이루어진 '수용 본문'에서 제시하는 본문을 버리고, 4세기 말경 교회의 본문으로 돌아갈 것을 역설하였다. 이러한 기치 아래에 라흐만은 다양한 이독들을 본문 비평적으로 평가하여 완전히 새롭게 만든 그리스어 신약성서를 출판하였다.

이때, 그는 신약성서의 원문을 다시 회복해 내는 것을 목적으로 삼지 않고-라흐만은 이것을 불가능하다고 간주했다-권위 있는 것으로 전해 내려온 성서 본문을 전혀 고려하지 않고 오직 입증할 수 있는 증거에서 만든 본문을 제시하는 것이었다. 이 본문은 대략 4세기 말경 동방교회에 널리 사용된 본문이라고 생각했다. 아마도 소문자 사본들을 이용한 것 같지는 않고, 다양한 대문자 사본들을 토대로 베투스 라티나(Vetus Latina), 제롬의 불가타(Vulgata), 또한 이레네우스, 오리게네스, 키프리안, 힐라리우스, 루시퍼에서 나온 인용문들을 참조하였다. 5년간의 작업을 마치고, 1831년에 그리스어 신약성서를 베를린에서 출판하였다. 라흐만은 많은 사람들로부터 비난을 받았으나, 아랑곳하지 않고 오히려 그들이 '수용 본문'에 대해 갖고 있는 맹목적인 신앙을 공격하였다.

라흐만이 제시한 성서본의 약점은, 그가 사용한 사본들의 토대가 빈약하다는 데 있다. 기껏해야 세 개의 사본 정도를 비교했을 뿐이었다. 그가 출판한 성서의 가치에 대해 호르트(Hort)는 다음과 같이 높이 평가하였다. "새 시대가 1831년에 시작되었다. 앞서 나온 인쇄본을 고려하지 않고 직접 옛 증거들을 사용하여 본문을 처음으로 구축하였던 것이다. 또한 이독들을 구분할 때 제멋대로의 선택을 학문적인 방법으로 대체한 최초의 시도가 감행되었던 것이다."[101]

3) 티셴도르프(Lobegott Friedrich Konstantin Tischendorf) ― 학문적 본문 비평본의 모범

티셴도르프는 본문 비평과 관련된 대단한 연구를 남긴 놀라운 학자였다. 성서의 본문 비평과 연관된 글을 150여 가지나 남겼다. 한 개인으로서 그는 그 누구보다도 많은 사본들을 발견하는 업적도 남겼다. 젊었을 때, 그는 본문 비평을 통해 성서의 원문을 찾아내는 일을 하나님께서 자기에게 주신 신성한 임무라고 믿었다. 이러한 사실은, 그가 젊었을 때 약혼녀에게 보낸 글 가운데에서 "내가 대면한 신성한 임무는, 신약성서의 원형을 다시 찾기 위한 노력하는 것이야." 하고 말하는 데서 알 수 있다. 1843년 25세의 젊은 나이에 그는 5세기 때의 그리스어 신약성서 사본인 『코덱스 에프레미 쉬리 레스크립투스』(Codex Ephraemi Syri rescriptus : 시리아 교부 에프렘이 원래 기록되어 있던 신약성서 글씨를 닦아내고 그 위에 자기의 글을 다시 덮어쓴 코덱스를 뜻함[102])를 판독해 내는 개가를 올렸다.[103] 무엇보다 경이로운 사건은, 동방 여행 중에 시내 사본(Codex Sinaiticus=ℵ)을 시나이에 있는 카타린 수도원에서 발견한 일이었다. 뿐만 아니라 20여 개의 또 다른 대문자 사본들도 발견했다. 그는 자기의 그리스어 신약성서를 위해 신약성서 사본과 고대 번역 및 교부들의 인용문들을 망라한 당시 알려진 모든 자료를 제시했던 것이다. 대략 64개의 대문자 사본들과 하나의 파피루

---

101) B. F. W. Westcott, F. J. A. Hort, *The New Testament in the Original Greek*, [II] *Introduction [and] Appendix* (1881) 13.
102) 이렇게 하여 다시 사용된 사본들(Codices rescripti)을 가리켜 팔림프세스테(Palimpseste)라고 부른다.
103) *Codex Ephraemi Syri rescriptus sive fragmenta Novi Testamenti*(Leipzig, 1843).

스, 또한 여러 소문자 사본들을 사용하였다. 이때 시내 사본의 본문을 최고로 중시 여겨 자기의 성서본을 위한 규범으로 간주했다. 그처럼 중시했기 때문에 이 사본을 히브리어 알파벳 첫 자 '알레프(א)'를 붙였던 것이다.

티셴도르프가 정성을 들여서 학적으로 신뢰할 수 있게 완벽히 편찬한 그리스어 신약성서는 여러 판을 거듭하여 인쇄되었다. 그 중 1869년~1872년에 두 권으로 라이프치히에서 출판된 제8판 『에디티오 옥타바 크리티카 마이오르』(editio octava critica maior)가 가장 중요하다.[104] 본문 비평 장치에 엄청난 정보를 담은 이 제8판에 그는 자기와 선배들이 발견한 온갖 종류의 이독들을 모아 놓았다. 거의 100년이 지난 1965년에 독일에서 이 판이 또다시 인쇄된 사실만 보더라도, 이 판이 지닌 본문비평학을 위한 학문적 중요성을 넉넉히 짐작할 수 있다.

4) 웨스트콧(Westcott, 1825~1901), 호트(Hort, 1829~1892) ― 영국 본문 비평본의 역작

영국 케임브리지의 두 신학 교수인 웨스트콧(Brooke Foss Westcott)와 호트(Fenton John Anthony Hort)는 1881년에 두 권으로 된 그리스어 신약성서 『그리스 원어 신약성서』(The New Testament in the Original Greek)를 편찬하였다. 이것은 이들이 거의 28년 동안(1853~1881) 이 작업에 매달린 결과였다. 첫 권은 그리스어 본문을 담았고, 두 번째 권은 다양한 비평의 원칙에 대한 설명과 부록을 실었다.

티셴도르프가 시내 사본을 최고로 여긴 것과 달리, 이들은 바티칸 사본

---

104) 제2권이 출판된 직후 티셴도르프가 심장마비를 일으켜 더 이상 작업을 할 수 없게 되어서, Leipzig의 교수였던 C. R. Gregory(1846~1917)가 제8판에 대한 값진 개론적 설명을 담은 제3권을 준비하여 모두 3권으로 1884년, 1890년, 1894년에 걸쳐 라이프치히에서 출판하였다. 오늘날까지도 적용되는 신약성서 사본들을 나타내는 표시 체계를 만든 것은 그레고리의 공헌이다.

(Codex Vaticanus)을 가장 훌륭한 사본으로 간주했다. 이 사본을 '중립적 본문(neutraler Text)'의 대표자로 여겼는데, 이것은 그들이 새롭게 가정한 본문 형태였다. 그들은 이 '중립적 본문'을 세 가지 본문 형태, 즉 알렉산드리아 본문, 비잔틴 본문, 또한 서방 본문 이외의 또 다른 본문 형태로서 (특히, 시내 사본과 똑같은 본문을 제시할 때) 원문에 가장 근접한 본문으로 보았다.[105] 비잔틴 본문이 다른 본문 형태보다 뒤늦게 생긴 것이라는 그들의 평가는 지금까지도 대체로 받아들이고 있다. 이에 대한 이유로 다음의 세 가지를 들고 있다. ① 시리아어 본문(비잔틴 본문, 코이네 본문)은 비교적 뒤늦은 시대의 본문 형태에 퍼져 있던 여러 요소들이 서로 연결되어 섞인 독법을 담고 있다. ② 니케아 종교회의 전 단계의 어떠한 교부들도 명백한 시리아어 독법을 인용하지 않는다. ③ 시리아어 독법들을 다른 경쟁 상대의 독법들과 비교할 때 드러나는 것은, 원본에 가까울 것이라는 주장이 거의 힘을 잃는다.

웨스트콧과 호트는 사본들을 직접 조합하지 않고, 이미 인쇄된 본문들을 가지고 작업을 했으며, 또한 이들의 성서본은 가장자리 여백에 경쟁이 될 수 있는 다른 이독들을 제시하였을 뿐 본문 비평 장치를 담지 않았다는 한계를 안고 있다. 그럼에도 불구하고 이들이 제시한 예리한 비평 원칙과 방법은 오늘날까지 대체적으로 그 타당성을 인정받고 있으며, 특히 영미 영역의 학자들에게 많은 영향을 끼쳤다. 이 성서본의 특징으로 알란트는, B와 ?를 위주로 하였다는 사실과, 그럼에도 불구하고 『베체 칸타브리기엔시스 사본』(Codex Bezae Cantabrigiensis=D^ea)을 최고의 가치를 지닌 것으로 보았다는 점을 지적하고 있다.[106]

---

105) 알란트 부부의 견해에 따르면(K. Aland, B. Aland, *Der Text des Neuen Testament*, p. 24), '중립적 본문'이라는 것은 없다고 한다.
106) Ibid., p. 29.

5) 에버하르트 네스틀레, 에르빈 네스틀레, 쿠르트 알란트(Eberhard Nestle, Erwin Nestle, Kurt Aland) — 본문 비평본의 대중화

에버하르트 네스틀레(1851~1913)는 독일의 비르텐베르크(Württenberg) 지방 슈트트가르트(Stuttgart)에 위치한 성서공회용으로 그리스어 신약성서를 1898년에 편찬하였다. 그가 제시한 본문은 다음과 같은 방식으로 만들어진 것이다. 우선적으로 앞서 나온 두 가지 성서본, 즉 티셴도르프(Tischendorf) 본(1869~1901)과 웨스트콧-호트(Westcott-Hort) 본(1881)을 서로 비교하였다. 독법이 서로 다를 경우에는 또 다른 성서본을 사용하였는데, 처음에는 웨이마우스 본(R. Fr. Weymouth, 1892년 제2판)을 사용하다가 1901년부터는 베른하르트 바이스(Bernhard Weiss) 본(1894~1900)과 서로 비교하는 가운데, 세 가지 독법 가운데 두 가지가 일치하는 독법을 모아 편찬한 것이다. 이 성서본은 이제 적은 수의 학자들만이 이용하는 것이 아니고, 많은 독자층을 확보하여, 결국 거의 400년 전부터 사용되어 온 '수용 본문(Textus receptus)' 을 교회와 학생들의 수업에서 완전히 몰아낼 수 있었다. 이 성서본의 영향력은 가히 압도적이어서, 당시 성서공회 가운데 가장 규모가 큰 영국성서공회(Britisch and Foreign Bible Society)조차 근 20년간 사용해 왔던 웨스트콧-호트(Westcott-Hort) 본 대신에 네스틀레 본을 유포시킬 정도였다.

아버지 에버하르트 네스틀레의 뒤를 이은 아들 에르빈 네스틀레(Erwin Nestle)는 아버지가 편찬한 그리스어 신약성서를 또다시 교정하여 1927년에 네스틀레 제13판을 편찬하였다. 이것은 네스틀레 본의 발전에 있어 한 전기를 뜻한다. 그리하여 1898년 본의 '유치한 형태'를 떨쳐버리고 비로소 네스틀레 본은 본격적인 본문 비평 장치를 갖춘 모습으로 다시 태어났다.[107] 학문적으로 신뢰할 만하게 편집되고 동시에 사용하기 간편하게 인

---

107) Erwin Nestle가 본문 비평 장치를 확대할 때 주로 참고로 한 성서본이 있었는데, 그것

쇄된 이 네스틀레 성서본은 경쟁이 될 만한 다른 성서본들을 모두 제압하게 되어, 본문 비평본의 독보적인 존재로 군림하게 되었다.

　네스틀레 본은 본문 비평 연구와 관련된 이제까지의 모든 성과를 종합했다고 말할 수 있다. 티셴도르프가 시내 사본을 가장 중시여긴 반면, 웨스트코트-호르트는 바티칸 사본을 으뜸으로 간주한 데 놓인 일방성에서 벗어나 조화를 이루었을 뿐만 아니라, 현대적인 모든 본문 비평적인 인식을 담았던 것이다. 에르빈 네스틀레가 티셴도르프 본에서 발견한 수많은 모순점들을 기록한 목록을 사본들과 교부들의 저서를 이용해 설명하는 작업을 위해 대략 1950년경부터 쿠르트 알란트(Kurt Aland)가 본문 비평 작업에 참여하게 된다. 알란트는 본문 비평 장치에 수록된 정보와 제시된 본문을 검증하는 작업을 맡는다. 그리하여 네스틀레 본의 1952년에 나온 제21판부터 쿠르트 알란트의 이름이 언급되고, 이어서 제22판부터는 표지에 나타나게 된다. 이 그리스어 신약성서를 가리켜 이른바 '네스틀레-알란트(Nestle-Aland)'라고 부른다. 계속해서 검증 작업을 거쳐 새롭게 수정된 네스틀레-알란트 제 26판이 1979년에 탄생하였다.[108] 이로써 제26판에 제시

　은 바로 베를린의 목사였던 헤르만 폰 소덴(Hermann von Soden, 1852~1914)이 편찬한 것이었다. 1902~1913년 사이에 4권으로 출판된(제4권에 본문이 들어 있음) 경이로운 이 성서본의 이름은 다음과 같다. *Die Schriften des Neuen Testaments in ihrer ältesten erreichbaren Textgestalt dargestellt auf Grund ihrer Textgeschichte*(본문의 역사를 토대로 도달 가능한 가장 오래된 본문 형태에 따른 신약 문서). 여기에서 소덴은 3가지 본문 그룹을 나누었다: K(=Koine)-Text, H(=Hesychianischer, ägyptischer)-Text, I(=Jerusalem)-Text. 이러한 3가지 최초의 본문 형태가 원문에서 발전되었다고 본 그의 가정은 학계에 받아들여지지 않았다. 그럼에도 불구하고 본문의 전승사를 다룬 2,203쪽에 이르는 상세한 *Prolegomena*는 오늘날까지 본문 비평에 많은 영향을 끼치고 있다.
108) K. Aland, B. Aland는 자신들의 공저 *Der Text des Neuen Testaments* 제1판(1982)에서 이 성서 본문을 가리켜 '규범본(Standard-Text)'이라 불렀으나, 제2판(1989)에서는 더 이상 그와 같이 부르지 않고 있다. B. Aland 교수가 필자와 나눈 대화(2000년 8월 30일) 가운데에서 'Standard-Text'라는 용어를 사용하는 것은 부적절하다고 밝혔다.

된 본문은 그리스어 신약성서의 원본에 가장 근접한 본문을 제시했다는 영예를 얻게 된다. 세계의 여러 성서공회는 바로 이 성서 본문에 기초하여 신약성서 번역 작업을 추진해 오고 있다.

6) 신약성서 대비평본(Novi Testamenti editio critica maior) — 획기적인 새로운 시도

독일 뮌스터(Münster)에 위치한 신약성서본문연구소(Institut für neutestamentliche Textforschung)는 전적으로 새로운 본문 비평본을 구상하여 현재 준비 작업을 다 끝내고 실현에 옮기고 있는 중이다. 이 본문 비평본에 거는 기대는 대단하다. "초기 천 년 동안 내려온 사본들을 통해 (원)본문을 확립하고 그것들의 역사를 재건하려는 학문적 연구에 필요한 모든 자료들을 제공"[109]하고자 한다. 이미 첫 권으로 공동 서신 가운데 야고보서가 1997년에 그 모습을 드러냈다.[110] 현재 이 사업의 총지휘자로 있는 바바라 알란트(Barbara Aland)[111] 교수는 이 본문 비평본의 과제를 다음과 같이 세 가지로 요약한다.

"첫째로, 이 판본은 관련 있는 모든 자료를, 즉 그런데 그것도 검증할 수 있는 모든 관련 자료를 담아야 합니다. 둘째로, 그럼에도 불구하고 이 판본은 자료들에 대한 전체 개관이 가능해야 합니다. 자료들이 산더미처럼 쌓

---

109) Novum Testamentum Graecum. Editio critica maior IV, Teil 1: Text, 1. Lieferung: Der Jakobusbrief; 2. Lieferung: Die Petrusbriefe, hrsg. vom Institut für neutestamentliche Textforschung, 1997, 11.
110) 이에 대하여 다음의 글을 참조하시오. 심상법, "「그리스어 신약 에디티오 크리티카 마이오」에 관한 고찰: 야고보서를 중심으로", in: 『성서 원문 연구』 제3호(1998/8), 123-148쪽.
111) B. Aland는 작고한 Kurt Aland의 아내이다. 2000년 8월 29일에 대한성서공회에서 Novi Testamenti editio critica maior에 관한 논문 발표회를 가졌다.

여 있어도 꿰뚫어 볼 수 없는 것이라면 아무에게도 유익하지 않습니다. 셋째로, 이 판본은 모든 본문 비평적인 관심에 사용될 수 있어야 합니다. 다시 말하면, 이것을 바탕으로 해서 비로소 작업해 내야 하는 결과들을 미리 선취해서는 안 됩니다. 그럼에도 불구하고 편집자들이 그 자료를 어떻게 해석해야 하는지에 대하여 자기의 입장을 표명하는 것을 포기할 필요가 없다는 점은 마찬가지로 분명합니다. 그 편집자들은 결국 하나의 비평적 본문을 구성해야만 합니다."[112]

전적으로 새로운 모습으로 구성된 이 대비평본(Editio critica maior)은 각 면에 세 가지 중요한 내용을 담고 있다. 제일 먼저 선도열(先導列, Leitzeile)이 나온다. 이것은 단어 하나하나 새롭게 구축하여 만든 성서 본문으로 이루어진 것이다. 선도열 바로 밑에 해당 본문의 모든 이독들 전체를 개관할 수 있는 이독 분포(Variantensprektrum)가 나오며, 그리고 칸을 달리하여 이독들 및 그 증인들이 인용되어 있는 상당량의 증거 비평 장치 (Bezeugungsapparat)로 구성되어 있다.

대비평본은 이제까지 위대한 본문 비평의 선조들이 본문의 유형 (Texttypen)을 구분하는 가운데 비교적 뒤늦게 생겼으며, 양적으로 볼 때 수많은 사본들이 속해 있는 이른바 '비잔틴 본문(byzantinischer Text)'의 가치를 상대적으로 낮게 평가한 것과 달리, 대다수 사본의 독법이 경우에 따라선 원문에 가까운 훌륭한 본문을 담을 수 있다는 사실을 밝혔다. 이런 의미에서 앞선 세대에서 시도해 왔던 본문 유형을 구분하는 작업에 근본

---

112) 2000년 8월 29일 대한성서공회에서 열린 학술 강연 원고로부터 인용. 바바라 알란트 교수의 이 원고("신약성서 대비평본: 그 구조와 과제, 새로 개발된 본문 비평 방법")는 『성서 원문 연구』, 제7호(2000년 8월), 24-35쪽에 필자에 의해 번역되어 실렸다. 이곳 25-26쪽에서 인용.

적인 이의를 제기하고 있다.[113] 야심에 찬 이 본문 비평본이 완성되기까지는 아직도 수십 년의 장구한 시간을 필요로 할 것이다. 그러나 분명한 것은, 이로써 새롭게 이루어진 신약성서의 본문은 그리스어 성서 본문 연구에 신선한 자극을 줄 것이다. 우리 학계 역시 이 비평본에 더 많은 관심을 갖게 되기를 기대해 본다.

III. 나가면서

우리는 본문 비평본이 생성되어 온 전체 역사를 중요한 성서본들을 중심으로 간략하게 살펴보았다. 스데반 본(1550년)으로 대표될 수 있는 이른바 '수용 본문(Textus receptus)' 이래로, 거의 반세기에 해당하는 장구한 시간에 걸쳐 비교적 적은 수의 학자들에 의해 이루어진 또한 지금도 계속되고 있는 그리스어 신약성서 본문 비평본을 위한 헌신적인 노력을 통해 오늘날 우리는 학문적으로 신뢰할 만한 그리스어 신약성서를 누구나 가질 수 있게 되었다. 참으로 감사한 일이다.

본문 비평본의 발전사를 개관하면서, 당시 그 작업에 외로이 참여했던 사람들이 주위 사람들로부터 성서 본문을 왜곡한다는 이유로 많은 비난을 받았다는 사실을 언급하기도 했다. 그런데 본문 비평본을 만드는 작업을 반대한 사람들이 옳았나, 아니면 그 작업을 수행한 사람들이 옳았을까? 이에 대한 대답은 자명하다고 생각된다. 본문 비평을 하는 궁극의 목적은, 전해 내려온 성서 본문을 부수어 하나님의 말씀을 왜곡시키려는 데 있지 않

---

113) 앞서 언급한 학술 강연회에서 본문 유형을 구분하고자 애썼던 전 시대의 시도에 관한 필자의 질문에 대해, 바바라 알란트 교수는 그와 같은 시도는 더 이상 의미가 없다고 밝혔다.

고, 그와 정반대로 하나님의 계시가 담겨 있다고 확신하는 성서 말씀에 담긴 그 본래의 뜻을 온전히 알고자 하는 데 놓여 있다. 바로 그렇게 때문에 본문 비평 작업을 통하여 그리스어 신약성서의 원문을 찾아 확립하는 작업을 가리켜 본문 비평본의 모범을 제시한 티셴도르프(Tischendorf)는 '신성한 과업(heilige Aufgabe)', 즉 하나님께서 부여하신 과업이라고 말할 수 있었던 것이다.

이처럼 귀한 본문 비평 작업을 통해 확립된 성서 말씀이 현대인에게 살아 계신 하나님의 말씀으로 받아들여지기 위해서는 다음 단계의 작업인 성서 해석(Interpretation) 혹은 주석(Exegese)의 작업이 계속되어야 한다. 성서는 철자의 조합으로 되었다는 사실만을 확인하는 데 의미가 있다기보다는, 그 뜻이 올바로 드러날 때 본래의 의미가 있기 때문이다. 그 의미를 찾아가는 첫 길이 바로 '본문 비평(Textkritik)'이라고 말할 수 있다.

제 2 부

예수와 바울

제 5 장

'역사적 예수 연구'의 발전사와 최근 경향

I. 들어가면서

오늘 우리는 '역사적 예수'에 대하여 얼마나 알고 있는가? 이 질문은 두 가지 방향에서 이해할 수 있다. 우선적으로, 역사적 예수에 대하여 학자들이 오랜 세월을 통한 연구에서 밝혀낸 것에 관한 글자 그대로의 질문으로 이해할 수 있다. 다시 말하면, 역사상 실제로 살았던 나사렛 예수에 대해 그 동안 학자들이 연구한 결과와 관련된 질문으로 볼 수 있다. 다른 한편, 오늘 우리의 교회가 처한 상태를 나사렛 예수에게 조명시키는 가운데, 과연 오늘의 교회가 나사렛 예수의 본래의 뜻을 얼마나 잘 지키고 있는가 하는 수사적인 질문으로도 이해할 수 있다. 본고에서는 이러한 두 가지 질문을 염두에 두면서,[114] 비판적 시각에서 다루고자 한다. 간혹 학자들의 연구를 통하여 재구성된 예수를 가리켜 '역사적 예수(the historical Jesus)'라 부르고, 이와 달리 학자들의 연구 결과와 무관한 실제 사셨던 예수를 가리켜 '실제적 예수(the real Jesus)'라고 구분하여 부르기도 한다.[115] 그러나 이와 같은 엄격한 구별을 여기서는 하지 않는다. 일반적으로 학자들은 자기가 구축한 역사적 예수를 실존했던 실제의 예수와 동일시하기 때문이다.

II. 문제의 중요성

'역사적 예수'에 관한 질문은 어제오늘의 질문이 아니라 오랜 역사를 갖고 있다. 오랜 동안 수많은 사람들이 이 문제를 다루어 온 것만 보더라도 이 문제가 얼마나 중요한지를 쉽게 짐작할 수 있다. 역사적 예수에 대한 관심은 이미 복음서에서 찾을 수 있다. 복음서 기자들은 '케리그마'를 선포할 목적과 함께 나사렛 예수라는 역사적 인물에 대한 관심에서 각자 펜을 들어 자신의 복음서를 기록했다고 말할 수 있기 때문이다.[116] 다시 말하면,

---

114) 역사적 예수에 관한 그 동안 학계의 연구사의 큰 줄기를 짚어 보고자 하며, 동시에 근자에 이르러 다시금 뜨겁게 불붙고 있는 이에 대한 관심을 역사적 예수에 대한 폭발적인 관심을 가리켜 Marcus J. Borg는 "예수 연구의 르네상스"라고 불렀다("A Renaissance in Jesus Studies," in: *Theology Today* 45 [1988], pp. 280-292).

115) 이에 관하여 예컨대 J. P. Meier, "The Real Jesus and the Historical Jesus," in: idem, *A Marginal Jew: Rethinking the Historical Jesus*(New York: Doubleday, 1991), pp. 21-40 (우리말 번역: "실제 예수와 역사적 예수", in: 『최근의 예수 연구』, 최갑종 편, 기독교문서선교회 1994, 23-51쪽).

116) 이런 의미에서 케리그마(Kerygma)와 "역사"(Geschichte)를 양자택일의 문제로 여기는 것은 근본적으로 잘못이다. 이에 대하여 예컨대 M. Hengel, Kerygma oder Geschichte? Zur Problematik einer falschen Alternative in der Synoptikererforschung aufgezeigt an Hand einiger neuer Monographien, in: *Theologische Quartalschrift* 151 (1971), pp. 323-336을 참조하시오.

초창기 신앙 공동체는 신앙의 눈으로 나사렛 예수를 바라보았던 것이다. 한 걸음 더 나아가 역사적 예수에 관한 질문은 복음서 기자뿐만 아니라 그리스도인이라면 누구나 반드시 제기해야 할 불가피한 질문이라고 생각한다. 왜냐 하면 이 질문은 기독교의 정체성과 직결된 질문이기 때문이다. 교회가 선포하는 그리스도 케리그마는 본질적으로 역사적으로 활동하였던 나사렛 예수와 밀접히 연관되어 있을 뿐만 아니라, 그분의 삶과 십자가상에서의 죽음 그리고 부활에 근거하기 때문이다.[117] 나사렛 예수의 삶을 떠나게 될 때 이른바 '가현설(Doketismus)'에 빠지기 쉽다. 가현적 기독교는 기독교 신앙의 핵심을 떠났기에 더 이상 기독교라 부를 수 없다.

또한 역사적 예수에 대한 질문은 더 이상 회피할 수 없는 근대적이며 현대적인 질문이다. '역사적 예수'에 관한 본격적인 관심과 질문은 근대에 비롯된 것으로, 계몽주의 시대 이후 사람들은 이른바 '합리적이며 역사적인' 질문을 공개적으로 하기 시작했다. 이러한 자연스런 질문을 교리적인 이유로 막을 수도 없고 또한 막아서도 안 된다.[118] 이 질문에 정면 대응하는 것이 교회를 위해 오히려 바람직하다고 생각한다. 역사적 예수에 대한 관

---

117) 불트만은 기독교 신앙은 십자가와 부활 사건에 드러난 하나님의 역사에 근거한다는 이유에서, 다시 말하면 "그가 왔었다는 사실"(das Dass seines Gekommenseins)에 만족하여 역사적 예수 질문에 대한 신학적 중요성을 부인하였다(R. Bultmann, "Das Verhältnis der urchristlichen Christusbotschaft zum historischen Jesus," Sitzungsberichte der Heidelberger Akademie der Wissenschaften, 1960=*Exegetica*, Tübingen 1967, pp. 445-469). 이에 대하여 케제만은 강한 반박을 하였다[E. Käsemann, "Das Problem des historischen Jesus," in: idem, *Exegetische Versuche und Besinnungen I* (Göttingen, 1960), pp. 187-214; idem, "Sackgassen im Streit um den historischen Jesus," in: *Exegetische Versuche und Besinnungen II* (Göttingen, 1964), pp. 31-68]. 역사적 예수 문제가 안고 있는 신학적 중요성에 관하여, 예컨대 J. Gnilka, "Das theologische Problem der Rückfrage nach Jesus," in: C. Breytenbach, H. Paulsen(eds.), *Anfänge der Christologie, FS for F. Hahn*(Göttingen, 1991), pp. 13-24를 참조하시오.
118) Martin Kähler는 1892년에 쓴 그의 글 "Der sogenannte historische Jesus und der

심이 사라질 때, 예컨대 독일 나치 시대에서 찾아볼 수 있듯이 기독교의 정신이 왜곡되어 정치의 시녀로 변질될 위험이 커지게 된다. 그리하여 1930년대 예수는 유대인이 아니었고 북방 인종에 속하는 이른바 아리아족 출신이라는 터무니없는 주장이 나올 정도였다.[119]

Fr. 고가르텐이 "역사적 예수에 관한 질문은 한 치의 과장도 없이 신학의 가장 중요한 질문 내지는 가장 중요한 질문 가운데 하나라고 말해도 무방하다."[120] 라고 밝혔는데, 이것은 옳은 통찰이다. 이 질문은 기독교 신학의 핵심과 관련된 중요한 신학적 질문일 뿐만 아니라,[121] 동시에 현대에 와서 더욱 절실한 질문이라고 말할 수 있다. 이를 입증하듯이 20세기 말경에 와서 이에 대한 관심은 가히 폭발적이었다.[122]

---

geschichtliche, biblische Christus" 에서 나사렛 예수에 대한 역사적 질문은 신학적으로 정당하지 못하다는 입장을 표명했다. 이와 같은 입장은 그 후 제1차 세계 대전이 끝나면서 일어난 이른바 '변증법 신학(K. Barth, E. Thurneysen, R. Bultmann)'에 영향을 끼치게 된다. 근자에는 D. Schellong, "Was sucht ihr den Lebendigen bei den Toten?" Rückfragen zur Suche nach dem "historischen Jesus," in: F. W. Marquardt, D. Schellong, M. Weinrich(eds.), Einwürfe(München, 1990), pp. 2-47.

119) Oscar Holtzmann은 자신의 저서 Das Leben Jesu(Tübingen, 1901)에서 예수를 심지어 게르만족의 혈통을 가졌다고 주장하기까지 했다.
120) Fr. Gogarten, Jesus Christus-Wende der Welt. Grundfragen zur Christologie(Tübingen, 1966), p. 5.
121) 역사적 예수에 대한 질문이 갖는 교리적인 중요성에 대하여 다음의 논문을 참조하시오. E. Jüngel, "Zur dogmatischen Bedeutung der Frage nach dem historischen Jesus," in: idem, Wertlose Wahrheit. Zur Identität und Relevanz des christlichen Glaubens. Theologische Erörterungen III(München, 1990), pp. 214-242.
122) 필자의 박사학위 논문 Das Leiden Jesu. Exegetische Studien zu indirekten Leidensankündigungen Jesu und ihrem Verhältnis zu seiner Basileia Verkündigung (Dissertation Tübingen, 1997/98)도 역사적 예수 이해에 속한다.

III. '역사적 예수' 연구사 개관

여기서는 역사적 예수에 대한 지금까지의 연구를 상세히 설명하지 않고 단지 그 특징에 따라 단계별로 구분하여 개괄하고자 한다. 역사적 예수에 관한 연구는 다음과 같이 크게 다섯 단계로 구분할 수 있다.[123]

1. 제1 단계 – 역사적 예수에 대한 비판적 질문의 시작

역사적 예수 연구의 첫번째 단계는 이성주의와 발전적 사고의 영향을 받아 미신이나 편견 및 권위적인 사고에 저항한 17~18세기에 유럽에 있었던 정신적 움직임인 합리주의(Rationalismus) 및 계몽주의(Aufklärung)의 영향 아래에 있었다.[124] 이 단계는 17세기 '개신교 정통주의'가 강조하는

---

123) 이와 같은 구분은 G. Theissen, A. Merz, *Der historische Jesus. Ein Lehrbuch*(Göttingen, ²1997), pp. 22-29를 따른 것이다(『역사적 예수』, 다산글방, 2001). 역사적 예수 연구에 관한 다음의 글도 참조하시오. N. T. 라이트, "역사의 예수 연구사", in: 김진호 편, 『예수 르네상스: 역사적 예수 연구의 새로운 지평』(한국신학연구소, 1996), 13-41쪽("Quest for the Historical Jesus", in: *The Anchor Bible Dictionary*, vol. 3, pp. 796-802); 김창락, "20세기 후반기의 신약신학", 같은 곳, 43-84쪽, 특히 44-53쪽; 서인선, "첨단 기술 사회와 '역사적 예수'", in: 『한국개혁신학회 논문집』 제4권(한들, 1998), 233-264쪽; 조태연, "역사적 예수", in: 『신약성서 개론: 한국인을 위한 최신 연구』(대한기독교서회, 2002), 161-189쪽; 최갑종, "소위 역사적 예수 연구의 실상을 말한다", in: 『목회와 신학』 2002/12, 86-95쪽. 역사적 예수 연구를 포기하고 "복음서로 돌아가자"(95쪽)는 최갑종 교수의 요청은 역사비평학이 지난 세기 동안 이룩한 학문적 성과를 부인하는 것과 다름없는 지극히 편파적인 주장이라고 생각된다. 북미의 시각에 따른 연구사로선, M. J. Borg, "Reflections on a Discipline: A North American Perspective," in: B. Chilton, C. A. Evans(eds.), *Studying the Historical Jesus: Evaluations of the State of Current Research*(Leiden: Brill, 1994), pp. 9-31.
124) "근대 시기의 성서해석학"에 관하여 윤철호, 『기독교 인식론과 해석학』(한국장로교출판사, 2001), 59-64쪽; 또한 R. M. 그랜트, 『성서 해석의 역사』, 이상훈 역(대한기독교서회, 1994), 130-142쪽("합리주의의 대두")을 참조하시오.

그리스도 도그마(Dogma)로부터 벗어나기 위해 역사적인 예수에 관한 비판적인 질문을 과격하게 제기함으로써 '문제'를 야기했던 시기라고 말할 수 있다. 특히 아래의 세 사람이 당시 커다란 반향을 불러일으켰다.

1) 헤르만 사무엘 라이마루스(Hermann Samuel Reimarus, 1694~1768)

독일 함부르크대학의 고대 근동어학 교수인 라이마루스는 「하나님을 이성적으로 경외하는 자를 위한 변호 혹은 보호 서신」("Apologie oder Schutzschrift für die vernünftigen Verehrer Gottes")이라는 글을 썼는데, 여기에 역사 비평적인 자신의 생각을 담았다. 그가 죽은 후에 레싱(G. E. Lessing)은 원저자의 이름을 밝히지 않은 채, 라이마루스의 저술 가운데 7개의 단편을 공개하였다(1774~1778). 이 가운데 6번째 단편 「부활의 역사에 대하여」("Über die Auferstehungsgeschichte"), 그리고 7번째 단편 「예수와 그의 제자들의 목적에 대하여」("Von dem Zwecke Jesu und seiner Jünger")가 역사적 예수에 대한 질문과 관련하여 중요하다. 그의 중요성은 순수 역사적인 관점에서 예수의 생애를 다루기 시작했다는 사실에 놓여 있다. 그가 사용한 방법론은 예수의 선포를 사도들의 그리스도 신앙과 철저히 구분 짓는 것이었다. 이것은 실로 이제까지의 예수 이해와 다른 당시로선 획기적인 시도였다. 뿐만 아니라 예수의 선포를 올바로 이해하기 위해서는 예수를 당시 유대교의 틀 안에서 이해해야 한다는 점을 강조했다. 이와 같은 그의 방법론은 오늘에 상당히 수용되었으나, 십자가형을 당한 예수를 사도들이 부활한 그리스도로 선포한 것을 일종의 사기극으로 파악한 그의 시각은 전혀 설득력이 없다.

2) 다비드 프리드리히 슈트라우스(David Friedrich Strauss, 1808~1874)

바우어(F. Chr. Baur)와 헤겔(F. W. Hegel)의 제자였던 슈트라우스는 1832년부터 튀빙겐신학교 기숙사에서 강사로 일했다. 1835/36년에 그의 저서 『예수의 생애, 비판적으로 관찰하였음』(Leben Jesu, kritisch bearbeitet)이 발표되자, 많은 비난을 듣게 되고 결국 일자리를 잃게 되었다. 1,340쪽에 해당하는 방대한 예수 연구에서 슈트라우스는 예수의 탄생 사화에서부터 시작하여 이른바 공사역의 역사와 기적 이야기 또한 수난과 부활 이야기를 상세히 다루었다.

특히 복음서에 나타난 예수의 기적 묘사를 '합리적으로' 묘사하고자 하였다. 그리하여 예컨대, 예수의 부활을 단지 죽은 듯이 보였을 뿐이라고 설명하고, 또한 예수가 갈릴리 호수를 거닌 것을 제자들의 환상으로 설명하였다. 이렇듯 복음서 가운데 자연법의 질서와 상충되는 보도라든가, 혹은 종교사적으로 볼 때 널리 유포된 경우, 특히 구약성서에 나오는 표상들이 예수에게 적용된 경우를 슈트라우스는 '신화'로 간주하였다. 복음서에 나타난 예수의 전승에 대한 신화적 해석은 당시 아이히호른(J.G. Eichhorn, 1856~1926)과 데 베테(W.M.L. de Wette, 1780~1849)를 통하여 구약성서 연구에 유행이었던 '신화(Mythos)' 개념을 도입한 것이었다. 그는 신화를 "의도함이 없이 문학적으로 구상된 전설로 이루어진 원시 그리스도교 사고가 역사적인 모양을 띤 가장"[125]이라고 요약하였다.

비록 그가 예수의 역사적 실존을 의심하지 않았다 할지라도, 이 책을 읽는 독자는 예수 생애에 관한 복음서 전승은 신화로만 구성되었다는 인상을 받게 된다. 마지막 부분에서 슈트라우스는 "그리스도인이 자기의 예수

---

125) *Leben Jesu*, I, p. 75: "geschichtsartige Einkleidungen urchristlicher Ideen, gebildet in der absichtslos dichtenden Sage."

에 대하여 믿는 (모든) 것이 파괴된"(Leben Jesu, II, p. 686) 것과 같다고 말한다. 이어서 "예수의 생애" 끝에서 기독론적인 도그마에 대해 간략히 다루었다. 교회의 전통적인 도그마로부터 슐라이어마허의 기독론을 비판한 뒤 헤겔의 사변적인 기독론을 높이 평가하면서, 영원한 영인 하나님은 인간의 영 가운데 자신을 드러낸다고 보고 "진실되고 실제적인 영의 현존은 하나님 자신도 아니고 인간 자신도 아닌 신인이다."(Leben Jesu, II, 730)라고 선언하였다. 슈트라우스는 한마디로 전통적인 예수 상을 완전히 거부하는 가운데 19세기가 상정했던 이상적인 인간으로서의 영원한 그리스도를 믿어야 한다는 입장이었다. 슈트라우스의 영향력은 대단하여, 그에 의해 자극을 받은 수많은 문헌이 쏟아져 나왔다.

3) 에르네스트 르낭(Ernest Renan, 1823-1892)

역사적 예수에 대한 관심은 당시 소설과 유사한 대중적인 예수 연구에서도 찾아볼 수 있다. 그 가운데 일반 대중에게 커다란 반향을 불러일으킨 것은 1863년에 나온 르낭의 작품 『예수의 생애』[126]였다. 이 작품은 당시 알려진 학문적인 연구 결과가 고려되었음에도 불구하고, 학술서라기보다는 일종의 역사 소설로 간주되어야 한다. 여기에서 르낭은 18개월 동안의 예수의 사역을 시기별로 구분하는 가운데 예수의 내면의 발전을 추적하였다. 처음 시기의 예수는 온화한 성품을 지닌 갈릴리 사람으로서, 하나님의 나라가 이 땅에 이루어질 것을 소망한다. 그러나 예루살렘 체류 동안에 예수는 혁명가로 변신하여 하나님 나라를 묵시론적으로 해석하는 가운데 죽을 각오로 자신의 신념을 고수한다. 르낭은 예수와 하나님 나라를 감성적으로 묘사함으로써 당시 일반 대중의 마음을 사로잡았다.

---

126) E. Renan, *La vie de Jésus*(Paris, 1863) [독일어 역: *Das Leben Jesu*(Zürich, 1981), (=Leipzig, 1863)]. 이 책은 출판된 지 석 달 만에 8쇄가 나올 정도로 잘 팔렸다.

2. 제2 단계 – 자유주의적 예수 생애 연구의 단계

역사적 예수에 대한 연구의 두 번째 단계는 이른바 '자유주의 신학(liberale Theologie)'과 '예수 생애 연구(Leben-Jesu-Forschung)'가 성행하던 때였다. 대략 19세기 후반이 이 시기에 해당된다. 당시 예수의 생애를 연구하던 학자들은, 역사 비판적인 방법을 통하여 전통적으로 내려온 교회의 그리스도 도그마를 완전히 떨쳐버리고 본래 예수의 인격성을 다시금 구축해낼 수 있을 것이라는 확신에 차 있었다. 당시 유행하던 방법론은 이른바 '문헌 비평(Lietrarkritik)'이었다. 문헌 비평적인 연구를 통해 복음서에 담겨 있는 가장 옛 전승층을 밝혀냄으로써 실제 역사적인 예수 상을 다시 구축할 수 있다고 믿었던 것이다.

19세기의 가장 위대한 역사 신학자로 불리는 페르디난트 크리스티안 바우어(Ferdinand Christian Baur, 1792~1860)는 [127] 공관복음이 요한복음보다 중요함을 밝히고, 또한 크리스티안 고틀롭 빌케(Christian Gottlob Wilke)와 크리스티안 헤르만 바이세(Christian Hermann Weisse)에 의해 발전된 '두 자료설(Zwei-Quellen-Theorie)'을 하인리히 율리우스 홀츠만(Heinlich Julius Holtzmann, 1832~1910)이 받아들여 확고부동의 가설로 고착시키게 되었다.[128] 이 가설은 대체로 오늘날까지 통용되고 있다. 우리의 주제와 관련한 당시 대표적인 학자로 간주할 수 있는 홀츠만은 가장 이른 시기에 생겨난 마가복음과 예수 어록을 담은 『Q』에 대한 연구를 통해 신뢰할 만한 역사적 예수 상을 밝힐 수 있다고 보았다. 마가복음으로부터 예수 생애의

---

127) 튀빙겐대학의 역사신학 교수인 U. Köpf는 Ferdinand Christian Baur를 "철두철미한 역사신학의 창시자"로서 부른다〔"Ferdinand Christian Baur als Begründer einer konsequent historischen Theologie," in: *ZThK* 89(1992), pp. 440-461〕. 흔히 바우어를 '튀빙겐학파'의 창시자로 부른다.

128) H. J. Holtzmann, *Die synoptischen Evangelien. Ihr Ursprung und geschichtlicher Charakter*(Leipzig, 1863), 특히 pp. 41-42.

역사적 윤곽을 취하고, 여기에 예수 어록으로부터 구축한 실제 역사적 예수의 말을 조합함으로써 그것이 가능하다고 확신했다. 공관복음에 대한 이러한 정교한 문헌 비평을 통해 예수 인격의 발전 과정을 밝혀낼 수 있다고 믿었다. 그런데 이와 같은 방식으로 얻어낸 당시 여러 학자들이 묘사한 다양한 예수 상이 실제 역사적 예수 상에 부합하는가 하는 의문점을 남겨 놓았다.

3. 제3 단계 – 예수 생애 연구의 한계에 대한 인식

20세기로 넘어가는 세기 전환기에 극에 달했던 자유주의 신학의 마지막 단계에 도달하여 예수 생애 연구는 몰락하게 되었다. 자유주의적 예수 생애 연구에 종언을 고하게 되는 것은 특별히 세 사람과 관련되었다. 우선적으로 요한네스 바이스(Johannes Weiss, 1863~1914)를 들 수 있다. 1892년에 처음 출판된 그의 저서 『하나님 나라에 대한 예수의 선포』[129]가 전 시대의 예수 이해를 180도로 돌려놓았다. 바이스는 세상의 종말이 임박했으며, 하나님 나라의 도래가 가까웠다는 예수의 선포를 강조함으로써, 이제까지의 영적이며 내적인 하나님 나라에 대한 자유주의적인 표상을 뒤집어 놓았다.

다음으론, 빌리암 브레데(Wiliam Wrede)가 1901년에 저술한 『복음서에 나타난 메시아 비밀』[130]을 언급할 수 있다. 여기에서 브레데는 가장 옛 복음으로 통하는 마가복음이 하나의 신학적인 경향성을 띠고 있는 것으로

---

129) J. Weiss, *Die Predigt Jesu vom Reiche Gottes*(Göttingen, ¹1892). 완전히 새롭게 다듬은 제2판이 1900년에 출판되었다.
130) W. Wrede, *Das Messiasgeheimnis in den Evangelien. Zugleich ein Beitrag zum Verständnis des Markusevangeliums*〔Göttingen, ¹1901(⁴1969)〕.

보는 가운데 이를 신앙 공동체 도그마의 산물로 간주하였다.[131] 이 마가복음을, 예수가 메시아라는 초창기 공동체의 신앙이 비메시아적이었던 예수의 삶 속에 투영된 것으로 해석하였다. 따라서 『Q』와 함께 가장 옛 전승으로 간주되던 마가복음을 통하여 실제 예수의 역사와 부활 이후의 신앙 공동체가 믿던 그리스도 신앙을 서로 구분할 수 있을 것이라는 전 시대의 확신이 깨지게 되었다.

세 번째로, 1906년에 나온 알베르트 슈바이처(Albert Schweitzer, 1875~1965)의 역저 『예수 생애 연구사』[132]가 중요하다. 여기에서 슈바이처는, 자유주의적인 신학의 영향 아래에서 나온 다양한 예수 상은 다름 아닌 저자 자신들이 믿고 있던 이상적인 윤리적인 인간상이 각자의 작품에 투영된 것임을 밝힘으로써, 이제까지 계속된 예수 생애 연구에 종언을 고했다. 이 점을 이미 슈바이처에 앞서 분명히 본 마르틴 켈러(Martin Kähler, 1835~1912)는 『이른바 역사적 예수와 역사적, 성서적 그리스도』(1892)라는 유명한 저서에서 "'예수 생애 [연구]'가 밝혀낸 예수는 인간적으로 고안해 낸 예수 작품의 현대적인 한 변형에 불과하지, 비잔틴 기독론의 불명예스러운 교리적 그리스도보다 더 나은 것이 없다."[133] 고 역설하는 가운데, 성서적 그리스도의 역사성에 대한 확신을 강조하였다.

---

131) 브레데의 흥미로운 미공개 서신이 최근 발표되었다(H. Rollmann, W. Zager, "Unveroffentlichte Briefe William Wredes zur Problematisierung des messianischen Selbstverständnisses Jesu," in: *Zeitschrift für neuere Theologiegeschichte* 8(2001), pp. 274-322). 이것은 1905년 1월 2일에 하르낙(Adolf von Harnack)에게 보낸 편지다. 여기에서 브레데는 예수의 메시아 자의식을 부인했던 자신의 입장을 상당 부분 수정하고 있다.

132) A. Schweitzer의 이 작품이 1906년의 첫판에는 *Von Reimarus zu Wrede. Eine Geschichte der Leben-Jesu-Forschung*으로 불렸으나, 1913년에 확대되어 나온 제2판에서 *Geschichte der Leben-Jesu-Forschung*으로 바뀌었다.

133) M. Kähler, *Der sogenannte historische Jesus und der geschichtliche, biblische Christus*(1892), (München, ⁴1969).

또한 '양식 비평(Formgeschichte/Formkritik)'이 당시 유행하게 된다. 칼 루트비히 슈미트(Karl Ludwig Schmidt)는 자기의 저서 『예수 역사의 틀』[134] 에서, 예수 전승은 짧은 이야기들로 이루어졌으며 마가복음에 나타난 예수 역사와 관련된 지역적인 틀은 복음서 기자 마가의 산물이라는 점을 밝혔다. 이로써 복음서에 나온 이야기 순서에서 예수의 인격 발전을 유추해 내려는 시도가 어렵게 되었다. 예수 전승들이 복음 선포(Kerygma)의 영향을 받았다는 점을 당시 마르틴 디벨리우스(Martin Dibelius)와 루돌프 불트만(Rudolf Bultmann)이 부각시켰다.[135] 이 방법론에 따른 연구 결과, 자유주의적인 예수 생애 연구의 몰락이 가속화되어, 역사적 예수 연구에 대한 근본적인 회의 내지는 체념이 팽배하게 되었다.[136] 뿐만 아니라, 당시 독일 신학계는 '종교사학파(Religionsgeschichtliche Schule)'의 영향 하에 있었다. 종교사학파의 연구를 통해 점차 밝혀진 것은, 예수는 유대교에 속하고 기독교는 부활 이후에야 비로소 시작되었다는 시각이었다. 이에 걸맞게 불트만은 자신의 『신약성서 신학』에서, 역사적 예수의 가르침은 기독교 신학에 중요하지 않다는 결론을 내렸다.[137]

---

134) *Der Rahmen der Geschichte Jesu. Literarkritische Untersuchungen zur ältesten Jeususüberlieferung*〔Berlin 1919(=Darmstadt 1964)〕.
135) M. Dibelius, *Die Formgeschichte des Evangeliums*(Tübingen, 1919); R. Bultmann, *Die Geschichte der synoptischen Tradition*(Göttingen, 1921).
136) 역사적 예수 연구에 대한 회의주의에 대처하기 위한 두 가지 시도가 있었다. 하나는, 이른바 '변증법 신학(dialektische Theologie)'의 대두였다. 변증법신학은 십자가와 부활을 통한 하나님의 역사하심에 관심을 집중시켰다. 다른 하나는 실존론적 철학의 영향을 입어 그리스도교를 실존론적으로 해석하고자 하였다(existentiale Interpretation). 이 둘의 공통점은, 역사적 예수에 관심이 없었다는 데 있다.
137) R. Bultmann은 자신의 저서 『신약성서 신학』을 다음과 같은 유명한 말로 시작한다. "예수의 선포는 신약성서 신학의 전제에 속하지, 바로 그것의 한 부분이 아니다." 〔*Theologie des Neuen Testaments*(Tübingen, ⁸1980), p. 1〕). 또한 불트만은 *Jesus, Gütersloh* ³1977 (Tübingen, ¹1926), p. 10에서 다음과 같이 진술한다. "우리는 예수의 생애와 인격에 대하여 거의 아무것도 알 수 없다는 것이 나의 견해이다. 왜냐 하면

4. 제4 단계 – 역사적 예수에 대한 '새로운 질문'

앞선 시대의 양식 비평적인 연구는 역사적 예수에 대한 극도의 회의를 초래했음에도 불구하고, 1950년대 중반에 들어와 역사적 예수 질문과 관련해 새로운 전기를 마련하는 데 기여하였다. 그리하여 역사적 예수에 대한 질문을 무시해서는 안 된다는 반성이 신학계에 다시금 일어나면서, 신약성서에 나타난 그리스도 선포가 역사적 예수와 어떠한 관련을 맺고 있는가에 대한 질문이 새롭게 일어났다.[138] 이 새로운 질문은 주로 불트만의 제자들이 스승의 입장에 반기를 들면서 일어났다(예컨대, Ernst Käsemann, Günther Bornkamm, Ethelbert Stauffer, Herbert Braun; 또한 Ernst Fuchs, Gerhard Ebeling). 이 새로운 연구가 질문의 초점으로 삼은 것은, 십자가와 부활에 근거한 케리그마적인 그리스도가 부활 이전의 역사적 예수의 선포 가운데 연결점을 찾을 수 있는가 하는 것이었다. 다시 말하면 신앙 공동체가 표방하는 그리스도 선포와 예수 자신의 선포 사이에 놓여 있는 연결점 연구에 초점을 맞췄다. 신약성서 기독론의 토대가 역사적 예수의 말씀에 근거하지 않는다면, 그것은 단지 하나의 이데올로기에 지나지 않는다고 보았기 때문이다.

역사적 예수에 관한 '새로운 질문'을 유발시킨 에른스트 케제만은 1953년에 발표한 유명한 논문 「역사적 예수의 문제」에서 다음과 같이 선언하였

그리스도교적 자료는 이에 대해 관심이 없을 뿐만 아니라, 지극히 단편적이며 또한 전설에 싸여 있기 때문이다. 게다가 예수에 관한 다른 자료란 존재하지 않기 때문이다." 참고: J. Jeremias는 불트만과 정반대로, 자신의 『신약성서 신학』 1권 전체를 예수 선포의 특징을 밝히는 데 할애하였다〔*Neutestamentliche Theologie. Erster Teil: Die Verkündigung Jesu*(Gütersloh, ²1973)〕.

138) 이에 관한 좋은 자료집이 있다: Ristow/Matthiae(eds.), *Der historische Jesus und der kerygmatische Christus. Beiträge zum Christusverständnis in Forschung und Verkündigung*(Berlin, 1960).

다. "역사적 예수에 대한 질문은 정당한 것으로 시간의 불연속성과 케리그마의 변화 가운데 복음의 연속성에 대한 질문이다. 우리는 이러한 질문에 맞서야 한다. …"[139] 앞선 단계에 있었던 연구를 통해 역사적 예수의 생애를 구축하려는 시도가 결국 실패로 끝났음에도 불구하고, 역사적 예수의 가르침을 찾기 위한 노력이 계속되어야 한다는 사실을 공감했던 것이다. 실제 역사적 예수의 가르침을 밝혀내기 위한 새로운 기준이 등장하게 되는데, 그것이 이른바 '비유사성의 기준(Differenzkriterium=criterion of dissimilarity)'이다. 즉, 한 예수 전승이 유대교에서 유추될 수 없거나, 또한 초창기 그리스도교에서도 유추될 수 없을 때, 이 전승은 실제 역사적 예수로부터 유래했을 가능성이 상당히 많다고 판단하는 기준을 뜻한다. 이 기준에 근거하여 실제 역사적 예수의 전승으로 간주되는 최소한의 예수 전승을 확정지을 수 있다고 보았다. 역사적 예수에 대한 이러한 '새로운 질문'은 그리스도교를 유대교 혹은 원시 그리스도교적인 이단과 구분함으로써 기독교의 정체성을 지키려는 신학적인 경향성을 띠었다고 말할 수 있다.

5. 제5 단계 – 역사적 예수에 대한 '세 번째 질문'

전 단계의 연구가 주로 독일에서 이루어졌는데, 1980년대 초부터 주로 영미 계통의 학자들을 선두로 이제까지 대체로 독일학자들이 구축한 역사적 예수 상에 대한 이의를 제기하기 시작했다. 이들은 앞선 시대에 확립된 예수 상은 한마디로 의식적이든 무의식적이든 역사적 예수 연구가 학자들이 갖고 있던 도그마적인 전제로부터 지배를 받았다는 사실을 지적하는 가운데,[140] 역사적 예수의 참된 상을 얻기 위해서는 예수를 당시 그가 속한

---

139) E. Käsemann, "Das Problem des historischen Jesus," in: idem, *Exegetische Versuche und Besinnungen I*(Göttingen, ²1960), p. 213.
140) 타이센은 '비유사성의 기준'에 따라 역사적 예수 상을 얻으려는 노력을 비판한다. 즉,

유대교로부터 이해해야 한다는 점을 역설하였다. 이러한 시각에서 탐구하는 역사적 예수에 관한 질문을 가리켜 '세 번째(the third quest)'[141] 질문이라 부른다. 위에서 언급한 제1-3 단계에서 이루어진 첫번째 고전적인 질문에 이어 두 번째 질문인 '새로운 질문' 후에 나온 것이라는 의미에서 그와 같이 불렀다.

'세 번째 질문'은 역사적 예수 연구 가운데 신학적인 관심을 배제시키기를 원했고, 그 대신 사회사적인 관심에 집중하였다. 1977년에 출판된 타이센의 저서 『원시 그리스도교에 대한 사회학적 연구』[142]가 커다란 영향을 끼치게 되면서 문화인류학(cultural anthropology) 및 사회과학(social sciences)의 다양한 방법론과 시각을 통해 예수 및 예수 운동을 분석하였다. 그리하여 예수가 유대교와 다르다는 점을 부각시키기보다는, 역으로 예수가 유대교에 속한다는 점을 특히 강조한다.[143] 이를 위해 전 시대의 학

예수를 당시 역사적 배경과 유리시키려 할 때, 예수는 더 이상 유대인이 아니며, 기껏해야 주변적으로 유대적일 뿐이라는 것이다. 한마디로, "비유사성의 기준은 감추어진 도그마(verkappte Dogmatik)이다."라고 선언한다[G. Theissen, *Der Schatten des Galiläers. Historische Jesusforschung in erzählender Form*(München, ¹⁰1991), p. 199]. 대안으로서 이른바 "(historisches) Plausibilitätskriterium"(가능성의 기준)을 제시한다. 이로써 나타내고자 하는 것은, 유대 문맥에서 이해될 수 있고, 동시에 원시 그리스도교의 생성을 설명하는 데 도움이 되는 것은 역사적으로 신빙성이 많다고 간주하자는 것이다[G. Theissen, A. Merz, *op. cit*, p. 29; 또한 G. Theissen, D. Winter, *Die Kriterienfrage in der Jesusforschung. Vom Differenzkriterium zum Plausibilitätskriterium*(Schweiz: Freiburg, Göttingen, 1997].

141) The "third quest"라는 용어 사용은 S. Neill, T. Wright, *The Interpretation of the New Testament 1861~1986*(Oxford, New York, ²1988), p. 379에서 영향을 받았다.

142) G. Teissen, *Studien zur Soziologie des Urchristentums*(Tübingen, 1977) [=*Sociology of Early Palestinian Christianity*(Philadelphia: Fortress, 1978)(한국어 역: 대한기독교출판사, 김명수 역, 1986)].

143) G. Theissen, A. Merz는 1996년에 역사적 예수에 관한 연구 결과를 소개하는 교과서를 집필하였다. *Der historische Jesus. Ein Lehrbuch*(Göttingen: Vandenhoeck & Ruprecht, ²1997). 여기에서 저자는 예수를 헬라 로마 시대의 보편적인 유대교에 뿌리

자들이 주로 정경을 자료로 이용한 것과 달리, 외경의 자료들도 중요하게 여기고 있다. 그리하여 특히, 1945년경 이집트의 낙 하마디(Nag Hammadi)에서 발견된 도마복음(Thomas-Evangelium), 또한 1935년에 출판된 에게르톤 복음(Egerton-Evangelium=Papyrus Egerton 2), 히브리인의 복음(Hebräerevangelium), 베드로복음(Petrusevangelium) 등에서 나름대로 구축한 자료를 중요하게 간주한다.[144] 예컨대 크로산(J. D. Crossan)은 정경 복음서보다도 외경의 자료를 더 중시여기는 경향이 있다. 이 단계의 역사적 예수 질문은 다양한 원시 그리스도교의 예수 상을 구축하기 위해서는 정경의 경계를 넘어서야 한다고 강력히 주장하고 있으며(Helmut Köster, James M. Robinson), 이와 함께 전통적인 종말론적인 예수 상에 이의를 제기하면서 예수를 비종말론적으로 혹은 유대 견유학파의 틀로 이해하고자 한다.

IV. 최근의 연구 경향과 이에 대한 평가

앞서 언급했듯이, 주로 독일 학자들이 선도해 온 전통적인 역사적 예수 상에 대하여, 최근 이에 도전하는 가운데 주로 영미학자들이 주축이 되어 다양한 예수 이해를 제시하고 있다.[145] 아래에서 다루게 될 학자들은 대체

를 둔 인물로 이해할 것을 역설하는 가운데 "카리스마를 지닌 자" "예언자" "치유자" "시인" "교사" 등으로 부르고 있다.
144) 신약 외경에 관한 신뢰할 만한 개론적인 정보는 다음의 책에서 취할 수 있다. W. Schneemelcher(ed.), *Neutestamentliche Apokryphen*, Bd. 1: Evangelien(Tübingen, ⁵1987); Bd. 2: Apostolisches, *Apokalypsen und Verwandtes*(Tübingen, ⁵1989).
145) 그렇다고 독일학자들의 관심이 식은 것은 아니다. 1990년대에 들어와 역사적 예수에 관한 중요한 단행본들이 여러 권 출판되었다. J. Becker, *Jesus von Nazaret*(Berlin, New York, 1996(=Berlin 1995)); J. Gnilka, *Jesus von Nazaret. Botschaft und*

로 앞서 언급한 '세 번째 질문' 단계에 속하는 학자들이다. 여기서는 단지 특징적인 몇몇 학자에 국한하여 그들의 입장을 개관하는 것에 만족하고자 한다.

1. 샌더스(Ed Parish Sanders) — 카리스마적이며 자율적인 종말론적 예언자 예수

최근 특히 미국에서 이루어지는 예수 연구의 중요한 특징 가운데 하나는, 예수를 신앙고백적, 교리적인 영향으로부터 구별하여 순전히 역사적 범주로써만 이해하려는 것이다.[146] 이러한 경향에 원래 영국 옥스퍼드대학

Geschichte(Freiburg, Basel, Wien, ²1993)(『나사렛 예수: 말씀과 역사』, 정한교 역, 분도출판사, 2002); H. Schürmann, *Jesus - Gestalt und Geheimnis*(Paderborn, 1994); E. Schweizer, *Jesus, das Gleichnis Gottes. Was wissen wir wirklich vom Leben Jesu?*(Göttingen, 1995); G. Theissen, A. Merz, *Der historische Jesus. Ein Lehrbuch* [Göttingen, ²1997(¹1996)]. 그밖에도 V. Hampel, *Menschensohn und historischer Jesus*(Neukirchen-Vluyn, 1990); B. Kollmann, *Jesus und die Christen als Wundertäter*(Göttingen, 1996); J. Schröter, *Erinnerung an Jesu Worte. Studien zur Rezeption der Logienuberlieferung an Markus, Q und Thomas*(Neukirchen-Vluyn, 1997); M. Ebner, *Jesus-Ein Weisheitslehrer? Synoptische Weisheitslogien im Traditionsprozess*(Freiburg, Basel, Wien, 1998). 특히, 예수 연구의 규범성에 관한 최근의 연구: G. Theissen, D. Winter, *Die Kriterienfrage in der Jesusforschung. Vom Differenzkriterium zum Plausibilitätskriterium*(Schweiz:Freiburg, Göttingen, 1997).

146) 이러한 시도는 결코 새로운 것이 아니다. 앞서 언급했듯이 19세기의 가장 위대한 역사신학가로 불리는 F. Chr. Baur(1792~1860)는 신약성서를 철저히 역사 자료로 해석하고자 하였다. 타이센은 이러한 시각에 따라 원시 그리스도교를 묘사한 흥미로운 저서를 근자에 출판하였다. Gerd Theissen, *The Religion of the Earliest Churches. Creating a Symbolic World*(Minneapolis: Fortress, 1999)[=*Die Religion der ersten Christen. Eine Theorie des Urchristentums*(Gütersloh, 2000)]. 타이센의 의도는 교회 내적인 담론에 국한되지 않고 '일반 대화'가 가능한 원시 그리스도교 종교에 대한 분석을 시도하는 가운데, 원시 그리스도교의 삶과 신앙 전체를 보편적인 종교학 범주로 묘사하고자 한다.

교수였다가 미국으로 건너간 센더스의 예수 연구는 많은 자극을 주었다.[147] 그의 주된 관심은 예수의 의도를 밝히고, 예수가 당시 유대 동시대인과 어떠한 관계를 있었는가를 묻는 데 놓여 있다. 예수 연구의 시발점을 그의 말씀 전승에서가 아니라, 종말론적인 문맥에서 파악한 예수의 행동으로부터 출발할 것을 역설한다.

하나님의 결정적인 역사 안으로의 간섭을 일어날 것을 대망한 예수는 특별히 세 가지 상징적인 행위를 한다. 첫째, 노새를 타고 예루살렘으로 들어감으로써 스가랴 9장 9절의 예언이 성취됨을 보인 행위, 둘째 곧 있을 예루살렘 성전 멸망을 예고하는 성전 정화 사건, 셋째 임박한 하나님 나라의 도래를 예시하는 성만찬. 이러한 상징적 행위를 통해 예수는 다가올 하나님 나라에서 자기가 감당할 역할을 앞서서 보여 주었다는 것이다.

센더스가 역설하는 또 하나의 강조점은, 예수가 유대교에 속한 사람이라는 사실이다. 따라서 센더스는 예수를 유대교와의 갈등 관계에서 파악하지 않고, 서로 연결된 관계에서 해석하고자 한다. 그리하여 예수를 당시 유대교의 틀 안에서 해석하는 가운데, 비폭력적인 유대 종말론에 속한 사람으로서 이스라엘의 회복을 꾀하였던 자로 묘사한다("restoration eschatology").[148] 한마디로, 센더스는 예수를 임박한 극단적인 종말론을 표방한 예언자로 이해하며, 동시에 카리스마적이며 자율적인 예언자로 묘사

---

147) 센더스는 "역사와 성서 주석을 신학의 간섭에서 해방시키고자 하는" 의도를 밝힌 바 있다. E. P. Sanders, *Jesus and Judaism*(Philadelphia: Fortress, 1985), p. 333. 이 책은 우리말로 번역되었다: 『예수 운동과 하나님나라: 유대교와의 갈등과 예수의 죽음』, 이정희 역(한국신학연구소, 1997).

148) 센더스의 입장이 A. 슈바이처의 입장과 다음의 세 가지 점에서 상당한 유사성이 있다고 M. J. 보그가 지적한 것은 정당하다("오늘날 북아메리카 학계의 예수 그리기", in: 『예수 르네상스. 역사의 예수 연구의 새로운 지평』, 김진호 편(한국신학연구소, 1996), 119쪽, 각주 14). 양자는 1. 임박한 종말론을 표방했으며, 2. 예루살렘 행은 하나님의 결정적인 간섭을 이루기 위해 의도한 연출이며, 3. 예수는 결국 종말대망을 착각했다고 본다.

한다.[149] 근자에 미국에서 많은 영향력을 발휘하고 있는 이와 같은 샌더스의 입장은 고전적인 종말론적 예수 이해(예컨대, Albert Schweitzer)를 수용하는 가운데 주로 독일 중심으로 이루어진 예수 연구사에 상당 부분 의존하고 있다고 말할 수 있다.[150] 이어서 다루게 될 사람은 샌더스와 완전히 대치된다.

2. 크로산(John Dominic Crossan) – 유대인 농민 견유 철학자 예수

예수의 삶과 사역을 당시 유대교의 틀 안에서 해석하고자 하는 노력은 현재 미국에서 상당한 인기를 얻고 있는 크로산에게서도 찾을 수 있다.[151] 그러나 샌더스와 달리, 예수를 임박한 종말론의 문맥에서가 아니라, 견유학파(Cynicism)의 범주로 해석하고자 한다. 이와 같은 해석의 경향이 현재 미국에서 선풍적인 인기를 얻고 있다.[152] 크로산은 예수를 헬라적인 사고

---

149) E. P. Sanders, op. cit.; idem, *The Historical Figure of Jesus*(Harmondsworth, London, New York: Allen lane, 1993).

150) 예수를 당시 유대교의 문맥에서 이해하려는 시도는 새로운 것이 아니다. 예컨대, 다음의 고전을 참조하시오. G. Dalman, *Orte und Wege Jesu*(³1924); 같은 저자, *Die Worte Jesu*(Leipzig, 1898); E. Schürer, *Geschichte des jüdischen Volkes im Zeitalter Jesu Christi*, 3 Vols., 1901~1909(영어 개정판: *The History of the Jewish People in the Age of Jesus Christ*, 4 Vols., 1973~1987); J. Jeremias, *Jerusalem zur Zeit Jesu. Eine kulturgeschichtliche Untersuchung zur neutestamentlichen Zeitgeschichte*(Göttingen, ³1969).

151) J. D. Crossan, *The Historical Jesus. The Life of a Mediterranean Jewish Peasant*(Edinburgh, 1991) [= 『역사적 예수: 지중해 지역의 한 유대인 농부의 생애』, 김준우 역(한국기독교연구소, 2000)]. 이와 관련하여 John P. Meier도 언급할 수 있다. 그의 방대한 저서 *A Marginal Jew. Rethinking the Historical Jesus*, 2 Vols.(New York, London, Sydney, Auckland: Doubleday, 1991~1994) 역시 미국에서 이루어지는 역사적 예수 연구에 많은 영향을 주고 있다. 제3권은 비유와 예수 생애의 마지막 날들 및 그의 죽음을 다룰 것이다.

152) 언급한 J. D. Crossan의 저서 *The Historical Jesus* 외에도 *In Parables: The Challenge*

방식에 철저히 젖은 사람으로 해석한다. 이러한 해석의 근거를, 예수 당시의 유대교는 전적으로 헬라적인 유대교였다는 그의 주장에서 이끌어온다. 그는 당시 주변 세계와 긍정적인 관계를 맺고 있던 예수를 '배타적 유대교(exclusive Judaism)'가 아닌 이방 세계를 열린 마음으로 대하는 '내포적 유대교(inclusive Judaism)'에 속하는 것으로 간주한다. 이에 걸맞게, 고향인 나사렛 근처 세포리스(Sephoris)에서 예수는 헬라 문화며 철학, 특별히 견유학파의 사고방식을 배웠다고 주장한다.

비교문화인류학과 사회학 및 유대 역사와 갈릴리 지방의 고고학의 도움을 받아, 크로산은 예수를 농촌의 서민적이며 구전으로 전해진, 유대 견유주의로 명명할 수 있는 철학적 삶의 양식을 대표하는 '유대인 농민 견유 철학자(a peasant Jewish Cynic)'로 해석한다. 그런데 이 유대 견유주의는 하나의 철학으로 이해하기보다는 일종의 생활양식이며, 당시 지배적인 지중해의 기성 문화에 대한 저항이라고 한다. 바로 이런 이유로 예수는 도시에 머물지 않고, 촌구석 갈릴리로 갔고, 거기서 마술과 식사의 수단을 통하여 사람들에게 많은 영향을 끼치는 가운데 치유자이며 유대 견유 철학자로 활동하였다고 본다. 결국 크로산은 예수를 모순적인 지혜의 대표자로 본 가운데, 비종말론적으로 해석하고 있다.

이와 같은 크로산의 예수 이해는 설득력이 적다. 예수는 견유학파의 미덕으로 통하는 자기만족 혹은 어디에도 종속되지 않는 자유함(aujtavrkeia)을 자신의 선포의 핵심으로 삼지 않고, 자신의 사역을 통해서 실현되기 시작한 하나님 나라 선포를 강조하였기 때문이다.[153] 견유학파의 자기만족의

---

of the Historical Jesus(New York: Harper & Row, 1973); B. Mack, A Myth of Innocence: Mark and Christian Origins(Philadelphia: Fortress, 1988); idem, The Lost Gospel: The Book of Q and Christian Origins(San Francisco: HarperSan-Francisco: 1993); F. G. Downing, Cynics and Christian Origins(Edinburgh: Clark, 1992).

153) 다음의 학자들은 견유학파 예수 이해를 반대한다. H. D. Betz, "Jesus and the Cynics:

이상은 "먹기를 탐하고 포도주를 즐기는"(마 11:19; 눅 7:34) 예수의 모습과는 전혀 어울리지 않는다. 게다가 예수가 세포리스를 거쳐 헬라 문화를 수용했다는 크로산의 주장은 신빙성이 적다. 당시 갈릴리 주변의 여러 도시(Sidon, Tyros, Ptolemais, Dekapolis)가 비교적 물질적인 넉넉함 가운데 헬라 문화에 젖어 있는 것과 대조적으로, 도시 문화와 거리가 있는 갈릴리 주민의 상황은 달랐다고 간주되는데,[154] 도시를 회피하고 갈리리를 주 활동 무대로 삼은 예수가 헬라 문화의 영향을 깊이 받았다고 보기 어렵다.[155]

3. 보그(Marcus J. Borg) - 영의 소유자인 유대교 신비가 예수

보그는 윌리엄 제임스(William James)의 종교 체험 분석과 교차 문화적 연구(cross-cultural study)에 의지하는 가운데 예수를 하나님에 대한 직접적인 체험을 한 유대교 신비가로 간주한다. 보그가 파악하는 역사적 예수 이해의 저변에는 특별한 영의 소유자며 놀라운 자유인으로서의 예수가 놓여 있다. 영의 소유자인 역사적 예수는 영의 실존을 대표한다. 예수의 삶은 영이 실존한다는 사실을 분명히 증거하고 있으며, 영의 세력의 실재는 특별히 예수의 이적 행위 가운데 잘 드러난다고 보았다. 역사적 예수는 어떠한 종류의 공포와 편견도 두려워하지 않고 자유함 가운데 살았다고 본다.

Survey and Analysis of a Hypothesis," in: *JR* 74(1994), pp. 453-475; M. Ebner, "Kynische Jesusinterpretation- 'disciplined exgeration'?," in: *BZ* 40(1996), pp. 93-100; J. M. Robinson, "The History-of-Religions Taxonomy of Q. The Cynic Htpothesis," in: H. Preissler/H. Seinwert(eds.), *Gnosisforschung und Religionsgeschichte, FS for K. Rudolph*(Marburg, 1994), pp. 247-265.

154) 유대 역사가 요세푸스는, 유대 전쟁 당시 갈릴리 주민이 세포리스에 대한 분노에 차 있음을 보도한다(Vita 375-380).

155) 크로산의 저서 *The Historical Jesus*가 우리말로 번역되었다(『역사적 예수』, 김준우 역 (한국기독교연구소, 2001)). 필자와 달리 조태연 교수는 이 책에 대한 서평에서(『기독교 사상』 507, 2001/3, 230-237쪽) 크로산의 예수 이해를 상당히 긍정적으로 평가하였다.

용기와 통찰력, 그리고 기쁨 무엇보다도 자비함이 바로 예수의 자유로움 가운데서 비롯된 것으로 본다. 이와 같은 예수의 자유로움의 원천은 바로 영이다. 그리하여 보그는 예수를 '영의 사람(a Spirit person)'으로 이해하는 가운데 다음과 같은 네 가지 형태로 설명한다. 즉, 예수를 카리스마적 치유자이고 전통적 지혜를 뒤엎고 대안적 지혜를 가르치는 전복적인 지혜의 교사이며, 구약 시대의 위대한 예언자와 같이 사회 정의를 주창한 사회적 예언자인 동시에, 포괄주의와 평등주의 정신으로 당시 사회적 경계선을 부수는 가운데 이스라엘의 활성화를 추구하는 운동의 창시자로 해석한다.[156] 이러한 '새로운 인간' 예수는 '성인'으로서 오늘 우리의 현실 개혁을 위한 도전이 된다고 본다.

새로운 예수 이해를 촉구하는 보그는 예수를 종말론의 문맥에서 이해하고자 하는 전통적인 이해에 강하게 반대하는 가운데,[157] '새로운 인간' 예수를 '성인'의 범주로 파악하면서 당시 주변 세계와 긴장 관계에 있었던 사실을 강조한다. 그러나 보그가 사용하는 개념들 '영의 사람'[158] '새로운

---

156) J. M. 보그, "오늘날 북아메리카 학계의 예수 그리기", in:『예수 르네상스. 역사의 예수 연구의 새로운 지평』, 김진호편(한국신학연구소, 1996), 131쪽; M. J. Borg, *Jesus: A New Vision, Spirit, Culture and the Life of Discipleship*〔우리말 번역:『예수 새로 보기』, 김기석 역(한국신학연구소, 1997)〕; idem, *Conflict, Holiness, and Politics in the Teaching of Jesus*(New York, Toronto, 1984). 또한 M. 보그, N. T. 라이트『예수의 의미: 역사적 예수에 대한 두 신학자의 논쟁』, 김준우 역(한국기독교연구소, 2001), 92-130쪽; M. 보그(엮음),『예수 2000년』, 남정우 역(대한기독교서회, 2003), 26-30쪽.
157) 종말론적인 예수 이해에 반대하는 것이 근자에 유행처럼 보인다. 보그〔M. J. Borg, "A Temperate Case for a Non-Eschatological Jesus," in: *Form* 2(1986), pp. 81-102; idem, "An Orthodoxy reconsidered: The End-of-the-World Jesus," in: *The Gloy of Christ in the NT, FS for G. B. Caird*(Oxford, 1987), pp. 207-217). 이외에도 특히 B. L. Mack, "The Kingdom Sayings in Mark," in: *Forum* 3(1987), pp. 3-47; idem, *A Myth of Innocence: Mark and Christian Origins*(Philadelphia, 1988)〕.
158) 보그는 "영의 사람"을 "종교적인 황홀경에 빠지는 사람들"로서 "비범한 의식 상태에서 그들에게 압도적으로 성(聖), 하나님을 경험하는 것으로 여겨지는 경험을 소유하는 사람들"이라고 정의한다(『예수 2000년』, 29쪽).

인간' '성인' 등은 모호한 개념으로서 예수의 특징을 나타내기 어렵다고 생각된다. 또한 보그는 종말론적인 범주를 현대인이 받아들이기가 쉽지 않다는 이유에서 '제3의 이미지'가 필요하다고 역설하는 가운데 윤리적 범주로써 설명하고자 하나, 종말론적인 예수 이해가 붕괴되었다는 그의 주장은 최소한 독일 학계의 학자들에게는 통하는 않는 근거가 빈약한 주장에 불과하다. 예수 선포의 중심을 이루는 '하나님 나라(basileia tou theou)'는 종말론적으로 파악해야 한다는 것은 요한네스 바이스(Johannes Weiss) 이래로 최근까지(최소한 독일에서는) 예수 연구의 흔들리지 않는 합의 사항에 여전히 속한다.[159] 예수가 하나님 나라 선포와 더불어 많은 종말과 관련된 심판 선포를 하였다는 사실도 이를 뒷받침한다.

4. 버미스(Geza Vermes) - 갈릴리의 이적 행위자 예수

근자에 들어와서 학자들이 관심이 집중된 방향 가운데 하나는, 앞서 지적했듯이 예수가 의심의 여지없이 당시 유대교에 속한다는 인식으로부터 비롯된 유대인 예수에 대해 관심이다. 유대인 학자 버미스는[160] 유대인이었던 예수를 올바로 이해하기 위해서는 당시 그가 살았던 유대적 배경에 대하여 이해할 것을 역설한다. 따라서 예수가 갈릴리 시골 사람의 심성을 지닌 순수한 갈릴리 사람임을 강조하였다. 이런 이유에서 예수는 당시 정치 및 문화의 중심지인 도시들을, 특별히 세포리스를 의도적으로 피했다고 보았다. 국수주의적 성향을 띤 갈릴리의 유대교는 젤롯당의 움직임을

---

159) 종말론적인 예수 이해를 지지하는 타이센과 메르츠는 "비종말론적인 예수는 갈릴리적인 지방색보다는 캘리포니아 지방색을 더욱 띠고 있는 것처럼 보인다."고 평가한다 (G. Theissen, A. Merz, op. cit., p. 29).
160) G. Vermes, The Religion of Jesus the Jew(SCM Press, 1993)〔우리말 번역: 『유대인 예수의 종교』, 노진준 역(은성, 1995)〕.

비롯하여 일종의 카리스마적인 경건한 사람들로 간주되는 성스러운 사람들을 배출하였다는 점을 강조하였다. 1세기의 갈릴리 연구와, 예수의 칭호 및 그 발전 등을 통해서 볼 때, 예수는 경건한 사회, 즉 옛 하씨딤 사회에 속한다는 사실이 드러난다고 보았다. 또한 버미스는, 예수가 자신을 갈릴리의 성스러운 이적 행위자 가운데 한 사람으로 이해하였다. 다시 말하면, 당시 카리스마를 지닌 이적 행위자로 통하던 사람들, 특별히 코니(Choni, BC 1세기)와 카니나 벤 도사(Chanina ben Dosa, AD 1세기)와 같은 사람들의 부류에 속하는 사람으로 이해하였다. 예수가 이들과 다른 점은, 하나님과 인간의 관계를 이들보다 월등히 강조하였다는 점에 놓여 있다. 그렇기 때문에 예수는 병을 고치며 귀신을 쫓아내는 일 말고도, 하나님을 아버지로서 왕으로서 강조하여 선포하였다고 본 것이다. 예수의 또 다른 독특성은 하나님을 향한 회개를 강조하였다는 데서 찾았다. 버미스는 유대적 원리인 'imitatio Dei'가 이러한 예수의 전체 활동의 동인이라고 말하였다. 또한 예수는 전체적으로 보아 유대교의 경계를 넘지 않았는데, 순수한 갈릴리 사람 예수를 유대교의 틀에서 떼어 낸 사람이 다름 아닌 바울이라고 하였다.[161] 이와 같은 버미스의 예수 이해는 앞선 시대의 유명한 유대인 학자들의 예수 이해와 같은 선상에 있다고 말할 수 있다.[162] 유대적 예수 연구의 한계는, 예수가 유대교와 맺고 있는 연속성만을 지나치게 강조하는 관계

---

161) 버미스, 『유대인 예수의 종교』, 259-263쪽.
162) 예수가 유대교에 속한 인물이라는 점을 특히 유대인 학자들이 강조하였다. 다음의 네 학자가 유명하다. ① J. Klausner, *Jesus von Nazareth*(Berlin, 1934)(히브리어로는, 1907): 예수를 경이로운 바리새파적인 윤리를 표방하는 자로 묘사). C. G. Montefiore, *The Synoptic Gospels*, 2 Vols.(London, 1909)(예수를 위대한 옛 선지자의 반열에 속한 인물로 해석). ③ R. Eisler, *IHSOUS BASILEUS OU BASILEISAS*(=왕이 되지 못한 왕 예수), 2 Vols.(Heidelberg, 1929/30)(세상적인 왕국을 건설하고자 했던 혁명가로 해석). ④ D. Flusser, *Jesus in Selbstzeugnissen und Bilddokumenten*(Hamburg, 1968)(예수를 율법에 충실했던 유대인으로 묘사).

로, 그 연속성과 더불어 양자 사이에 놓인 불연속성을 설득력 있게 설명하지 못하는 데 놓여 있다.[163] 예컨대, 예수를 갈릴리 출신의 이적 행위자 카니나 벤 도사와 같은 선상의 인물로 그리는 버미스의 시각은 문제가 많다. 예수의 이적 행위는 하나님 나라의 선포와 밀접히 관련되었을 뿐만 아니라 종말론적인 동기에서 나온 행위라는 점에서 벤 도사의 이적 행위와는 본질적으로 다르기 때문이다.

5. '예수 세미나(The Jesus Seminar)'

근자에 예수 연구와 관련하여 특히 미국에서 일어난 영향력이 큰 한 움직임에 대하여 언급할 필요가 있다. 그것은 펑크(Robert W. Funk)가 주창하여 미국의 학자들을 중심으로 미국 웨스타연구소(Westar Institut)에 1985년에 창설된 '예수 세미나'이다. 이 세미나의 설립 목적은 한마디로 역사적 예수 연구를 촉진시키는 데 있다. 이를 위하여 여러 학자들의 연구 결과를 종합하며, 동시에 대중에게 연구 결과를 소개하고자 한다. 예수 세미나의 이러한 관심은 이른바 극보수의 입장을 취하는 '근본주의(Fundamentalism)'에 반대하는 경향을 띤다. 동시에 미국 학자들의 이러한 움직임은 오랜 동안의 유럽 신학의 지배에서 벗어나려는 반 유럽적인 경향성도 지니고 있다.

---

163) J. 클라우스너는 예수를 철두철미한 바리새적인 유대인이었다고 설명하면서도, 예수 안에 독특한 그 무엇이 있다고 인정하며, 여기에서 '비유대적인 것(Un-Judentum)'이 유래했다고 지적한다(op. cit., p. 573). 버미스의 입장에 반대하는 가운데 F. 무스너는, 예수의 권위는 유대교의 틀로써만은 설명할 수 없다는 점을 강조한다[F. Mussner, "Fiel Jesus von Nazareth aus dem Rahmen des Judentums? Ein Beitrag zur 'Jesusfrage' in der neutestamentlichen Jesustradition," in: K. Backhaus, F. G. Untergassmair(eds.), *Schrift und Tradition, FS for Josef Ernst*(Paderborn, München, Wien, Zürich, 1996), pp. 35-55].

펑크는 우선적으로 실제 역사적 예수의 말씀("what he really said"[164])을 구축하는 데 심혈을 기울였다. 예수 세미나의 학자들이 모여 토론한 뒤, 투표를 통해 예수 전승의 진정성 정도를 결정한다. 이에 따라, (도마 복음을 포함하여) 복음서 가운데 충분히 실제 역사적 예수의 말씀이라고 간주되는 부분을 빨강색으로 표시하고, 예수의 말씀이 아니라 신앙 공동체의 산물로 간주되는 것은 검정색으로 표시했다. 예컨대, 종말과 최후 심판에 대한 예수의 전승들은 모두 검정색으로 칠하여 실제 예수의 말씀이 아님을 나타냈다. 그 중간에 불확실한 정도에 따라 보라색("예수가 말한 것처럼 들린다")과 회색("아마도 그럴 수도 있다")으로 나타낸 복음서를 편찬하였다[R. W. Funk, R. W. Hoover & the Jesus Seminar, *The Five Gospels. The Search for the Authentic Words of Jesus*(New York: Macmillan, 1993)].

예수 세미나의 두 번째 작업은 실제 예수의 삶과 활동에 관한 진술을 밝혀내는 일이었다. 그리하여 역시 같은 방식으로 진정성의 정도에 따라 언급한 네 가지 색으로 구분한 『예수의 행위』(The Acts of Jesus)라는 이름으로 1998년에 출판하였다. 복음서에 나오는 예수 사건 가운데 대략 16퍼센트만 진정성이 있는 것으로 보았다. 이러한 작업을 통하여 예수 세미나는 이른바 '첨가물이 없는' 나름대로의 예수 상을 구축하고자 하였다. 예수 세미나가 구축해 낸 예수는 한마디로, 모든 종말론적인 메시지를 거부하는 가운데, 떠돌아다니면서 버림받은 사람들과 친교를 나눈 현자이며, 고착된 사회적 종교적 인습에 도전한 사회 비평가로서 묘사되었다.[165] 예수

---

164) R. W. Funk, "The Issue of Jesus," in; *Foundation & Facets Forum* 1(1985), pp. 7-12. 이곳 p. 7.
165) 이와 같은 시각에서 펑크는 예수를 서구 기독교의 오랜 전통과 교리에서 해방시킬 것을 주창하는 가운데 '새로운 시대를 위한 예수'에 관한 저서 *Honest to Jesus. Jesus for a New Millennium*(New York: Harper SanFrancisco, 1996)를 썼다[우리말 번역: 『예수에게 솔직히: 새로운 밀레니엄을 위한 예수』, 김준우 역(한국기독교연구소, 1999)]. 여기에서 그는 역사적 예수를 하나님의 아들로 보는 전통 교리적인 입장에서

세미나는 공동 기자 회견 등을 통해 연구 결과를 대중에게 전파함으로써 일반 사람들이 예수에 대한 관심을 불러일으키는 데 커다란 기여를 하고 있으나, 예수 말씀의 진정성을 투표로 결정하는 것에는 분명 많은 문제점을 안고 있다.[166]

예수 세미나에 대한 공개적인 비판이 영미권의 여러 학자들 가운데 점차 확산되고 있다. 예컨대, 역사적 예수 문제에 관심이 많은 톰 라이트(N. T. Wright)가, 근본주의에 반대하여 형성된 예수 세미나가 역설적으로 자기 스스로 근본주의적인 배타적 학문 풍토를 조성하였다고 지적하였으며,[167] 하워드 클락 키(H. C. Kee)는 예수 세미나를 가리켜 "학문의 불명예"라고 강도 높게 비판하였다.[168] 근자에 들어와 독일에서 저명한 학자들에 의해 역사적 예수에 관한 단행본이 여러 권 출판되었으나, 이들은 한결같이 미국에서 일어나는 '예수 세미나'에 관하여 거의 언급하지 않고 있는 실정이다. 이것은 우연이 아니라, 예수 세미나의 활동을 비판적으로 보는 독일 학자들의 시각과 관련되었다고 생각된다.[169] 레이몬드 브라운

벗어나 "겸손한 갈릴리의 현자"인 "격하된 예수" 야말로 "기독교 운동의 진정한 창시자"가 될 수 있다고 말한다(466쪽).

166) 최근까지 이어지는 미국 신학계의 '새로운' 예수 연구에 관하여, 김창락 교수("20세기 후반기의 신약신학", in: 『예수 르네상스』, 43-84쪽, 특히 53쪽)가, 미국 신학계의 새로운 예수 연구는 "예수의 종말론적 선포를 비본래적인 것으로 제거해 버리는 것은 19세기 자유주의신학이 예수가 선포하신 하나님 나라를 윤리적 가치로 환원시켜 버린 과오를 범한 것과 같다."고 말한 것은 정당하다. 그러나 '비생산적이며 너무나 난해하고 전문적'인 독일 신학의 논쟁과 비교할 때, 미국 신학계의 이러한 새로운 움직임이 '평이성과 실용성'의 차원에서 "몇 가지 작은 결점에 비하여 더 큰 장점을 지니고 있다."고 평가하는 것은 이해하기 어렵다. '비생산적' '난해하고 전문적' '평이성과 실용성'이란 평가는 적합한 평가 기준으로 볼 수 없다.

167) N. T. Wright, *Five Gospels but No Gospel*, pp. 120f.
168) *Los Angeles Times*(March 30. 1991)의 편집자에게 보낸 편지.
169) 예수 세미나에 관한 보다 자세한 소개 및 비판에 대하여 예컨대 다음을 참조하시오.
M. A. Powell, *Jesus as a Figure in History: How Modern Historians View the Man*

(Raymond E. Brown)이 자신의 『신약 개론』 마지막 부분 '역사적 예수'를 다루는 부록에서 "만일 예수가 현명한 견유학파 설교가나 선생 그 이상 아무것도 아니라면 다른 고대의 선생들(아리스토텔레스, 플라톤, 세네카 등)과 달리 어떻게 한 종교의 기초를 형성할 수 있었는가?"를 묻는 가운데 예수 세미나의 입장은 "전통적인 기독교 신앙을 가상적인 것으로, 그리고 전통적인 선언을 무책임한 것으로 만들려는 것일 뿐"이라고 비판하는 것은 옳다.[170]

V. 역사적 예수 – 교회를 향한 도전?

흔히 역사적 예수 혹은 나사렛 예수에 대한 관심은 교회가 선포하는 그리스도 선포와 대립된 것으로만 파악하여 우리의 신앙을 회의하게 만들며, 결국 교회에 덕이 안 된다고 생각하기 쉽다. 그러나 그렇지 않다는 점을 독일의 한 신학자의 경우를 통해 보게 된다. 필자의 독일 유학 당시 독일 교계에 엄청난 폭발력을 지닌 한 신학자를 경험할 수 있었다. 독일에서 가장 유명한 신학자 가운데 속하는 그의 이름은 오이겐 드레버만(Eugen Drewermann)이다. 그는 본래 가톨릭 신학자이며 정신상담 전문가로서 복음서에 나타난 예수의 단순한 삶을 다시금 강조함으로써 수많은 평범한 그리스도인들의 관심을 한 몸에 받고 있는 신학자라고 말할 수 있다. 현재 그의 영향력이 감소된 면이 있으나, 1990년대 필자의 독일 유학 당시 독일 그리스도인들이 그에게 보인 관심은 참으로 대단하였고 그의 인기는 그야

---

from Galilee(Westminster: John Knox Press, 1988), pp. 66-81(한국어 역: "예수 세미나", in: 『신학 사상』 110(2000년/가을), 154-187쪽).

170) R. E. 브라운, 『신약 개론』, 김근수, 이은순 역(기독교문서선교회, 2003)(=An Introduction to the New Testament, 1997), 1159쪽.

말로 선풍적이었다. 그가 공개 강연을 하게 되면 수많은 군중이 떼를 지어 몰렸다. 그에 대한 관심은 그가 집필한 수많은 학술서를 통해서라기보다,[171] 오랜 기독교 역사 가운데 경직된 현 교계, 특별히 바티칸의 여러 입장에 대한 그의 날카로운 공개적인 비판과 관련이 있다고 생각된다.

성서학자라기보다는(개신교적인 분류에 따르면) 조직신학자에 속하는 드레버만을 우리의 주제인 '역사적 예수'와 관련하여 언급하는 이유는, 그의 주장의 저변에 나사렛 예수의 단순하면서도 진실한 삶이 전제되어 있기 때문이다. 그가 대중의 폭발적인 관심을 모을 수 있었던 이유는, 나사렛 예수와 관련된 그의 기독론적인 입장의 학적 타당성 여하를 넘어서, 실제 예수의 삶과 정신에 비추어 오늘날 기독교의 나아갈 방향을 제시하고자 하는 그의 기본적인 입장에 많은 평범한 그리스도인이 공감하고 있다는 사실에 놓여 있다고 생각된다. 드레버만으로 인해 교회의 오랜 관행과 형식에 식상한 많은 독일 그리스도교인이 서서히 다시금 꿈틀거리면서 자리를 박차고 일어나고자 한다는 느낌을 받았다. 그는 아직 왕성히 활동하는 학자이기에 그의 영향력을 벌써부터 이야기한다는 것은 분명 이른 감이 있다. 그럼에도 불구하고 그가 현 독일 교계 및 신학계에 남긴 영향력은 실로 대단하다고 말할 수 있다. 그의 움직임과 영향력을 통해 판단하건대, 현대 그리스도인들은 실제 역사적으로 활동했던 나사렛 예수의 모습에 굶주려 있다고까지 말할 수 있다. 이는 현대의 제도화되고 형식화된 기성 교회에 대한 비판을 전제한 것이나 궁극적으로는 교회 갱신을 목적으로 한다. 이런 의미에서 역사적 예수에 대한 관심을 회의의 눈초리로 바라볼 것이 아니라, 교회 혁신을 위한 새로운 가능성의 차원에서 이해할 수도 있다고

---

[171] 신학의 여러 분야를 넘나들면서 왕성한 저술 활동을 하고 있는 드레버만은 이미 방대한 저서를 남겼다. 아마도 독일 신학 역사상 가장 많은 양의 저술을 한 학자 가운데 속한다고 말할 수 있을 것 같다. 마가복음과 마태복음에 관한 각각 2권으로 된 주석서를 쓰기도 했다.

생각된다.[172]

VI. 나가면서

앞 시대의 여러 학자들이 묘사한 다양한 예수 상을 직면할 때, 과연 이 가운데 어떠한 모습이 실제 예수의 모습에 합당한가를 묻지 않을 수 없다. 혹자는 거의 100년 전에 알베르트 슈바이처가 내린 평가, 곧 다양한 예수 상은 결국 각 저자가 생각하는 이상적인 인간상을 투영한 것에 지나지 않는다는 부정적인 평가가 여전히 유용하다고 말할 수도 있다. 다양성을 미덕으로 보는 오늘날의 가치 기준에서 볼 때, 이처럼 다양한 예수 상이 존재하는 것을 나사렛 예수의 심오함과 깊이를 다각도에서 이해한다는 차원에서 긍정적으로 바라볼 수 있을 것도 같다. 그러나 이 말을 수용하기에 앞서 한 전제가 받아들여져야 한다. 그것은, 제한된 자료 위에서 이루어진 각각의 예수 상은 완전하지 못한 단지 부분적인 묘사에 불과하다는 사실을 인정하는 일이다. 이를 인정하지 않고 자기가 묘사한 예수 상이 참으로 완벽

---

[172] 논란이 많은 드레버만에 대한 공정한 평가를 위해 그의 입장을 이해할 필요가 있다. 그에 따르면, 성서는 역사서가 아니라 다양한 이야기 형태(동화, 신화, 전설, 기적 이야기 등)에 의해 표현된 종교적 진술을 담고 있는 책이다. 따라서 그는 성서가 말하는 진리를, 시간과 공간 가운데 확실히 있었던 '실제적이고 역사적인' 것을 의미하는 것으로 보지 않고, 우리의 현존 가운데 찾아야 할 종교적 진리로 이해한다. 그는 전통적인 '역사비평적인 방법론'만을 고집하는 것에 반대하는 가운데 '역사 심리학적인 혹은 심층심리학적인 방법론'을 사용한 성서 해석의 필요성을 역설하고 있다. 이에 따라 드레버만은 나사렛 예수의 선포 및 사역을 역사적으로 재구축하는 것보다는, 나사렛 예수에 대한 성서의 보도가 안고 있는 상징적인 심층의 차원을 밝히고자 한다. 이와 관련하여 그의 저서 *Tiefenpsychologie und Exegese*, 2 Vols.(Olten, 1984)를 참조하시오. 참고로, 드레버만의 방법론에 대한 반대 입장에 대하여는 G. Lohfink, R. Pesch, *Tiefenpsychologie und keine Exegese. Eine Auseinandersetzung mit Eugen Drewermann*(Stuttgarter Bibelstudien, 129)(Stuttgart, 1987)을 참조하시오.

한 실제 역사상의 예수에 부합한다고 주장한다면 이는 독단에 이르기가 십상이다. 하나의 표상은 그 상을 바라보는 관찰자의 시각에 따라 바뀌기 마련이다. 이런 의미에서, 각각의 예수 상은 각 저자의 시각에 달려 있음을 알 수 있다.

그러나 다양성의 미덕을 강조하기에 앞서 분명히 해야 할 것이 있다. 그것은 예수 상을 밝혀내기 위해 사용하는 자료에 대한 평가이다. 전 시대의 학자들과 달리 현대로 올수록 역사적 예수 연구와 관련하여 외경의 가치를 지나치게 높이 평가하려는 경향이 있다. 그러나 이러한 경향은 여전히 문제가 많다고 생각된다. 외경을 자료로 사용하고자 하는 사람은 반드시 그 자료의 타당성에 대한 설득력 있는 근거를 제시하여야만 할 것이다. 그렇지 않을 경우, 예수 상은 각자의 자기 환상에 따른 것에 불과하다는 비난을 면하지 못할 것이다. 아마도 이런 이유에서 역사적 예수 연구의 본고장이라 할 수 있는 독일의 학자들은 현재 미국에서 벌어지고 있는 '새로운 예수 상'에 대해 거의 관심을 보이고 있지 않다고 말할 수 있다. 결국 예수 상에 대한 접근은 해당 자료에 대한 가치 평가와 밀접히 연관되었다고 말할 수 있다. 이런 의미에서 역사적 예수 상을 묘사하고자 하는 사람은 반드시 주어진 자료에 대한 설득력 있는 평가에서 출발해야 한다는 점이 분명해진다.

오늘날의 신학자는 예수 상을 서술하는데 전 시대와 달리 더 큰 어려움에 직면해 있다. 그 어려움은, 한편으론 오늘날 현대인이 갖고 있는 일반적인 진리에 대한 의식에 비추어 볼 때, 복음서에 나타난 예수의 역사를 글자 그대로 받아들이기가 어렵게 되었다는 점이며, 다른 한편 예수를 순전히 역사적인 범주로써 설명하고자 했던 전 세대의 잘못을 뒤따라서는 안 된다는 양면성과 관련된 것이다.[173] 이러한 어려움에도 불구하고 앞에서도

---

173) J. Roloff, "Auf der Suche nach einem neuen Jesusbild," in: *Theologische*

강조했듯이 역사적 예수의 선포와 이에 근거한 신앙 공동체의 선포 사이에 놓인 내적인 연속성을 고려할 때, 역사적 예수에 대한 질문은 회피할 수 없는 중요한 신학적 질문으로서 계속되어야만 한다. 그런데 부족한 자료에 근거하여 구축된 역사적 예수 상은 여러 가정 위에서 이루어진 것이기에, 경우에 따라 이데올로기의 노예가 될 수 있다. 따라서 역사적 예수 연구와 관련하여 신학자가 해야 할 우선적인 과업은 그와 같은 숨겨진 이데올로기를 찾아내며, 동시에 신앙의 그리스도가 역사적 예수와 맺고 있는 연속성을 밝히는 데 주력하는 일이라고 생각된다.

Literaturzeitung 98(1973), p. 572.

제 6 장
예수의 죽음에 대한 구원론적 해석의 기원

I. 문제 제기

나사렛 예수에 대한 물음은 기독교의 본질과 밀접히 관련되어 있다. 십자가?부활 사건을 포함한 예수 사건을 제외시키고는 기독교의 성립을 상상조차 할 수 없기 때문이다. 그 중에서도 예수의 죽음에 대한 물음은 기독교인들이 회피할 수 없으며 또한 회피해서도 아니 되는 것으로, 기독교 정체성을 위한 가장 핵심적인 질문 가운데 하나라고 할 수 있다. 따라서 이에 대한 질문은 오늘날까지도 계속하여 신학자들 사이에 많은 논란을 야기하고 있다.

예수의 죽음에 대한 해석을 둘러싸고 이미 초대 교인들이 숙고했음을 우리는 신약성서에 나타나고 있는 다양한 해석을 통하여 알 수 있다.[174] 그런데 학자들 사이에 특별히 예수 죽음에 대한 이른바 '구원론적 해석(soteriologische Deutung)'의 기원을 두고-다시 말하자면, 예수의 죽음을 우리의 구원을 위한 대속의 죽음으로 보는 해석의 기원을 두고-서로 다른 입장들이 팽팽히 대치하고 있는 중이다. 논쟁의 핵심은 예수의 입을 통해서 구원론적 해석이 명확히 나타나고 있는 복음서의 두 구절, 마가복음 10장 45절과 마가복음 14장 24절을 어떻게 해석하느냐 곧, 이를 지상에 살았던 예수의 말로 간주하느냐 아니면 당시 주변 사고의 영향을 받아 부활 이후의 기독교 공동체가 만들어낸 작품으로 보느냐에 달려 있다고 볼 수 있다. 이 두 구절에 대하여 어떤 입장을 취하느냐에 따라 구원론적 해석의 기원을 서로 다르게 보고 있는 것이다. 살펴본 뒤, 새로운 시각 제시로 이 문제에 대한 해결의 실마리를 찾아보고자 한다. 본 논문에서는 이 서로 다른 입장을 각기 비판적으로 살펴본 뒤, 새로운 시각 제시로 이 문제에 대한 해결의 실마리를 찾아보고자 한다.

II. 신약성서의 가장 이른 전승에 속하는 구원론적 해석

이들 입장을 전개하기에 앞서, 신약성서에 들어 있는 시기적으로 가장

---

174) 이에 관하여 특히 다음의 문헌을 참조할 것. G. Barth, *Der Tod Jesu Christi im Verständnis des Neuen Testaments*(Neukirchen-Vluyn, 1992); G. Friedrich, *Die Verkündigung des Todes Jesu im Neuen Testament*(Neukirchen-Vluyn, 21985); M.-L. Gubler, *Die frühesten Deutungen des Todes Jesu. Eine motivgeschichtliche Darstellung aufgrund der neueren exegetischen Forschung*(Schweiz: Freiburg, Göttingen, 1977); K. Kertelge(ed.), *Der Tod Jesu. Deutungen im Neuen Testament*, QD 74(Freiburg, Basel, Wien, 1976).

앞선 전승에 나타나고 있는 예수의 죽음에 대한 다양한 해석 양식을 우선적으로 나열하는 것이 독자의 이해에 도움이 될 것 같다. 이들 해석 양식은 크게 두 부류로 나눌 수 있다. 한 부류는 바울이 앞선 전통에서 물려받아 자신의 서한에 사용한 '양식 전승(Formeltradition)'이고, 다른 한 부류는 복음서 안에 나타나는 것으로 '성만찬(최후의 만찬) 전승'과 관련된 것이다.[175]

1. 바울 이전에 형성된 양식 전승

• (몸을)내어줌 양식(Dahingabeformel): 이 양식의 특징은 동사 παραδίδωμι(넘겨주다)에 놓여 있다.

"자기 아들을 아끼지 아니하시고 우리 모든 사람을 위하여 내주신(ὑπέρ ἡμῶν πάντων παρέδωκεν) 이가 어찌 그 아들과 함께 모든 것을 우리에게 주시지 아니하겠느냐"(롬 8:32)
"예수는 우리가 범죄한 것 때문에 내줌이 되고(παρεδόθη διὰ τὰ παραπτώματα ἡμῶν)또한 우리를 의롭다 하시기 위하여 살아나셨느니라"(롬 4:25)
"그리스도께서 하나님 곧 우리 아버지의 뜻을 따라 이 악한 세대에서 우리를 건지시려고 우리 죄를 대속하기 위하여 자기 몸을 주셨으니

---

175) '기독론적 양식(christologische Formeln)'에 대해서는 다음을 참조할 것. J. Ernst, *Anfänge der Christologie*, SBS 57(Stuttgart, 1972), 특히 pp. 56-75; W. Kramer, *Christos Kyrios Gottessohn. Untersuchungen zu Gebrauch und Bedeutung der christologischen Bezeichnungen bei Paulus und den vorpaulinischen Gemeinden*(Zürich, 1963); W. Popkes, *Christus Traditus. Eine Untersuchung zum Begriff der Dahingabe im Neuen Testament*(Zürich, 1967); K. Wengst, *Christologische Formeln und Lieder des Urchristentums*(Gütersloh, ²1974).

(δόντος ἑαυτὸν ὑπὲρ τῶν ἁμαρτιῶν ἡμῶν)"(갈 1:4)
"내가 그리스도와 함께 십자가에 못 박혔나니 그런즉 이제는 내가 사는 것이 아니요 오직 내 안에 그리스도께서 사시는 것이라 이제 내가 육체 가운데 사는 것은 나를 사랑하사 나를 위하여 자기 자신을 버리신 하나님의 아들을(παρδόντος ἑαυτον ὑπὲρ ἐμου) 믿는 믿음 안에서 사는 것이라"(갈 2:20). (cf. 엡 5:2, 25)

- 죽음 양식(Sterbensformel): 이 양식의 특징은 동사 ἀ'ποθνήσκω(죽다)에 놓여 있다.

"이는 성경대로 그리스도께서 우리 죄를 위하여 죽으시고(ἀπέθανεν ὑπὲρ τῶν ἁμαρτιῶν ἡμῶν) 장사 지낸 바 되었다가 성경대로 사흘째 되는 날에 다시 살아나사 게바에게 보이시고 후에 열두 제자에게와"(고전 15:3b-5)
"우리가 아직 연약할 때에 기약대로 그리스도께서 경건하지 않은 자를 위하여 죽으셨도다(ὑπὲρ ἀσεβῶν ἀπέθανεν)" "우리가 아직 죄인 되었을 때에 그리스도께서 우리를 위하여 죽으심으로(ὑπὲρ ἡμῶν ἀπέθανεν) 하나님께서 우리에 대한 자기의 사랑을 확증하셨느니라"(롬 5:6, 8)

- 속죄 양식(Sühneformel)

"그리스도 예수 안에 있는 속량으로 말미암아 하나님의 은혜로 값없이 의롭다 하심을 얻은 자 되었느니라 이 예수를 하나님이 그의 피로써 믿음으로 말미암는 화목제물로 (ἱλαστήριον) 세우셨으니…"(롬 3:24f)

2. 공관복음서 이전에 형성된 성만찬 전승

"인자가 온 것은 섬김을 받으려 함이 아니라 도리어 섬기려 하고 자기 목숨을 많은 사람의 대속물로 주려 함이니라(δοῦναι τὴν ψυχὴν αὐτοῦ λύτρον ἀντι πολλῶν)"(막 10:45)

"이르시되 이것은 많은 사람을 위하여 흘리는 나의 피 곧 언약의 피니라 (τό αἷμα μου τῆς διαθήκης τό ἐκχυννόμενον ὑπέρ πολλῶν)"(막 14:24)

III. 구원론적 해석의 기원에 대한 다양한 입장과 이에 대한 평가

우리의 관심을 논란의 핵심 구절인 마가복음 10장 45절에 국한하면서,[176] 학자들이 예수죽음의 구원론적 해석과 관련하여 이 구절을 어떻게 이해하고 있는지 살펴보기로 한다.

1. 예수+이사야 53장(J. Jeremias, H. W. Wolff, M. Hengel)

입장의 요점: 예수 자신이(또한 그를 뒤따른 원시 공동체가) 고난 받는 하나님의 종이 나오는 이사야 53장을 자신의 수난에 적용하였다. 이것은 이미 당시 유대교가 이사야 53장을 고난 받는 메시아로 해석하였다는 것으로 미루어 보아 가능하다.

---

176) 퇴트는 마가복음 10장 45절을 근자의 주석사에서 특히 열띤 논쟁어에 속하는 로기온이라고 말하고 있다〔H. E. Tödt, *Der Menschensohn in der synoptischen Überlieferung*(Gütersloh ⁵1984), p. 126〕.

여기에서는 이 입장의 대표자라 말할 수 있는 요아힘 예레미아스 (Joachim Jeremias)의 견해를 중심으로 다루고자 한다. 예레미아스는 자신의 입장을 그의 논문 「많은 사람들을 위한 대속물」["Das Lösegeld für Viele(Mk. 10:45)"]과 그의 미완성 작품인 『신약성서 신학』(Neutestamentliche Theologie)에서 피력하고 있다.[177]

- 대속물 로기온을 담고 있는 두 본문 곧, 마가복음 10장 42-45절과 누가복음 22장 24-27절은 서로 간에 문학적으로 직접적인 종속 관계에 놓여 있지 않은 서로 상이한 두개의 전승형태이다.[178]
- 마가복음 10장 45절이 셈어의 성격을 보존한 유대 기독교적 표현이라면, 누가복음 22장 27절은 그리스어화 된 성격을 지닌 이방 기독교적 표현이라 할 수 있다.[179]
- 그런데 마가복음 10장 45절의 본문은 문학적으로 통일되어 있지 않다. 제 45b절은 본래 독자적으로 떠돌아다니던 로기온으로서 나중에 첨가된 것이다(cf. 딤전 2:6).[180]
- 마가복음 10장 45절 후반은 히브리어 본문 이사야 53장 10절 이하의 단어 하나하나를 받고 있다. 특히 마가복음 10장 45절 후반에 나오는 단어 λύτρον은 이사야 53장 10절에 나오는 אשם에 일치한다.[181]

---

177) H. W. Wolff의 입장은 그의 저서 *Jesaja 53 im Urchristentum*(Giessen: Brunnen, ⁴1984), 그리고 M. Hengel의 입장은 그의 논문 "Der stellvertretende Sühnetod Jesu. Ein Beitrag zur Entstehung des urchristlichen Kerygmas," in: *IKaZ* 9(1980), pp. 1-25 & pp. 135-147[이 논문을 보충하여 펴낸 영어역이 있다: *The Atonement. The Origins of the Doctrine in the New Testament* (London: SCM, 1981)]에서 살펴볼 수 있다.
178) J. Jeremias, "Das Lösegeld für Viele," in: idem, *Abba. Studien zur neutestamentlichen Theologie und und Zeitgeschichte*(Göttingen, 1966), p. 225.
179) *Ibid.*, pp. 226f.
180) Idem, *Neutesmentliche Theologie. Ertster Teil: Die Verkündigung Jesu*(Gütersloh, 1971), p. 279.
181) *Ibid.*, pp. 277f.

- λύτρον으로서의 예수의 죽음은 종말론적으로 이해해야 한다. 이는 이사야 53장을 종말의 심판 장면으로 파악한 당시의 주석들을 통해서 알 수 있다.[182]
- 성만찬 말씀과 더불어 이 로기온의 핵심은 역사적 예수에게로 돌아간다.[183]

예레미아스가 마가복음 10장 45절 후반을 본시 하나의 독립된 로기온으로 보는 견해는 마가복음 10장 45절("45a인자가 온 것은 섬김을 받으려 함이 아니라 도리어 섬기려 하고 45b자기 목숨을 많은 사람의 대속물로 주려 함이니라")의 병행 구절인 누가복음 22장 27절과 비교해 볼 때 설득력이 있다고 여겨진다. 마가복음 10장 45절에는 '인자' 개념이 섬김의 모티브와 더불어 대속물 모티브가 동시에 나타나고 있으나, 누가복음 22장 27절은 단지 섬김의 모티브만을 전하고 있을 뿐이다. 또한 마가에는 예수와 제자의 죽음에 대한 사고를 엿볼 수 있으나 이러한 사고를 누가에서는 전혀 찾아볼 수 없다. 더군다나 마가복음 10장 45절 후반은 디모데전서 2장 5절 이하에 그리스어화 된 병행절을 갖고 있다. 이러한 요소들을 고려하건대, 마가복음 10장 45절 후반을 본래 독자적으로 존재했던 로기온으로 보는 예레미아스의 견해는 받아들여야 할 것 같다.

이때 예레미아스가 이 로기온의 진정성을 인정하고 있는 것과는 달리, 어떤 학자들은 마가복음 110장 45절 후반이 마가복음 10장 42-45절 전반과 본래 분리된 것이 나중에 이에 첨가된 것이라는 사실에서 곧바로 제 45절

---

182) Idem, *Abba*, pp. 228.
183) Ibid., p. 279. 또한 H. Schürmann, *Jesu Abschiedsrede Lk 22, 21-38. III. Teil einer quellenkritischen Untersuchung des lukanischen Abendmahlsberichtes Lk 22, 7-38* (Münster, 1957) p. 91.

전반의 진정성을 부정하며 이를 공동체의 산물로 여기고 있는데,[184] 이것은 논리의 비약이라 할 수 있다.[185]

또한 예레미아스는 이 로기온이 팔레스타인·아람어적 배경을 지니고 있다는 사실을 그리스어화 된 병행절 디모데전서 2장 6절과 비교하는 가운데 다음과 같이 밝히고 있다.[186]

1. ὁ υἱός τοῦ ἀνθρωποῦ가 히브리어 bar nascha를 글자 그대로 번역한 직역이라면, ἄνθρωπος(딤전 2:6)는 의역이다.
2. ἡ ψυχή는 '생명' '목숨'을 뜻하는 세미티즘이다. 동시에 ἡ ψυχή δοῦναι가 '생명을 자의로 버리다'라는 뜻으로 세미티즘인 반면에, δοῦναι ἑαυτόν(딤전 2:6)은 의미에 따른 그리스어 번역이다.
3. 디모데전서에 나오는 ἀντίλυτρον은 λύτρον보다 더욱 멋진 그리스어다.
4. ἀντί(막 10:45b)가 아람어 chalaf=히브리어 tacht(="… 대신에")의 직역인 반면, ὑπέρ(딤전 2:6)는 의미에 따른 그리스어 번역이다.
5. πολλοί는 셀 수 없을 정도의 많은 양을 가리키는 세미티즘이고, πάντες(딤전)는 πολλοί의 의미를 정확히 전하고 있다.

그 밖에도 예레미아스는 하나님의 이름을 회피하고 있는 것이며, '대조

---

184) 예를 들면 G. Barth, op. cit., p. 13f.
185) 예레미아스는 마가복음 10:45에 나오는 '인자' 칭호를 이 로기온 본래의 것으로 보지 않고 부차적인 것으로 여기고 있다(J. Jeremias, Theologie, p. 278; idem, "Die älteste Schicht der Menschensohn-Logien," in: ZNW 58(1967), pp. 159-172, 여기 p. 166). 그러나 쉬어만은 이 인자칭호를 마가복음 10장 45절 후반의 원형에 속한 것으로 여기고 있다(H. Schürmann, Jesu Abschiedsrede Lk 22, 21-38. 3. Teil einer quellenkritischen Untersuchung des lukanischen Abensmahlsberichtes Lk 22, 7-38(Münster, ²1977), p. 91; cf. H. Patsch, Abendmahl und historischer Jesus(Stuttgart 1972), p. 177).
186) 이 근거들은 J. Jeremias, Abba, p. 226에서 찾아볼 수 있다.

적으로 사용된 병행 표현(antithetischer Parallelismus membrorum)', 또한 앞서 언급한 것을 설명하는 접속사 καί (=καί epexegeticum 혹은 explicativum)를 마가복음 10장 45절이 팔레스타인에서 유래했다는 사실에 대한 단서로 파악하고 있다.[187] 이러한 그의 지적은 상당히 설득력 있다고 할 수 있다. 이 로기온에서 마가의 편집으로 간주할 수 있는 마가 특유의 문체를 찾을 수 없다는 사실이 동시에 그의 주장을 뒷받침한다고 말 할 수 있다.

그런데 예레미아스는 이 로기온이 히브리어 본문 이사야 53장 10절 이하의 단어 하나하나를("Wort für Wort") 받고 있음을 다음의 표현 쌍들이 서로 일치한다는 사실에 근거하여 주장하고 있다.[188]

- διακονῆσαι - עבדי(사 53:11),
- δοῦναι τὴν ψυχὴν αὐτοῦ λύτρον - תשים אשם בנפשו(사 53:10),
- ἀντὶ πολλῶν - לרבים(사 53:11).

여기에서 그가 동사 διακονῆσαι를 명사 עבד와 일치하는 것으로 보는 것과, λύτρον을 אשם에 대한 '자유로운 번역(freie Wiedergabe)'으로 파악하는 데는 무리가 없지 않다고 생각된다. 다시 말하자면, 마가복음 10장 45절 후반에서 예수는 이사야 본문을 인용하고 있다는 그의 주장을 자명한 사실로 받아들이기에는 아직 그 근거가 부족하다고 할 수 있다.[189]

뿐만 아니라 당시 유대교가 이사야 53장을 이미 고난 받는 메시아로 해

---

187) Ibid., p. 226.
188) J. Jeremias, Neutestamentliche Theologie, p. 278, n. 62.
189) 그러나 어떻든 마가복음 10장 45절 후반이 내용적으로 볼 때 이사야 53장을 연상시키고 있는 것은 부인할 수 없는 사실로 보아야 할 것이다. Cf. F. Hahn, Christologische Hoheitstitel. Ihre Geschichte im frühen Christentum, UTB 1873(Göttingen, ⁵1995), p. 58.

석하였다는 견해 역시 최근 많은 도전을 받고 있다. 클라우스 코흐(K. Koch)는 이사야 53장을 '홀로 떨어져 나온 부분(erratisches Block)'으로 보고 있다.[190] 그 이유는 한 개인이 하나님 백성의 죄 때문에 대신 고난을 받아 죽는다는 사고는 구약의 다른 어느 곳에서도 준비되지 않은 사고일 뿐만 아니라, 이 사고의 영향을 받은 구절 역시 찾아볼 수 없기 때문이다. 동시에 이사야 53장을 고난 받는 메시아로 보는 것이 당시 유대교에 통용되었던 해석이라는 주장은 아직 입증되지 않은 것이며,[191] 그 밖에도 이사야 53장은 구원론적 양식 밖에서는 원시 기독교의 성서 입증 시 거의 아무런 역할도 하지 못하고 있을 뿐만 아니라, 이사야 53장을 받아들인 곳에서조차(막 14:61a; 마 8:17; 행 8:32f) 대속의 개념이 빠져 있음을[192] 고려할 때 예레미아스의 주장은 상당한 제한을 받고 있다고 할 수 있다.

---

190) K. Koch, "Sühne und Sündenvergebung um die Wende von der exilischen zur nachexilischen Zeit," in: *EvTh* 26(1966), pp. 217-239, 여기 p. 237. Cf. G. Fohrer, "Stellvertretung und Schuldopfer in Jes 52, 13-53, 12 vor dem Hintergrund des Alten Testaments und des Alten Orients," in: P. Rieger (ed.), *Das Kreuz Jesu*(Göttingen, 1969), pp. 7-31, 특히 p. 30; K. Wengst, *Christologische Formeln und Lieder des Urchristentums*(Gütersloh, 1972), p. 66; V. Hampel, *Menschensohn und historischer Jesus. Ein Rätselwort als Schlüssel zum messianischen Selbstverständnis Jesu*(Neukirchen-Vluyn, 1990), pp. 260-269.

191) M. Rese, "Überprüfung einiger Thesen von Joachim Jeremias zum Thema des Gottesknechtes im Judentum," in: *ZThK* 60(1963), pp. 21-41; E. Lohse, *Märtyrer und Gottesknecht*(Göttingen, ²1963), pp. 220-225; E. Schweizer, *Erniedrigung und Erhöhung bei Jesus und seinen Nachfolgern*(Zürich, ²1962), pp. 71ff. Jesaja-Targum은 비록 이사야 53장을 메시아에 적용시키고는 있으나 히브리어 본문에 들어 있는 하나님의 종의 고난과 비참한 모습을 삭제하든가 내지는 그 의미를 역전시킴으로써 영광된 메시아의 모습으로만 해석하고 있다.

192) J. Roloff, *Neues Testament*, Neukirchen-Vluyn ³1982, p. 188.

2. 예수+이사야 43장 3절 이하(P. Stuhlmacher, W. Grimm, V. Hampel)

입장의 요점: 예수 죽음에 대한 구원론적 해석은 이사야 53장뿐만 아니라, 특히 이사야 43장 3절 이하를 염두에 둔 예수 자신에게 돌아간다.

이 입장은 앞서 언급한 입장을 받아들이면서 동시에 이를 수정하고 있다. 이 입장을 특히 강조하고 있는 페터 슈툴마허(Peter Stuhlmacher)를 중심으로 살펴보기로 한다. 그는 1980년에 「많은 사람들을 위한 대속적 실존」["Existenzstellvertretung für die Vielen: Mk 10,45(Mt 20,28)"]이란 제목으로 논문을 쓴 바가 있으며[193] 근자에 출간된 자신의 이제까지의 신학 작업의 총결산이라 할 수 있는 『신약성서 신학』(Biblische Theologie des Neuen Testaments) 제1권 가운데에서 자신의 입장을 요약하고 있다.[194]

슈툴마허는 마가복음 10장 45절을 아래의 다섯 가지 이유에서 역사적 예수의 말로 간주하고 있다.
- 이 로기온을 헬라 · 유대적 원시 교회의 산물로 볼 수 없는 이유는 이것이 원시 기독교의 성만찬 전승에서 유래하지 않았을 뿐만 아니라, 고난 받는 종의 노래가 나오는 이사야 53장의 '칠십인역'(LXX) 형태

---

193) 슈툴마허의 이 논문은 Werden und Wirken des Alten Testaments, Festschrift für C. Westermann(Göttingen, 1980), pp. 412-427에 처음으로 발표되었고, 다음 해에 출판된 그의 논문집에도 실렸다. Versöhnung, Gesetz und Gerechtigkeit. Aufsätze zur biblischen Theologie(Göttingen, 1981), pp. 27-42.
194) 그림과 함펠의 입장은 각각 아래의 저서에서 살펴볼 수 있다. W. Grimm, Die Verkündigung Jesu und Deuterojesaja(Frankfurt a.M., Bern, ²1981); V. Hampel, Menschensohn und historischer Jesus. Ein Rätselwort als Schlüssel zum messianischen Selbstverständnis Jesu(Neukirchen-Vluyn, 1990).

에서도 유추해 낼 수 없기 때문이다.[195]
- 디모데전서 2장 5절 이하가 대속물 로기온의 그리스어화 된 한 변형된 형태인 것과 달리, 마가복음 10장 45절은 거뜬히 히브리어나 아람어로 거꾸로 번역하는 것이 가능하다. 말하자면 이 로기온은 셈어로 된 원래 본문을 기초로 하고 있는 셈이다.[196]
- 이 로기온은 원시 기독교나 당시 유대교에서도 유추해 낼 수 없다. 이 로기온은 다니엘 7장 13절 이하이며 에티오피아어 에녹서의 '그림어' 또한 세례 요한의 설교에 나타나고 있는 지배하며 심판하는 인자의 상과는 정반대의 상을 담고 있다.[197]
- 비록 마가복음 10장 45절이 이사야 53장과 어떤 면에서 유사점들을 보여 주고 있다 하더라도 이 로기온을 팔레스타인 공동체의 현학적 반성으로 돌릴 수 없다. 결정적으로 중요한 개념인 luvtron이 히브리어 본문 이사야 53장 10절에 나오는 אשם과 일치하지 않고, 이사야 43장 3절 이하에 나오는 כפר에 일치한다.[198]
- 마가복음 10장 45절과 이사야 43장 3절 이하 사이에 놓인 표현의 유사성은 이 로기온이 역사적 예수의 말이었음을 뒷받침하고 있다. 왜냐하면 이사야 43장 3절 이하가 원시 기독교의 성서 입증에서 아무런 역할도 하지 못했기 때문이다.[199]

---

195) P. Stuhlmacher, "Existenzstellvertretung für die Vielen: Mk 10,45 (Mt 20,28)," in: idem, *Versöhnung, Gesetz und Gerechtigkeit*(Göttingen, 1981), pp. 30-32.
196) *Ibid.*, pp. 29f & pp. 32f.
197) Idem, *Biblische Theologie*, Vol. 1, p. 121; cf. idem, *Existenzstellvertretung*, pp. 33-37.
198) 마가복음 10장 45절 후반이 이사야 43장 3절 이하를 받고 있다는 테제는 원래 W. Grimm이 주장한 것이다. 그의 저서 *Die Verkündigung Jesu und Deuterojesaja*, pp. 253-255를 참조할 것.
199) P. Stuhlmacher, *Existenzstellvertretung*, p. 37.

슈툴마허의 이와 같은 자세한 논증에도 불구하고 그의 입장은 몇 가지 약점을 안고 있다. 그 하나는 슈툴마허는 로기온 마가복음 10장 45절을 본래 하나의 통일된 로기온으로 간주하면서 출발하고 있다. 그러나 앞서 예레미아스의 입장에서 언급했듯이 이 로기온이 본래의 모습을 그대로 간직한 통일된 로기온으로 보기에는 어려운 점이 많다.

또한 슈툴마허는 마가복음 10장 45절이 원시 기독교의 성만찬 전승에서 유래하지 않았다고 주장하면서 그 근거로서 다음의 두 가지를 대고 있다. $λύτρον$과 $άντι\ πολλῶν$이란 표현은 신약성서의 성만찬 본문 가운데 전형적인 것이 아니라는 것과, 동시에 인자 칭호이며 예수의 '섬김'이란 개념은 성만찬 전승에 빠져 있다는 것이다.[200] 이러한 그의 주장에도 불구하고 마가복음 10장 45절이 성만찬 전승에 속함을 부인하기 어려운 이유는, 무엇보다도 $λύτρον$-말씀과 성만찬 말씀 사이에 놓인 내적인 연결을 무시할 수 없기 때문이다. 슈툴마허 자신도 이 구절이 내용적인 면에서 성만찬 전승과 관련이 있음을 인정하고 있다.[201]뿐만 아니라 제45절 전반에 나오는 동사 diakonein은 식탁에서의 섬김과 관련된 것도 이를 뒷받침하고 있다.[202]

또한 슈툴마허는 마가복음 10장 45절이 이사야 43장 3절 이하를 배경으로 형성되었다는 주장을 하고 있다.[203] 이 두 구절의 공통점은 그리스어 $λύτρον$과 $άντι$가 히브리어 כפר와 תחת에 일치한다는 점에 있을 뿐이지, 내용적으로 볼 때 두 구절의 사고는 전혀 다르기 때문이다. 이사야 43장 3절

---

200) P. Stuhlmacher, *Existenzstellvertretung*, pp. 30f.
201) *Ibid.*, p. 31.
202) 마가복음 10장 45절이 성만찬 전승과 관련되었음을 J. Jeremias, *Abba*, pp. 227f 또한 J. Roloff, "Anfänge der soteriologischen Deutung des Todes Jesu (Mk. X. 45 und Lk. XXII. 27)," in: *NTS* 19, 1972/73, pp. 50ff에서 밝히고 있다.
203) 이미 예레미아스는(*Abba*, pp. 222f) 마가복음 10장 45절과 관련하여 이사야 43장 3절 이하를 언급하였다.

이하에 따르면, 페르시아 왕 퀴로스(고레스)가 이스라엘을 석방토록 하기 위하여, 야훼 하나님께서 이집트와 쿠쉬 또한 세바를 퀴로스에게 대속물로 주고 있다. 이 구절에서 이방인이 이스라엘을 위한 대속물로 사용되고 있으며, 대속물 지불의 주체가 하나님인 것과는 달리, 마가복음 10장 45절에는 예수 스스로가 자신의 생명을 사람들을 위한 대속물로 내놓고 있다. 또한 대속물의 수취인과 관련해서도 서로 다르다. 이사야 43장 3절 이하에 나오는 대속물의 수취인은 이방인 왕 퀴로스인 것과 달리, 마가복음 10장 45절은 대속물 수취인을 전혀 언급하지 않으면서 예수의 생명 수여의 자유성을 특히 강조하고 있다. 이렇게 볼 때 이사야 43장 3절 이하를 마가복음 10장 45절 형성의 배경으로 보는 주장은 무리가 많다고 할 수 있다.

3. 헬라 · 기독교적 구원론에서 유래한 헬라 · 기독교 공동체의 작품(W. Bousset, R. Bultmann)

입장의 요점 : 복음서에 나오는 예수 죽음에 대한 구원론적인 해석은 헬라 · 기독교적 구원론에서 나온 헬라 · 기독교 공동체의 신학적 산물이다.

여기에서는 루돌프 불트만(Rudolf Bultmann)의 견해에 한정하여 다루고자 한다. 그는 이 문제를 자세히 다룬 연구서나 논문을 집필하지 않았기에 우리는 단지 그의 유명한 두 저서『공관복음서 전승사』(*Die Geschichte der synoptischen Tradition*, Göttingen, ⁹1979)와『신약성서 신학』(*Theologie des Neuen Testaments*, Tübingen, ⁹1984)에 국한하여 그의 입장을 간단히 살펴보고자 한다.

• 마가복음 10장 45절은 도그마에 의해 변형된 것이고, 그 원형은 누가

복음 22장 27절에 들어 있다.[204] 이와 같은 사실은 누가의 구절이 '인자' 칭호나 예수의 죽음에 대하여 한 마디도 언급하지 않으면서, 단지 예수의 섬김에 대해서만 진술하고 있는 데에서 알 수 있다.[205]
- 마가복음 10장 45절은 예수의 섬김을 나중에 그의 죽음과 연결시켜, 이 죽음에 대속이라는 발전된 성격을 부여한 것이다. 다시 말하면 마가복음 10장 45절은 누가복음 22장 27절이 확장·발전되어 부차적으로 형성된 것이다.[206]
- 결국, 마가복음 10장 45절은 '헬라·기독교적 구원론'의 영향에서 비롯된 헬라 기독교 공동체의 작품이다.[207]

불트만의 이러한 입장이 안고 있는 문제점은, 누가복음 22장 27절과 마가복음 10장 45절의 문맥을 전혀 고려하지 않으면서 단순히 이 둘을 비교하는 가운데 누가복음 22장 27절을 대속의 의미를 담고 있는 마가복음 10장 45절보다 더 오래된 전승으로 여기는 데 있다.[208] 이러한 불트만의 판단은 마가복음 10장 45절를 포함하여 신약성서에 나오는 예수의 고난예고를 담고 있는 구절들을 모두 '사후 예언(vaticinia ex eventu)'으로 파악하고 있는 것과 일치한다.[209] 이와 같은 불트만의 시각은 더 이상 받아들일 수 없다. 예수가 자신의 죽을 운명을 사전에 계산에 넣었다는 것을 우리는 역사

---

204) R. Bultmann, *Die Geschichte der synoptischen Tradition*, p. 97.
205) *Ibid.*, 154.
206) Cf. *ibid.*, p. 97, p. 162, pp. 166f.
207) *Ibid.*, p. 154.
208) 이러한 불트만의 견해는 이미 W. Bousset의 저서 *Kyrios Christos. Geschichte des Christusglaubens von den Anfängen des Christentums bis Irenaeus*(Göttingen, ⁵1965), p. 73에서 찾아볼 수 있다. 많은 주석가들이 지금까지도 이 견해를 따르고 있다. 예를 들면 F. Hahn, *op. cit.*, p. 459; B. Kollmann, *Ursprung und Gestalten der frühchristlichen Mahlfeier*(Göttingen, 1990), p. 180.
209) R. Bultmann, *Theologie*, p. 31.

적 사실로 인정해야만 하기 때문이다.[210] 또한 불트만은 왜 이 로기온이 유독 헬라·기독교 공동체의 산물이어야만 하는 까닭에 대해서 설명을 하지 못하고 종교사학파에 속하는 빌헬름 부셋(W. Bousset)을[211] 단지 무비판적으로 따르고 있을 뿐이다.

4. 팔레스타인 유대교에서 유래한 순교자 죽음에 대한 표상(E. Lohse)

> 입장의 요점 : 예수 죽음에 대한 구원론적 해석의 기원은 당시 팔레스타인 유대교에(특히 마카비 시대에) 만연되어 있던 표상 곧, 자신의 백성을 위한 대속의 작용을 하는 순교자의 죽음 표상에서 찾을 수 있다.

'에두아르트 로제(Eduard Lohse)'의 입장은 그의 저서 『순교자들과 하나님의 종』(*Märtyrer und Gottesknecht*, Göttingen, ²1963)에서 찾아볼 수 있다.

- 마가복음 10장 45절과 관련하여 로제는 불트만에 반박하면서 이 로기온을 '주의 말씀(Herrenworte)'을 담고 있는 가장 오래된 전승에 속하

---

210) 이에 대하여 필자의 박사학위 논문 Chang-Sun Kim, "Das Leiden Jesu. Exegetische Studien zu indirekten Leidensankündigungen Jesu und ihrem Verhältnis zu seiner Basileia-Verkündigung," Diss.(Tübingen, 1996)을 참조할 것. Cf. J. Jeremias, *Neutestamentliche Theologie*, pp. 265-269; E. Lohse, *Märtyrer und Gottesknecht. Untersuchungen zur urchristlichen Verkündigung vom Sühnetod Jesu Christi*(Göttingen, ²1963), p. 117, n. 2.
211) W. Bousset, *Kyrios Christos*, pp. 7f. 여기에서 부셋은 마가복음 10장 45절을 "das dogmatisch so stark belastete Logion"으로 부르고 있다.

며 또한 명백히 팔레스타인적인 성격을 지닌 것으로 보고 있다.[212]
- 내용적으로 볼 때, $\lambda\acute{u}\tau\rho o\nu$ - 말씀은 이사야 53장 10-12절의 내용을 요약한 것이다.[213]

- 이때, $\lambda\acute{u}\tau\rho o\nu$ - 말씀은 종말론적으로 이해할 수 있다. 따라서 이 대속물은 종말의 심판 때 해당되는 것으로 모든 사람들을 위한 것이다.[214]
- 이 우주적 효력을 지닌 $\lambda\acute{u}\tau\rho o\nu$ - 말씀은 의인이나 순교자의 대속의 죽음과 관련된 당시 유대교의 진술과는 다르다. 왜냐 하면 인자의 죽음으로 인한 대속은 이스라엘이나 어느 특정 모임에만 국한되지도 않았으며, 또한 그 효력이 한 번으로 끝나는 것도 아니기 때문이다.[215]
- 예수 죽음에 대한 구원론적 해석은 팔레스타인 유대 전통에 그 기원을 두고 있다. BC 1세기 중엽에 형성된 제4 마카비서에(4Makk 6:28f, 17:22, cf. 2Makk 7:37-38) 나오는 순교자의 죽음에서 처음으로 속죄의 영향을 찾아볼 수 있다.[216]
- 마가복음 10장 45절(또한 마가복음 14장 24절)의 '삶의 자리'는 공동체의 고백에 놓여 있다.[217]

예레미아스의 제자인 로제는 스승의 입장을 유대적 속죄 표상이라는 보다 넓은 문맥에서 발전시켰다고 볼 수 있다. 그런데 예레미아스가 이 로기온의 진정성을 곧, 예수의 말씀임을 인정하고 있는 것과는 달리, 로제는 단

---

212) 이 점을 로제는 예레미아스(J. Jeremias)를 따르는 가운데 밝히고 있다. E. Lohse, *Märtyrer und Gottesknecht*, p. 118f.
213) E. Lohse, *Märtyrer und Gottesknecht*, pp. 119f.
214) *Ibid.*, p. 120.
215) *Ibid.*, pp. 120f.
216) *Ibid.*, p. 70.
217) *Ibid.*, p. 224.

지 이 로기온의 삶의 자리가 '공동체의 고백'에 놓여있다고 말할 뿐이지 지상의 예수의 말인지에 대한 물음에는 대답을 회피하고 있다.

로제가 제시하고 있는 입장의 약점은 유대적 속죄 표상과 신약성서적인 표상 사이에 직접적인 연관이 있다고 보기 어려운 중요한 차이에 있다. 다시 말하자면, 유대적 표상은 이미 현존하고 있는 구원의 공동체인 이스라엘에 해당되고 있음에 반하여, 신약성서적 표상은 예수의 죽음으로 인해 형성될 새로운 공동체에 걸리고 있다는 사실이다.[218] 그러함에도 불구하고 로제의 이와 같은 연구는 속죄 표상에 대한 유대적 사고를 우리에게 보여주었고, 이것이 신약성서적 사고에 직접적이지는 않다 하더라도 형식적 틀을 제공하였다는 의미에서 간접적으로나마 영향을 주었으리라는 추측을 가능하게 한다.[219]

5. 헬라 신비교의 영향을 받은 헬라 · 유대 원시 기독교(K. Wengst, W. Zager)

입장의 요점 : 예수 죽음을 속죄 사건으로 보는 원시 기독교의 구원론적 해석은 헬라 · 유대적 순교 이해의 문맥에 속하는 것으로서 스데반을 중심으로 하는 헬라 · 유대 기독교 모임에서 처음으로 형성된 것이다.

클라우스 벵스트(Klaus Wengst)는 대속 죽음의 표상이 팔레스타인(구약 및 초기 유대적) 속죄 표상에서 유래한다는 로제의 입장에 반박하면서 자

---

218) J. Roloff, *Neues Testament*, p. 189 참조.
219) 야노브스키(B. Janowski)는 구약의 kopaer-개념이 담고 있는 구원론적 내용이 마가복음 10장 45절에 지배적인 것으로 보고 있다("Auslösung des verwirkten Lebens. Zur Geschichte und Sturuktur der biblischen Lösegeldvorstellung," in: *ZThK* 79, 1982, pp. 25-59, 여기 pp. 58f).

신의 입장을 그의 저서 『기독론적 양식들과 원시 그리스도교의 노래』 (Christologische Formeln und Lieder des Urchristentums, Gütersloh, ²1972) 에서 전개시키고 있다.²²⁰⁾

- 벵스트는 우선 로제와 달리 구원론적 해석과 관련하여 헬라 유대교의 의미를 강조하고 있다.
- 대속의 죽음에 대한 표상은 구약성서 전통 내에 단지 이사야 53장에서만 찾아볼 수 있을 뿐이다. 유대 묵시 문학 전통에서도 이러한 표상을 찾을 수 없다. 이러한 사고는 유대적 사고인 '대가 치름-도그마(Vergeltungsdogma)' 와 서로 상충 관계에 놓여 있다.²²¹⁾
- 이러한 사고는 우선적으로 헬라 · 유대 문서 가운데에 나타나며, 나중에야 비로소 팔레스타인 영역에서도 찾아볼 수 있다. 따라서 대속 죽음의 표상은 팔레스타인 유대교에서 유래한 것으로 보기 어렵고, 오히려 헬라 유대교에서 생성되었다고 보아야만 한다.²²²⁾
- 헬라적 사고인 의인의 강제적 죽음이 지닌 의미와 구약 · 유대적인 대속 사고가 서로 어울려서 결국 헬라 유대교에서 찾아볼 수 있는 다른 사람을 위해 죽는 대속의 죽음 표상이 가능하게 된 것이다.²²³⁾
- 이러한 입장에서 벵스트는 마가복음 10장 45절 후반은 45절 전반을 보다 자세히 설명하고 있는 보충어로서 스데반을 중심으로 하는 헬

---

220) W. Zager의 입장은 그의 논문 "Wie kam es im Urchristentum zur Deutung des Todes Jesu als Sühnegeschehen? Eine Auseinandersetzung mit Peter Stuhlmachers Entwurf einer Biblischen Theologie des Neuen Testaments," in: ZNW 87, 1996, pp. 165-186에서 찾아볼 수 있다.
221) K. Wengst, Christologische Formeln und Lieder des Urchristentums(Gütersloh, ²1972), p. 66.
222) Ibid., p. 67.
223) Ibid., p. 67.

라 · 유대 기독교 공동체의 산물로 보고 있다.[224]
- 또한 그는 Barrett와 Hooker에 의거하여[225] 이 로기온이 이사야 53장을 받고 있음을 부인하고 있다.[226]

이와 같은 벵스트의 입장은 로제에 반박하는 데 일관한 나머지 너무 한 편으로 치우친 감이 없지 않다. 이미 그의 논증에 모순이 있음은 대속의 죽음 표상이 헬라 전통과 구약 · 유대적 전통의 창조적 합일에서 나왔다는 주장에서 엿볼 수 있다. 이 말은 헬라 전통과 구약 · 유대적 전통을 둘 다 긍정하는 것이므로 결국 로제의 입장에 정면으로 반대하고 있다고 볼 수 없기 때문이다. 또한 마가복음 10장 45절 후반이 스데반을 중심으로 하는 모임에서 형성되었을 것이라는 주장은 상당히 사변적이라 할 수 있다. 뿐만 아니라 마가복음 10장 45절 후반과 이사야 53장 사이에 일치점이 전혀 없다는 이유로 그 연결성을 전면 부정하고 있는 것도 별로 설득력이 없다.

구원론적 해석의 기원과 관련하여 벵스트의 입장을 따르고 있는 베르너 차거(Werner Zager)는, 예수가 자신의 죽음에 그 어떤 대속의 역할을 부여하지 않았다는 전제로부터 하나의 극단적인 추론을 하고 있다. 곧 대속의 죽음이란 현대인들이 더 이상 이해할 수 없는 카테고리이기 때문에 기독교의 복음 선포에 오히려 방해가 된다는 것이며, 따라서 이 카테고리를 버려야 한다고 말하고 있다.[227] 그러나 이와 같은 그의 주장은 놓여 있는 문제

---

224) Ibid., p. 74. Cf. idem, "Glaubensbekenntnis(se)," in: TRE 13, 1984, p. 394.
225) C.K. Barrett, "The Background of Mark 10:45," in: *New Testaments Essays. Studies in Memory T.W. Manson*, ed. by A.J.B. Higgins(Manchester, 1959), pp. 1-18. 특히 pp. 4-7; M.D. Hooker, *Jesus and the Servant. The Influence of the Servant Concept of Deutero-Isaiah in the New Testament*(London, 1959), pp. 76-79. 이들은, 마가복음 10:45는 사 53장을 받지 않고 순교자와 의인의 대속죽음이라는 당시 유대교에 만연된 표상에 따라 형성된 것으로 여기고 있다.
226) K. Wengst, *op. cit.*, p. 75.
227) W. Zager, *op. cit.*, pp. 183-186.

의 어려움을 단지 회피하는 것에 불과하다고 생각한다. 예수 죽음에 대한 대속의 개념을 현대인이 어떻게 하면 가장 잘 이해할 수 있는가 하는 것은 또 다른 문제이기 때문이다.

IV. 결론-남은 문제와 문제 해결을 향한 새로운 접근 가능성

우리는 위에서 마가복음 10장 45절 후반을 중심으로 예수 죽음의 기원에 대한 서로 다른 입장들을 살펴보고 그들이 제시하고 있는 근거들을 검토하였다. 예수 죽음에 대한 구원론적 해석의 기원을 학자들은 크게 두 가지로 곧, 예수 자신으로부터 유래하는 것으로 혹은 원시 공동체의 작품으로 파악하고 있음을 비판적으로 살펴보았다. 이 두 견해는 여전히 풀 수 없는 문제점을 안고 있기 때문에 지금까지도 심한 논란의 대상이 되고 있는 것이다.

문제의 어려움은 오늘날 우리에게까지 전승된, 구원론적 해석을 담고 있는 구절 마가복음 10자 45절 후반의 (또한 막 14:24) '삶의 자리(Sitz im Leben)'가 성만찬 전승과 관련이 있다는 사실이다. 이것은 이 로기온이 다름 아닌 원시 교회의 예배에서 사용되었음을 시사해 주고 있는 것이다. 이 말은 결국 이 구절이 원시 교회의 신앙고백과도 관련이 있다는 뜻이다. 따라서 이 구절이 담고 있는 본질적인 어려움은, 한편으론 예수 자신의 말일 가능성을 배제할 수 없으며, 다른 한편으론 원시 교회의 신앙고백의 영향을 동시에 받고 있다는 사실이다. 뿐만 아니라 여전히 학계에 문제로 남아 있는 '인자' 개념이 이 로기온에 나타나고 있는 사실이 어려움을 가중시키고 있는 것이다.

완전한 해결을 보지 못하고 있는 또 다른 문제는 마가복음 10장 45절 후반과 이사야 53장 사이에 놓인 관계성에 있다. 문제의 어려움은, 단어 사용의 측면에서 볼 때 둘 사이의 연관성을 확증할 수는 없으나, 내용적으로 볼 때는 대속의 모티브란 측면에서 둘 사이의 유사성을 완전히 부인하기 어렵다는 사실에 놓여 있다. 이렇게 볼 때, 이 두 구절 자체에만 국한해서는 어느 입장이 맞는지 확답을 내리기가 곤란하다. 따라서 문제의 해결에 접근하기 위해서는 다른 시각이 요청되고 있는 것이다.

이제까지 있었던 예수 죽음의 구원론적 해석을 둘러싼 논쟁 가운데에서 예수의 예루살렘체제 이전에 여러 가지로 있었던 예수 자신이 당할 고난 및 죽음 예고를 담고 있는 구절들을 소홀히 하였다. 예수가 갈릴리 시대부터 여러 기회 때마다 자신이 당할 고난을 특히 제자들에게 은연중에 예고하였다는 것을 역사적 신빙성이 많은 사실로 보아야 한다고 생각한다. 이같은 사실은 공관복음서에 나오는 다양한 구절들, 특히 누가복음 13장 31-33절; 마가복음 12장 1-9절; 마가복음 10장 38절 이하; 누가복음 12장 50절; 마가복음 2장 19절 이하; 누가복음 11장 2-4절, 22장 31절 이하; 마태복음 10장 38절; 누가복음 14장 27절; 마태복음 10장 39절; 누가복음 17장 33절을 통해서 알 수 있다.[228]

예수는 자신의 죽을 운명을 단순히 예고한 것에 그치지 않고, 이 운명을 하나님나라의 완성을 위한 전제로 받아들였거나(막 10:37), 또는 하나님나라의 도래를 위한 불가피한 길로 여겼다는 사실에서,[229] 다시 말하자면 자신의 운명을 하나님의 뜻으로 받아들여 순종하기로 마음을 먹었다는 사실에서 우리는 신학적으로 중요한 또 다른 사실을 유추해낼 수 있다. 그것은 다름 아닌 예수의 죽음 예고는 곧 대속의 죽음이라는 의미를

---

228) 이 구절들의 진정성과 또한 예수의 고난 및 죽음과의 관련성에 대해서는 필자의 박사학위 논문 특히 전반부 5-117쪽을 참조하시오.
229) 이 두 구절에 대해서는 언급한 필자의 박사학위 논문 130-150쪽을 참조할 것.

이미 내포하고 있다는 사실이다.

　예수가 자신이 당할 죽음을 하나님께서 자신에게 맡긴 운명으로 이해하였다면, 예수는 예견되는 자신의 죽음에서 대속의 의미를 보았다고 말할 수밖에 없다. 따라서 원시 기독교가 고백하였던 구원론적 해석의 내용을 담고 있는 다양한 신앙고백의 원뿌리는 다름 아닌 지상의 예수 자신에게 근거하고 있다는 결론이 나온다. 이러한 측면을 고려할 때, 마가복음 10장 45절 후반을 역사적 예수의 말로 보는 것이 이를 원시 기독교 공동체의 산물로 보는 것보다 더욱 사실에 부합한다고 판단되어진다.

　그런데 여전히 문제로 남아 있는 것은, 예수가 구원론적 해석을 담은 우리의 구절을 진술하였을 때 과연 이사야 53장을 그 진술의 배경으로 삼았는가 하는 것이다. 우리는 예수가 이때 이사야 53장의 내용을 염두에 두었을 수 있다는 가능성을 배제하고 싶지는 않다. 그런데 설사 이사야 53장의 내용과의 연관성을 굳이 예수에게까지 소급시키지 않는다고 할지라도, 예수의 고난 예고에 이미 대속 죽음의 차원이 내포되었다는 우리의 주장이 옳다면, 구원론적 해석의 뿌리를 지상의 예수에게서 찾는 데 지장이 없다고 말할 수 있다. 다시 말하자면 구원론적 해석을 담은 마가복음 10장 45절 후반과 이사야 53장 사이의 연결성 부인을 이 로기온의 진성성과 반드시 결부시킬 필요가 없다는 것이다.

제 7 장

바울의 십자가 신학

- 십자가 신학의 중요성과 교회론적 함의 -

I. 들어가면서

교회와 교인을 상징하는 십자가는 오늘 우리의 주변에서 쉽게 찾아볼 수 있다. 저녁 대도시의 고층 아파트에서 내려다보면 주위 상가의 광고 간판을 압도하는 우뚝 솟은 빨간 불빛의 십자가를 도처에서 발견할 수 있을 뿐만 아니라, 외모를 아름답게 꾸미는 장식용 금은 십자가를 몸에 걸고 다니는 사람들을 어렵지 않게 만날 수 있다. 오늘날 십자가는 이처럼 우리의 삶과 너무 밀착된 채 지극히 '자연스럽고 일상화 된' 모습으로 나타나는 경향이 강하다. 십자가가 너무 가까이 있고 일상화된 나머지, 이에 대해 뭔가 심각한 것을 연상시키는 것이 더 이상 자연스럽지 않게 되었다.[230]

---

230) 19세기말 서구의 세속화된 기독교 세계를 염두에 둔 니체(Fr. Nietsche)의 다음과 같

이러한 오늘의 우리 상황과 달리 예수 당시 로마법에 따르면 십자가 처형은 가장 혐오스러우며 잔혹한 사형 제도로 알려져 있었다.[231] 그래서 어느 누구도 십자가를 자연스럽고 일상화된 것으로 여긴다든지 심지어 장식품으로 사용될 수 있는 뭔가 우아하고 아름다운 것과 연결짓는다는 것은 도무지 상상조차 할 수 없는 일이었다.[232] 나사렛 예수의 끔찍한 죽음과 관련된 십자가 처형을 구원 사건과 연결시킨다는 것은 한마디로 '미친 짓'에 불과했던 것이다.[233] 그런데 이와 같은 십자가 처형 사건을 초창기 교회는 심오한 신학을 표현하는 중요한 신학적인 개념(theologia crucis)으로 발전시켰다. 십자가의 신학적 개념의 중요성을 인식하여 강조한 '교회의 신학자' 가운데 가장 잘 알려진 사람은 다름 아닌 사도 바울이다.[234] 신약성서 기자 가운데 가장 이른 시기에 속한 바울은 이 개념을 자신의 신학 중심에

   은 진술은 상당 부분 오늘 우리 사회에도 해당될 수 있을 것 같다: "모든 기독교적 어휘 체계에 대하여 무감각해진 현대인들은 고대의 미각에 있어서 '십자가에 달린 하나님'이란 양식의 파라독스에 담긴 이 무시무시하며 실로 엄청난 요소에 대하여 더 이상 아무 것도 느끼지 아니한다"(Jenseits von Gut und Böse, III, 46 J. Moltmann, Der gekreuzigte Gott: Das Kreuz Christi als Grund und Kritik christlicher Theologie, München, 1972, pp. 37f에서 재인용).
231) 로마 시대의 십자가 처형에 관해, M. Hengel, *Crucifixion*(Philadelphia: Fortress, 1977)(=『십자가 처형』, 김명수 역, 대한기독교서회, 1982)을 참조하시오.
232) 초창기 그리스도인들은 여러 표시와 상징을 사용하였으나, 십자가를 상징으로 이용하지는 않은 것으로 보인다. 현재 알려져 있는 가장 오래된 십자가 형상은 로마 팔라틴에서 유래한 3세기경의 벽화인데, 당나귀 머리를 한 사람이 십자가에 매달려있는 모습을 하고 있다. 이것은 의심의 여지없이 그리스도인을 비웃는 스케치이다(E. Dinkler, *Signum Crucis*, Tübingen, 1967, pp. 150-153, 그림 33a).
233) 2세기 때의 그리스도교 변증가였던 저스틴(Justinus, 165년경에 죽음)은 자신의 작품 가운데 십자가에 관한 그리스도교의 선포를 가리켜 사람들이 "미친 짓"(μανία)이라 불렀다고 전한다(Apology I, 13.4: "그들은 우리의 미친 짓을 다음과 같은 사실에 있다고 말한다. 즉 우리는 십자가에 처형된 인간을 세계의 창조자요 영원불변하신 하나님의 다음 위치에 놓는다").
234) 바울 외에도 "십자가 신학"(theologia crucis)의 중요성을 강조한 사람으로서 특히 마가복음서기자를(cf. 막 8:31-34; 9:30-37; 10:32-45) 들 수 있다.

놓았다.

어휘 사용 횟수만 보더라도 바울이 십자가의 중요성을 강조하였다는 사실을 알 수 있다. '십자가' 혹은 이와 연관된 단어는 바울 및 바울 전승 가운데 명사(σταυρός)로서 10회 나타나고, 동사의 형태로도 10회 사용되었다.[235] 복음서에 나오는 수난 이야기와 히브리서의 한 구절을 제외하면 '십자가' 라는 단어를 사용하고 있는 성서 기자는 전적으로 바울과 바울 전승에 국한되는 셈이다. 이와 같은 사실만 고려하더라도 십자가에 대한 바울의 관심이 남달랐을 것이라고 쉽게 짐작할 수 있다. 이때 십자가 개념은 나사렛 예수가 십자가형을 당하는 역사적 과정을 가리키는 역사적 설명을 위한 개념으로서가 아니라, 예수 그리스도를 통해 세상을 변화시키는 하나님의 구원 사건을 나타내는 신학적인 개념으로 사용되고 있다는 사실에 유의할 필요가 있다.

예수의 십자가 죽음은 바울신학을 결정짓는 핵심 주제로서 바울 선포의 다양한 내용과 직결되어 있다. 예컨대 바울의 칭의론과 율법 이해 또는 죄론 등은 모두 그리스도의 십자가 사건과 밀접하게 연결되어 있다. 이런 의미에서 바울의 십자가 신학은 그의 신학을 이해하는 열쇠라고 말할 수 있다. 이러한 중요성에 걸맞게 바울의 십자가 신학과 관련하여 서구에서는 수많은 성서학적인 연구가 있었다.[236] 그러나 바울의 십자가 신학이 익히

---

235) 명사 stauros는 신약성서 가운데 모두 27번 나온다. 바울 서신(고전 1:17, 18; 갈 5:11, 6:12, 14; 빌 2:8, 3:18; 엡 2:16; 골 1:20, 2:14)을 제하면 사복음서에 16회, 히브리서에 1회(12:2) 사용된다. 동사 사용은 다음과 같다. σταυρόω(고전 1:13, 23, 2:2, 8; 고후 13:4; 갈 3:1, 5:24, 6:14); συσταυρόω(롬 6:6; 갈 2:19).
236) 이에 관하여 김지철 교수의 논문 「십자가와 하나님의 지혜: 고전 1:18-2:16을 중심으로」, in: 『신학 사상』(1992, 여름), 273-302쪽, 이곳 273쪽, 각주 3)을 보시오. 그 밖에도 E. Käsemann, "Die Bedeutung des Todes Jesu nach Paulus," in: idem, *Paulinische Perpektiven*(Tübingen, 1969), pp. 61-107; G. Friedrich, *Die Verkündigung des Todes Jesu im Neuen Testament*(Neukirchen-Vluyn, 1982); Jie-Chul Kim, *Der gekreuzigte*

알려진 고전적인 주제임에도 불구하고 이에 관해 우리말로 다룬 연구는 그리 많지 않다.[237] 따라서 '진부한' 주제에 속한다고 말할 수 있는 바울의 십자가 신학은 우리의 문맥에서는 여전히 신선함을 줄 수 있는 중요한 주제라고 생각한다. 오늘날 우리 교회는 십자가의 고난의 측면을 강조하여 선포하기보다는 영광과 축복의 측면을 지나치게 강조하는 경향이 있는데, 십자가 신학은 이러한 우리 교회의 모습에 자기반성의 기회와 아울러 교회의 나아갈 방향을 제시할 수 있다고 생각된다. 본고는 바울 신학의 중심에 있는 십자가 신학에 대하여 중요한 구절을 중심으로 요약하여 다루고자 하며, 끝으로 바울의 십자가 신학으로부터 도출되는 교회론적 의미에 대하여 생각해 보고자 한다.

II. 십자가 신학의 뿌리

역사적 사건으로서의 예수의 십자가 처형을 죄인 된 인간을 위한 하나님의 구속 사건으로 증거함으로써 십자가 신학을 최초로 발전시킨 사람은

Christus als geheimnisvolle Weisheit Gottes: Exegetische Studien zu 1 Korinther 2,6-16(Dissertation Tübingen, 1987); O. Hofius, "Sühne und Versöhnung: Zum paulinischen Verständnis des Kreuzestodes Jesu," in: idem, *Paulusstudien*(Tübingen, 1989), pp. 33-49; C. Breytenbach, *Versöhnung: Eine Studie zur paulinischen Soteriologie*(Neukirchen-Vluyn, 1989); W. Kraus, *Der Tod Jesu als Heiligtumsweihe*(Neukirchen-Vluyn, 1991); G. Barth, *Der Tod Jesu Christi im Verständnis des Neuen Testaments*(Neukirchen-Vluyn, 1992); Th. Söding, *Das Word vom Kreuz: Studien zur paulinischen Theologie*(Tübingen, 1997).

237) 우리의 주제와 관련하여 김지철 교수의 다음 논문도 많은 것을 시사한다. 「십자가의 지혜와 기독교 영성」, in:『기독교 사상』(1992, 1), 80-98쪽;「한국문화신학은 십자가의 거침돌을 제거했는가: 바울의 십자가 신학을 통해 본 한국문화신학」, in:『복음과 문화』, 한국기독교학회 편(대한기독교서회, 1991), 146-173쪽.

바울이라고 말할 수 있다. 원시 그리스도교 가운데 십자가 신학에 관한 진술을 한 최초의 증인이 다름 아닌 바울이기 때문이다.[238] 그런데 바울의 십자가 신학은 그리스도 신앙의 선배들로부터 바울이 물려받은 복음 전승에 그 뿌리를 두고 있다. 이에 관해 바울은 고린도전서 15장에서 분명히 밝히고 있다.

"1 형제들아 내가 너희에게 전한 복음을 너희에게 알게 하노니 이는 너희가 받은 것이요 또 그 가운데 선 것이라 2 너희가 만일 내가 전한 그 말을 굳게 지키고 헛되이 믿지 아니하였으면 그로 말미암아 구원을 받으리라 3 내가 받은 것을 먼저 너희에게 전하였노니($παρέδοκα$) 이는
성경대로 그리스도께서 우리 죄를 위하여 죽으시고 4 장사 지낸 바 되셨다가
성경대로 사흘 만에 다시 살아나사 5 게바에게 보이시고 후에 열두 제자에게와
6 그 후에 오백여 형제에게 일시에 보이셨나니 그 중에 지금까지 대다수는 살아 있고 어떤 사람은 잠들었으며 7 그 후에 야고보에게 보이셨으며 그 후에 모든 사도에게와 8 맨 나중에 만삭되지 못하여 난 자 같은 내게도 보이셨느니라"(고전 15:1-7)

위의 본문은 바울이 고린도 교인들에게 죽은 자들의 부활에 대하여 설명하는 15장의 도입부를 이룬다. 여기에서 바울이 고린도교회 설립 무렵 자기에게 전해 내려온 복음에 관한 전승을[239] 인용하고 있음을 알 수 있다.

---

238) Cf. J. Becker, *Paulus: Der Apostel der Völker*(Tübingen, 1989), p. 218.
239) 고린도전서(15:1, 3)에서 바울은 전승에서 전해 받은 복음에 대하여 언급하는 반면, 갈라디아서(1:11-12)에선 사람에 의존하지 않은 "예수 그리스도의 계시로 말미암은" 복음에 대하여 말한다. 이러한 외견상 차이는 모순으로 간주할 것이 아니라, 두 서신이 맺고 있는 상황과 관련하여 이해할 필요가 있다. 갈라디아서에선 역사적인 정통성

바울은 고린도 교인에게 "전한"(1절, 3절) 복음의 내용이 자신이 "받은 것"
(3절)이라는 점을 분명히 밝히고 있기 때문이다. 여기에 나타나는 '받다
(παραλαμβάνω)'와 '전하다(παραδίδωμι)'라는 동사는 유대인들의 전승
과정을 나타내는 전문 용어에 해당되는 표현이다.[240] 게다가 바울이 다른
서신에서는 전혀 사용하지 않은 용어들이[241] 여기에 집중적으로 나타나고
있다. 이러한 측면에서 이 본문은 의심의 여지없이 바울 이전의 전승에서
유래한 것임을 알 수 있다.[242]

이 전승의 범위에 대하여 학자들 사이에 의견이 분분하나, 인용되고 있
는 전승의 내용은 대체로 3절 후반에서 시작하여 5절까지만 해당되는 것
으로 간주한다. 6절 이하의 문장은 더 이상 동사 παρέδοκα(전하였노니)에
종속되지 않고 독립적으로 사용되고 있기 때문이다. 나머지 부분 6-8절은
바울의 표현으로 여긴다.[243] 바울이 전해 받은 3절 후반-5절까지의 진술은

을 주장하는 유대주의 그리스도인과의 논쟁에서 하나님으로부터 오는 계시의 직접성
을 강조한 반면, 고린도전서에선 탈역사적인 열광주의 그리스도인들에 대항하여 역사
적 전통의 중요성을 강조한 것과 관련이 있다. "복음은 본질적으로 항시 역사적 전통이
며 동시에 영적인 케리그마" (L. Goppelt, *Theologie des Neuen Testaments*(Göttingen,
1985), pp. 365f)로 보는 고펠트의 시각이 적절하다고 생각한다. 그는 부활절 케리그마
전통과 다메섹 체험을 바울신학의 출발점으로 여긴다. Cf. 김세윤, 『바울 복음의 기
원』(도서출판 엠마오, 1989), 114쪽 이하.

240) 동사 παραδίδωμι는 구전의 토라 전승을 전해 주는 것을 가리키는 히브리어 동사 מסר
에 해당되며, παραλαμβάνω은 전수받는 것을 가리키는 동사 קבל에 해당된다.
241) κατὰ τὰς γραφὰς, ὤφθη, οἱ δώδεκα. 또한 사흘째 되던 날에 부활했다는 점.
242) 바울 이전의 전승과 관련하여: 성종현, 「파라도시스-바울 이전의 신앙 전승」, in: 『기
독교사상』(1989), 220-228쪽을 참조하시오.
243) B. Gerhardsson (*Memory and Manuscript: Oral Tradition and Written Transmission in
Rabbinic Judaism and Early Christianity*(Uppsala, 1961), pp. 299f)과 J. Roloff
(*Apostolat-Verkündigung-Kirche*(Gütersloh, 1965), pp. 47f)는 8절까지를 바울 이전
의 전승으로 간주한다. K. Holl("Der Kirchenbegriff des Paulus in seinem Verhältnis
zu dem der Urgemeinde," in: idem, *Gesammelte Aufsätze* II, pp. 46ff)과 J.
Weiss(*Kommentar*, pp. 350f)는 7절까지, P. Stuhlmacher(*Das paulinische Evangelium*

예수 그리스도의 죽음과 부활에 관한 2개의 잘 짜여진 문장으로 구성되어 있다. 학자들은 이 본문을 다양한 양식으로 부르고 있다: '신앙 양식문' (F. Hahn, "Bekenntnisformel"; H. Conzelmann, "Glaubensformel"), '구원사 이야기' (J. Blank, "heilsgeschichtliche Erzählung"), '선포 양식' (R. Deichgraber, "Verkündigungsformel"), '교리문답적 전승/요약' (U. Wilckens, "katechismusartiges Überlieferungsstuck"; P. Stuhlmacher, "katechismusartiges Summarium"). 여하튼 그리스도의 죽음과 십자가와 부활을 구원 사건으로 선포하는 이 양식문은 현재 우리에게 알려져 있는 가장 이른 시기에(바울보다 앞선 시기에) 형성된 예루살렘 교회 초창기의 '신앙 고백문'으로 간주되고 있다.[244]

이 본문의 3절 후반은 "그리스도께서 우리 죄를 위하여 죽으시고"라고만 언급하지 십자가에 대한 구체적인 언급은 하지 않는다. 이를 빠뜨린 것은, 수치스러운 사형 제도에 관한 언급을 의도적으로 회피하기 위해서라고 보기 어렵다. 예수 그리스도가 십자가에서 죽임을 당했다는 사실은 익히 알려진 사실일 뿐만 아니라, 당시 십자가에 달린 저주받은 죽음을 구원 사건으로 파악하려는 신학적 관심이 아직 자리 잡지 못한 것이 그 이유라고 생각된다.[245] 분명한 것은, 그리스도의 죽음은 다름 아닌 십자가의 죽음

I: *Vorgeschichte*(Göttingen, 1968), pp. 268f)와 U. Wilckens[*Auferstehung*(Stuttgart, Berlin, 1970), pp. 24-30]는 6절을 제외한 7절까지를 전승으로 간주한다.

244) 사도행전 2-5장에 나오는 베드로 설교 역시 초기 교회에서 유래한 케리그마로서 고린도전서 15:3-5의 전승과 일치한다[C. H. Dodd, *The Apostolic Preaching and Its Develiopments*(London, 1951)]. '기독론적 양식문'과 관련하여 다음을 참조하시오: J. Ernst, *Anfänge der Christologie*(Stuttgart, 1972); K. Wengst, *Christologische Formeln und Lieder des Urchristentums*(Gütersloh, 1974, 2판). 이와 관련하여 필자의 다음의 논문도 참조하시오: 「예수의 죽음에 대한 구원론적 해석의 기원 연구」, in: 『말씀과 교회』 19(1998, 여름), 112-131쪽. 이 책의 제6장에도 실려 있다.

245) 이와 같이 Chr. Wolff, *Der erste Brief des Paulus an die Korinther. Zweiter Teil* (Berlin, 1990), p. 159.

을 가리키며, 이것은 우리의 죄를 위한 것이라고 밝히고 있다는 사실이다. 바울은 이 증언을 수용하여 자신의 십자가 신학의 토대요 복음 선포의 중심으로 삼았던 것이다.[246]

III. 십자가 신학(theologia crucis) - 바울 신학의 중심

1. 십자가의 복음 - 바울 선포의 내용

바울은 부활하신 그리스도에 의해 사도로서의 소명을 받았으며(고전 15:8 이하; 갈 1:13 이하), 이 소명에 근거한 이방 선교의 사명을 갖고 복음을 땅 끝까지 전파하고자 하였다. 이때 바울이 전한 복음은 다름 아닌 그리스도의 십자가에 관한 말씀이다. 십자가의 말씀은 곧 바울이 선포한 복음의 내용을 나타낸다.

바울 서신 가운데 가장 먼저 기록된(50년경) 데살로니가교회를 향해 보낸 서신 가운데 바울은 "우리는 예수께서 죽으셨다가 다시 살아나심을 믿을진대"(살전 4:14)라는 진술을 하고 있다. 이 간단한 진술은 나사렛 예수의(부활 사건과 더불어) 십자가 사건을 가리키는 것으로 그리스도인을 하나로 묶어 주는 신앙과 복음의 내용으로서 사용되었다. 또한 몇 년 뒤에 기록된 고린도교회에 보내는 서신에서도 바울은 자신이 전하는 선포에 대하여 "우리는 십자가에 못 박힌 그리스도를 전하니"(고전 1:23)라고 한마디로 말한다. 우리는 이와 같은 진술을 통해 십자가 사건을 가리키는 '예수

---

[246] 이 점에서 바울이 자신의 선교 사역 가운데 초창기 교회가 공유하던 선포와의 유대를 얼마나 중요하게 여겼는가를 짐작할 수 있다.

의 죽음'이 바울이 선포하는 신앙의 핵심 내용에 속하며 바울 신학의 중심에 놓여 있다는 사실을 알 수 있다. 예수 그리스도의 십자가가 바울 선포와 동일시되고 있다는 사실은 다음의 진술 가운데 더욱 분명히 나타난다.

"그리스도께서 나를 보내심은 세례를 베풀게 하려 하심이 아니요 오직 복음을 전하게 하려 하심이로되 말의 지혜로 하지 아니함은 그리스도의 십자가가 헛되지 않게 하려 함이라"(고전 1:17)
"1 형제들아 내가 너희에게 나아가 하나님의 증거를 전할 때에 말과 지혜의 아름다운 것으로 아니하였나니 2 내가 너희 중에서 예수 그리스도와 그가 십자가에 못 박히신 것 외에는 아무것도 알지 아니하기로 작정하였음이라"(고전 2:1-2)

여기서 바울은 자기가 전한 복음과 하나님의 증거는 바로 예수 그리스도와 그의 십자가라고 분명히 말하고 그리스도의 십자가 외에는 다른 아무런 관심도 없다고 강조한다. 또한 로마서에선 복음이란 '하나님의 아들에 관한 것'이라고 말한다(롬 1:2-3). 이때 하나님의 아들에 관한 것이란 예수 그리스도의 죽음과 부활을 함축한 표현이라고 말할 수 있다. "예수 그리스도께서 십자가에 못 박히신 것"(갈 3:1)만을 전하기를 원한 바울은 십자가에 달린 자를 주님으로 선포하며, 십자가에 못 박힌 그리스도가 믿는 사람에게는 "하나님의 능력이요 하나님의 지혜"라고 선언한다(고전 1:24). 그런데 바울이 강조하는 십자가 사건은 종말론적인 구원 사건으로 이해하여야 한다. 다시 말하면, 바울은 그리스도의 십자가를 단순히 골고다에서 일어난 예수의 십자가형이라는 역사적 사건으로 파악한 것이 아니라 인류 구원을 위한 하나님의 종말론적인 구원 활동으로 확신하였다.

"8 우리가 아직 죄인 되었을 때에 그리스도께서 우리를 위하여 죽으심으로 하나님께서 우리에 대한 자기의 사랑을 확증하셨느니라 9 그러면 이제 우리가 그의 피로 말미암아 의롭다 하심을 받았으니 더욱 그로 말미암아 진노하심에서 구원을 받을 것이니 10 곧 우리가 원수 되었을 때에 그의 아들의 죽으심으로 말미암아 하나님과 화목하게 되었은즉 화목하게 된 자로서는 더욱 그의 살아나심으로 말미암아 구원을 받을 것이니라"(롬 5:8-10)

이런 의미에서 바울이 선포한 십자가 사건은 모든 사람에게 "밝히 보이는"(갈 3:1) 하나님의 공개적이며 유일회적인(롬 6:10) 구원 사건으로서 죄인 된 인간을 하나님과 "화목하게 하는 말씀"(고후 5:19)을 뜻한다.[247] 십자가 사건을 통해 신앙인들에게 하나님으로부터 오는 "지혜와 의로움과 거룩함과 구원함"(고후 1:30)이 수여된다. 이 사건은 말씀 선포와 성례전을 통해 오늘도 일어나는 사건이다.

2. 하나님의 지혜로서의 십자가 – 고린도교회를 중심으로

1) 고린도교회의 위기 상황

바울신 가운데 특히 고린도전서는 초창기 헬라 문화권에 속한 도시 교회가 안고 있던 문제와 어려움을 이해하는데 더 없이 값진 정보를 제공해 주고 있다. 그래서 바울에 관한 고전적인 단행본을 낸 귄터 보른캄(Günter Bornkamm)은 고린도교회에 보낸 바울 서신만큼, "초기 기독교 문헌 가운데 어느 문서도 최초 헬라 교회의 하나로 보이는 교회의 삶과 위험에 대한,

---

247) P. Stuhlmacher은 그리스도 사건에 근거한 하나님과 인간 사이의 '화목(Versöhnung/Versühnung)'을 성서의 중심으로 여기는 가운데 신구약성서의 연결성을 강조하는 그의 '성서신학'의 중심으로 삼고자 한다〔Biblische Theologie des Neuen Testaments," Vol. 1: *Grundlegung. Von Jesus zu Paulus*(Göttingen, 1992); Vol. 2: *Von der Paulusschule bis zur Johannesoffenbarung. Der Kanon und seine Auslegung*(Göttingen, 1999)〕.

특히 바울이 사도로서 감당해야 했던 구체적인 과제와 투쟁에 대한 이처럼 직접적이며 놀라울 정도로 풍부한 상을 제공하는 문서는 없다."[248] 고 말했다.

고린도에서 선교를 시작하였을 때 어떤 이유에서인지 분명히 밝히기 어려우나 바울은 "약하고 두려워하고 심히 떨었노라"(고전 2:3)고 증언하고 있다. 여기에서 우리는 고린도라는 지역이 선교하기에 그다지 용이한 지역이 아니었다는 사실을 알 수 있다. 바울이 숱한 고생 끝에 이곳에 교회를 세웠다는 사실을 '해산'(고전 4:15, "그리스도 안에서 일만 스승이 있으되 아버지는 많지 아니하니 그리스도 예수 안에서 내가 복음으로써 너희를 낳았음이라")에 비유하고 있는 데서 알 수 있다. 초창기 교회 개척의 어려움 가운데서도 바울은 교인들에게 구원을 약속하는 십자가 사건의 의미를 강조하였을 것이다. 어느 정도 교회의 기초가 잡히자 바울은 동역자에게 목회를 맡기고 자신은 또 다른 선교 지역을 향해 떠난 상태에 있었다.

그런데 바울이 고린도전서를 쓰게 되는 직접적인 발단은 "글로에 사람들"로부터 고린도 교회에 관한 나쁜 소식을 접한 것과 관련되었다. "11 내 형제들아 글로에의 집 편으로 너희에 대한 말이 내게 들리니 곧 너희 가운데 분쟁이 있다는 것이라 12 내가 이것을 말하거니와 너희가 각각 이르되 나는 바울에게, 나는 아볼로에게, 나는 게바에게, 나는 그리스도에게 속한 자라 한다는 것이니"(고전 1:11-12) 교회가 여러 분파로 나뉘어 온통 분쟁에 쌓여 있다는 것이다. 복음 선포를 지혜의 말씀으로 가르치는 아폴로 추종자들은 체험을 강조하는 (예컨대, 방언의 중요성을 강조하는) 사람들과 대립 관계에 있었으며, 또한 게바를 추종하는 사람들은 지혜와 방언도 아닌 뭔가 다른 것을 더욱 중시하였던 것이다. 바울은 고린도교회가 이러한

---

248) G. Bornkamm, "Die Vorgeschichte des sogenannten zweiten Korintherbriefes," in: idem, *Studien zum Neuen Testament*(Berlin, 1985), pp. 237-269, 여기 p. 237.

분쟁에 빠져 있다는 사실을 심각한 문제로 여겼고, 이에 대처할 목적으로 개개의 분파가 아니라 전체 교회를 향한 강력한 호소를 하게 된다.

2) 지혜의 규범으로서의 십자가(고전 1:18-25)

고린도교회에 벌어진 분쟁의 배후에서 바울은 '사람의 지혜에 근거한 믿음' (고전 2:5) 또는 '세상의 영을 받은 것' (2:12)이 문제의 원천이라는 사실을 깨닫는다. 다시 말하면 '그리스도에 대한 이해가 아직 부족한 미성숙한 믿음' (3:1)으로 인해 그 모든 분쟁과 갈등이 교회 안에 일어난 것이라고 보았다. 이러한 이유에서 바울은 서신 앞머리에서 복음에 대한 이해를 밝히는 진술을 다른 것보다 앞서 제시하고 있다. 바울이 복음에 대한 참된 이해의 중요성을 강조하게 된 까닭은 고린도 교회에 만연된 그릇된 신앙 때문이었다. 교인들은 바울이 전하여 준 '신앙고백' (고전 15:3b-5)을 오해하여 영적인 열광주의에 빠지게 되었다. 즉 부활과 영광의 주님을 향한 믿음으로써 지혜와 권능을 지금 여기서 충분히 받아 "이미 배부르며 이미 풍성한" (고전 4:8) 상태에 있다고 믿었던 것이다. 그리하여 지식이 있다고 자만한 가운데(고전 8:1) "모든 것이 가하다" (고전 6:12, 10:23)고 확신하여 음란과 우상숭배 등의 일을 거리낌 없이 저질렀던 것이다. 결국, 부활의 주님을 믿음으로써 종말에 수여받게 될 하나님 나라의 영광을 바로 지금 이 땅에서 누리고 있다는 열광주의가 고린도교회에 만연하게 되었던 것이다. 이러한 상황 가운데 바울은 복음의 진리가 무엇이며 바른 신앙이 무엇인가에 대한 가르침을 분쟁에 빠진 고린도 교인들에게 제시하고자 한다. 그래서 바울은 지식이 있다고 자랑하는 고린도교회 지혜의 교사들에 대항하여 십자가의 신학을 고린도전서 1장 18-25절에서 전개시킨다. 십자가 신학의 핵심은 '십자가의 말씀(= $\acute{o}$ $\lambda\acute{o}\gamma o\varsigma$ $\tau o\hat{v}$ $\sigma\tau\alpha\nu\rho o\hat{v}$)' 에 관한 것이다.

18 십자가의 말씀이

멸망하는 자들에게는 미련한 것이요
구원을 받는 우리에게는 하나님의 능력이라
19 기록된 바
내가 지혜 있는 자들의 지혜를 멸하고
총명한 자들의 총명을 폐하리라 하였으니
20 지혜 있는 자가 어디 있느냐 선비가 어디 있느냐 이 세대에
변론가가 어디 있느냐
하나님께서 이 세상의 지혜를 미련하게 하신 것이 아니냐
21 하나님의 지혜에 있어서는 이 세상이 자기 지혜로
하나님을 알지 못하므로
하나님께서 전도의 미련한 것으로 믿는 자들을
구원하시기를 기뻐하셨도다
22 유대인은 표적을 구하고
헬라인은 지혜를 찾으나
23 우리는 십자가에 못 박힌 그리스도를 전하니
유대인에게는 거리끼는 것이요
이방인에게는 미련한 것이로되
24 오직 부르심을 받은 자들에게는
유대인이나 헬라인이나 그리스도는 하나님의 능력이요
하나님의 지혜니라
25 하나님의 어리석음이 사람보다 지혜롭고
하나님의 약하심이 사람보다 강하니라

대구적으로 잘 짜여진 위의 진술은 바울 십자가 신학의 고전적인 본문 (locus classicus: 고전 1-4장)[249]에 속한다. 여기에서 바울은 하나님과 세상

---

[249] 이에 관한 우리말로 된 좋은 주석을 보려면: 김지철, 『고린도전서』, 대한기독교서회 창립 100주년 기념(대한기독교서회, 1999).

을 대립시키는 가운데 '십자가의 말씀(=도)'에 관해 선포하고 있다.[250] 세상은 십자가의 말씀을 '거리끼는 것과 미련한 것'으로 여기나, 세상의 눈에 어리석게 보이는 십자가의 말씀이야말로 진정 하나님의 능력이며 지혜'라고 강조한다. 십자가의 말씀에 대한 이와 같은 선포는 역설적이다. 십자가의 죽음에 놓인 나약함과 어리석음을 전적으로 신뢰하는 자는 하나님의 능력과 지혜를 선사 받는다는 것이다. 21절 전반에서 바울은 유대적 지혜 전승을 사용한다.[251] 하나님의 창조의 지혜가 세상을 감싸고 있기에 세상 사람들은 삶의 인도자 되는 하나님의 지혜를 깨달아 알 수 있으나 세상은 오히려 자기의 지혜를 찾기에 하나님을 알 수 없게 되었던 것이다(21b). 따라서 하나님은 십자가 사건이라는 전적으로 새로운 가능성을 제시함으로써 유대인과 헬라인으로 대표되는 세상 사람들에게 구원의 문을 활짝 열어 놓았으며, 고로 유대인과 헬라인을 막론하고 예수 그리스도의 십자가는 이를 믿는 신앙인 모두에게 하나님의 능력과 지혜가 된다고 바울은 선포하고 있다.

고린도교회 내의 분쟁 가운데 바울은 어느 파당도 두둔하지 않고 모두를 비판하는 가운데 오직 그리스도의 십자가만을 내세운다. 바울은 유대인과 헬라인을 구분하고 있는데, 이들은 하나님에 대한 나름대로의 표상을 갖고 있다는 점에서 서로 상이하나, 십자가를 보지 못한다는 점에서는 서로가 일치한다. 유대인은 하나님을 강력한 왕으로 생각하기에 왕적 권세의 표적을 구하는 반면, 헬라인은 모든 것을 담고 있는 세상 원리를 하나

---

250) G. Bornkamm은 '십자가의 말씀'을 고린도전서 전체를 주도하는 개념으로 파악한다 ("Zum Verständnis des Gottesdienstes bei Paulus," in: idem, *Das Ende des Gesetzes*, 1952, p. 119). H. Hübner는 '말씀'의 차원을 강조하여 바울의 "십자가 신학은 십자가에 관한 말씀의 신학이다"("Theologia crucis est theologia verbi crucis")라고 부른다〔*Biblische Theologie des Neuen Testaments*, Vol. 2(Göttingen, 1993), p. 141; idem, Paulus I, in: *TRE* 26(1996), p. 143〕.

251) 예컨대, 시락서 24:3.

님을 대신하는 것으로 생각하기에 세상의 지혜를 찾는다는 것이다. 그러나 둘 다 나름대로의 규범에 따라 하나님에 대한 증거를 확보하고자 하는데, 이것은 결국 십자가의 말씀을 부인하는 것과 다름이 없다. 세상 지혜를 찾는 고린도 교인들을 향해 바울은 "십자가에 못 박힌 그리스도"(23절)를 선포한다. 인간의 구원은 오직 십자가에 못 박힌 그리스도에 달려 있다는 점을 부각시키기 위해 바울은 십자가의 말씀을 무엇보다도 강조함으로써 고린도교회의 분쟁을 해결하고자 하였다. 한마디로 바울은 참된 하나님의 지혜인 십자가의 말씀을 고린도교회에 분출된 심각한 신앙의 문제를 해결하고 결정짓는 '규범(Kriterium)'으로서 제시하고 있다.

3. 율법과 대립된 십자가 — 갈라디아교회를 중심으로

1) 갈라디아교회의 위기 상황

갈라디아서는 격앙되고 흥분된 사도 바울의 마음을 가장 적나라하게 드러내는 서신이다. 마치 적대자와 생사를 놓고 벌이는 격렬한 전투에 비유할 수 있다. 그래서 이 서신을 가리켜 '투쟁 서신(Kampfesbrief)' 이라 부르기도 한다. 바울이 적대자와 벌이는 격렬한 논쟁은 교회 내적인 싸움이었다. 이것은 바울의 사도직을 부정하면서 바울과는 다른 입장을 표명하는 다른 그리스도인들과의 싸움이었다. 이들 바울의 적대자들은 외지 출신의 선교사로서(Fremdmissionare) 복음을 받아들여 그리스도인이 되었음에도 유대 전통을 여전히 중시여기는 유대주의자들(Judaisten)이다. 이들은 이방 그리스도교의 신학적 정당성을 인정하지 않았다. 다시 말하면 이방인에게 율법으로부터 자유로운 복음을 전하는 것이 옳지 않다고 주장하였다.

바울의 사도직을 공격하는 이들 적대자와 벌이는 바울의 논쟁은 갈라디아서 1장 1절부터 시작된다고 말할 수 있다. 여기에서 바울은 자신의 사도 직분이 어느 인간으로 유래한 것이 아니고 예수 그리스도로부터 말미암은 것이라는 사실을 명백히 밝히고 있다("사람들에게서 난 것도 아니요 사람으로 말미암은 것도 아니요 오직 예수 그리스도와 그를 죽은 자 가운데서 살리신 하나님 아버지로 말미암아 사도 된 바울은"). 또한 다른 서신들이 서언에 이어서 교인들에 향한 감사의 말과 함께 하나님을 높이는 찬송의 말을 일반적으로 하나, 이곳에서는 곧장 갈라디아교회에 대한 소식을 들은 바울은 이해할 수 없는 당혹감을 직설적으로 표현하고 있다. 바로 이런 당혹감에 흥분된 바울은 갈라디아교회를 향한 서신을 썼던 것이다.

  서신의 기록 목적이 1장 6절에 나타난다("그리스도의 은혜로 너희를 부르신 이를 이같이 속히 떠나 다른 복음을 따르는 것을 내가 이상하게 여기노라"). 외지 출신의 유대주의자 선교사들이 갈라디아교회로 들어와 교인들을 미혹시킨 것에 바울이 분노하였음을 알 수 있다. 이들 유대주의자 선교사를 향한 저주를 두 번씩(갈 1:8, 9)이나 하고 있는 것을 볼 때 바울의 분노가 얼마나 컸는가를 짐작할 수 있다. 이들은 바울이 전해 주었던 복음과 "다른 복음"을 갈라디아 교인들에게 전하였고, 교인들이 이들의 꾐에 쉽게 빠져 버린 것에 대하여 당혹감과 분노에 찬 질책을 바울이 하였던 것이다. 이들 유대주의 선교사들로 인해 야기된 소요는 바울이 개척한 갈라디아교회의 정체성과 그리스도적인 근거를 위협하는 엄청난 도전이었다. 이들은 바울이 전해 준 율법으로부터 자유로운 "복음의 진리"(갈 2:5, 14)를 비난하면서 율법의 행위가 구원과 관련된 중요 사항이라고 주장하였기 때문이다. 이러한 주장을 복음의 진리를 위협하는 거짓 복음으로 규정한 바울은 그리스도의 십자가 사건의 중요성을 강조하는 '칭의론'을 부각시키면서 갈라디아 교회가 다시 복음의 진리에 흔들림이 없이 바로 서기를 권면하고 있다.[252]

---

252) 갈라디아서와 관련하여 칼빈은 다음과 같이 설명한다. "바울은 갈라디아 교인들에게 신실한 권면 가운데 복음을 전했다. 하지만 바울이 그들을 떠나자마자, 거짓 사도들

2) 칭의론의 전제로서의 십자가

갈라디아서는 바울의 이른바 '칭의론(Rechtfertigungslehre)'이 최초로 명백하게 드러나고 있는 서신이다. 바울이 강조하는 칭의론의 핵심 주제는 다음의 진술에 잘 나타난다.

> "사람이 의롭게 되는 것은 율법의 행위로 말미암음이 아니요 오직 예수 그리스도를 믿음으로 말미암는 줄 알므로 우리도 그리스도 예수를 믿나니 이는 우리가 율법의 행위로써가 아니고 그리스도를 믿음으로써 의롭다 함을 얻으려 함이라 율법의 행위로써는 의롭다 함을 얻을 육체가 없느니라"(갈 2:16)

여기에서 바울은 율법의 행위로써는 어느 누구도 의로워질 수 없음을 분명히 밝힌다. 인간을 지배하는 죄의 세력으로 말미암아 율법은 구원의 길로서의 역할을 감당할 수 없게 되었고, 오직 예수 그리스도에 대한 믿음으로 말미암아 구원의 길이 열렸다는 사실을 강조한다. 이런 의미에서 바울은 율법을 행함으로 구원을 얻을 수 있다는 전통적인 유대 사고를 극복하고 있다.[253] 이어지는 20절에서 바울은 자신의 삶을 포함하여 의롭다 함을 얻은 죄인의 삶은 그가 그리스도와 함께 십자가에 못 박혔다는 사실에

이 들어와 좋은 씨를 잘못되고 거짓된 가르침으로 망쳐 버렸으니, 그리스도인들이 여전히 유대 의식들을 지켜야만 한다고 가르쳤던 것이다. 그런데 이것이 별 중요하지않은 것처럼 보일 수도 있다. 하지만 바울은 기독교 신앙의 핵심을 다루듯이 이 일을 중시하였다. 그것은 전적으로 옳다." (Johannes Calvins Auslegung der Heiligen Schrift(17. Band: Die kleinen Paulinischen Briefe), hrsg. von Otto Weber(Neukirchen-Vluyn, 1963), p. 11].

253) H. W. Kuhn은 이와 관련하여 바리새파 사람인 바울이 "의심의 여지없이 유대교를 넘어서는 첫 발을 내딛었다."고 말하였다["Die drei wichtigsten Qumranparallelen zum Galterbrief," in: *Konsequente Traditionsgeschichte*(FS K. Baltzer), ed. by R. Bartelmus et al.(Freiburg, Göttingen, 1993), pp. 227-254, p. 249].

근거한다는 점을 밝힌다.

> "내가 그리스도와 함께 십자가에 못 박혔나니 그런즉 이제는 내가 사는 것이 아니요 오직 내 안에 그리스도께서 사시는 것이라 이제 내가 육체 가운데 사는 것은 나를 사랑하사 나를 위하여 자기 자신을 버리신 하나님의 아들을 믿는 믿음 안에서 사는 것이라"(갈 2:20)

3장 1절부터 두 번째 본론이 전개된다. 앞부분에서는 바울의 복음이 신적인 유래를 가졌으며, 역사적인 사례를 들어가면서 바울의 독자성이 인정받았다는 것이 중심 주제였다면, 이제 바울은 그의 선포의 내용인 복음 자체에 대해 본격적으로(이미 2:15 이하에서 부분적으로 다루었다.) 전개하기 시작한다. 바울은 갈라디아 교인들이 신앙의 길에 들어서면서 체험한 성령 체험을 떠올리면서 율법에서 자유로운 복음을 다시 강조한다.

> "1 어리석도다 갈라디아 사람들아 예수 그리스도께서 십자가에 못 박히신 것이 너희 눈 앞에 밝히 보이거늘 누가 너희를 꾀더냐 2 내가 너희에게서 다만 이것을 알려 하노니 너희가 성령을 받은 것이 율법의 행위로냐 혹은 듣고 믿음으로냐 3 너희가 이같이 어리석으냐 성령으로 시작하였다가 이제는 육체로 마치겠느냐 4 너희가 이같이 많은 괴로움을 헛되이 받았느냐 과연 헛되냐 5 너희에게 성령을 주시고 너희 가운데서 능력을 행하시는 이의 일이 율법의 행위에서냐 혹은 듣고 믿음에서냐"(갈 3:1-5)

1절에서 바울은 그리스도의 십자가 사건을 갈라디아 교인이 명심할 것을 권면한다. 이로써 갈라디아교회의 실존이 십자가에 돌아가신 예수 그리스도에 관한 설교에 근거하고 있다는 사실이 강조된다. 3장 13절에서 바울은 "그리스도께서 우리를 위하여 저주를 받은 바 되사 율법의 저주에서 우리를 속량하셨으니 기록된바 나무에 달린 자마다 저주 아래에 있는 자라 하였음이라"고 말함으로써 죄인 된 인간의 속량, 즉 구원이 그리스도의 십자가의 죽음에서 비롯되었다는 사실을 밝히고 있다. 이러한 바울의 입장과 달리 바울의 적대자인 유대주의 선교사들은 이방인으로 구원의 길에 들어가기 위해서는 그리스도에 대한 믿음으로만은 부족하고 선민의 표징을 나타내는 '할례'를 받아야만 한다고 주장하였던 것이다.

할례의 불필요성을 강조하는 바울은 5장 11절에서 "형제들아 내가 지금까지 할례를 전한다면 어찌하여 지금까지 박해를 받으리요 그리하였으면 십자가의 걸림돌이 제거되었으리니" 라고 말한다. 그리고 6장 12절에서 할례를 강조하는 유대주의자들의 숨긴 의도를 지적한다. "무릇 육체의 모양을 내려 하는 자들이 억지로 너희에게 할례를 받게 함은 그들이 그리스도의 십자가로 말미암아 박해를 면하려 함뿐이라" 이들은 갈라디아 교인들의 할례를 통하여 자신들의 권위를 내세우고자 하였으며, 이로써 유대인들로부터의 기대되는 박해를 면할 수 있다고 말한다. 그러나 이러한 유대주의자들의 입장을 바울은 강하게 거부하면서 서신의 마지막 부분에서 다시 바울 신학의 중심이 되는 십자가 사건을 강조한다.

> "그러나 내게는 우리 주 예수 그리스도의 십자가 외에 결코 자랑할 것이 없으니 그리스도로 말미암아 세상이 나를 대하여 십자가에 못 박히고 내가 또한 세상을 대하여 그러하니라"(갈 6:14)

유대주의자들이 자기의 명성을 구하는 것과 달리 그리스도의 십자가는 명성을 구하는 일과는 정반대가 된다.[254] 십자가를 통하여 신앙인은 세상에 대하여 죽었으니, 율법의 의를 구하지 않고 오직 그리스도의 십자가를

---

254) 빌립보서에서 바울은 적대자들을 가리켜 "그리스도의 십자가의 원수"(빌 3:18)라고 부른다.

자랑해야 할 것을 말한다. 죽을 수밖에 없는 죄인인 인간이 의로워지고 구원을 얻는 일은 오직 그리스도의 십자가에 근거하여 가능하기 때문이다. 바울은 자신의 사도직과 실존의 근거 역시 새 창조를 가능하게 하는 그리스도의 십자가에서 찾고 있다(갈 6:15, 17). 율법을 강조하는 적대자들과의 논쟁 가운데 바울은 십자가가 칭의론의 전제라는 사실을 밝히고자 했다. 여기서 우리는 바울의 칭의론이 십자가 신학과 밀접히 연관되었다는 사실을 알 수 있다.[255]

4. 새로운 실존의 근거로서의 십자가

신약성서 기자 가운데 인간이 죄인이라는 사실을 바울처럼 강조하여 지적한 사람은 없다. 바울은 모든 인간을 예외 없이 죄인으로 이해하였다.[256] 다시 말하면, 인간이란 구체적인 죄 된 행위를 저지름으로써 죄인으로 되

---

255) 바울의 칭의론과 십자가 신학의 연결과 관련하여: H. Merklein, "Die Bedeutung des Kreuzestodes Christi für die paulinische Gerechtigkeits- und Gesezesthematik," in: idem, *Studien zu Jesus und Paulus*(Tübingen, 1987), pp. 1-106. 로마서에는 '십자가'라는 단어가 나타나지 않으나, 그럼에도 불구하고 그리스도의 십자가 사건이 칭의론과 밀접히 연관되었다는 사실은 분명하다. 예컨대 로마서 3장 24-26절: "24 그리스도 예수 안에 있는 속량으로 말미암아 하나님의 은혜로 값 없이 의롭다 하심을 얻은 자 되었느니라 25 이 예수를 하나님이 그의 피로써 믿음으로 말미암는 화목제물로 세우셨으니 이는 하나님께서 길이 참으시는 중에 전에 지은 죄를 간과하심으로 자기의 의로우심을 나타내려 하심이니 26 곧 이때에 자기의 의로우심을 나타내사 자기도 의로우시며 또한 예수 믿는 자를 의롭다 하려 하심이라"
256) 바울의 인간론에 관하여 다음을 참조하시오. E. Käsemann, "Zur paulinischen Anthropologie," in: idem, *Paulinische Perspektiven*(Tübingen, 1969), pp. 9-60; R. H. Gundry, *Soma in Biblical Theology with Emphasis on Pauline Anthropology*(Cambridge, 1976); W. Schmithals, *Die theologische Anthropologie des Paulus*(Stuttgart, Berlin, Köln, Mainz, 1980); J. Gnilka, *Paulus von Tarsus: Apostel und Zeuge*(Freiburg, Basel, Wien, 1996), pp. 201-216.

는 것이 아니라, 본질적인 의미에서 인간은 불의하며 죄인이라고 간주하였다. 인간을 하나님을 대적하는 가운데 자기를 주장하는 존재로 파악하였다. 그래서 바울은 로마서 3장에서 "유대인이나 헬라인이나 다 죄 아래에 있다"(9절) 또는 "의인은 없나니 하나도 없다"(10절)고 선언한다. 죄의 결과 모든 인간은 하나님의 심판 아래에 있으며(롬 3:19) 죽을 수밖에 없는 운명이라고 말한다(롬 1:32). 이러한 죄인 된 인간에게 십자가는 구원을 선포하며, 십자가 선포는 믿는 자들에게 구원을 가져다준다고 선언한다(고전 1:18b, 21b). 그리하여 바울은 그리스도와 더불어 죽은 자는 그리스도와 더불어 율법에 대하여 죽은 것을 뜻하며, 십자가의 죽음으로 말미암아 그리스도인은 율법에서 자유로운 새로워진 실존을 얻게 된다는 것이다. 그래서 바울은 "내가 율법으로 말미암아 율법에 대하여 죽었나니 이는 하나님에 대하여 살려 함이라"고 말한다(갈 2:19). 또한 바울은 자기 자랑과 자기의 영예를 구하지 않고 자기를 죽이고 십자가에 예속된 그리스도인은 더 이상 죄에게 종노릇 하지 아니하고 생명과 구원을 수여받는다고 말한다(롬 6:6; 갈 6:14). 다시 말하면, 예수 그리스도에게 속한 사람들은 육체와 함께 그 정욕과 탐심을 십자가에 못 박은 사람이라는 것이다(갈 5:24). 예수 그리스도의 십자가가 새로운 실존의 근거라고 강조하는 바울은 십자가를 자신의 사도 됨을 인정하는 표징으로 확신했으며, 십자가로써 자신을 교회의 그릇된 열광주의와도 구분할 수 있었다. 한마디로 그리스도인의 참된 실존은 십자가에 근거한 실존이라는 사실을 바울은 어느 누구보다도 강하게 강조하였다.

IV. 십자가 신학이 담고 있는 교회론적 함의

우리는 위에서 바울의 십자가 신학을 주로 고린도교회와 갈라디아교회에 보낸 서신을 중심으로 다루었는데, 앞서 살폈듯이 이들 교회는 당시 심각한 교회 내적인 문제를 안고 있었다. 이로 미루어 바울 신학의 중심에 위치한 십자가 신학은 교회론과도 밀접한 관련을 맺고 있으리라는 사실을 쉽게 짐작할 수 있다. 십자가 신학과 교회론과의 접촉점은 무엇보다도 세례 이해 가운데 잘 드러난다. 이에 관한 좋은 예로 로마서 6장 3-4절을 들 수 있다. "3 무릇 그리스도 예수와 합하여 세례를 받은 우리는 그의 죽으심과 합하여 세례를 받은 줄을 알지 못하느냐 4 그러므로 우리가 그의 죽으심과 합하여 세례를 받음으로 그와 함께 장사되었나니 이는 아버지의 영광으로 말미암아 그리스도를 죽은 자 가운데서 살리심과 같이 우리로 또한 새 생명 가운데서 행하게 하려 함이라." 물론 여기에 '십자가'라는 개념이 나타나지 않으나, 십자가는 그리스도의 죽음에 대한 가장 간결한 바울의 해석이기에 양자는 동일시 될 수 있다. 이 본문 가운데서 우리의 죄를 대속하기 위해 예수의 죽음과 장사됨과 영광 중의 부활에 참여하는 것이 세례로 말미암아 가능해졌다고 말한다. 이처럼 세례는 그리스도의 십자가와 동일시되는 그리스도의 죽음과 수세자를 밀접히 연결시키고 있음을 알 수 있다(cf. 롬 3:25-26).[257]

그런데 교회는 세례를 통해 그리스도로 옷 입은 자의 모임과 동일하다. 갈라디아서 3장 26-28절에 다음과 같은 진술이 나타난다. "26 너희가 다 믿음으로 말미암아 그리스도 예수 안에서 하나님의 아들이 되었으니 27 누구든지 그리스도와 합하기 위하여 세례를 받은 자는 그리스도로 옷 입었느니라 28 너희는 유대인이나 헬라인이나 종이나 자유인이나 남자나 여자나 다 그리스도 예수 안에서 하나이니라." 여기에서 바울은 세례를 그리스

---

[257] 바울의 세례 이해에 관하여, 예컨대 다음을 참조하시오. P. 슈툴마허, 『로마서 주석』, 장흥길 역(장로회대학교출판부, 2002), 174-179쪽; G. Bornkamm, "Taufe und neues Leben," in: idem, *Das Ende des Gesetzes*(München, 1958), pp. 34-50.

도 안이라는 영역에 포함되는 작용으로 이해하는 가운데, 세례를 통해 새로워진 실존을 가리켜 "그리스도로 옷 입은" 실존이라고 부르고 있다. 이러한 실존은 그리스도와의 육적인 일치성으로 볼 것이 아니라 교회론적인 차원에서 이해해야 한다. 이제까지의 모든 차이 예컨대, 종교적이거나 사회적인 혹은 가정의 차이를 극복하는 가운데 그리스도 안에서 하나 된 새로워진 실존을 가리킨다. 이때 "그리스도 예수 안에서"라는 표현은 그리스도의 십자가의 죽음을 연상시키고 있는데, 이는 세례 받은 자의 모임인 교회를 염두에 둔 교회론적인 표현으로 볼 수 있다. 바울은 율법에의 복종 문제로 불거진 갈라디아교회의 갈등을 그리스도의 십자가와 직결된 세례를 강조함으로써 그리스도 안에서 이방인과 유대인의 구별이 없어지고 모든 교인이 하나라는 사실을 상기시키고자 했다.

바울의 십자가 신학은 고린도교회의 분쟁과도 직결되어 있다. 고린도교회의 분쟁을 해결하기 위해 바울은 고린도 교인에게 성만찬 공동체로서의 그리스도의 몸을 강조하였다. "16 우리가 축복하는 바 축복의 잔은 그리스도의 피에 참여함이 아니며 우리가 떼는 떡은 그리스도의 몸에 참여함이 아니냐 17 떡이 하나요 많은 우리가 한 몸이니 이는 우리가 다 한 떡에 참여함이라"(고전 10:16-17) 여기에서 바울은 교회를 몸에 비유하는 가운데 성만찬을 통해 신앙인들은 새로운 통일체로 연합되었다는 사실을, 곧 다양한 성원으로 구성되어 있는 교회가 하나로 통일된 유기체라는 사실을 고린도 교인들에게 부각시키고 있다. 이때 "그리스도의 피"는 예수 그리스도의 죽음을 나타내는 표상으로서(cf. 롬 5:9; 히 9:14-19) 그리스도의 십자가와 동일시 될 수 있다. 이처럼 당시 갈라디아교회의 문제(율법과 복음의 갈등)와 고린도교회의 문제(하나님의 지혜와 세상 지혜의 갈등)에서 불거진 신학적인 문제를 바울은 십자가 신학의 배경 위에서 해결하고자 하였으며, 동시에 십자가 신학적 시각을 통해 교회의 본질을 밝히고자 애썼다고 말할 수 있다.

V. 나가면서

우리 기독교가 무속 종교의 복 사상을 하나님의 은혜와 하나님의 축복 등에 대한 가르침과 잘 조합하여 "축복을 심령의 가난보다, 부귀영화를 고난보다 정도에 지나치게 중요시하게 되었고, 이것들을 강조하는 정도에 따라 교회의 성장이 영향을 받기 시작하였다."고 누군가 진단한 적이 있다.[258] 또한 혹자는 한국 교회를 가리켜 "십자가를 잃어버린 교회"[259] 라고 말하고 있다. 이러한 진술은 대체로 한국 교회의 근본 문제점 가운데 하나로 지적되고 있는 이른바 '기복 신앙'을 염두에 두고 있다.[260] 물론 복 신앙 자체를 비판적으로만 볼 수도 없고 보아서도 안 될 것이다. 왜냐 하면 기독교 신앙은 궁극적으로 구원을, 다른 말로 하자면 '천국의 영광'을 지향한다고 말할 수 있는데, 구원과 영광은 '(축)복' 이란 개념과 연결지어 생각할 수도 있기 때문이다.

그러나 그와 같은 구원과 영광의 궁극점에 도달하기에 앞서 반드시 거쳐야 할 길이 있다는 사실을 우리는 바울을 통해서 배울 수 있다. 그 길은 다름 아닌 십자가의 길인 것이다. 예수 그리스도는 '우리를 위한' 삶과 죽음을 감당함으로써 하나님의 영광의 우편에 오를 수 있었다. 바울은 빌립보서에서 예수 그리스도에 관한 전해 내려온 찬송시[261]를 우리에게 전해 주

---

258) 손봉호, 『윗물은 더러워도』(샘터사, 1983), 161쪽.
259) 박시원, 『십자가를 잃어버린 교회』(울림사, 2002).
260) 예컨대, 박창환 교수는 다음과 같이 말하였다. "기독교의 특색은 죄 문제를 심각하게 다루는 데 있다. 죄 때문에 독생자를 주셨고, 그가 죽으셨다.··· 이러한 핵심적인 것이 뒷전으로 밀려나고 교회라는 것은 이제 기복적인 사상으로 가득 찼다. 복을 받는 일, 복을 비는 일이 앞에 나서고 있다."-『교회와 신학』, 박창환 전집 I(홍익사, 1989), 20쪽.
261) 이에 관해, O. Hofius, *Der Christushymnus Phil 2,6-11*(Tübingen, 1991 2판); G. Strecker, *Theologie des Neuen Testaments*(Berlin, New York, 1996), pp. 75-79를 참조하시오.

는 가운데 예수의 죽음에 관한 십자가 신학의 중요성을 강조하였다. "6 그는 근본 하나님의 본체시나 하나님과 동등 됨을 취할 것으로 여기지 아니하시고 7 오히려 자기를 비워 종의 형체를 가지사 사람들과 같이 되셨고 8 사람의 모양으로 나타나사 자기를 낮추시고 죽기까지 복종하셨으니 곧 십자가에 죽으심이라 9 이러므로 하나님이 그를 지극히 높여 모든 이름 위에 뛰어난 이름을 주사 10 하늘에 있는 자들과 땅에 있는 자들과 땅 아래에 있는 자들로 모든 무릎을 예수의 이름에 꿇게 하시고 11 모든 입으로 예수 그리스도를 주라 시인하여 하나님 아버지께 영광을 돌리게 하셨느니라"(빌 2:6b-11) 이 진술에 분명히 드러나듯이, 그리스도의 영광은 '십자가에 죽으심'을 반드시 전제한다는 사실이다.

비록 바울이 고난을 신성시하거나 미화시키는 고난의 신학을 발전시키지는 않았으나, 그가 강조한 십자가 신학은 예수 그리스도를 따르는 그리스도인들이 나아가야 할 길을 보여 주고 있다. 십자가 신학의 정언적인 말씀은 그리스도의 대속의 죽음을 통한 하나님의 구속사업이 성취되었다는 사실을 선언하고 있다. 동시에 십자가 신학은 이를 듣는 오늘 우리를 향한 명령도 담고 있다. 그것은 바로 예수 그리스도를 따라 고난의 길인 십자가의 길을 가라는 명령이다. 그러하기에 바울은 교회와 교인들이 겪는 고난을 가리켜 "하나님의 공의로운 심판의 표"요 "하나님의 나라에 합당한 증거"라고 말할 수 있었다(살후 1:4-5). 이처럼 고난과 십자가의 중요성을 누구보다도 잘 깨달았던 바울은 그리스도인으로 개종한 후 모진 고난과 박해를 거쳐 죽기까지 복음 전파를 위해 자신의 삶을 온전히 바침으로써 신앙적인 삶의 본을 보여 준 그야말로 위대한 사도였다.

한국 교회는 이러한 위대한 선교사 바울의 중요성을 잘 인식하여 그 무엇보다도 선교에 남다른 관심을 보이고 있다. 참으로 귀하고 감사한 일이다. 그런데 선교사 바울은 동시에 예수 그리스도의 죽음의 의미를 반성하는 십자가 신학을 그 누구보다도 강조한 위대한 '신학자'였다는 사실을 오늘 우리 교회는 잊어서는 안 될 것이다. 우리의 교회는 편향적인 복 선포에서 벗어나 십자가의 고난을 선포하고 이를 몸으로 실천하는 교회로 바뀌어야 할 것이다. 그렇지 않고서는 그리스도의 교회이기를 포기하는 것과 마찬가지라고 생각한다. 십자가의 고난을 선포하고 이에 동참하는 것은 교회의 사소한 역할이 아니라 교회의 정체성을 규정짓는 교회의 핵심 과제에 속하기 때문이다. 세례 가운데 그리스도와 연합하여 죽음으로써 그리스도의 제자가 된 사람들의 모임인 교회는 이 땅에서 십자가의 길을 감으로써 종국에 그리스도의 영광에 참여할 수 있으리라고 우리의 위대한 신앙의 선배인 사도 바울은 십자가 신학을 통해 오늘 우리에게 우리 교회를 향해 간곡히 권면하고 있다.

바울에 앞서 이미 예수님은 이렇게 강조하였다. "누구든지 나를 따라오려거든 자기를 부인하고 자기 십자가를 지고 나를 따를 것이니라"(마 16:24; cf. 마 10:38, 눅 14:27). 또한 마르틴 루터는 "하이델베르크 논쟁"(Heidelberger Disputation, 1518년) 가운데 "오직 십자가만이 우리의 신학이다."(crux sola est nostra theologia)[262]라고 십자가 신학의 중요성을 강조하였는데, 이 표현으로써 십자가에 달리신 예수 그리스도의 자유하게 하는 복음이 중세 교회의 영광의 신학(theologia gloriae)과 대립되는 종교 개혁적 통찰을 나타내고자 하는 가운데 십자가 신학을 개혁 신학의 핵심 프로그램으로 발전시켰다.[263] 이처럼 십자가 신학은 예수와 바울 그리고 루터를 거쳐 우리 교회에까지 면면히 흐르고 있는 개혁 신학의 정수를 나타낸다. 오늘 우리의 교회는 이러한 개혁 신학의 소중한 정신을 되살려 다시 개혁하는 교회로 거듭나야 할 것이다.

---

262) WA V, 176, 32f.
263) Cf. J. Moltmann, *Der gekreuzigte Gott*, p. 74: "Luther hatte seine theologia crucis als Programm kritischer, reformatorischer Theologie entwickelt. Theologia crucis ist nicht ein Kapitel der Theologie, sondern das Vorzeichen aller christlichen Theologie."

제 8 장

로마서 9-11장과 '이스라엘 문제'

- 선교 신학 논쟁의 틀에서 본 바울의 친이스라엘 진술 -

I. 들어가면서

바울은 유대교를 배신한 배교자인가, 아니면 기독교의 위대한 선교사며 사도인가? 이것은 바울을 어떠한 시각에서 보느냐에 따라 결정될 것이다. 기독교의 시각에서 볼 때 바울은 위대한 사도로 불리기에 합당한 반면, 유대교의 시각에서 보자면 배교자로 간주될 수밖에 없다. 이미 초창기 랍비들은 바울을 배교자로 간주하였다. 이것은 피르케 아봇(Pirqe Aboth) 3:15에 나오는 "하나님은 선하심으로 이 세상을 심판하시나, 모든 것은 행위의 풍성함에 따른다"는 유명한 진술을 고려할 때 이해가 된다. 다시 말하면 바울은 정통 유대인의 입장에서 보면, 조상들의 행위를 따르지 않은 절대 용납할 수 없는 배교자라는 것이다.

바울에 대한 평가는, 좀더 엄격히 말하자면 기독교 내에서조차도 나뉘어져 있다. 소외된 계층을 향한 나사렛 예수의 구체적인 해방의 메시지를, 이른바 영적인 메시지, 즉 케리그마로 바꾸어 결국 복음의 내용을 변질시켰다고 보는 해석도 있다. 이들 진술의 진위를 혹은 그 타당성 여부를 여기서 결정짓기보다는 바울을 둘러싼 해석이 극한 대립상황에 놓여 있다는 사실을 단지 암시하고자 할 뿐이다. 특별히 바울이 철저한 유대 전승의 신봉자에서 철저한 그리스도 추종자가 되었다는 사실만을 고려하더라도, 그에 대한 평가가 극단적으로 대립되어 나눠지는 것은 회피할 수 없는 듯하다.

나사렛 예수를 비롯하여 그의 열두 제자와 마찬가지로 바울은 유대인의 핏줄을 타고났으며 유대교의 분위기에서 성숙한 유대인이었다. 유대인의 삶과 종교는 하나로 얽혀 있기 때문에, 초창기 예수 추종자들은 유대교라는 탯줄과 자연스럽게 연결되어 있었다. 바울의 경우도 마찬가지이다. 사도행전의 저자는 바울을 기독교의 위대한 선교사로 묘사하는 가운데, 바울 선교의 결과 마침내 "그리스도를 좇는 사람들"의 무리가 유대교로부터 분리되었다는 것을 강조하였다(행 28:28). 그러나 당시 바울은 유대교와 기독교의 경계가 아직 확정되지 않은 시대에 속했던 사람이다. 따라서 바울은 실존적으로 양쪽과 관련을 맺고 있었다.

이렇게 볼 때, 바울과 유대교의 관계는 기독교 정체성 확립과 관련된 구원사적 차원의 문제이면서도, 동시에 한 인물 바울 자신의 실존적 고뇌의 문제이기도 했다.[264] 바울이 안고 있던 고뇌의 핵심은, 자기의 혈육 대다수 유대인이 예수 그리스도를 영접하지 아니하는 현실에 직면하여, 하나님께서 스스로 택하셨던 당신의 백성 이스라엘을 간과한 가운데 당신의 구원 사역을 완성할 수 있는가에 놓여 있다. 이러한 고뇌가 잘 담겨 있는 본문이

---

264) 바울과 유대교와의 관계에 대하여 다음의 글을 참조하시오. 황현숙, 「바울과 유대교」, in: 『기독교 사상』 361 (1989, 1), 156-167쪽.

다름 아닌 로마서 9-11장이다.

로마서 가운데 비교적 넓은 공간을 차지하고 있는 이른바 '이스라엘 문제'로 불리는[265] 본문 9-11장은 "이스라엘 문제와 관련된 원시 기독교 문헌 가운데 가장 포괄적이며 논증적이며 또한 신학적으로 가장 알찬 내용을 담고 있는 단락"[266]이다. 이에 걸맞게 이 본문의 해석을 둘러싸고 수많은 논란이 있었다. 그 와중에 이 본문은 바울 본래의 의도에서 벗어난 해석들로 말미암아 많은 고초를 겪기도 하였다. 그래서 E. 케제만은, 이 본문만큼 "바울이 남긴 글 가운데 그 해석의 역사가, 오해와 폭행 또한 뒤바뀌는 방법과 주제에 따른 실험들로 인한 고난의 길을 가야만 했던 본문은 아마도 없을 것이다."라고 말하였다.[267]

이 글에서 필자는 로마서 9-11장을 통해서 바울이 나타내고자 했던 친유대적인[268] 의도를 밝히는 데 초점을 맞추고자 한다. 이 본문을 둘러싸고 학계는 헤아릴 수 없을 정도로 많은 연구를 해 왔고 지금도 하고 있다는 사실은 문제가 그만큼 복잡하다는 것을 반영한다. 따라서 우리의 주제를 다루기 위해서 무엇이 문제인가를 이해하는 것이 무엇보다도 급선무라 생각한다.

II. 무엇이 문제인가

1. 로마서 9-11장은 로마서의 중심인가

'이스라엘 문제'를 다루고 있는 로마서 9-11장과 관련하여 언뜻 보기에

---

265) Ἰσραήλ이란 개념은 로마서 가운데 모두 11회 사용되었는데, 전적으로 9-11장 사이에 나타난다[롬 9:6(2회), 27, 31, 10:1, 19, 21, 11:2, 7, 25, 26].
266) J. Becker, *Paulus. Der Apostel der Völker*(Tübingen, 1989), p. 486.
267) E. Käsemann, *An die Römer*, HNT 8a(Tübingen, 41980), p. 243.
268) 여기서 말하는 '친유대적인' 이란 표현은 인간적인 측면에서 사용된 것으로서, 바울

독자들의 공감을 불러일으킬 수도 있는 몇 가지 요소가 있다. 첫째, 9장의 시작을 하나님에 대한 찬양이 나타나는 8장 39절과 연결된 본문으로 보기에는 언어상 그리 매끄럽지 못하다는 사실이다. 9장 1절에는 앞 단락과 연결을 보여 주는 연결사가 없는 데 반하여, 로마서를 이루는 다른 대다수 단락들은 다양한 연결사를 사용하여 앞 단락과 자연스럽게 서로 연결되어 있기 때문이다.[269] 이와 관련하여 둘째, 하나님이 이스라엘과 맺고 있는 관계가 유일한 주제로 나타나는 9-11장은 8장이나 12장과 그다지 관련이 없는 듯이 보인다는 점이다.[270] 또한 셋째, 9-11장은 그 자체로서 문학적인 통일성을 갖추고 있다는 사실이다. 바울 개인의 심경을 담고 있는 도입부(롬 9:1-5)와 하나님에 대한 찬송으로 끝나는 마감부(롬 11:33-36)를 통해 그러한 문학적 통일성을 엿볼 수 있기 때문이다. 이러한 시각에서 9-11장이 로마서 전체에서 차지하는 위치에 관한 논란이 오래 전부터 현재까지 계속되고 있다.

논의는 크게 두 입장으로 압축시킬 수 있다. 하나는 현재 독일학자들을 중심으로 학계의 정설로 통하는 입장으로, 로마서의 핵심 본문을 1장 16-17절로 보면서 '하나님의 의'를 로마서의 전체 내용을 요약하는 중심 주제로 여기는 가운데, 9-11장을 1-8장에서 비롯된 내용으로 간주하는 것이다. 다른 하나는 이러한 입장에 반대하는 것으로, 로마서의 중심 본문을 9-11장으로 파악하는 가운데, 이스라엘 문제를 로마서 전체의 중심 주제로 보

이 유대교의 가르침을 수용했다는 뜻이 아니라, 자신의 혈족을 사랑하였다는 뜻에서 사용된 것임을 밝힌다.

269) γάρ(1:18), διό(2:1), οὐν(3:1, 9; 4:1; 5:1; 6:1, 12; 7:7, 13; 8:12, 31; 12:1; 14:13), δέ (3:21; 14:1; 15:14; 16:1, 17), διὰ τοῦτο(5:12), ἤ(7:1), ἄρα(8:1).

270) 예컨대 C. H. Dodd는, 12장은 11장의 마감부보다 8장 31절 이하와 보다 잘 연결된다는 이유에서 9-11장을 바울이 이전에 기록하였던 설교문을 이곳에 삽입한 것으로 간주하였다[The Epistle of Paul to the Romans(The Moffat NT Commentary, 1932), pp. 149f]. 이 주장은 학계의 호응을 받지 못했다.

고자 한다. 후자의 입장이 근자에 들어와 다시 인기를 얻고 있는 추세이다.[271] 그러나 문제가 간단하지 않다는 점을 예컨대 P. 슈툴마허의 조심스런 표현에서 알 수 있다. 그는 9-11장을 (로마서의 중심 자체는 아닐지라도) "이 서신의 중심에 다가선다."고 보면서 이 본문을 로마서에 나타나는 (바로 그 정점은 아닐지라도) "정점들 가운데 하나"로 파악하고 있다.[272]

'하나님의 의'라는 주제를 '이스라엘 문제'와 어떻게 관련짓느냐에 따라 입장의 차이가 생긴다. 필자는 9-11장을 로마서의 중심 본문으로 간주하는 해석의 가능성을 배제하고 싶지 않으나, 그와 같은 해석보다는 독일 학계의 '정설'을 따르고자 한다. 9-11장에 나타나는 내용들은 이미 앞 장에서 준비되었을 뿐만 아니라[273], 1-8장에서 다룬 '하나님의 의'의 내용을 '이스라엘 문제'와 관련하여 상세히 전개시킨 것으로 볼 수 있기 때문이다.[274] 여기서 비롯되는 질문은, 왜 바울은 비교적 넓은 범위를 이루는 세

---

271) 이와 같은 입장을 이미 오래 전에 F. Chr. Baur가 표방했다("Ueber Zweck und Veranlassung des Römerbriefs und die damit zusammenhängenden Verhältnisse der römischen Gemeinde," in: *Tüb. Ztschr. f. Theol.* 1836, Heft 3, p. 70. 또한 St. Neill, *The Interpretation of the New Testament 1861-1961*, 1964, p. 184; F.-W. Marquardt, *Die Juden im Römerbrief*, 1971, p. 3. 이와 달리, '종교사학파'에 속하는 몇몇 학자들은 로마서 6-8장을 로마서의 중심 본문으로 보고, 바울의 종말론적인 신비주의를 로마서의 핵심 주제로 여겼다(예컨대, P. Wernle; W. Wrede).

272) P. Stuhlmacher, *Der Brief an die Römer*, NTD 6(Göttingen, 1989), p. 9: "die drei Kapitel[=롬 9-11] rücken ... ins Zentrum des Briefes und stellen einen seiner Höhepunkte dar." 그럼에도 불구하고 슈툴마허는 로마서의 주제를 담고 있는 본문을 로마서 1장 16-17절로 간주한다(ibid., p. 15).

273) 롬 2:25ff; 3:1ff에 유대적인 하나님 백성 이해를 비판하고 있고, 로마서 8장 29-30절에는 하나님의 택하심을 언급하며, 또한 8:31ff에는 구원하시는 하나님의 사랑을 찬미하고 있다.

274) H. Hübner는 특히 로마서 9장 26-10:21절을 가리켜 "고심스러운 이스라엘 질문의 문맥에 따른 칭의론"("die Rechtferigungstheologie im Kontext der qualenden Israelfrage")이라고 부른다[*Biblische Theologie des Neuen Testaments*, Vol. 2(Göttingen, 1993), p. 254].

개의 장을 할애하여 '이스라엘 문제'"를 그토록 자세히 다루느냐 하는 것이다. 이러한 질문은 바울의 이전 진술들을 고려할 때 더욱 자라난다.

2. 로마서 9-11장과 데살로니가전서 2장 14-16절 사이에 나타나는 차이

바울 서신 중 가장 먼저 기록된(AD 50년경) 데살로니가전서에서 바울은 자신의 동족인 유대 백성을 향해 종말에 있을 하나님의 준엄한 심판을 다음과 같이 선언하였다. "15 유대인은 주 예수와 선지자들을 죽이고 우리를 쫓아내고 하나님을 기쁘시게 하지 아니하고 모든 사람에게 대적이 되어 16 우리가 이방인에게 말하여 구원받게 함을 그들이 금하여 자기 죄를 항상 채우매 노하심이 끝까지 저희에게 임하였느니라"(살전 2:15-16) 여기에서 바울은 예언자뿐만 아니라 예수를 살해한 책임이 유대인에게 있다는 점을 지적하면서 하나님의 분노가 유대인에게 도래하였다는 점을 강조하였다. 뿐만 아니라 바울은 그리스도를 영접한 후에도 할례와 율법의 가치를 여전히 중시하는 유대주의자들에 대항하여 격렬한 논쟁의 어조로 기록한 서신을 갈라디아 교인들에게 보내기도 했었다.

이와 같이 유대인과 유대적 가치에 대한 극히 부정적인 진술과 달리, 바울은 로마서 9-11장의 앞부분 9장 1-3절에서 자신의 혈육인 유대 백성을 향한 근심 걱정으로 가득 찬 괴로운 심정을 토로하고 있다.[275] 의심의 여지없이 두 본문, 데살로니가전서 2장 14-16절과 로마서 9-11장 가운데 나타나는 진술은 서로 명백한 차이를 보여 주고 있다.

---

275) F. Mussner는 롬 9:1-5를 가리켜, 바울이 이스라엘을 향한 자기의 사랑을 나타낸 "마음의 프로그램"("das Herzensprogramm des Apostels")이라 부른다(" Israels 'Verstockung' und Rettung nach Röm 9-11", in: F. Mussner, *Die Kraft der Wurzel*, Freiburg/Basel/Wien ²1987, p. 49, n. 40).

바울의 서신들이 비교적 짧은 기간 내에 기록된 것임을 고려할 때, 유대 백성에 대한 바울의 이해가 이처럼 대립되어 나타나는 사실은 이해하기가 쉽지 않다. 로마서보다 몇 년 앞서 기록된 데살로니가전서에 나타나는 유대 백성의 운명과 미래에 대한 이해가 바울이 로마서를 기록할 즈음에 도달하여서는 재고되지 않을 수 없었던 것으로 보인다.[276] 그러한 재고의 원인이 도대체 무엇일까 하는 질문이 일어난다. 아마도 바울이 처한 상황과 관련이 있을 것으로 짐작할 수 있다.

3. 로마서 9-11장은 바울의 개인적인 상황과 관련이 있는가

이것은 로마서의 기록 목적과 관련된 질문이다. 전통적으로 로마서는 기독교 교리서로 이해되어 왔다. 예컨대, 멜랑히톤(Philipp Melanchton)은 로마서를 가리켜 'doctrinae Christianae compendium'(기독교 교리 요약)으로 불렀다. 이처럼 로마서를 기독교의 교리서로 간주한 고전적인 이해는 납득할 면도 없지 않다. 바울 서신 가운데 가장 신학적이며 체계적인 성격을 띠고 있는 서신은 다름 아닌 로마서라는 사실을 부인할 수 없기 때문이다. 그럼에도 불구하고 그와 같은 설명은 분명 빗나간 시각으로 보아야 할 것이다. 성만찬이나, 공동체의 질서에 관한 언급을 전혀 담고 있지 않을 뿐만 아니라, 기독론과 종말론 혹은 교회론과 같은 중요한 항목을 단지 미미하게 다루고 있기 때문이다.[277] 게다가 로마서 12-15장에 나오는 권면의 내용은 교리서에 어울리지도 않는다. 이렇게 볼 때, 바울이 기독교 교리서를 작성할 목적으로 로마서를 쓴 것이 아님은 자명하다고 생각된다. 바울

---

276) 이와 관련하여 U. Schnelle, *Wandlungen im paulinischen Denken*, SBS 137(Stuttgart, 1989), pp. 77-87을 참조하시오.
277) W. G. Kümmel, *Einleitung in das Neue Testament*(Heidelberg, [20]1980), p. 273.

은 신학자이기에 앞서 무엇보다도 선교사였기 때문이다. 그렇다면 바울이 로마서를 오늘과 같은 모습으로 작성한 이유는 무엇일까. 바울의 다른 서신들과 마찬가지로 로마서 역시 어떤 구체적인 필요성과 관련된 것은 아닐까 하는 질문이 생긴다.

로마와 서바나를 향한 선교 여행을 수행하기에 앞서 바울은 한 가지 처리해야 할 일이 있었다. 그것은 다름 아닌 예루살렘교회를 위해 마게도니아와 아가야 지방에 있는 교회에서 모금한 헌금을 손수 예루살렘으로 가져가는 일이었다(롬 15:25-28; cf. 갈 2:10; 고전 16:1ff; 고후 8-9). 이것은 AD 48년경 예루살렘에서 있었던 사도회의의 결과에 따른 것이었다. 그런데 바울은, 안디옥 사건(갈 2:11-21) 이래로 자신과 예루살렘 모교회 사이에 일어난 갈등과, 또한 자신이 쓴 갈라디아서가 예루살렘교회에 끼쳤을 부정적인 영향에 대해 필경 깊이 생각하였을 것이다. 모든 갈등의 핵심은 유대 그리스도인과 이방 그리스도인 사이의 관계 규명과-이것은 결국 율법으로부터 자유로운 복음을 선포하는 바울 사역이 정당한가 혹은 부당한가를 결정짓는 것으로 바울에게 지극히 중대한 사안이었다-관련되었다고 말할 수 있다. 자신과 예루살렘 사이에 패인 깊은 골을 다시 매우기 위해서 바울은 헌금을 갖고 예루살렘으로 직접 찾아가고자 했던 것으로 짐작된다.[278] 이 헌금은 예루살렘교회의 가난한 성도들을 위한 단순히 구제의 목적에서라기보다는 교회의 일치를 상징하는 행위였던 것이다.[279] 여기에서

---

278) 이미 A. v. Harnack은 이와 같은 점을 지적하는 가운데 바울 서신 중에 로마서야말로 "상당한 정도로 개인적인 상황 서신"(in viel höheren Masse ein persönliches Gelegenheitsschreiben)이라고 불렀다("Das Alte Testament in den Paulinischen Briefen und in den Paulinischen Gemeinden," in: *Sitzungsber. d. Preuss. Ak. d. Wiss*(1928), p. 136).

279) 이 점을 D. Georgie(*Der Armen zu gedenken. Die Geschichte der Kollekte des Paulus für Jerusalem*(Neukirchen, ²1994))가 밝혔다. 이 헌금의 성격을 둘러싼 논란이 있다. 게오르기는 헌금을 예루살렘교회가 종말론적인 하나님의 선택된 백성으로서

우리는 교회의 일치라는 대명제를 바울이 얼마나 진지하게 여겼는가를 알 수 있다. 이와 같은 상황 가운데 바울은 예루살렘으로 가기에 앞서 우선적으로 로마서를 작성하였던 것이다.

로마 교회에는 대체로 이방 그리스도인들이 다수를 차지하고 있지만(롬 1:5-6, 13, 11:13ff, 15:15-16), 동시에 유대 그리스도인들도 포함되어 있었다(롬 2:17, 4:1, 12, 7:1, 9:10, 24; 14:20ff). 그들 가운데는 클라우디우스 황제의 유대인 추방 칙령이 폐기된 후 로마로 되돌아갔을 유대 그리스도인들도 있었을 것이며, 로마 교회는 이들로부터 갈라디아서의 논쟁에 대하여 들었을 것이다. 이들 로마의 유대 그리스도인들은 복음 선포와 관련하여 예루살렘 교회의 입장을 공유했을 것이라고 쉽게 짐작할 수 있다. 이렇게 볼 때, 바울은 예루살렘으로 가기에 앞서 로마의 유대 그리스도인들이 제기할 이의를 염두에 두고 율법과 이스라엘 문제에 관한 자신의 입장을 적극적으로 상술할 필요가 있었던 것으로 볼 수 있다.[280]

당시 이와 같은 역사적 상황에 비추어 볼 때, 결국 바울이 로마서를 기록하게 된 주된 목적은 다음의 두 가지 차원으로 요약할 수 있다. 하나는, 서바나로 향한 선교 여행에 필요한 로마 교인들의 단합된 도움을 얻기 위한 실제적이며 외형적인 선교 전략적 목적에서 로마서를 기록하였다. 이것은 외적인 직접적인 동기를 이룬다. 다른 하나는 바울의 내적인 상황과 관련된 것으로서, 바울은 예루살렘 모교회와의 화해를 염두에 둔 채[281] 로마 교

마땅히 갖는 권리로 여기나, G. Strecker에 따르면("Christentum und Judentum in den ersten beiden Jahrhunderten", in: *EvTh* 16, 1956, pp. 458ff, 이곳 p. 464; 또는 W. Schmithals, *Das kirchliche Apostelamt*(Göttingen, 1961), p. 74), 바울과 예루살렘 교회는 헌금의 성격을 나름대로 해석했다고 한다.

280) L. 존슨(『최신 신약 개론』(크리스챤다이제스트, 1998), 436쪽)이, "로마 교인들은 복음과 바울의 선교에 대한 이해는 전혀 알고 있지 못했다."라고 주장하는 것은 가능성이 적다.

281) 이런 의미에서 K. Haaker는 로마서를 가리켜 "평화의 기록"이라 부른다("Der

회의 유대 그리스도인들을 향한 자기 변호의 목적을 갖고[282] 로마서를 기록하였다고 보인다.[283]

바울이 예루살렘교회와 화해할 목적으로 헌금을 가지고 올라간 예루살렘 행은 바울에게 상당히 심각한 일이었음에 틀림없다. 로마서 15장 30-32절에서 바울은 자신이 "유대의 순종치 아니하는 자들", 즉 바울을 적대시하는 극단적인 유대주의자들에게서 구원을 받게 하고 또 예루살렘에 헌금을 가져가는 일을 예루살렘 교회의 성도들이 받아 주도록 로마 교회가 합심하여 중보 기도를 해 줄 것을 간절히 표현하고 있기 때문이다. 이와 같은 간절한 심정의 이면에는, 가져간 헌금이 거부당할지도 모른다는 두려움을 갖고 있었음을 나타낸다. 율법에서 자유로운 복음을 전한 바울은 도처에서 유대인과 유대주의자들로부터 박해와 핍박을 받았기에, 바울은 죽음을 동반할 수도 있는 그와 같은 박해를 예루살렘에 갔을 때 당할 수 있다고 판

Römerbrief als Fiedensmemorandum," in: *NTS* 36(1990), pp. 25-41〕.

282) H. Hübner〔"Paulus," in: *TRE* 26(1996), p. 145〕가 전체적으로 보아 로마서를 율법에 대한 변호서이면서, 동시에 선교사며 신학자로서의 바울 자신을 위한 변증서로 본 것은 타당하다. 휘프너는 로마서를 가리켜 "놀라운 구조를 갖춘 변증론"(eine glänzend konstruierte Apologie)라고 부르며(*Biblische Theologie des Neuen Testaments* II, p. 241), 또한 바울 서신 전체를 「변증 모음집」(corpus apologeticum)으로 이해한다(ibid., p.42). H. Balz는 로마서의 기능을 다음과 같이 요약한다. "바울은 로마서에서 선교적이며, 목회적, 또한 변호적인 관심에서 자기 특유의 복음 선포를 신학적으로 전개하고 있다."〔"Römerbrief," in: *TRE* 29(1998), p. 297〕.

283) 물론 로마 교회를 위한 목회적인 목적을 배제할 필요는 없으나, 서중석 교수는 이를 지나치게 강조하여, 로마서의 "근본적인 목적"을 "로마 교회 두 그룹(유대 그리스도인과 이방 그리스도인)의 그리스도 안에서의 평등 공존을 모색하기 위한 것"으로 본다〔「로마서의 목적」, in: 『바울 서신 해석』(대한기독교서회, 1998), 277-297쪽, 특히 296쪽〕. 로마서의 기록 목적과 관련된 다양한 입장에 대하여 다음을 참조하시오. 차정식, 『로마서 I』(대한기독교서회 창립 100주년 기념 성서 주석 37)(대한기독교서회, 1999), 72 -84쪽; 김세윤, 「바울이 로마서를 쓴 목적」, in: 『예수와 바울』(도서출판 참말, ²1993), 399-412쪽.

단하였음을 알 수 있다. 그의 예루살렘 행은 이처럼 심각한 배경과 관련되었던 것이다. 따라서 보른캄(G. Bornkamm)이 로마서를 가리켜 "바울의 유언"(Testament des Paulus)이라고 불렀는데,[284] 이는 일면 일리가 있는 표현이다. 예루살렘에서 예상되는 박해와 죽음을 염두에 두고 쓴 글이기 때문이다. 이런 의미에서 큄멜(W. G. Kümmel)이 로마서를 가리켜 "바울의 선교 사역의 구체적인 필요성에서 이루어진 그의 신학적인 자기 고백"[285]이라고 부른 것은 적절하다.

로마서 작성 당시 바울이 처한 상황은 우리의 관심 본문인 로마서 9-11장의 해석에도 적용된다. 여기에 나타나는 '이스라엘 문제'는 바로 당시 바울이 처했던 구체적인 상황과 관련하여 파악할 때, 비로소 정확한 해석이 가능하다고 생각된다. 결국 9-11장은 세계 선교의 전망 가운데 당시 유대주의자들 및 유대 그리스도인들이 바울을 적대시하며 배격하던 상황에 직면하여 자신이 접한 문제를 근본적이며 적극적으로 풀기 위한 바울의 철저한 신학적 사유라고 말할 수 있다.[286]

4. 이스라엘과 교회의 관계와 관련하여

기독교에 깊이 뿌리내린 전통에 따라 흔히 이스라엘을 교회와 대치된 부정적인 것으로 이해하여 왔다. 따라서 교회는 은혜의 복음을 대표하나,

---

284) G. Bornkamm, "Der Römerbrief als Testament des Paulus," in: *Studien zum Neuen Testament*(Berlin, 1985), pp. 197-216; J. Becker, *op. cit.*, p. 369("sein theologisches Testament" = "그의 신학적 유언").
285) W. G. Kümmel, *Einleitung in das Neue Testament*(Heidelberg, [20]1980), p. 273.
286) 로마서에 대한 이러한 이해는, 본질적으로 바울이 위대한 선교사이면서 동시에 철저히 신학적으로 고심했던 사상가란 차원과 연관되었다. 이에 관하여 특히 C. K. Barrett, "Paulus als Missionar und Theologe," in: M. Hengel/U. Heckel(eds.), *Paulus und das antike Judentum*(Tübingen: Mohr, 1991), pp. 1-15를 참조하시오.

반면 이스라엘은 율법과 심판을 상징하는 것으로 여겼다. 서구 교회는 이와 같은 도식화되고 고정된 사고에 대한 각성을 하기 시작했다.[287] 이와 같은 각성이 일어난 것은, 독일 나치 정권이 주도하는 가운데 자행된 대략 600만 명으로 추산되는 유대인 대학살(Holocaust)에 서구 교회와 신학 가운데 자리 잡은 오래된 반셈족주의가 음양으로 영향을 끼쳤다는 사실을 깨닫고 이를 반성하기 시작하면서부터이다.[288] 이러한 배경 아래에 우리의 본문 로마서 9-11장은 이스라엘과 교회의 관계와 관련된 예민한 본문으로 다루어져 왔다.[289] 여기서는 주로 베어톨트 클라페르트(Bertold Klappert)를 따라[290] 지금까지 제시된 다양한 해석을 단순히 소개함으로써 단지 문제의

---

287) 그리하여 예컨대 D. Goldschmidt와 H.-J. Kraus가 편집한 책 『취소되지 않은 언약. 유대인과 기독교 공동체의 새로운 만남』 (*Der ungekündigte Bund. Neue Begegnung von Juden und christlicher Gemeinde* (Stuttgart, 1962))이 출판되었다. 또한 독일 개신교를 대표하는 EKD에 속한 Rheinland 노회는 '그리스도인과 유대인의 관계 개선'을 촉구하는 회합을 1980년에 가졌다[B. Klappert, H. Starck(eds.), *Umkehr und Erneuerung. Erläuterungen zum Synodalbeschluss der Rheinischen Landessynode, 1980. "Zur Erneuerung des Verhältnisses von Christen und Juden"* (Neukichen, 1980)]. B. Klappert는 '반유대적이 아닌 기독론의 규범'에 관한 논문을 쓰기도 하였다. "Israel-Messias/Christus-Kirche. Kriterien einer nicht-antijüdischen Christologie," in: *Evang. Theol.* 55(1995), pp. 64-88.
288) 서구 기독교계의 반셈족주의에 대하여, 또한 수많은 기독교인들이 독일 나치 정권에 시녀노릇을 한 것과 관련하여 다음의 글을 참조하시오. 오영석, 「유대인 문제에 대한 역사신학적 이해」, in: 『기독교사상』 425(1994, 5), 56-90쪽.
289) 이스라엘과 교회의 관계에 대한 질문은 '성경신학'의 한 중심 주제로 부상하였다. 이에 대하여 J. M. Schmidt, "Israel und die Kirche - ein 'Hauptproblem der Biblischen Theologie im 20. Jahrhundert'," in: P. Mommer, W. Thiel(eds.), *Altes Testament-Forschung und Wirkung, FS H. G. Reventlow* (Frankfurt a.M. et. al., 1994), pp. 185-197.
290) B. Klappert, "Traktat für Israel(Römer 9-11)," in: M. Stohr(ed.), *Jüdische Existenz und die Erneuerung der christlichen Theologie: Versuch der Bilanz der christlich-jüdischen Dialogs für die Systematische Theologie* (München: Kaiser, 1981), pp. 58-137. 클라페르트의 분류에 대해 논란의 여지가 있을 수도 있으나, 여기서는 논외로 한다.

심각성을 이해하는 데 그치고자 한다.

1) 교회가 이스라엘을 대체했다는 구원사적 대체설

이스라엘이 갖고 있던 우선권과 특권이 교회로 넘어갔다는 입장이다. 이로써 교회가 '하나님의 새로운 백성(neues Volk Gottes)'이며, '참 이스라엘(das wahre Israel)'이 된다. 이것은 가장 보편화된 주장이다. 이와 같은 입장을 대표하는 학자로서 예컨대 슐리어(H. Schlier), 콘첼만(H. Colzelmann), 케제만(E. Käsemann)을 들 수 있다.[291]

2) 이스라엘이 교회에 포함되었다는 교회론적 통합설

이스라엘은 회개함으로 말미암아 종말론적 하나님의 백성과 동일시되는 교회에 속하게 되었다는 입장이다. 여기에는 이스라엘 전체가 회개하여 복음을 영접할 것이라는 기대가 담겨 있다. 이 입장의 대변자로 쿠스(O. Kuss), 케제만(E. Käsemann), 알트하우스(P. Althaus)를 들 수 있다.[292]

3) 이스라엘 선택의 예정론적 개인주의화

하나님의 예정론을 이스라엘 백성으로부터 분리시켜 각 개인의 영적인 것과 관련시킴으로써 개인화된다. 그리하여 자유로운 하나님의 예정은 오직 각 개인과 관련된다. 따라서 집합개념인 이스라엘 선택의 문제가 제거된다. 종교 개혁가 루터와 칼빈을 선두로 알트하우스(P. Althaus), 콘첼만(H. Conzelmann)이 이러한 입장을 표방한다.[293]

---

291) H. Schlier, *Der Römerbrief*(Freiburg, Basel, Wien: Herder, ²1979), p. 286f; H. Colzelmann, *Grundriss der Theologie des Neuen Testaments*(1967), p. 275f; E. Käsemann, *An die Römer*, HNT(Tübingen: Mohr, 1973), pp. 272, 280.
292) O. Kuss, *Der Römerbrief, Dritte Lieferung Röm 8,19-11,36*(1978), pp. 794, 796, 811ff; E. Käsemann, *op. cit.*, p. 292; P. Althaus, *Die letzten Dingen*(⁷1957), p. 314.
293) P. Althaus, *Der Brief an die Römer*(Göttingen, 1954), pp. 108f; H. Conzelmann, *op. cit.*, p. 278.

4) 이스라엘 선택의 칭의론적 보편화

이스라엘의 선택을 전체 인간의 보편적인 것으로 귀속시킴으로써 죄인의 칭의가 이스라엘에게도 마찬가지로 적용된다는 입장이다. 이스라엘 선택이 보편적 선택의 한 요소로 전락된다. 이스라엘 백성의 선택에 관한 문제를 전 세계적인 칭의론에 섞어, 결국 이스라엘과 맺은 하나님의 언약이 파기되었다고 보는 입장이다. 케제만(E. Käsemann)은 불트만과 콘첼만에 반대하는 가운데 이와 같은 입장을 표방했다.[294]

5) 이스라엘 선택의 기독론적 양식화

이스라엘과 교회가 서로 대조된다. 이스라엘과 유대 회당은 단지 십자가에, 하나님의 심판을 증거함에, 귀로만 들은 언약에, 지나간 인간에 귀속된 반면, 교회는 부활에, 은혜를 증거함에, 믿음으로 받아들인 언약에, 다가오는 인간에 속한다고 보는 입장이다. 한마디로 이스라엘과 교회의 관계를 율법과 복음의 변증법(Dialektik)에 따라서 이해하였다. 이것은 바르트(K. Barth)가 제시한 입장이다.[295]

6) 이스라엘 비판적인 해석

로마서 9-11장을 바울이 유대교를 비판하는 글(tractatus contra Judaeos)로 보고자 한다. 여기에서 바울이 이스라엘을 고소하는 가운데 이스라엘이 그리스도를 믿지 않는 죄를 밝히고자 하는 것으로 이해한다. 다시금 케제만을 들 수 있다. 그는 자신의 주석서에서 유대교 비판적인 시각에서 해당 본문을 주석하였다. 로마서 9장을 이스라엘을 버릴 하나님의 공의의 권리로 묘사하며, 10장은 교회에 현존하는 말씀을 거부하는 이스라엘의 죄

---

294) E. Käsemann, *op. cit.*, pp. 274f, 304.
295) K. Barth, *Kirchliche Dogmatik II/2*, pp. 215ff.

에 대해 말한다.[296] 그리고 11장에서 이스라엘과 관련된 희망과 언약을 죄인의 보편적 칭의론에 속하는 요소로서 묘사한다. 이미 바우어(F. Chr. Baur)는 로마서를 일방적으로 반유대주의적인 성향을 지닌 문서로 보았다.[297]

7) 교회 비판적인 해석

로마 기독교 신앙 공동체에 존재하는 반유대주의를 염두에 둔 교회 비판적인, 따라서 친유대적인 바울의 글(tractatus pro Judaeos)로 이해하고자 한다. 클라페르트(B. Klappert)가 대표적이다.[298]

8) 신학적인 해석

바울이 실존적으로 고민했던 이스라엘 문제를 이스라엘 비판적이거나 교회 비판적인 의도가 아니라, 바울의 신학적 입장이 담긴 '신학적인 설명(theologische Darlegung)'으로 이해하고자 한다. 이것은 호피우스(O. Hofius)의 주장이다.[299]

III. 로마서 9-11장: 유대적 이의 제기와 바울의 항변

우리는 위에서 우리가 다룰 본문을 둘러싼 여러 문제점들에 관해 살펴

---

296) E. Käsemann, op. cit., p. 264.
297) F. Chr. Baur, "Über Zweck und Veranlassung des Römerbriefes und die damit zusammenhängenden Verhältnisse der römischen Gemeinde," in: *Tübinger Zeitschrift für Theologie*(1836), Heft 3, pp. 59ff.
298) B. Klappert, op. cit.
299) O. Hofius, "Das Evangelium und Israel. Erwägungen zu Römer 9-11," in: idem, *Paulusstudien*(Tübingen, 1989), p. 175.

보았다. 이제부터는 본문의 내용에 눈을 돌리고자 한다. 앞서 우리는 바울이 로마서를 집필할 당시 유대주의자들의 박해 상황과 아울러 바울과 예루살렘교회와의 긴장 관계에 대하여 언급했다. 동시에 유대 그리스도인들의 이의제기에 대한 바울의 자기변증의 필요성에 대하여 언급했다. 바울을 향한 비난의 화살에 대한 그의 항변은 로마서 전반부에 여러 번에 걸쳐 나타나고 있음을 확인할 수 있다(롬 2:1-11, 17ff, 3:1ff, 27ff, 4:1ff, 6장, 7:7ff). 그러나 그와 같은 바울의 항변은 특히 로마서 9-11장에 잘 나타난다. 따라서 필자는 이 본문을 바울이 가상의 유대 적대자와 벌이는 논쟁(dialogus cum Judaeo)으로 해석하고자 한다.[300] 논쟁의 형식을 취하고 있는 로마서 9-11장은 크게 세 부분으로 구분할 수 있다.

1. 본문 이해

여기서 우리는 해당 본문을 상세히 다루지 않고, 단지 논쟁의 측면을 부각시키면서 전체적으로 간단히 다루고자 한다.

1) 로마서 9장 1-29절(하나님의 측면에서)

'이스라엘 문제'의 첫번째 부분에서, 바울은 하나님의 측면에서 자신의 논지를 전개시킨다. 하나님의 구원 사역은 인간에게 종속되지 않고 전적으로 하나님 자신의 전권에 따른다는 사실을 강조한다. 이 부분은 유대인의 입장에서 제기하는 세 가지 이의를 담고 있다.

---

300) 이와 같이 U. Wilckens, *Der Brief an die Römer 1*(Neukirchen-Vluyn, 1987), pp. 32; H. Schlier, *Der Römerbrief*(Freiburg/Basel/Wien, 1979), p. 4. J. Becker는 디아트리베(Diatribe) 문체와 유사한 문학적인 가상의 논쟁이 로마서에 담겨 있다고 보는 가운데, 1-11장을 헬라 그리스도교에 반대하는 유대 그리스도교인과 바울이 벌이는 논쟁으로 이해한다[*Paulus. Der Apostel der Völker*(Tübingen, 1989), p. 367].

로마서 9장 6절에 첫번째 유대적 이의제기가 전제되어 있다. 즉 현재 복음을 받아들이지 아니하는 유대인들을 직면하여 이스라엘을 향해 하셨던 하나님의 언약의 말씀이 폐기된 것이 아니냐 하는 유대적 이의제기이다. 이에 대해 바울은 이삭과 야곱의 예를 언급하는 가운데, 이스라엘 문제는 육의 사항이 아니라 언약의 사항이며, 동시에 전적으로 하나님의 자유로운 선택에 달려 있다는 점을 말한다. 이로써 이스라엘을 향한 하나님의 약속이 무효화되지 않았다는 사실을 밝힌다(롬 9:6b-13).

이어서 9장 14절에 두 번째 유대적 비난이 계속된다. 하나님께서 인간의 행함을 전혀 고려하지 않고 선택하고 버리는 일을 하신다면, 결국 하나님은 불의하게 활동하시는 것이 아니냐 하는 비난의 화살을 담고 있다. 이것은 이미 3장 5절에서 제기되었던 것으로, 위에서 바울이 밝힌 답변을 되받고 있는 유대적 이의제기이다. 이에 대해 바울은, 모세에게 말한 하나님의 말씀을(출 33:19) 인용하는 가운데 하나님께서 베푸시는 자비의 역사는 전적으로 하나님의 자유의지에 달렸다는 항변을 한다(롬 9:15-18).

그러자 가상의 유대인 대적자는 9장 19절에서 또다시 날카롭게 인간적인 측면에서, 모든 것이 거역할 수 없는 하나님의 뜻이라면 인간은 책임이 없지 않느냐 하는 세 번째 이의를 제기한다. 이에 대해 바울은 9장 19b-21절에서 그러한 질문을 하는 인간의 오만불손함을 책망하는 가운데 두 가지 비유(지음 받은 물건, 토기장이)를 사용하여 피조물인 인간은 창조주인 하나님께 대하여 거역할 수 없다고 항변한다. 또한 9장 25-29절에서 바울은 구약 예언서를 인용하면서 유대적 이의 제기에 반박한다. 우선 호세아서를 인용하면서, 하나님께서 이방 그리스도인을 불렀다는 사실을 밝히며 (롬 9:25-26), 또한 수많은 이스라엘 자손 가운데 단지 남은 자, 즉 유대 그리스도인만 구원을 얻으리라는 말씀을 하셨다면서 이사야서를 인용한다 (롬 9:27-29).

2) 로마서 9장 30절-10장 21절(이스라엘 죄의 측면에서)

'이스라엘 문제'의 두 번째 부분에서, 바울은 이스라엘의 죄의 측면을 밝힘으로써 상당히 이스라엘 비판적으로 언급한다. 먼저 9장 30-33절에서 바울은 앞부분의 내용을 받으면서, 동시에 10장에서 전개될 내용의 주제를 제시한다.[301] 9장 30절에서 바울은 9장 14절(또한 롬 6:1, 7:7)에 나오는 같은 표현을 사용하여 "그런즉 우리가 무슨 말 하리요"라는 질문으로 시작한다. 그런데 여기서는 이 질문에 이어서 유대적 이의가 제시되지 않고, 바울 자신의 대답을 담은 접속사 ὅτι로 시작되는 직설법 문장[302]이 나온다. 역시 이곳에서도 9장 14절에 나타나는 "하나님께 불의가 있느뇨 그럴 수 없느니라"와 같은 유대적인 이의 제기가 생략되어 있다고 볼 수 있다.

로마서 9장 30b-33절에서 바울은 유대인으로서는 납득하기 어려운 참으로 놀라운 진술을 한다. 이방인이 의를 획득한 반면에, 이스라엘은 의를 향한 열심에도 불구하고, 의를 얻지 못했다는 것이다. 이스라엘은 예수 그리스도에 대한 믿음에 의지하지 않고 행함을 향한 그릇된 열심에 의지했기 때문이라고 바울은 밝힌다.

이어서 바울은 로마서 10장 1-4절에서 이스라엘은 율법이 끝났다는 사실을 깨닫지 못하고 있음을 지적하고, 10장 5-13절에서 그에 대한 성서적 증거를 제시한 뒤, 10장 14-21절에서 이스라엘의 불순종은 전적으로 이스라엘 자체의 죄라는 점을 밝힌다. 결국 이스라엘은 믿음에서 난 의를 저버리고 말았다는 사실을 바울은 이 단락에서 강조하고 있다.

---

301) 이와 같이 O. Kuss, *op. cit.* III, 743. Cf. E. Käsemann, *op. cit.*, p. 267; W. G. Kümmel, "Die Probleme von Römer 9-11 in der gegenwärtigen Forschungslage," in: L. De Lorenzi, *Die Israelfrage nach Röm 9-11*(Röm, 1977), pp. 13-33, 이곳 p. 21; Ch. Müller, *Gottes Gerechtigkeit und Gottes Volk*(Göttingen, 1984), p. 37; J., Weiss, "Beiträge zur Paulinischen Rethorik," in: *FS B. Weiss*(Göttingen, 1897), p. 239.
302) ὅτι앞에 주문장이 생략된 것으로 보아야 한다.

바울이 유대적 이의 제기와 벌이는 논쟁적인 성격은 다음 단락에서도 찾을 수 있다.

3) 로마서 11장 1-32절(온 이스라엘을 구원하시는 하나님의 비밀에 대하여)

'이스라엘 문제'를 다루는 마지막 세 번째 부분에서, 바울은 현재 이스라엘이 완악한 것은 시기적으로 제한된 것일 뿐이고, 종국에 하나님께서 온 이스라엘을 구원하시리라는 비밀에 대하여 언급한다.

바울은 11장 1절a에서 "하나님이 자기 백성을 버리셨느냐"는 유대적인 이의 제기로써 시작한다. 앞서 제기된 모든 유대적 이의 제기가 이 질문에 집중되고 있다고 말할 수 있다. 먼저 바울은 11장 1b-10절에서 하나님은 이스라엘을 버리시지 않았다는 점을 강조한다. 유대인인 바울 자신이 그에 대한 명백한 증거이며, 또한 성서도 그것을 증거하고 있다고 진술한다.

계속해서 바울은 11장 11-32절에서 사고를 한 단계 발전시키고 있다. 11장 11절은 또다시 유대적 이의 제기를 담고 있다. 유대인의 다수를 차지하는 "남은 자들"(롬 11:7b)이 하나님으로부터 완전히 버림을 받은 것인가 하는 마지막 유대적 이의 제기이다. 이에 대해 바울은 11장 11b-32절에서 항변한다. 이스라엘 다수의 완악함 배후에 하나님의 의지가 숨겨 있다는 사실을 강조하며, 또한 이 완악함은 시기적으로 제한되어 있다는 점을 분명히 한다.

이와 같은 논쟁적인 서술 방법을 통해 바울은 현재 이스라엘 다수가 복음을 영접하지 않는 사실과 관련하여 제기된 질문, 즉 이스라엘과 맺은 하나님의 언약이 신실하지 못한 것이 아니냐는 입장을 강하게 반박하고 있다. 여기에서 우리는, 바울이 자기의 혈육인 유대인들에 대해 얼마나 강한 애정을 갖고 있었는지를 확인할 수 있다.

바울이 자기 동족을 향해 갖고 있던 애정은, '이스라엘 문제'를 다루기에 앞서 이미 로마서 9장 1-5절에서 분명히 선언하였다는 사실과 일치한다. 여기서 바울이 토로하는 감정은 복음을 거절하는 동족에 대한 분노나 증오의 감정이 아니라, 같은 핏줄을 나눈 형제로서의 "큰 근심"과 "마음에 그치지 않는 고통"(롬 9:2)의 감정이다.[303] 이처럼 바울이 반유대적이 아니라 오히려 친유대적인 혹은 친이스라엘적인 심정을 갖고 있었다고 말할 수 있다. 그와 같은 점을 보여 주는 진술은 특히 11장 25-32절에 잘 나타난다. 여기서 바울은 '비밀'에 대하여 언급하면서, 성서를 인용하고 있다.

2. 하나님의 '비밀'과 이에 대한 성서적 증거

앞에서 살폈듯이, 지금까지 바울은 인간의 운명을 주관하시는 하나님의 절대적인 주권(롬 9:1-29)과 이스라엘의 죄를 밝힌 뒤(롬 9:30-10:21), 하나님의 은혜로 이스라엘의 한 부분 "남은 자들"을 구원하셨다는 사실과(롬 11:1-10), 또한 참으로 놀라운 역사, 즉 이방인에게 구원의 가능성을 열어 주셨다는 사실을 밝혔다(롬 11:11-24). 이제 드디어 바울은 하나님께서 온 이스라엘을 구원하시리라는 "비밀"에 대하여 언급한다. 로마서 9-11장에 서술된 신학적 논지의 핵심은 바로 이 비밀의 내용을 담고 있는 11장 25-27절에 놓여 있다고 말할 수 있다.[304]

1) '비밀'의 첫째 마디(롬 11:25b)

여기서 언급되는 "비밀"이 9-11장 전체를 요약하는 핵심어로 간주할 수

---

303) Cf. K. H. Rengstorf, S. von Kortzfleisch(eds.), *Kirche und Synagoge*, Bd. 1(Stuttgart 1968), p. 26.
304) H. Hübner는 로마서 11장 25-27절을 "로마서 9-11장에 나타나는 신학적인 논증의 정점"으로 부른다(*Biblische Theologie des Neuen Testaments II*(Göttingen, 1993), p. 316).

있다. 이의 중요성을 부각시키듯, 바울은 로마서 11장 25a절에서 심중에 담고 있는 뭔가 중요한 사항을 진술할 때 도입어로 사용하는 "너희가 모르기를 내가 원치 아니하노니"라는 수사적인 표현을[305] 하고 있으며, 또한 이에 걸맞게 바울은 "형제들아" 하며 호소하듯 부르고 있다. 이어서 나타나는 "비밀"은 두 마디의 진술로 이루어져 있다. 첫째 마디는 25b절을 가리킨다. "이방인의 충만한 수가 들어오기까지 이스라엘의 더러는 완악하게 된 것이라" 여기에서 "이스라엘의 더러"는 문맥상 "은혜로 택하심을 받아 남은 자"(롬 11:5)와 상반된 개념으로, 예수 그리스도를 영접하지 아니한 유대인들을 가리킨다. 이들이 현재 완악해져 있다는 사실에 대하여 바울은 언급한다.

이때 유의할 점은, 바울은 하나님이 이스라엘/유대인을 (영구히) "버리셨다"고 말하지 않고(cf. 11:5 $ἀπώσατο$), 유대인의 (일시적인) "완악함"($πώρωσις$)에 대해 말하고 있다는 사실이다. 25b절을 직역하면 "완악함이 이스라엘의 부분에게 되어졌다."로 번역할 수 있다. 여기에서 이스라엘을 완악하게 하는 주체는 하나님으로 보아야 한다. 이것은 9장 18절을 통해서 더욱 확실하다. "그런즉 하나님께서 하고자 하시는 자를 긍휼히 여기시고 하고자 하시는 자를 완악하게 하시느니라" 이렇게 볼 때, 바울은 이스라엘의 완악함을 이스라엘의 불신앙에 대한 하나님의 반응, 즉 그들이 복음을 거절함에 대한 하나님의 대답으로[306] 이해하지 않고, 역으로 하나님이 이스라엘을 완악하게 만드심으로 말미암아 이스라엘이(그리스도를/복음을) 따를 수 없게 되었다고 이해하고 있음을 알 수 있다.[307] 즉 바울은, 이스라엘이 완악하게 된 것은 하나님의 섭리에 기인한 것으로 파악한 것이다.

---

305) 또한 롬 1:13; 살전 4:13; 고전 10:1; 12:1; 고후 1:8.
306) 이와 같이 U. Wilckens, *Der Brief an die Römer II*(EKK VI/2)(1980), p. 240.
307) O. Hofius, *op. cit.*, p. 181.

또한 바울은 한 걸음 더 나아가 이스라엘의 완악함은 결국 이방인에게 하나님의 자녀가 되도록 하는 기회를 마련한 것이라고 말한다. 여기에서 우리는 하나님의 섭리 가운데 있는 유대교의 위치에 대한 바울의 입장을 발견할 수 있다. 이방인의 충만한 수가 하나님의 백성 안으로 들어오게 되면, 복음을 거부하던 유대인도 예수 그리스도께로 되돌아오리라는 바울의 강한 신념을 엿볼 수 있다. 이와 같은 점은 바로 앞 단락에 나오는 이른바 "감람나무의 비유"(롬 11:17-24)를 통해 더욱 분명해진다.

2) 비밀의 둘째 마디(롬 11:26-27)

비밀의 두 번째 마디는 26-27절과 관련되었다. 26절의 머리에 나오는 καὶ οὕτως를 둘러싸고 논란이 많으나, 필자는 O. 호피우스의 견해를 따라 앞 문장을 논리적으로 받고 있는("logisch-rückweisend")[308] 표현으로 이해하고자 한다. 따라서 καὶ οὕτως πᾶς Ἰσραὴλ라는 문장을 다음과 같이 이해한다. 하나님이 선택하신 이방인이 종말의 구원 공동체 안으로 들어오는 것이 완결된 다음에, '온 이스라엘'의 구원이 뒤따를 것이라는 뜻이다. 그런데 26절에 "온 이스라엘"이란 개념이 나오는데, 이를 어떻게 이해해야 할까? 이에 대한 해석이 분분하다.

고대 교회에 만연된 해석을 따라,[309] "온 이스라엘"을 '유대인과 이방인으로 구성된 종말의 새 하나님 백성' 즉 '교회(Ekklesia)'를 가리키는 것으로 보는 해석은 아직까지도 만연되어 있다.[310] 그러나 이와 같은 해석은 문

---

308) *Ibid.*, p. 193.
309) 교부들의 해석에 관하여 K. H. Schelkle, *Paulus Lehrer der Väter. Die altkirchliche Auslegung von Römer 1-11*(Düsseldorf, 1956), pp. 400ff를 참조하시오.
310) 예컨대, J. Calvin, *In Epistolam Pauli ad Romanos Commentarii*, ed. A.(Tholuck, 1864), p. 195; K. Barth, *Der Römerbrief*(Zürich, 1940), p. 401; J. Jeremias, "Einige vorwiegend sprachliche Beobachtungen zu Röm 11,25-36," in: L. D. Lorenzi(ed.), *op. cit.*, p. 200.

맥상 어렵다. πᾶς Ἰσραὴλ은 바로 앞 문장 25b절의 진술과 밀접히 관련된 것으로서, "온 이스라엘"은 '이방인의 충만한 수'에 상응하는 셈어적인 표현(כל ישראל)이다. 즉 "온 이스라엘"은 이미 복음을 영접한 "이스라엘의 더러"를 포함한 이제까지 그리스도를 영접하지 아니한 유대인 전체를 가리키는 것으로 이해된다.[311] 이와 관련하여 바울은 "온 이스라엘"이란 개념을 통시적(diachron)으로 아니면 공시적(synchron)으로 이해하였는가 하는 질문이 가능하다. 다시 말하면 시대를 초월한 모든 유대인을 가리키는 가, 혹은 종말의 시간에 살아 있는 유대인만을 가리키는가.

우리의 본문만 가지고는 대답하기 어려우나, 미쉬나 산헤드린에 나오는 말인 "온 이스라엘은 미래의 세계에 참여할 것이다"(Sanh 10:1)라는 유명한 진술, 또한 "벤야민의 유언"(TestBenj 10:11) 가운데 나오는 "그리하여 온 이스라엘은 주님께 모일 것이다."라는 진술을 고려할 때 대답이 가능하다. 이 두 유대적 진술은 모두 죽은 자의 부활 이후의 시간과 관련된 말로서 명백히 통시적인 의미를 지니고 있듯이, 바울 역시 종말론적인 의미에서 사용된 '온 이스라엘'을 통시적인 의미로 이해하였을 것으로 보인다.[312] 어쨌든 바울은, 11장 26절에 나오는 "온 이스라엘"은 유대인과 이방인으로 구성된 종말론적인 하나님의 새 백성으로 이해되는 교회를 뜻하지 않고

---

311) 그러나 O. Hofius(op. cit., p. 194, n. 76)는 "온 이스라엘"을 로마서 11장 5절에 나오는 τὸ λεῖμμα(cf. τὸ ὑπόλειμμα 9:27; τινὲς ἐξ αὐτῶν 11:14)와 상반된 개념으로 파악하는 가운데, 엄격히 보자면 구원받은 "남은 자"(롬 9:27)를 뺀, 그리스도를 영접하지 않고 있는, 따라서 구원에 참여하지 못하고 있는 나머지 유대인 전체를 가리키는 것으로 해석하고자 한다. 결국 11장 25b절에 나오는 "이스라엘의 더러"와 동일한 개념으로 보는 셈이다. 이와 같은 해석은 이어지는 문장 가운데 "이스라엘의 더러"(25b)와 다른 개념 "온 이스라엘"(26a)이란 개념을 강조하여 선택한 바울의 의도를 설명하지 못한다.

312) 이와 같이, 예컨대 J. A. Fitzmyer, Romans(The Anchor Bible)(New York: Doubleday, 1993), p. 623; 조심스럽게 O. Hofius, op. cit., p. 195

전적으로 유대인 전체를 가리키는 개념으로 사용했다고 보아야 한다.[313]

그런데 '온 이스라엘'의 구원이 어떠한 방식으로 이루어질 것인가를 둘러싸고 논란이 많다. 혹자는 이스라엘이 회개함으로,[314] 혹자는 특별한 구원의 길을 통해서[315] 기대하는 구원이 가능할 것이라는 의견을 제시하였다. 후자의 입장을 대변하는 학자로 F. 무스너를 들 수 있다. 그는 "오직 그리스도에 대한 신앙"(sola fide)을 유대인이 종말론적인 구원을 얻기 위한 전제 조건으로 간주하지 않는다. 로마서 11장 26-27절에 나오는 이사야 인용문[316] 가운데 회개에 대한 언급이 없이 재림주 그리스도가 이스라엘을 구원한다는 시각에서, 그리스도의 재림에 앞선 이스라엘의 회개를 전제하지 않은 "하나님의 전적인 자유로운 은혜에 따라"(sola gratia) 온 이스라엘의

---

313) 이와 같이, 예컨대 D. Flusser, "Paulus II," in: *TRE* 26(1996), p. 156; F. Mussner, "Israels 'Verstockung' und Rettung nach Röm 9-11," p. 51, n. 49; H. Schlier, *Der Römerbrief*(Freiburg, Basel, Wien, 1979), p. 340; 차정식, 『로마서 II』, 250쪽; cf. O. Hofius, op. cit., pp. 194f. 또한 U. Wilckens(*Der Brief an die Römer* II, p. 256, n.1152); H. W. Schmidt(*Der Brief des Paulus an die Römer*(Berlin, 1972), p. 200)가, "온 이스라엘"을 고대 교회가 유대인과 이방인으로 구성된 새로운 하나님의 백성과 동일시되는 '교회'를 지칭하는 것으로 본 해석이 틀렸다는 점을 지적한 것은 타당하다. 다른 한편 바울은 "이스라엘"을 예컨대 갈라디아서 6장 16절에서 영적인 하나님의 백성으로 이해되는 교회를 가리키는 뜻으로 사용하기도 한다.
314) 이와 같이, 예컨대 Th. Zahn, *Der Brief des Paulus an die Römer*(Leipzig, 1910), p. 524; F. W. Maier, *Israel in der Heilsgeschichte nach Römer. 9-11*(Munster, 1929), pp. 122f; L. Goppelt, "Israel und die Kirche, heute und bei Paulus," in: idem., *Christologie un Ethik. Aufsätze zum Neuen Testament*(Göttingen, 1968), p. 185; E. Käsemann, *An die Römer*(Tübingen, 1980), p. 303.
315) 이와 같이 특히 B. Klappert, *op. cit.*, pp. 84ff; F. Mussner, *Dieses Geschlecht wird nicht vergehen. Judentum und Kirche*(Freiburg, Basel, Wien 1991), pp. 33ff; 또한 K. L. Schmidt, "Die Judenfrage im Licht der Kapitel 9-11 des Römerbriefes," in: *Theol. Studien 13*(Zollikon, Zürich, 1943), pp. 31ff; U. Luz, *Das Geschichtsverständnis des Paulus*(München, 1968), p. 294.
316) 이 성서 인용은 이사야 59장 20-21절과 이사야 27장 9절을 결합한 것이다.

구원이 있을 것이라고 말한다.[317]

그러나 이에 조심스럽게 반대하는 가운데 H. 휘프너는 다음과 같은 주장을 한다. 우선 인용된 이사야 59장 20-21절이 속하는 이사야 59장의 문맥에 따르면 하나님의 "공의"와 "구원"이 서로 밀접히 관련되었다는 사실을 지적한다("공의"와 "구원의 투구"가 병행(사 59:17); 이스라엘이 불법을 고백(사 59:12), 자신의 죄와 공의가 대립(cf. 사 59:9, 14) 등]. 또한 그는 로마서 11장 26a절 배후에 이사야 45장 25절이 놓여 있다고 말한다. 이 이사야 구절("이스라엘 자손은 다 여호와로 의롭다 함을 얻고 자랑하리라") 바로 앞 이사야 45장 23절에 "내게 모든 무릎이 꿇겠고"라는 표현이 나온다. 이것은 바울이 "그리스도 찬가"가 나오는 빌립보서 2장 10-11절에 인용된 말씀이다. 바울은 이 절을 포함하여 이사야 27장 9절을, 이스라엘이 주 예수 그리스도 앞에 무릎을 꿇게 되리라는 예언으로 이해했을 것이라는 입장이다. 이와 같은 이사야서의 구절들을 고려할 때, 로마서 11장 26절에 나오는 "온 이스라엘이 구원받을 것이다"라는 진술 가운데 이스라엘의 그리스도를 향한 회개의 차원이 확실히 담겨 있다고 휘프너는 본다.[318] 이런 의미에서, 바울은 전적으로 하나님의 은혜이면서 동시에 오직 그리스도에 대한 신앙 가운데 ("sola gratia et sola fide") 종말에 있을 이스라엘의 구원을 기대하였을 것이라는[319] 그의 논증은 설득력이 있다. 이러한 그의 입장은 믿지 않는 이스라엘이 믿게 될 때야 비로소 감람나무에 다시 접붙임을 얻게

---

317) F. Mussner, "'Ganz Israel wird gerettet werden' (Röm 11,26)," in: *Kairos* 18(1976), pp. 241-255, 이곳 pp. 250f.
318) 이와 관련하여 휘프너는 이사야 2장, 60장에 나오는 이방 나라들이 예루살렘을 향한 종말론적인 순례 모티브를 바울의 예루살렘을 위한 헌금(롬 15:15ff)과 연관시킨다 (*Biblische Theologie des Neuen Testaments II*, pp. 319f).
319) 휘프너는, 바울이 데살로니가전서와 갈라디아서를 기록한 이후 다시 한 번 이사야서를 연구하였고, 그 와중에 이스라엘 백성 역시 구원을 얻게 될 것이라는 하나님의 '비밀'에 접하게 되었을 것으로 짐작한다(*ibid.*, p. 317).

되리라는 로마서 11장 23절의 진술을 고려할 때 더욱 타당하다고 보인다.

어쨌든 본문 가운데 분명한 사실은, 바울은 온 이스라엘이 구원받을 수 있는 가능성 자체에 대해서는 전혀 의심을 하지 않는 가운데, 단지 그것의 실현이 언제 가능한가에 초점을 맞추고 있다는 점이다. 그것이 실현되는 때는 이방인의 충만한 수가 하나님의 백성 안으로 들어오게 되는 때이며 (롬 11:25b), 동시에 바로 주님 되시는 예수 그리스도의 재림 때를 가리킨다. 그때 이스라엘이 "시온에서 오는 구원자" 되는 그리스도와 만나게 되면 이스라엘은 믿음에 이르게 될 것임을 바울은 말하고 있다.[320] 이스라엘을 향한 하나님의 '비밀'에 대한 자신의 해석이 옳다는 사실을 바울은 11장 26b-27절에서 성서를 인용함으로써 밝히고 있듯이, 바울은 온 유대인의 구원이 반드시 도래하리라고 확신했던 것이다. 여기에서도 역시 우리는, 바울이 자신의 혈육 유대인에 대해 갖고 있는 깊은 애정과 소망을 확인할 수 있다.

IV. 나가면서

우리는 위에서 '이스라엘 문제'를 다루고 있는 로마서 9-11장이 바울과 그의 가상의 유대 적대자 사이에 벌어진 논쟁의 본문으로서(dialogus cum Judaeo) 이해하였다. 이러한 논쟁적인 성격은 우리가 다룬 본문 로마서 9-

---

[320] 이런 의미에서 O. Hofius(op. cit., pp. 197f)는 "온 이스라엘"의 구원은 "교회의 선교 설교에 의해서가 아니라, 주님 자신을 통해서 직접적으로"("nicht aufgrund der Missionspredigt der Kirche, sondern ganz unmittelbar durch den Kyrios selbst"), 마치 "바울 자신이 믿음에 이른 방식에 따라"("auf die gleiche Weise zum Glauben wie Paulus selbst") 이루어질 것이라고 말한다. 또한 M. Theobald도 유사한 입장이다 〔Der Römerbrief, EdF 294(Darmstadt, 2000)〕.

11장뿐만 아니라, 로마서 1-11장 전반에 걸쳐서 나타나는 현상이다. 바울이 로마서에서, 또한 특히 우리가 다룬 본문 로마서 9-11장에서 왜 하필이면 논쟁적인 성격을 부각시키고 있는가에 대하여 질문할 수 있다. 그에 대한 답변은, 로마서가 단순한 신학적 논문이 아니라, 바울의 선교사역과 밀접히 관련되었다는 점에서 찾을 수 있다고 생각한다. 선교사역 가운데 바울은 자신의 혈족 유대인들이 복음에 반대하여 제기하는 유대적 이의를 수시로 접했다. 또한 안디옥 사건(갈 2:11-21) 이후 유대 그리스도인들의 바울을 향한 의심의 눈초리를 견디어야만 했다. 이러한 자신에 대한 부정적 시선은 결국 바울이 선포하는 율법으로부터 자유로운 "복음의 진리"(갈 2:5)에 대한 따가운 시선을 뜻했던 것이다. 이러한 분위기 가운데 바울은 교회의 일치라는 소망과 더불어 이방인을 위한 세계선교의 전망을 하면서, 자신을 향한 유대적 의심의 원천에 정면으로 대응하고자 로마서를 기록하였다고 보인다. 이러한 의미에서 로마서는 바울의 변증론이며 동시에 선교신학적 전망을 담고 있는 글이라고 말할 수 있다.

특히 로마서 9-11장에서 바울은 가상의 유대적 적대자와 논증을 하는 가운데, 자신이 선포하는 복음과 자신이 세운 교회가 이스라엘과 무관하지 않고 구원사적인 파노라마 가운데 하나로 연결되었음을 천명하였던 것이다. 여기에서 우리는 바울이 자신의 혈족인 유대인을 향한 뜨거운 애정과 소망을 간직하였음을 알 수 있다. 따라서 9-11장은 강도 높은 이스라엘 비판적인 내용(롬 9:30-10:21)을 담고 있음에도 불구하고 전체적으로 보아 반유대적인 진술이 아니라, 역으로 동족 유대인을 향한 바울의 뜨거운 사랑을 표현한 친유대적인 진술로 간주해야 한다.

또한 9-11장을 통해 드러난 사실은, 바울이 '이방인의 사도'로서 세계선교를 위해 목숨을 바쳐 헌신한 이방 사역은, 그가 염원했던 유대인 구원과 긴밀하게 연관되었다는 점이다. 따라서 바울은 로마서 11장 13-15절에서 "내가 이방인인 너희에게 말하노라 내가 이방인의 사도인 만큼 내 직분을 영광스럽게 여기노니 이는 혹 내 골육을 아무쪼록 시기하게 하여 그들 중에서 얼마를 구원하려 함이라 그들을 버리는 것이 세상의 화목이 되거든 그 받아들이는 것이 죽은 자 가운데서 살아나는 것이 아니면 무엇이리요"라고 말했던 것이다. 바울이 이방인을 향한 세계 선교를 유대인 구원과 그토록 밀접하게 연관시킨 까닭은, 다시 말하면 유대인 구원과 무관한 세계 선교를 바울이 상상할 수 없었던 이유는, "네가 뿌리를 보존하는 것이 아니요 뿌리가 너를 보존하는 것이니라"(롬 11:18)는 그의 확신에 놓여 있었던 것이다.

제 9 장

바울의 축도

1. 들어가는 말

신약성서 기자 가운데 축도에 대하여 누구보다도 깊이 생각한 사람은 바로 바울이다. 그는 전통적으로 내려온 축도에 자신의 신앙 체험에서 나온 기독론적인 각인을 새겨 놓았다. 바울 서한들 말미에서 찾아볼 수 있는 바울의 축도는 서로 상당히 유사한 형태를 띠고 있는 반면 동시에 차이점들도 보여 주고 있다.

이 축도들은 보통 '은혜(χάρις)'를 기원하는 것으로 되어 있다. 좀 더 구체적으로 말하자면, 단지 "주 예수 그리스도의 은혜"라는 단순한 표현만을 사용하거나(살전 5:28; 롬 16:20; 고전 16:23), 또는 "성령과 더불어 예수 그리스도의 은혜"라는 두 마디 형태를 사용하여 기원하고 있다(갈 6:18; 빌

4:23; 몬 25). 그러나 고린도후서 13장 13절에 나타나고 있는 바울의 축도문은 이와 좀 다른 양식으로 되어 있다. 즉 이 축도문은 "주 예수 그리스도의 은혜-하나님의 사랑-성령의 코이노니아"라는 세 마디로 구성된 독특한 양식을 갖추고 있다. 바울의 축도문 가운데 유독 이 축도문만이 "하나님의 사랑"이라는 표현을 담고 있다.

오늘날 예배 때마다 행해지고 있는 축도가 바로 이 바울의 축도문에서 비롯된 것이다. 이 축도는 근원적으로 볼 때, 구약의 민수기에 나타나는 이른바 '아론의 축도'에서 유래한 것이다. "여호와는 네게 복을 주시고 너를 지키시기를 원하며 여호와는 그의 얼굴을 네게 비추사 네게 은혜 베푸시기를 원하며 여호와는 그 얼굴을 네게로 향하여 드사 평강 주시기를 원하노라"(민 6:24-26) 이 아론의 축도는 오랜 기간을 거치는 동안에 그 형태의 변화를 겪었으며, 바울에게까지 그 영향력을 끼쳤던 것이다.

이 글에서 우리는 고린도후서 13장 13절에 나타나는 바울의 축도문을 중심으로 다루는 가운데, 바울 신학의 조명 아래에서 이 축도가 지닌 의미에 대하여 살펴보고자 한다.

2. 축도가 사용된 문맥 이해

오늘날 예배 때 행해지는 축도는 예배라는 틀 속에서 빠져서는 안 될 요소로 되어 있다. 이처럼 제식적 요소로서 축도가 매번 반복되다 보니 축도 속에 담겨 있는 뜻을 깊이 생각하기보다는 그저 형식적으로만 반복하는 것에 그칠 위험도 없지 않은 것 같다. 그러나 고린도후서 13장 13절에 나타나고 있는 바울의 축도는 예배의 마지막 순서로 사용된 것이 아니라, 바울이 고린도교회에 보내는 구체적인 편지문 가운데 그 마감어로 사용된 것이다.

앞서 우리는 구성적으로 볼 때 이 축도문이 바울의 다른 축도문과 차이가 남을 지적하였다. 그 차이를 다름 아닌 "하나님의 사랑"이라는 표현이 첨가되어 나타나고 있는 사실에서 찾았다. 이 예외적인 표현은 우연히 첨가된 것이 아니라 그 안에 바울의 특별한 의도가 담겨있을 것이라고 짐작할 수 있다. 왜 바울은 이 표현을 첨가했을까?

이에 대한 답은 이 서한의 본문을 읽으면 쉽게 알 수 있다. 본문 가운데에서 우리는 바울과 당시 고린도교회에 들어온 유대인 출신의(고후 11:22) 방랑 선교사(고후 3:1, 11:4) 사이에 생긴 불협화음을 찾아볼 수 있다. 이는 한마디로 바울의 사도직을 둘러싼 것이었다. 자신들을 사도라 여기며(고후 11:5, 13, 12:11), 바울과는 다른 복음을(고후 11:4) 전하였던 이들 바울의 적대자들이 그의 사도직의 적법성을 의심하고 있고 이에 대하여 바울이 자신을 변호하고 있는 사실이 고린도후서 전체를 관통하고 있는 주제라 할 수 있다. 이 불협화음으로 인해 바울이 한때 마음속 깊이 상처를 받았음을, "큰 눌림과 걱정이 있어 많은 눈물로"(고후 2:4, 비교 7:8) 이 편지를 쓰고 있다는 자신의 표현에서 잘 읽을 수 있다.

결국 바울은 서한의 끝에서 하나님의 사랑을 언급하면서 자신과 고린도 교인들 사이에 생겼던 앙금을 넘어, 모두가 하나님의 사랑을 입고 있는 한 형제라는 점을 강조하고 싶었다고 볼 수 있다. 이러한 문맥 가운데에서 바울은 우리가 다루고자 하는 축도문을 사용하였던 것이다.

3. 축도문의 구성과 이해

이제 이 축도문이 담고 있는 세 마디의 구성에 유의하여 살펴보도록 하자. 바른 이해를 위해 그리스 원문을 살피는 것이 필요하다.

1) Ἡ χάρις τοῦ κυρίου Ἰησοῦ Χριστοῦ καί   주 예수 그리스도의 은혜와

2) ἡ ἀγάπη τοῦ θεοῦ καί
3) ἡ κοινωνία τοῦ ἁγίου πνεύματος
   μετὰ πάντων ὑμῶν

하나님의 사랑과 성령의 코이노니아가 여러분 모두와 함께(있기를 기원합니다).

첫째 마디는 '주 예수 그리스도의 은혜'라는 표현으로 되어 있다. 바울은 이 '은혜'를 특별한 의미로 사용하고 있다. 이 표현은 고린도후서 8장 9절에 이미 사용된 것으로, 여기에서 바울은 이 표현이 담고 있는 특별한 의미를 우리에게 구체적으로 설명해 주고 있다. "여러분은 우리 주 예수 그리스도의 은혜를, 즉 그는 부요함에도 불구하고, 여러분 때문에 가난해지셨다는 사실을 알고 있으니, 이는 여러분이 그의 가난함을 인하여 부요하게 되도록 하기 위함입니다."(γινώσκετε γὰρ τὴν χάριν τοῦ κυρίου ἡμῶν Ἰησοῦ Χριστοῦ ὅτι δι' ὑμᾶς ἐπτώχευσεν πλούσιος ὤν ἵνα ὑμεῖς τῇ ἐκείνου πτωχείᾳ πλουτήσητε).

이 구절에서 바울은 목적어 "우리 주 예수 그리스도의 은혜"라는 표현의 의미를, 이어서 나오는 부문장인 목적절(ὅτι절)을 사용하여 풀어서 설명해 주고 있다. 이러한 설명은 곧장 예수 그리스도의 자기비하에 대하여 언급하고 있는 빌립보서의 찬송시(특히, 빌 2:6-8)를 연상하게 한다. 바울은 전승에서 물려받은 이 찬송시를 고린도후서 8장 9절에서 한 문장으로 요약하고 여기에 "여러분 때문에"(δι' ὑμᾶς)라는 구원론적인 표현을 보충하였던 것이다. 결국 내용적으로 볼 때, 예수 그리스도의 "가난함"(πτωχεία)이 곧 "주 예수 그리스도의 은혜"라는 표현과 동일시되고 있다.

축도문의 둘째 마디는 '하나님의 사랑'이다. 물론 이것은 하나님에 대한 우리의 사랑을 말하는 것이 아니라, 하나님께서 우리에게 보여 주시는 사랑을 가리키고 있는 말이다(Gen. subj.). 이 표현 역시 하나님께서 우리들 인간에게 베푸시는 구원과 관련된 말이다. 예수의 사역 특히 그의 죽음에서 하나님의 사랑이 영원한 사실로 드러난 것이기 때문이다. 이것은 로마서 5장 8절에 잘 나타나 있다. 즉 "하나님께서 우리를 향한 당신의 사랑을, 우리가 아직 죄인이었을 때 그리스도께서 우리를 위하여 돌아가셨다는 사실을 통하여 입증하신다"라는 말 속에서 바울은 하나님의 사랑이라는 표현의 내용을 잘 설명해 주고 있다.

축도문의 마지막 셋째 마디를 이해하는 데는 약간의 어려움이 놓여 있다. "성령의 코이노니아"(η κοινωνία τοῦ ἁγίου πνεύματος)라는 표현을 어떻게 이해해야 좋을까? 두 가지 해석이 가능하다.

우선 '성령이 주체가 되어 역사하여 가능케 된 성도들 상호간의 공동체'라는 뜻으로 이해할 수 있다(Gen. auct.). 이러한 뜻에서 "성령의 교통하심"(개역) 혹은 "성령께서 이루어 주시는 친교"(공동 번역)로 번역할 수 있다. 이와 같은 번역에는 삼위일체적인 사고가 전제된 것 같다. 그런데 고린도후서 13장 13절에서 삼위일체를 나타내는 완벽한 형식을 찾기는 어렵다. 하나님이 우선적으로 언급되지 않고 '그리스도-하나님-성령'의 순서로 되어 있으며, 또한 성부성자의 관계에 대해서도 침묵하고 있기 때문이다.

다른 해석도 가능하다. 즉 성령을 주체적인 의미에서가 아니라 목적격의 의미로 파악하면서, "성령에 참여"로 번역하는 것도 가능하다(Gen. obj.). 이 두 번째 해석은 바울이 "코이노니아"라는 단어를 "그리스도의 피"(κοινωνία τοῦ αἵματος τοῦ Χριστοῦ) 내지는 "그리스도의 몸"(κοινωνία τοῦ σώματος τοῦ Χριστοῦ)이라는 표현과 함께 사용한다든지(고전 10:16), 또는 "그의 고난"과 관련하여(κοινωνία τῶν παθημάτων αὐτοῦ, 빌 3:10) 함께 사용하고 있는 사실에서 유추해 낼 수 있다. 이것은 또한 믿는 사람들이 세례 때 영접하는 하나로 된 성령을 통하여($\epsilon\nu$ $\epsilon\nu$ πνεύματι) 모두 하나의 몸체로 되는 그리스도의 역사를 체험한다는 바울의 사고와도(고전 12:13) 잘 어울린다고 할 수 있다.

바울이 후대에 완성된 삼위일체론적 사고에 나타나듯이 성령을 하나님이나 예수 그리스도와 동일한 주격으로 표현하기를 극히 절제하고 있다는 사실을 고려할 때, 아마도 "성령에 참여"로 번역하는 것이 본래의 뜻에 보다 가까울 것 같다.

4. 바울 신학의 핵심으로서의 축도

앞서 이 축도의 세 마디에 대하여 언급하였는데, "예수 그리스도의 은혜"가 세 마디 중 처음에 나타나고 있는 사실에 유의할 필요가 있다. 이것은 우연이라기보다는 바울의 의도가 담긴 것으로 보아야 할 것이다. 무엇보다도 예수 그리스도의 은혜라는 표현을 강조하고자 이를 앞세웠던 것이다. 바울이 '은혜' 라는 단어를 그 누구보다도 즐겨 많이 사용했다는 사실에서도(데살로니가전서 2회; 고린도전서 10회; 고린도후서 18회; 갈라디아서 7회; 로마서 26회; 빌립보서 3회) 그것을 짐작할 수 있다.

예수 그리스도의 은혜(혹은 예수 그리스도의 '가난함', 고후 8:9)는 바로 바울 신학 전체를 요약하는 한 표현으로 볼 수 있다. 예수 그리스도의 은혜는 온 인류를 위해 '값없이' ($\delta\omega\rho\epsilon\dot{\alpha}\nu$) 베풀어진 예수 그리스도에 나타난 '구원($\dot{\alpha}\pi o\lambda\acute{u}\tau\rho\omega\sigma\iota\varsigma$)' 사건과 동일하며, 동시에 이 사건은 다름 아닌 '하나님의 은혜에 근거한($\tau\hat{\eta}\ \alpha\dot{u}\tau o\hat{u}\ \chi\acute{\alpha}\rho\iota\tau\iota$)' 것이며 그의 의를 입증하기 위한 '대속($\dot{\iota}\lambda\alpha\sigma\tau\acute{\eta}\rho\iota o\nu$)' 사건이기 때문이다(롬 3:24-26).

바울은 이와 같은 내용을 담은 "예수 그리스도의 은혜"라는 표현을 축도의 머리에 두었던 것이다. 이 은혜는 바로 하나님께서 우리들 죄인에게 보여 주신 우리에 대한 그의 사랑이었으며, 이로써 성령에 참여함이 가능하게 된 것이다. 이렇게 볼 때, 축도의 첫째 마디인 "예수 그리스도의 은혜"가 바울 신학을 함축한 표현이라면, 이어서 나오는 "하나님의 사랑"과 "성령에 참여"는 그에 대한 부연 설명으로 볼 수 있다.

5. 쿰란 · 에센파적 축도에 비추어 본 바울의 축도

이제까지 우리는 바울의 축도를 그 자체에 국한하여 살펴보았다. 바울보다 좀 앞선 시기에 살았던 유대인의 축도가 쿰란 문서가 발견됨으로써 오늘날 우리에게까지 전해지게 되었다. 이 유대적 축도와 비교하는 가운데 바울의 축도가 지닌 독특성이 더욱 두드러짐을 볼 수 있다. 이 축도는 당시 유대교의 한 주류를 이루고 있던 쿰란 · 에센파 사람들의 작품으로서 그들의 공동체와 관련된 규칙들을 모은 "공동체 규율서"("Serek ha-Yahad"=1QS)라는 문서 가운데 들어 있다.

"사제는 자기의 모든 길을 온전히 거닐고 있는 하나님의 운명의 사람들 전체를 향해 다음과 같은 축도로 말해야 한다. '그가(하나님께서) 너를 온갖 좋은 것으로 축복하시고, 너를 특히 모든 사악한 것에서 지키시며, 너의 마음을 생명의 깨침으로 밝히시고, 영원한 인식으로써 네게 자비를 베푸시며, 그의 자비로운 얼굴을 영원한 평화 가운데 네게 향하기를 바라노라.' 그러나 레위 사람은 벨리알의 운명의 지배를 받고 있는 모든 사람들을 저주하여 소리 높여 이렇게 외쳐야 한다. '너는 저주받을지어다. 자비도 없이 네 어둠의 행위에 따라서. 너는 저주받을지어다. 끝없는 암흑불속에서. 네가 부르짖을 지라도 하나님께서 네게 자비를 베풀지 않을 것이며, 네 죄가 사해지도록 용서하지 않으리라. 그가 자신의 성난 얼굴을 너에 대한 복수로 쳐들 것이며, 너를 향하여 어떠한 평화의 말도 조상들 편에 굳게 선 모든 사람들의 입에서 나오지 않으리라.'"(1QS II,1-9)

여기에서는 축도와 저주가 한 쌍을 이루고 있고, 그에 따라서 두 무리의 사람들로 구분되어 있는 것이 두드러진다. '자기의 모든 길을 온전히 거닐고 있는 하나님의 운명의 사람'은 의로운 사람을 가리키는 것으로, 위 인용문의 끝 부분에 나오는 '조상들 편에 굳게 선 모든 사람들'과 동일하다.

이것은 쿰란 · 에센파 사람들이 자신을 지칭하여 사용한 표현이다. 그들은 오직 자신들만이 하나님의 축도를 받을 자격이 있다고 믿었던 것이다. 쿰란?에센파에 가입하지 아니한 사람들 모두를 가리켜서는 "벨리알의 운명의 지배를 받고 있는 모든 사람들"이라 부르면서, 이들은 하나님의 자비 대신에 저주를 받으리라고 한다.

쿰란 · 에센파 사람들의 이와 같은 이해는 모든 인간은 예외 없이 죄인이라는(롬 3:23) 바울의 사고에는 걸맞지 않고 있다. 죄인 된 인간이 바로 '예수 그리스도의 은혜'의 공로로 값없이 죄 사함을 받았으니, 이것이 곧 '하나님의 사랑'의 표현이며, 이로써 '성령에 참여함'이 허락되었다는 바울의 축도 이해와 차이가 있음을 쉽게 엿볼 수 있다.

6. 결론

바울 신학의 핵심으로 이해할 수 있는 고린도후서 13장 13절에 들어 있는 그의 축도 속에서 우리는 다음과 같은 결론을 유추해 낼 수 있다. 바울의 축도는 그 어떤 인간적인 공로나 업적을 전제하지 않는다. 오히려 바울의 축도는 전적으로 '그리스도의 은혜'의 사건에 기초하고 있다. 이 은혜의 사건은 하나님께서 우리에게 보여 주신 그의 사랑의 표현이며 성령에 참여함을 가능하게 만든 사건이다. 또한 바울의 축도는 그 어떤 사람도 배제시키려는 경향성을 갖고 있지 않다. 결국 바울의 축도는 모든 사람들을 향해 열려 있다.

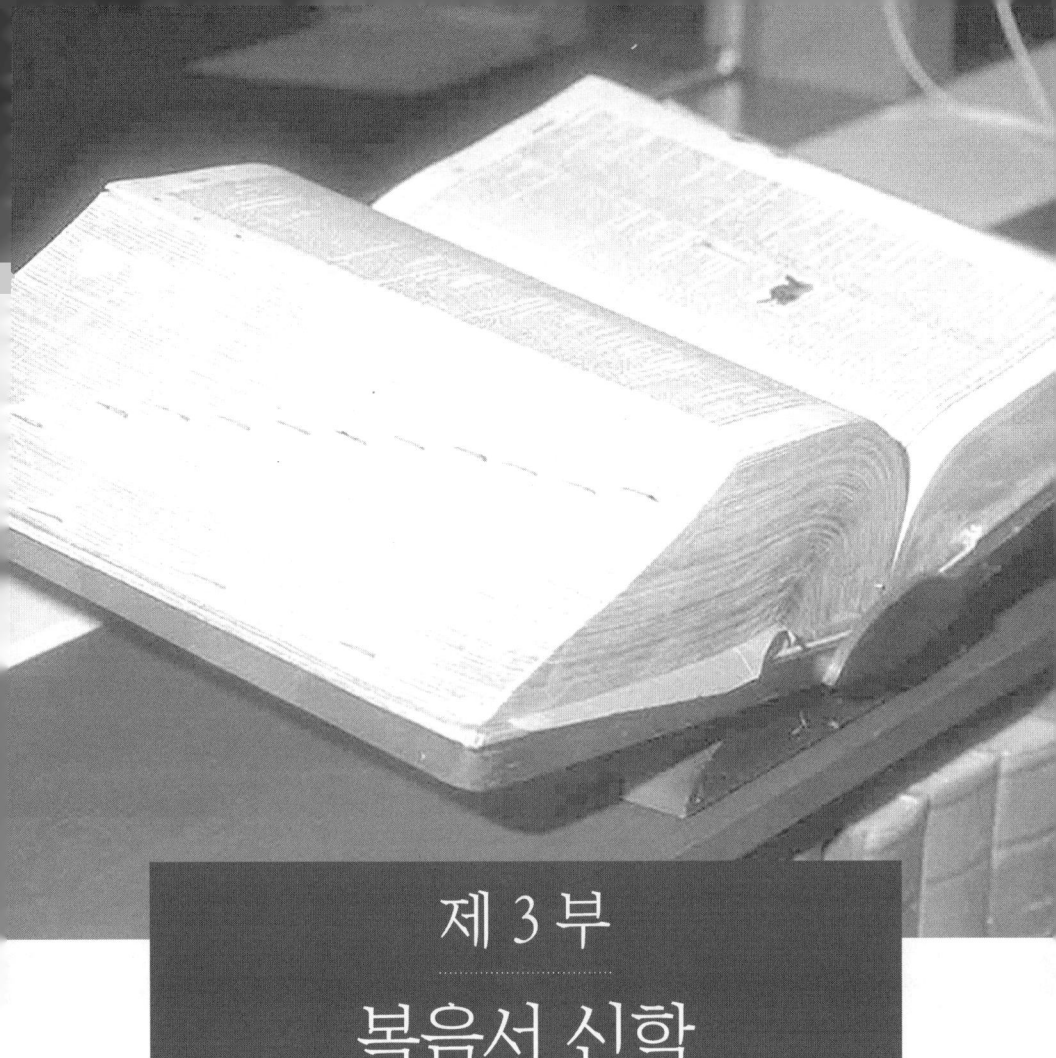

제 3 부
복음서 신학

제 10 장

마가복음과 메시아 비밀

- 메시아 비밀은 하나로 통일된 마가의 창작품인가? -

I. 서론

마가복음을 자세히 살펴보면 하나님의 아들로(혹은, 메시아로) 나타나고 있는 예수의 모습이 한편으론 겉으로 드러나고(Offenbarung) 있는 반면에, 다른 한편으론 감추어진 것으로(Verborgenheit) 묘사되고 있음을 보게 된다. 이처럼 드러남과 감추임이 복음서 전체에 걸쳐 일종의 긴장 관계를 이루고 있는데, 이를 묘사하는 말로 '빌리암 브레데(William Wrede)'는 지금으로부터 거의 100년 전에 '메시아 비밀' 이라는 용어를 사용하였다. 이 때 그는 이 메시아 비밀이란 모티브는 역사적인 사실을 나타내는 것이 아니라 복음서 기자의(또는 그보다 앞선 전승자의) 신학적 도그마에서 유래된 한 이론이라고 주장하였다.[321] 브레데는 이 이론의 목적을 한편으론 비메시아적이었던 역사적 예수의 삶과, 다른 한편으론 부활을 체험한 공동체가 예수를 메시아이며 하나님의 아들로 고백한 것 사이에 놓인 긴장 관계를 해소시키려는 의도에서 찾았다.

이러한 이론을 담고 있는 브레데의 연구서 「복음서에 나타난 메시아. 동시에 마가복음을 이해하기 위한 글」(Das Messiasgeheimnis in den Evangelien. Zugleich ein Beitrag zum Verständnis des Markusevangeliums(Göttingen: Vandenhoeck und Ruprecht, 1901))이 발표된 이래, 메시아 비밀은 여전히 마가복음서 연구의 한 중심을 이루고 있다. 이 이론을 이미 지나가 버린 한 낡은 가설로 간주해 버리기가 어려운 까닭은, 마가복음서 신학에 대하여 연구하고자 할 때 이를 반드시 다루지 않으면 안 될 정도로 마가 신학 연구에 지대한 영향을 끼쳤고 지금도 여전히 끼치고 있기 때문이다.[322] 뿐만 아

---

321) W. Wrede, *Das Messiasgeheimnis in den Evangelien*(Göttingen, ⁴1969), p.131: "als Gesamtdarstellung bietet das Evangelium keine historische Anschauung mehr vom wirklichen Leben Jesu. Nur blasse Reste einer solchen sind in eine übergeschichtliche Glaubensauffassung übergegangen. Das Markusevangelium gehört in diesem Sinne in die Dogmengeschichte."

322) H. Conzelmann은 이 메시아 비밀을 복음이란 장르를 위한 해석학적 전제로 불렀다 ["Gegenwart und Zukunft in der synoptischen Tradition," in: *ZThK* 54(1957), p. 295]: "Die Geheimnistheorie ist die hermeneutische Voraussetzung der Gattung 'Evangelium'." J. Ernst는 메시아 비밀을 브레데 이후로 지금까지 마가 신학을 이해하기 위한 핵심으로 여기고 있다(*Markus. Ein theologisches Portrait*(Düsseldorf, ²1991), p. 131]: "Das Messiasgeheimnis gilt seit W. Wrede immer noch als der entscheidende Schlüssel zur Markustheologie." 또한 H. Hübner는 그의 대표작인 *Biblische Theologie des Neuen Testaments*, Vol. 3(Göttingen, 1995)에서 브레데의 공적을 높이 평가하고 있다. "Bei allem Fortschritt in der Mk-Forschung während des 20. Jh. wird man William Wrede … zubilligen müssen, dass er es war, der die Diskussion über die älteste Evangelienschrift so massgeblich bestimmt hat, dass nach ihm alle wissenschaftliche Bemühungen um sie in seinem Schatten standen und stehen" (p. 67).

니라 이 이론을 둘러싼 학계의 논란이 끝나지 않고 지금까지도 계속되고 있기 때문이다.[323] 따라서 레이제넨이 근자에 브레데의 저서 『복음서에 나타난 메시아 비밀』을 가리켜 "항시 새로운 해석의 시도를 자극하는 고전"[324]이라고 평가하는 것은 타당하다. 이렇게 볼 때 이 이론이 얼마나 중요한지를 짐작할 수 있다.

논쟁의 핵심은 마가복음에 나타나고 있는 메시아 비밀을(더욱 정확히 표현하자면, '하나님의 아들 비밀' 을) 이 복음서 전체를 꿰뚫고 있는 하나로 통일된 마가의 창작품으로 간주할 수 있는가 하는 것이다. 본 논문의 목적은, 브레데의 메시아 비밀론을 둘러싼 학계의 다양한 입장을 소개하며, 동시에 문제가 되고 있는 마가복음서의 해당 본문을 살펴보는 가운데 이 이론의 타당성을 검증해 보고자 한다.[325] 이와 같은 검증 작업은 복음서 기자 마가를 단순한 전승자로 보아야 할지 아니면 고도의 신학적 사유를 하

---

323) 독일에서 최근까지 출판되고 있는 여러 저서들이 이 이론을 긍정적으로 받아들이고 있다. 예를 들면, H. Conzelmann, *Grundriss der Theologie des Neuen Testaments*(München, ³1976), pp. 158f; H. Conzelmann, A. Lindemann, *Arbeitsbuch zum Neuen Testament*(Tübingen, ¹⁰1991), pp. 288-290; F. Fendler, *Studien zum Markusevangelium*(Göttingen, 1991), pp. 105-146; J. Gnilka, *Das Evangelium nach Markus*, Vol. 1, EKK II/1, pp. 167-170; H. Hübner, *Biblische Theologie des Neuen Testaments*, Vol. 3(Göttingen, 1995), p. 67; B. Kollmann, "Jesu Schweigegebote an die Damonen," in: *ZNW* 82(1991), pp. 267-273; U. Schnelle, *Einleitung in das Neue Testament*(Göttingen, 1994), pp. 248-255; W. Schmithals, *Das Evangelium nach Markus*, Vol. 1(Gütersloh, ²1986), p. 27; idem, *Einleitung in die drei ersten Evangelien*(Berlin, New York, 1985), pp. 422-428; E. Schweizer, *Das Evangelium nach Mrkus*, NTD 1(Göttingen, ⁴1975); idem, *Theologische Einleitung in das Neue Testaments*(Göttingen, 1989), p. 119; G. Strecker, *Theologie des Neuen Testaments*(Berlin, 1995), pp. 361-371.
324) H. Räisänen, *Neutestamentliche Theologie? Eine religionswissenschaftliche Alternative*(SBS 186)(Stuttgart, 2000). p. 15, n. 18.
325) 이미 서중석 교수가 이 주제에 대하여 발표한 바 있다. "메시아 비밀이냐 비밀공동체의 자기이해냐 - W. 브레데의 『메시아 비밀』가설 비판", in: 서중석, 『복음서 해석』(대한기독교서회, 1991), 33-51쪽.

였던 신학자로 보아야 하는 것과도 직결되어 있다.

II. '빌리암 브레데'의 입장

메시아 비밀론에 대한 다양한 연구를 개관하기에 앞서, 우선적으로 브레데 자신의 입장을 살펴보도록 하자. 그의 입장은 다음과 같이 네 가지로 요약될 수 있다.

① 마가복음서에 나타나는 '침묵 명령(Schweigegebote)'과 '비유론(Parabeltheorie)' 또한 '제자들의 몰이해(Jüngerunverständnis)"는 서로 아무런 내적인 연관이 없이 독립적으로 존재하는 주제들이 아니고, 이 모두가 하나로 통일된 비유 이론의 문맥에 속한다.
② 마가복음 9장 9절(예수가 제자들에게 명하시어, "인자가 죽은 자 가운데서 살아날 때까지는 본 것을 아무에게도 이르지 말라 하시니")이 메시아 비밀의 핵심 구절을 이루고 있다.[326] 이 구절에 메시아 비밀이 예수의 부활 때까지만 적용된다는 시간적인 한계가 제시되고 있다.
③ 메시아 비밀은 마가가 전적으로 창작한 것이 아니라, 마가 이전의 전승에서 유래한 것이다. 그러나 역사적 예수로부터 유래하지는 않았다. 따라서 이를 역사적으로 해석해서는 안 된다.
④ 메시아 비밀은 기독론을 담은 일종의 과도기적 표상(Übergansvorstellung)이다. 이로써 실제적으론 전혀 메시아적이지 아니하였던 예수의 삶이며 사역과, 예수를 영광의 메시아로 보는 부활을 체험한 공동체의 신앙 사이에 놓인 긴장 관계를 해소시키고 있다.

---

326) W. Wrede, op. cit., 특히 p. 66.

결국, 브레데는 마가복음서에 나타나는 메시아 비밀을 역사적 모티브가 아니라, '신학적 표상'("eine theologische Vorstellung")[327]으로 여겼던 것이다. 이 표상이 예수의 말과 많은 기적사화를 담고 있는 예수 역사 이야기의 전체 흐름을 지배하고 있다는 것이다. 이와 같은 시각에서 브레데는 메시아 비밀을 마가가 복음서에서 선포하고자 했던 의도를 파악하기 위한 열쇠가 된다고 보았다.

III. 메시아 비밀에 대한 연구사 개관

브레데가 도화선을 당긴 마가복음서에 나타나는 메시아 비밀을 둘러싸고 여러 서로 상이한 입장들이 난무하고 있다. 여기에서 우리는 다양한 입장들을 네 개의 그룹으로 나누는 가운데 단지 논지의 요점만 서술하고자 한다.

1. 역사적 해석 (historische Interpretation)

이것은 메시아 비밀을 마가의 신학적 창작물로 보지 않고 역사적 예수가 실제로 행한 선포와 관련된 현상으로 보는 해석이다. 브레데의 입장에 대한 일종의 반작용으로 볼 수 있는 이 해석의 약점은 마가의 서술에 나타나고 있는 '감추임'과 '드러냄' 사이에 놓인 긴장 관계를 설득력 있게 설명하지 못하는 데 있다. A. Schweitzer, O. Cullmann, V. Taylor, M. Hengel 등이 이러한 해석을 표방한다.[328]

---

[327] *Ibid.*, pp. 66, 114.
[328] A. Schweitzer, *Geschichte der Leben Jesu Forschung*(Tübingen, ⁶1951), p. 387; O.

2. 편집 비평적 해석(redaktionskritische Interpretation)

이 해석은 위에서 언급한 역사적 해석과 달리 메시아 비밀을 역사적 예수와 관련된 현상으로 파악하지 않고 단지 마가복음서의 현상으로서만 이해하고 있다. 다시 말하면, 메시아 비밀을 복음서 기자 마가의 가장 고유한 목소리로 보는 가운데, 마가 고유의 신학과 관련시키고 있는 입장이다. 다양한 이론들이 이 편집 비평적인 해석에 속하고 있다.

1) 변증적 해석(apologetische Interpretation)

W. Boussett, M. Dibelius, T.A. Burkill, E. Haenchen[329]이 표방하는 이 해석에 따르면, 마가가 비밀론을 구상한 의도는 예수가 이적 행위와 놀라운 가르침에도 불구하고 어찌하여 성공하지 못하고 말았는가를 설명하고자 하는 데 놓여 있다. 다시 말하면, 메시아 비밀은 지상 예수의 메시아적인 영광을 인정하지 않고 그를 죽음으로 몰고 간 유대인들의 몰이해를 설명하기 위한 것으로 보는 입장이다. 이것은 비메시아적인 예수의 지상 삶

Cullmann, *Petrus: Jünger Apostel Martyrer. Das historische und das theologische Petrusproblem*(Zürich, ²1960), pp. 190ff; idem, *Die Christologie des Neuen Testaments*(Tübingen, ²1958), p. 125; V. Taylor, *The Gospel according to St. Mark*(London, 1952), p. 123; M. Hengel, "Probleme des Markusevangeliums," in: P. Stuhlmacher (ed.): *Das Evangelium und die Evangelien. Vorträge vom Tübinger Symposium 1982*(Tübingen, 1983), pp. 221-265.

329) W. Boussett, *Kyrios Christos. Geschichte des Christusglaubens von den Anfängen des Christentums bis Irenaeus*(Göttingen, ²1921), pp. 79f; M. Dibelius, *Die Formgeschichte des Evangeliums*(Tübingen, ⁵1966), pp. 225, 232, 297; T. A. Burkill, *Mysterious Revelation. An Examination of the Philosophy of St. Mark's Gospel*(New York, 1963), pp. 69, 320; cf. idem, "The Hidden Son of Man in St. Mark's Gospel," in: *ZNW* 52(1961), pp. 189-213; E. Haenchen, "Die frühe Christologie," in: *ZThK* 63(1966), p. 156.

을 부활 이후의 그리스도 고백과 조화시키기 위한 것으로 보는 브레데의 해석을 역전시키고 있는 셈이다.

2) 현현 해석(Epiphanie-Interpretation)

H. J. Ebeling, U. Luz, G. Minette de Tillesse가[330] 표방하고 있는 이 해석에 따르면, 메시아 비밀은 '일종의 문학적인 양식 수단(ein literarisches Stilmittel)'으로 예수의 영광의 모습이 아무도 저항할 수 없이 드러나고 있음을 독자들에게 강조하고자 한다. 메시아 비밀의 중심은 비밀 자체에 놓여 있지 않고 예수의 영광을 계시하는 데 놓여 있다는 것이다. 결국, 이 이론은 '영광의 신학(theologia gloriae)'에 봉사할 뿐이라는 입장이다.

3) 십자가 신학적 해석(kreuzestheologische Interpretation)

수많은 학자들이 표방하고 있는[331] 이 해석에 따르면, 메시아 비밀론은 마가 특유의 신학적 논지를 강하게 표현하기 위해 사용된 이론이라는 것이다. 마가가 이로써 강조하고자 의도했던 것은, 예수를 따름은 겉으로 영광스러운 삶을 뜻하는 것이 아니라 십자가를 지는 고난의 삶을 의미한다

---

330) H. J. Ebeling, *Das Messiasgeheimnis und die Botschaft des Marcus-Evangelisten*(Berlin, 1939), pp. 167ff; U. Luz, "Das Geheimnismotiv und die markinische Christologie," in: *ZNW* 56(1965), p. 17, n. 37; G. Minette de Tillesse, *Le secret messianique dans l' Evangile de Marc*(Paris, 1968), p. 251.

331) 예컨대, H. Conzelmann, *Grundriss*, p. 164; E. Grässer, "Jesus in Nazareth(Mk 6,1-6a). Bemerkungen zur Redaktion und Theologie des Markus," in: idem, *Text und Situation, Ges. Aufs. zum NT*(Gütersloh, 1973), pp. 41f ; U. Luz, *op. cit.*, pp. 26ff ; J. Schreiber, "Die Christologie des Markusevangeliums. Beobachtungen zur Theologie und Komposition des zwiten Evangeliums," in: *ZThK* 58(1961), pp. 158f; Ph. Vielhauer, "Erwägungen zur Christologie des Markusevangeliums," in: E. Dinkler (ed.), *Zeit und Geschichte*(1964), pp. 155-169. 또한 Baarlink, Breytenbach, Gnilka, Kingsbury, Steinmetz, Weber 등.

는 것이다. 결국, 마가 신학의 핵심을 '십자가 신학(theologia crucis)'으로 보는 해석으로, 예수의 사역은 오로지 십자가의 조명 하에서만 바르게 파악할 수 있다는 입장이다. 여기에서 메시아 비밀은 복음서 전체를 지배하고 있는 기독론적인 구조 개념이라는 점이 전제되어 있다. 동시에 이 비밀론은 예수를 영광스러운 신적인 인간으로 여기는 이른바 'Theios-Aner-기독론'(神人 기독론)을 수정하고 있다는 것이다.

4) 계시사적 해석(offenbarungsgeschichtliche Interpretation)

E. Percy, G. Strecker가 표방하는 이 해석에 따르면,[332] 예수의 시간과 마가 공동체의 시간 사이에 본질적인 차이가 있다고 보는 가운데, 부활을 체험한 이후에야 비로소 기독교 공동체는 그리스도에 대한 선포를 올바로 이해할 수 있게 되었다는 것이다. 다시 말하면 메시아 비밀은 예수의 시간과 마가 공동체의 시간 사이에 놓인 차이를 강조하기 위해 사용된 것으로 과거인 예수의 시간이 메시아 비밀에 쌓여 있다면, 현재인 마가 공동체의 시간은 예수 그리스도에 대한 올바른 이해 아래에 있다고 보는 입장이다.

3. 마가 공동체와 직결된 해석

앞서 언급한 계시사적인 해석이 예수의 시간이 지닌 독특성에 강조점을 두고 있다면, 이 해석은 메시아 비밀이 사용된 까닭을 마가 공동체의 현재

---

332) E. Percy, *Die Botschaft Jesu. Eine traditionsgeschichtliche und exegetische Untersuchung*(Lund, 1953), pp. 286ff, 특히 pp. 293ff; G. Strecker, "Die Leidens- und Auferstehungsvoraussagen im Markusevangelium(Mk 8,31; 9,31; 10,32-34)," in: idem, *Eschaton und Historie. Aufsätze*(1979), pp. 52-75. Cf. J. Marcus, "Mark 4:10-12 and Marcan Epistemology," in: *JBL* 103(1984), pp. 557-574; E. E. Lemcio, "The Intention of the Evangelist, Mark," in: *NTS* 32(1986), pp. 187-206.

적 삶과 관련시켜 찾고 있다. 다음과 같은 세 학자가 이러한 해석을 표방하고 있다.

1) M. E. Glasswell[333]

메시아 비밀의 의미는 역사와 복음 사이의 관계에 대한 복음서 기자의 입장을 밝히려는 데 있다. 마가복음은 전적으로 역사도 아니며 또한 전적으로 선포도 아니다. 선포와 역사를 동일시하지 않으면서 역사 서술의 형태를 이용한 선포에 초점을 맞추고 있다. 메시아 비밀은 결국 마가 공동체를 위한 중요한 요소인 셈이다.

2) F. Watson[334]

메시아 비밀은 예정론을 표방하기 위한 목적에서 사용된 것이다. 곧 비밀을 전해 받은 제자들과 그렇지 못한 밖에 있는 자들을 서로 구분하고자 한다. 이때 메시아 비밀은 두 가지 사회적인 기능을 갖고 있다. 첫번째 기능은, 공동체와 세상 사이의 간격을 강조함으로써 선택받았다는 의식을 고양시키고자 하는 것이고, 또 다른 기능은 예정론적인 사고는 세상이 공동체와 대적 관계에 있는 이유를 설명함으로써 특히 고난 가운데 있는 공동체의 신뢰와 단결을 도모하는 데 놓여 있다고 한다.

3) J. J. Kilgallen[335]

메시아 비밀은 예수의 정체성과 관련된 것이 아니라 회개와 복음을 선

---

333) M.E. Glasswell, "St. Mark's Attitude to the Relationship between History and the Gospel," in: E.A. Livingstone (ed.), *Studia Biblica 1978 II. Papers on the Gospels*(Sheffield, 1980), pp. 115-127.
334) F. Watson, "The Social Function of Mark's Secrecy Theme," in: *JSNT* 24(1985), p.49-69.
335) J.J. Killgallen, "The Messianic Secret and Mark's Purpose," in: *BTB* 7(1977), pp. 60-65.

포하는 자로서의 예수를 강조하고자 한다. 예수 인격의 비밀은 단지 독자들이 그의 복음을 주의 깊게 들을 수 있게 하는 데 기여할 뿐이다. 마가 공동체에 문제가 된 것은 이론적이며 기독론적인 그 어떤 것이 아니었고 순종하는 제자도였다.

4. 단편 주제로 본 해석(separatistische Interpretation)

메시아 비밀을 마가복음서 전체를 포괄하는 하나로 통일된 주제로 보는 것을 부인하면서, 이 비밀과 관련된 다양한 모티브를 따로 분리하여 독립적으로 해석하고자 한다. H. Räisänen, R. Pesch, H. C. Kee가 이러한 견해를 표방하고 있다.[336]

IV. 본문 분석

우리는 위에서 메시아 비밀에 대한 다양한 해석들을 살펴보았다. 이와 같이 여러 상이한 해석이 있다는 것은 메시아 비밀을 둘러싼 문제가 그리 간단하지 않다는 것을 암시한다고 볼 수 있다. 이들 중 어떤 해석이 가장 본문에 부합하는지를 판단하기 위해서 문제가 되고 있는 본문들을 직접 검토할 필요가 있다. 메시아 비밀과 관련된 본문은 아래와 같이 다섯 부류로 구분할 수 있다.

---

336) H. Räisänen, *op. cit.*, pp. 158ff; R. Pesch, *Das Markus-Evangelium*, HThK II 1/2, 1976/77; H. C. Kee, *Community of the New Age: Studies in Mark's Gospel*(Philadelphia, 1977), pp. 168-173.

1. 병 고침과 관련된 침묵 명령

(나병환자) "44 이르시되 삼가 아무에게 아무 말도 하지 말고 가서 네 몸을 제사장에게 보이고 네가 깨끗하게 되었으니 모세가 명한 것을 드려 그들에게 입증하라 하셨더라"(45 그러나 그 사람이 나가서 이 일을 많이 전파하여 널리 퍼지게 하니 그러므로 예수께서 다시는 드러나게 동네에 들어가지 못하시고 오직 바깥 한적한 곳에 계셨으나 사방에서 사람들이 그에게로 나아오더라")(막 1:44)
(야이로의 딸) "예수께서 이 일을 아무도 알지 못하게 하라고 그들을 많이 경계하시고 이에 소녀에게 먹을 것을 주라 하시니라"(막 5:43)
(귀먹은 반벙어리) "예수께서 그들에게 경고하사 아무에게도 이르지 말라 하시되 경고하실수록 그들이 더욱 널리 전파하니"(막 7:36)
(벳새다의 소경) "예수께서 그 사람을 집으로 보내시며 이르시되 마을에는 들어가지 말라 하시니라"(막 8:26)

병 고침과 관련된 '이적 이야기(Wundergeschichten)'에 뒤이어 예수의 침묵 명령이 나타나고 있는 구절은 이 네 구절이 전부이다. 이와 달리 침묵 명령을 동반하지 않는 병 고침 사화는 이보다 많다(막 1:29-31, 2:1-12, 3:1-6, 5:25-34, 7:24-30, 9:14-27, 10:46-52). 그런데 많은 경우에 예수의 침묵 명령은 사실 아무런 의미가 없다. 지켜질 수 없는 분위기에서 침묵 명령이 나타나고 있기 때문이다. 즉 병 고침과 관련하여 수많은 군중이 언급되는가 하면(막 2:2, 9:14), 회당에 있는 사람들이 예수의 치병 행위를 목격하기도 하며(막 3:1-6), 군중이 몰리는 가운데 병 고침 사건이 일어나고 있으며(막 5:31), 또한 많은 사람들이 구경하는 가운데 예수의 치병 행위가 벌어지고 (막 10:46) 있기 때문이다. 이것을 고려할 때, 위의 네 구절에 나타나는 예수의 침묵 명령은 아마도 마가가 편집 과정에서 스스로 창작한 것이 아니

라 전승에서 물려받았다고 추론하는 것이 옳다.[337]

마가는 전승에서 발견한 이 침묵 명령을 삭제하지 않고 침묵 명령이 지켜지지 않았다는 보도를 첨가함으로써(막 1:45, 5:20) 자신의 의도에 맞추어 사용하였던 것이다. 이 첨가에서 우리는 마가의 편집 의도를 쉽게 읽어낼 수 있다. 침묵 명령이 지켜지지 않았다는 사실에서 마가가 표현하고 싶었던 점은, 예수의 권세는 그의 엄한 침묵 명령에도 불구하고 도저히 감출 수 없는 것으로 결국 사방으로 뻗어나갈 수밖에 없다는 것이다.[338] 여기에서 우리는 예수 권세의 역동성이 침묵 명령을 통해 더욱 부각되고 있음을 보게 된다. 이렇게 볼 때, 침묵 명령을 메시아 비밀과 관련된 것으로 보는 것보다는, 오히려 예수의 신적인 현현과 연관된 것으로 파악하는 것이 옳다고 생각된다.

2. 귀신들에 대한 침묵 명령

"24 나사렛 예수여 우리가 당신과 무슨 상관이 있나이까 우리를 멸하러 왔나이까 나는 당신이 누구인 줄 아노니 하나님의 거룩한 자니이다 25 예수께서 꾸짖어 이르시되 잠잠하고 그 사람에게서 나오라 하시니"(막 1:24-25)

"11 더러운 귀신들도 어느 때든지 예수를 보면 그 앞에 엎드려 부르짖어 이르되 당신은 하나님의 아들이니이다 하니 12 예수께서 자기를 나타내

---

337) 예컨대, L. Goppelt, *Theologie des Neuen Testaments*, Vol. 1(Göttingen, ³1985), p. 220; R. Pesch, *op. cit.*, p. 311. E. Schweizer는 전승에서 유래했을 가능성을 조심스럽게 열어놓고 있다 (*Das Evangelium nach Markus*, NTD 1, Göttingen 1978, p. 27). 그러나 J. Gnilka는 마가의 편집으로 여기고 있다 [*Das Evangelium nach Markus*(Mk 1-8,26), EKK II/1, 1978에서 해당 구절들을 살펴볼 것].
338) R. Pesch는 예수 치병 행위에 대한 소문을 듣고 무리가 몰려오는 것을 묘사하는 마가의 보도는 '말(Wort)' 대신에 '행위(Verhalten)'로써 보여 준 일종의 'Akklamation'이라고 본다 (*Das Markusevangelium*, Vol. 1, Freiburg-Basel-Wien, ⁴1984, p. 146).

지 말라고 많이 경고하시니라"(막 3:11-12)
"큰 소리로 부르짖어 이르되 지극히 높으신 하나님의 아들 예수여 나와 당신이 무슨 상관이 있나이까 원컨대 하나님 앞에 맹세하고 나를 괴롭히지 마옵소서 하니"(막 5:7)

이들 기적 사화 가운데 나타나는(병 고침에 관한 침묵 명령을 포함하여) 귀신들에 대한 침묵 명령은 모두가 마가 이전의 전승에서 유래한 것임을 G. 타이센이 잘 밝혔다.[339] 마가복음 1장 25절에 나타난 예수의 침묵 명령은 그의 이름뿐만 아니라 그의 인격에 대해 알고 있는 귀신들을 향한 것이다. 마가복음 1장 34절에서 마가는 위의 전승과 관련된 자신의 편집 의도를 분명히 밝히고 있다("예수께서 각종 병이 든 많은 사람을 고치시며 많은 귀신을 내쫓으시되 귀신이 자기를 알므로 그 말 하는 것을 허락하지 아니하시니라"). 이 구절에서 마가는 전승에서 유래한 표상을 새롭게 해석하는 가운데 일반화시키고 있다. 즉 예수는 자신의 생존 시 자신을 "하나님의 아들"(막 3:11, 5:7)이라는 사실을 드러내는 것을 원하지 않았다는 것이다.[340]

이와 같은 예수의 침묵 명령은 병 고침과 관련된 침묵 명령의 경우와는 달리 잘 지켜지고 있다. 예수의 하나님의 아들 됨은 아직 공개되어서는 안 되는 비밀로 남아 있어야 하기 때문이다. 이때 마가가 염두에 둔 것은, 예

---

339) G. Theissen, *Urchristliche Wundergeschichten*(Gütersloh, 1974), pp.143ff; cf. L. Goppelt, *op. cit.*, p. 220; H. Simonsen, Zur Frage der grundlegenden Problematik in form- und redaktionsgeschichtlicher Evangelienforschung, in: *StTh* 26 (1972), pp. 1-23, 특히 p. 16.
340) 마가복음 3장 12절을 흔히 마가의 편집으로 보고 있으나, R. 페쉬와 더불어 이를 마가 이전의 전승에서 유래한 것으로 보는 것이 옳다. 왜냐 하면 두 개의 '종합어(Summarium)'인 마가복음 3장 7-12절과 마가복음 6장 53-56절 사이에 들어있는 기적 사화들은 이미 마가 이전의 전승 가운데 기적 이야기모음으로 통일되었기 때문이다. 이에 대해서는 R. Pesch, *Mk*, pp. 277-281를 참조할 것.

수의 삶은 '비밀에 찬 신적 현현(geheime Epiphanie)'으로 그의 참 모습은 '십자가와 부활'을 통해서, 다시 말하면 '복음(Evangelium, 막 1:1)'을 통해서야 비로소 드러난다는 것이다.[341] 이 비밀은 예수의 인격과 관련된 것으로 본래적인 의미의 메시아 비밀인 것이다. 마가는 예수의 지상의 모습을 권세의 계시와 감추임 사이에 놓인 긴장 관계를 통하여 묘사하고 있다.

3. 제자들에 대한 침묵 명령

(베드로의 고백과 관련하여) "(29 또 물으시되 너희는 나를 누구라 하느냐 베드로가 대답하여 이르되 주는 그리스도시니이다 하매) 30 이에 자기의 일을 아무에게도 말하지 말라 경계하시고"(막 8:30)
(예수의 변모와 관련하여) "그들이 산에서 내려올 때에 예수께서 경고하시되 인자가 죽은 자 가운데서 살아날 때까지는 본 것을 아무에게도 이르지 말라 하시니"(막 9:9)

이 구절은 둘 다 '인자'로서의 예수와 관련되어 있는 것이 특징적이다(막 8:31, 9:9). 마가가 볼 때, 예수에 대한 베드로의 메시아 고백은(막 8:29) 불완전한 것이다. 메시아 칭호가 정치적인 칭호로 오해될 소지가 있기 때문이다. 따라서 예수는 이 칭호를 받아들이기를 유보한 채(막 8:30),[342] 제자들에게 참된 메시아상이 무엇인지를 가르친다. 참된 메시아상은 바로 이어서 나오는 예수의 고난 예고가 나타나는 구절 마가복음 8장 31절에서

---

341) R. Pesch, *Mk*, p. 136.
342) J. Roloff는 마가복음 8:30; 9:9를 마가의 편집으로 본다(Das Markusevangelium als Geschichtsdarstellung, in: *EvTh* 29, 1969, p. 91). E. Schweizer 역시 마가복음 8:30f를 마가의 편집으로 여긴다 (*op. cit.*, p. 88). 그러나 R. Pesch는 마가복음 8:8; 9:9를 마가 이전의 수난사(Passionsgeschichte)와 더불어 마가에게 전해 내려온 것으로 여긴다 (op. cit., p. 39).

분명히 제시되고 있다. 그것은 고난과 죽음의 길을 가야 하는 인자의 비밀인 것이다. 그러나 제자들은 이 길이 불가피함을 깨닫지 못할 뿐만 아니라(막 8:32), 또한 예수를 따르는 자신들의 길 역시 고난의 길임을 알지 못한다(막 8:34ff).

마가복음 9장 9절에서 예수의 세 제자는 변화산에서 일어난 예수의 영광스러운 변모를 목격한다. 이때 예수는 이것을 인자가 부활할 때까지 비밀로 할 것을 요구하고 있다. 인자를 언급함으로써 마가는 예수를 영광의 모습으로만 이해하는 것을 경고하고 있다. 인자인 예수는 부활을 통해서야 그의 참 모습이 드러난다는 것이다.

위의 두 구절에서 우리는 마가가 강조하고 싶은 편집 의도를 잘 읽어 낼 수 있다. 곧 마가는 영광의 시각(theologia gloriae)을 통해서만 예수를 바라보는 것을 예리하게 비판하면서 부활의 길로 가는 인자 예수는 고난과 죽음을 통과하지 않으면 안 된다는 사실(theologia crucis)을 부각시키고자 하였던 것이다. W. 브레데는 바로 마가복음 9장 9절을 자신의 메시아론을 입증하는 결정적인 구절로 파악하였다.[343]

4. 제자들의 몰이해

"또 이르시되 너희가 이 비유를 알지 못할진대 어떻게 모든 비유를 알겠느냐"(막 4:13)

"예수께서 이르시되 너희도 이렇게 깨달음이 없느냐 무엇이든지 밖에서 들어가는 것이 능히 사람을 더럽게 하지 못함을 알지 못하느냐"(막 7:18)

"17 예수께서 아시고 이르시되 너희가 어찌 떡이 없음으로 수군거리느

---

343) W. Wrede, op. cit., pp. 66f.

냐 아직도 알지 못하며 깨닫지 못하느냐 너희 마음이 둔하냐 18 너희가 눈이 있어도 보지 못하며 귀가 있어도 듣지 못하느냐 또 기억하지 못하느냐 … 21 이르시되 아직도 깨닫지 못하느냐 하시니라"(막 8:17-21)

(야고보와 요한의 요구와 관련하여) "37 여짜오되 주의 영광 중에서 우리를 하나는 주의 우편에, 하나는 좌편에 앉게 하여 주옵소서 38 예수께서 이르시되 너희는 너희가 구하는 것을 알지 못하는도다 내가 마시는 잔을 너희가 마실 수 있으며 내가 받는 세례를 너희가 받을 수 있느냐"(막 10:37-38)

(겟세마네 동산에서의 기도와 관련하여) "돌아오사 제자들이 자는 것을 보시고 베드로에게 말씀하시되 시몬아 자느냐 네가 한 시간도 깨어 있을 수 없더냐"(막 14:37)

제자들의 몰이해란, 마가가 스스로 지어낸 것이 아니라 본래 전승에서 발견한 모티브임이 분명하다. 제자들의 어리석은 모습을 부활 이후의 공동체가 의도적으로 창조할 까닭이 없기 때문이다. 마가는 이 모티브를 더욱 강조하여 부각시키고 있다. 예컨대, 제자들이 정신 나간 상태에 빠진 것으로 묘사되기도 하며(막 6:51), 또한 몰이해에 처하자 그들의 마음이 경직된다는 표현이 나오고 있다(막 6:52). 뿐만 아니라 제자들의 몰이해를 보자 예수는 침통한 마음으로 이렇게 말한다. "아직도 깨닫지 못하느냐"(막 8:21) 혹은 "믿음이 없는 세대여 내가 얼마나 너희와 함께 있으며 얼마나 너희에게 참으리요"(막 9:19). 이와 같은 표현들은 제자들의 몰이해를 지나칠 정도로 강조하고 있다. 여기에서 우리는 마가의 의도를 읽을 수 있다. 첫째, 마가는 자신이 속한 공동체를 예수의 제자와 비교하는 가운데 제자들의 몰이해 모티브를 더욱 부각시키고 있다고 볼 수 있다. 다시 말하면, 예수의 말씀을 깨달아야 할 것을 마가는 자신의 공동체를 향한 교훈으로 이해하고 있다.[344] 여기에서 우리는

---

344) Cf. 박수암, 『마가복음 13장과 마가복음』(장로회신학대학교출판부, 1993), p. 361.

마가의 교회론적인 의도를 찾을 수 있다. 둘째, 고난과 죽음 그리고 부활로 이어지는 예수의 길을 설명하려는 기독론적인 의도를 엿볼 수 있다. 이 두 의도는 제자들의 몰이해라는 모티브에 뒤섞여 나타나고 있다.

5. 비유론(Parabeltheorie)

"11 이르시되 하나님 나라의 비밀을 너희에게는 주었으나 외인에게는 모든 것을 비유로 (ἐν παραβολαῖς) 하나니 12 이는 그들로 보기는 보아도 알지 못하며 듣기는 들어도 깨닫지 못하게 하여 돌이켜 죄 사함을 얻지 못하게 하려 함이라 하시고" (막 4:11-12)
"비유가 아니면 말씀하지 아니하시고 다만 혼자 계실 때에 그 제자들에게 모든 것을 해석하시더라" (막 4:34)

여기에서는 본문에 잘 들어나듯이 메시아 비밀이 문제가 되지 않고 하나님 나라의 비밀이 문제가 되고 있다. 따라서 이 비유론을 메시아 비밀에 속하는 것으로 보는 것보다는 따로 독립된 모티브로 파악하는 것이 옳다고 생각된다. 비유론에서 제자들의 몰이해가 강조되지 않고 오히려 제자들에게 그 의미를 풀어 설명해 주고 있는 사실을 볼 때 더욱 그렇다. 예수의 선포에도 불구하고 모든 사람들이 복음을 받아들이지 않고, 받아들이는 사람이 있는가 하면 거부하는 사람들도 있다. 그 이유에 대하여 마가는 비유는 수수께끼이기 때문에 그렇다고 대답하고 있다. 이렇게 볼 때, 비유론을 마가의 창작으로 여기는 것보다는 마가 이전의 전승에서 유래한 것으로 보는 것이 타당하다고 생각된다.[345] 마가복음 4장 11절에 παράβολαι라고 복수로 나타나고 있음에도 불구하고, 마가의 문맥에서는 단 하나의 비유만이 언급되고 있다는 사실을 통해서도 마가가 비유론을 전승에서 물려받았다

---

345) 예컨대, J. Jeremias, *Die Gleichnisse Jesu*(Göttingen, 1962), pp. 11ff; E. Schweizer,

고 추론할 수 있다. 아마도 이 비유론은 마가 이전 단계의 초기 선교가 실패한 이유를 제기했던 상황과 관련이 있었으리라고 짐작할 수 있다.

V. 결론

W. 브레데를 선두로 하여 많은 학자들이 마가의 메시아 비밀론을 하나로 통일된 문학적 구조물로 보아 왔고 최근까지도 이와 같은 견해를 표방하는 학자들이 있다. 위의 본문 분석을 통하여 살펴보았듯이 이와 같은 가정은 이제 더 이상 유지되기 어렵다고 생각한다. 메시아 비밀을 하나로 통일된 구조물로 간주하기 보다는, 오히려 다양한 비밀들의 복합체로 보아야 할 것이다. 이들 비밀들은 내용적인 측면에서뿐만 아니라 전승사적으로 볼 때 다양한 모습을 보여 주고 있기 때문이다.

또한 메시아 비밀을 마가의 전적인 창작물로 보아서도 안 될 것이다. 특히 '병 고침과 관련된 침묵 명령' 모티브와 '귀신들에 대한 침묵 명령' 모티브 및 '비유론(Parabeltheorie)' 모티브는 앞서 살폈듯이 마가의 편집에서 나온 창작이 아니고 마가가 앞선 전승에서 물려받았음이 분명하기 때문이다. 심지어 H. 콘첼만도 비밀론이 일종의 신학적 구도로서("als theologische Konzeption") 마가 이전의 전승에 이미 주어져 있었다고 말한 바 있다.[346] 따라서 엄밀한 의미에서 볼 때, 마가가 비밀론을 전적으로 구축하였다기보다는 그가 전승에서 발견한 모티브들을 자신의 편집 의도에 따라 더욱 정교하게 다듬었다고 보는 것이 보다 적절하다고 생각된다.[347]

"Zur Frage des Messiasgeheimnisses bei Markus," in: idem, *Beiträge zur Theologie des Neuen Testaments*(Zürich, 1970), p. 15.
346) H. Conzelmann, "Gegenwart und Zukunft in der synoptischen Tradition," p. 294.
347) R. Pesch, *Mk II*, p. 37.

여러 문제점에도 불구하고 브레데의 공헌은, 그가 마가복음서 안에 나타나는 다양한 긴장들이며 모순점들을 예수의 역사 선상에서 단순히 조화시키려 하지 않고, 이를 복음서 작가 마가의 통찰력 깊고 일관된 편집 노력과 결부시켜 해석하였다는 점에서 찾을 수 있다.[348] 따라서 브레데는, 1960년대부터 본격화되기 시작한 이른바 '편집 비평(Redaktionsgeschichte)'의 선취자 역할을 했다고 말할 수 있다.[349] 브레데의 시각이 전적으로 잘못된 것만이 아니라는 점은, 제자들과 관련된 비밀 모티브에서 그의 입장이 설득력을 지니고 있다는 사실을 통해 알 수 있었다.[350]

이와 관련하여 복음서 기자 마가를 독창적인 사고가 결핍된 단순한 전승가로 이해해야 하는지 아니면 십자가 신학을 심도 깊게 다룬 바울에 비견될 수 있는 날카로운 신학자로 보아야 하는가에 대한 질문이 야기된다. 그런데 이와 같은 양자택일적인 질문은 문제의 정곡에서 벗어나 있다고 생각된다. 마가복음서에는 이 두 가지 성향이 동시에 나타나고 있기 때문이다. 마가가 복음서란 장르를 처음으로 만들었다는 사실만을 고려하더라도,[351] 우리는 이 두 성향을 자신의 작품에 담은 마가의 능력을 인정하지 않

---

348) 그러나 서중석 교수는 브레데의 메시아 비밀론에 대해 전적으로 부정적인 평가를 내리고 있다: "그 가설의 일부가 부분적으로 문제 되는 것이 아니라, 그 가설 전체가 성립되기 어렵다는 평가를 내리지 않을 수 없다." (op. cit., p. 50).
349) 1956년에 출판된 W. Marxsen의 저서 *Der Evangelist Markus. Studien zur Redaktionsgeschichte des Evangeliums*(Göttingen, ²1959)와 더불어 편집 비평적인 연구가 본격화되었다고 말할 수 있다. G. Schille는 브레데의 메시아 비밀을 "전형적인 편집 비평적 연구"라고 불렀다 ("Der Mangel eines kritischen Geschichtsbildes in der nt. Forschung," in: *ThLZ* 88(1963), p. 492]: "So ist z.B. Wredes Messiasgeheimnis eine typisch redaktionsgeschichtliche Untersuchung."
350) J. Roloff는 "마가가 제자 묘사 때 사용한 비밀 모티브는 역사를 서술하려는 그의 의도를 가장 잘 드러낸 표현이다."라고 말하고 있다(op. cit., p. 92).
351) 상당히 발전된 자료 비평적인 입장을 표방하고 있는 W. Schmithals는 마가를 '복음'이란 장르의 창조자로 보지 않고, 일종의 '선교 책자(Handbuch der Mission)'의 목적으로 집필된 '기초 문서(Grundschrift)'를 다시 손질한 자로 여기고 있다(*Einleitung in*

을 수 없다.[352]

브레데를 추종하는 학자들이 메시아 비밀을 근본적으로 마가의 구축물로 보는 것과 달리, 우리는 브레데 자신의 입장, 곧 이를 마가 이전의 전승에서 유래한 것으로 보는[353] 그의 시각에 유의하고자 한다. 물론 이미 언급했듯이 그는 이 전승의 유래를 예수에게까지 소급시키지는 않고 있다. 그러나 메시아 비밀이 마가의 전적인 창작물이 아니고 전승에서 유래한 다양한 모티브들과 관련되었다는 사실을 받아들인다면, 다음과 같은 질문을 회피할 수 없다. 이 비밀은 역사적 예수와는 어떠한 관계에 있는가?

그 다양한 모티브들이 전승에서 유래한 것이 분명할진대, 역사적 예수와 어떤 식으로든 연관이 되었다고 가정해 볼 수 있다. 예수의 삶과 선포는 당시 사람들이 온전히 이해하기 어려운 그 어떤 비밀스런 차원을 담고 있었

---

die drei ersten Evangelien, pp. 404-431).

352) 이전에는 편집자로서의 마가의 역할을 강조하였다면(예컨대, W. Marxsen, *op. cit.*), 근자에는 예리한 신학자로서의 역할보다는 앞선 전승과의 밀접한 관련성 가운데 마가를 창작성이 아니라 보수성이 강한 사람으로 보려는 경향이 있다(예컨대, R. Pesch, *Das Evangelium der Urgemeinde*(Herder-Bücherei, 748), 1979, p. 58: "Der Evangelist ist ein konservativer Redaktor, der die gesamten Jesusüberlieferungen, die er in sein Evangelium aufnahm, nur selten bearbeitet, erweitert und durch Rahmenteile verbunden hat").

353) W. Wrede, *op. cit.*, p.145: "Ist die Anschauung vom Messiasgeheimnis die Erfindung des Markus? Das ist eine ganz unmögliche Vorstellung" ("메시아 비밀론은 마가의 창작인가? 그것은 전혀 불가능한 생각이다"); 혹은 p. 146: "Die Motive selbst werden mindestens teilweise nicht das Eigentum des Evangelisten sein, aber wie er sie in concreto verwendet, das ist jedenfalls seine eigene Arbeit, und insofern kann man auch hier und da von einer Manier des Markus reden." 따라서 브레데가 비밀론을 마가의 전적인 창작으로 여겼다는 만연된 주장은 잘못된 것임을 알 수 있다. 메시아 비밀론을 마가의 전적인 창작으로 보는 입장은 비로소 R. Bultmann(*Die Geschichte der synoptischen Tradition*(Göttingen, ⁷1967), pp. 371ff)과 M. Dibelius(*Die Formgeschichte des Evangeliums*(Tübingen, ⁵1966), pp. 69f) 이래로 주장된 것이다.

기 때문이다.[354] 근본적으로 볼 때, 이 차원은 다름 아닌 아직 완전히 도래하지 않은(noch nicht) 미래에 있을 하나님 나라의 완성을 선포하는 자로 나타나는 예수의 모습과, 지금 이 땅에서 선취되기 시작한(schon jetzt) 하나님 나라를 자신의 삶과 가르침 속에서 실현시키고 있는 하나님의 대리자로 나타나는 예수의 모습 사이에 놓인 긴장 관계와 연관되었을 것이라고 생각된다.

---

354) E. Sjöberg는 이 비밀스런 차원을 '감추인 인자' - 사고와 연결시켰다〔*Der verborgene Menschensohn in den Evangelien*(Lund, 1955), p. 246〕.

제 11 장

마태의 율법 이해

― 마태복음 5장 17-20절을 중심으로 ―

1. 들어가면서

이른바 '편집 비평(Redaktionskritik)'을 통하여 분명해진 것은, 복음서는 저마다 복음서 기자들의 사고가 철저히 배제된 채 앞선 시대의 여러 전승을 단순히 모아 나열한 수집물에 불과하지 않고 전승에서 물려받은 자료를 사용하여 복음서 기자의 신앙과 신학에 기초하여 기록된 작품들이라는 사실이다. 다시 말하면 각 복음서는 복음서 기자 특유의 편집 의도가 반영된, 즉 복음서 기자 나름의 신학이 반영된 작품이라는 것이다. 따라서 복음서 기자의 신학을 바로 이해하는 것이 복음서를 제대로 파악한다는 것과 밀접히 연관되었다는 사실을 알 수 있다.

그런데 복음서 기자의 신학을 담고 있는 각 복음서는 여러 주제를 아우르는 중심 주제를 갖고 있다. 마태복음의 경우, 마태[355]의 율법 이해는 바로 그러한 중심 주제에 속한다. 이와 같은 사실은 복음서 자체로부터 명확하게 드러난다. 유명한 '산상 수훈'의 여러 부분은 율법에 대한 해석(마 5:17-48)을 이루고 있을 뿐만 아니라, 복음서 가운데 예수와 적대자들 사이에 전개되는 율법을 둘러싼 논쟁이 자주 나타나고 있는 데서도 확인할 수 있다(예컨대, 마 9:1-8, 9-13, 14-17, 12:1-8, 9-14, 15:1-20, 17:24-27, 19:3-9, 22:15-22, 23-33, 34-40 등). 특히 마태가 유대 기독교인이었다는 사실을 고려할 때,[356] 그가 이 주제를 진지하게 다루었을 것이라고 쉽게 짐작할 수 있다. 마태는 예수 그리스도 사건과 전통적으로 내려온 율법 사이의 관계를 어떻게 이해하였을까? 이와 같은 질문과 관련하여 본고는 마태복음 5장 17-20절을 중심으로 다루고자 한다. 이 본문은 마태의 율법 이해에 핵심이 되는 본문이기 때문이다.[357]

이 본문을 두고 많은 학자들이 저마다 씨름해 왔다. 19세기 이른바 '자유주의신학'은 특히 제17절("내가 율법이나 선지자를 폐하러 온 줄로 생

---

355) 여기서 저자 문제는 논외로 한다. 이에 대해서는 개론서를 참조하시오. 편의상 마태복음의 저자를 "마태"로 부르고자 한다.
356) 마태가 유대 그리스도인에 속하는지 아니면 이방 그리스도인에 속하는 지를 두고 학자들 간에 논쟁이 여전하다. 다음의 학자들은 마태를 유대 그리스도인으로 간주한다: I. Bröer, *Einleitung* I, pp. 103-110; U. Luz, *Mt I*, pp. 62f; J. Gnilka, *Mt II*, pp. 515f; J. Roloff, *Kirchenverständnis*, p. 339; E. Schweizer, Theologische Einleitung in das Neue Testament(Göttingen, 1989), p. 122. 이와 달리, 다음의 학자들은 이방 그리스도인으로 본다: J. P. Meier, *Law and History in Matthew's Gospel, AnBib* 71(Rom, 1976), pp. 14-21; P. Nepper-Christensen, *Das Matthäusevangelium. Ein judenchristliches Evangelium?*(Arhus, 1954), pp. 202-208; G. Strecker, *Weg der Gerechtigkeit*, pp. 15-35; W. Trilling, *Israel*, p. 215. 율법을 근본적으로 수용하는 점과 마태복음에 자주 나타나는 구약성서 예언의 성취를 나타내는 인용문(마 1:22f; 2:5f, 15, 17f; 3:3; 4:14-16; 8:17 등)을 보건대, 마태를 유대 그리스도교 출신으로 여기는 것이 보다 설득력이 있다고 생각된다.
357) J. P. Meier는 이 구절을 가리켜 "마태의 율법 이해에 관한 가장 중요하며 프로그램을 담은 진술"이라고 말한다(*Law and History in Mt's Gospel*, 1976, p. 164).

각하지 말라 폐하러 온 것이 아니요 완전하게 하려 함이라")을 강조하였다. 이 구절을 예수의 '반명제(Antithesen)'와 비교하는 가운데, 예수를 율법을 완성시킨 자로 이해하면서, 율법을 사랑 혹은 내적 진리로 귀결되는 것으로 파악하였던 것이다. 이렇게 볼 때, 제18-19절("18 진실로 너희에게 이르노니 천지가 없어지기 전에는 율법의 일점 일획도 결코 없어지지 아니하고 다 이루리라 19 그러므로 누구든지 이 계명 중의 지극히 작은 것 하나라도 버리고 또 그같이 사람을 가르치는 자는 천국에서 지극히 작다 일컬음을 받을 것이요 누구든지 이를 행하며 가르치는 자는 천국에서 크다 일컬음을 받으리라")의 내용은 위의 해석과 어울리지 않는 것으로 보았다. 그러나 이 두 절을 해석에서 제외시키기보다는, 여기에 담긴 마태의 의도를 읽어 내는 것이 옳다고 생각된다. 마태는 당시 자기가 처한 상황에서 우리가 다루고자 하는 본문 마태복음 5장 17-20절 전체를 진지하게 받아들일 필요가 있었기에 자신의 복음서에 기술하였다고 보는 입장이 보다 설득력이 있기 때문이다. 우리의 본문을 다루기에 앞서, 마태는 novmo"(율법)라는 개념을 어떤 의미로 사용했는가를 잠시 살펴보는 것도 유익할 것 같다.

2. 마태복음에 사용된 νόμος 이해

항상 정관사를 동반하여 나타나는 νόμος는 마태복음에 모두 8회 사용되었다.[358] 그 중 4회는 '예언자들'과 더불어 나타나고 있다(마 5:17, 7:12, 11:13, 22:40). '율법과 예언자들'이라는 표현은 '옛 언약의 문서(γραφαί)'를 가리키는 말로 구약성서 전체를 표현하는 말이다. 이는 마태가 구약성서 전체를 γραφαί로 부르고 있는 사실에서도 알 수 있다(마 21:42, 22:29, 26:54, 56). 참고로 이와 관련하여 '시락서'의 희랍어 번역서 서문에

---

358) 마가에는 전혀 나타나지 않고, 누가복음에는 9회 사용되었다.

보면, 구약성서 곧 히브리 성서 전체를 가리키는 것으로 '율법, 예언자들 그리고 이어서 나오는 다른 것들'이란 표현이 나타나고 있다.[359] 다시 말하면 구약성서를 이처럼 세 부분으로 나누어 부르고 있음을 알 수 있다. 이와 같은 세 가지 구분을 누가도 알고 있었다. 그는 이 셋째 부분을 좀 더 명확히 표현하여 '그 시편(die Psalmen)'이라고 부르고 있다(눅 24:44, "또 이르시되 내가 너희와 함께 있을 때에 너희에게 말한 바 곧 모세의 율법과 선지자의 글과 시편에 나를 가리켜 기록된 모든 것이 이루어져야 하리라 한 말이 이것이라 하시고"). νόμος와 구분하여 마태는 ἐντολή라는 개념도 사용하고 있다(마 5:19, 15:3, 19:17, 22:36, 38, 40). 이 개념은 토라 전체보다는 '개별 명령(Einzelgebot)'을 가리키는 말이다. 마태가 갖고 있던 νόμος에 대한 이와 같은 이해 위에서 마태복음 5장 17-20절을 다루고자 한다. 본문 해설에 앞서 마태의 율법 이해에 관한 다양한 학설을 소개하고자 한다.

3. 마태의 율법 이해를 둘러싼 다양한 입장[360]

1) 벤자민 베이컨(Benjamin W. Bacon)

복음서에 나타나는 5개의 말씀 단락(마 5-7, 10, 13:1-53, 18, 23-25)에 근거하여 베이컨은 마태복음의 구조와 신학을 『새로운 토라』의 빛에서 「오경의 모델」로 이해하고자 논문을 1918년에 발표하였다.[361] 예수는 새로운 모세로 나타나기에 산상수훈은 옛 율법을 대신하는 새로운 토라라고 본

---

359) 지혜 문서에 속하는 시락서(집회서)는 본래 BC 190년 혹은 180년경에 히브리어로 기록되었다. 이 작품의 저자의 손자인 Jesus ben Sira가 이를 대략 2세대 후 BC 130년경에 그리스어로 번역하였다. 이 작품은 『칠십인경』(LXX)에 전해진다. 정경의 새 부분에 대한 언급과 관련하여, 김창선, 『쿰란 문서와 유대교』, 199-203쪽을 참조하시오.
360) Cf. D. 시니어, 『최근 마태 신학 동향』, 홍찬혁 역(기독교문서선교회, 1992), 79-89쪽.
361) B. W. Bacon, "The 'Five Books' of Matthew against the Jews," in: The Expositor 15(1918), pp. 56-66.

다. 따라서 마태복음 5장 17절의 진술은("내가 율법이나 예언서들을 없애러 온 줄로 생각하지 말라. 없애러 온 것이 아니라 오히려 완성하러 왔다.") 옛 토라를 대신하는 새로운 토라의 완성을 나타낸다고 보았으며, 토라의 일점 일획도 지켜야 한다는 마태복음 5장 18-19절의 엄격한 진술은 유대 율법에 적용되는 것이 아니라 예수에 의해 설립된 새로운 토라에 적용된다는 입장이다. 이러한 시각은 영어권에서 부분적으로 수용되었을 뿐이다.

2) 게르하르트 바르트(Gerhard Barth)

마태복음에 대한 중요한 편집 비평적인 연구로 인정받은 세 사람의 공저 『마태복음에 들어 있는 전승과 해석』[362] 가운데 바르트는 「복음서 기자 마태의 율법 이해」("Das Gesetzesverständnis des Evangelisten Matthäus")를 다룬 긴 논문을 1970년에 발표하였다. 여기에서 바르트는 복음서 기자 마태가 두 종류의 전선에서 싸우고 있다는 주장을 한다. 첫 번째 전선은 '반율법주의자(Antinomisten)' 이다. 이들은 예수 그리스도가 율법과 선지자를 폐기했다고 주장하는 그리스도인들이다. 마태는 율법의 가치를 중시하지 않는 반율법주의적인 그리스도인들의 입장에 반하여 율법 준수의 정당성을 강조하였다. 따라서 5장 17절에서 예수는 율법을 폐기시키기 위해 온 것이 아니라는 진술을 마태가 강조한다. 또 하나의 전선은 '바리새주의와 랍비주의(Pharisäismus und Rabbinat)' 이다. 예수가 율법의 정당성을 인정하였으나 바리새적이며 랍비적인 율법 해석에는 반대하였다는 입장을 마태가 갖고 있었다는 것이다. 각각의 율법 조항을 다 같이 동일하게 중요하다고 간주하는 바리새파와 랍비들의 율법 해석에 반대하는 가운데 사

---

362) G. Bornkamm, G. Barth, H. J. Held, *Überlieferung und Auslegung im Matthäusevangelium*(Neukirchen-Vluyn, 1970).

랑의 계명을 모든 율법을 해석하는 기본적인 원리로 높이는 가운데(마 22:4) 사랑의 계명의 우월성 강조하였다고 본다.

3) 해머튼 켈리(R. Hammerton-Kelly)

마태의 율법 이해에 대한 켈리의 논문은 1972년에 발표된다.[363] 여기에서 해머튼 켈리는, 율법에 대한 마태의 시각은 앞서 G. 바르트가 주장하듯이 반율법주의적 성향의 그리스도인들이나 바리새파 사람들이나 랍비들에 대한 대해 저항으로부터 비롯된 것으로 보지 않고, 그리스도교 신앙 공동체 자체 내의 율법에 대한 상반된 태도를 중재하기 위해서 형성된 것으로 여긴다. 그는 마태복음 안에는 3가지의 상이한 율법 이해가 나타난다고 말한다. 첫째, 모세 율법의 타당성은 지속적이라고 주장하는 법적으로 엄격한 입장. 둘째, 예수는 특히 이방인 선교에 걸림돌이 되는 몇몇 율법들을 폐하였다는 입장. 그리고 셋째, 율법은 유효하나 전통적인 할라카의 권위는 하늘로 들려 올라가신 그리스도의 권위에 의해 조정되었다는 입장이다. 헤멀튼 켈리는 율법 해석의 권위를 중시하는 가운데 마태 자신은 세 번째 입장을 취했다고 간주한다. 고로 율법 문제는 기독론과 밀접하게 연결되었다고 본다. 마태복음 5장 18절에 나오는 "(율법이) 다 이루기까지" 예수 부활을 염두에 둔 것으로 이로써 구속사의 전환점으로 부활한 그리스도의 권위가 옛 율법에 대한 해석을 대신하였으며, 따라서 5장 21-28절에 나오는 예수의 '반명제'가 가능하게 되었다고 말한다. 결국 율법의 정당성은 인정되나, 다른 한편 부활하신 그리스도의 권위를 통해서 드러난다는 입장이다. 이러한 시각에서 해머튼 켈리는, 마태의 율법이해는 보수주의적인 엄격한 유대 그리스도인들과 급진적 자유주의적 성향의 헬라파 그

---

363) R. G. Hammerton-Kelly, "Attitude to the Law in Matthew's Gospel: A Discussion of Matthew 5:18," in: *Biblical Research* 17(1972), pp. 19-32.

리스도인들을 중재하기 위한 목적에서 비롯된 것이라고 주장한다.

4) 알렉산더 잔트(Alexander Sand)

잔트는 『율법과 선지자: 마태복음 신학 연구』란 저서를 1974년에 출판하였다.[364] 여기에서 잔트는 율법에 관한 마태의 정교한 시각을 밝히며 이를 복음서 기자 마태의 실제적인 윤리적 관심과 연결시킨다. 마태의 경우, 본래적 의미에서 토라란, 하나님의 선민 이스라엘 백성에게 삶의 기준과 법규라는 의미에서 계시된 구약성서의 토라를 가리키는데, 이러한 토라가 예수 선포를 통해 토라에 계시된 하나님의 본래적인 뜻이 새롭고 명확하게 제시되었으며(마 5:17), 고로 예수는 토라를 폐하지 않고 완성하였다는 입장이다. 잔트는, 율법에 대한 마태의 진술은 바리새파를 대항하기 위해서가 아니라 그리스도교 신앙 공동체를 향한 권면을 지향한다고 보았다. 마태는 신학적이며 목회적인 관심 하에서 하나님의 뜻을 행할 것을 강조하였고, 하나님의 뜻에 대한 순종은 그 열매에서 드러난다는 점을 강조했다고 보았다. 또한 마태는 '율법과 선지자들'(마 5:17, 22:40)이란 개념을 부각시키고 있는데, 이로써 구약성서 내의 토라와 선지서가 서로 밀접히 연관되었다는 점을 상기시키고자 했던 것으로 해석한다. 즉 이 둘은 모두 이스라엘을 향한 하나님의 구원의지를 계시하는데, 예수는 하나님 나라 선포를 통하여 바로 그 '율법과 선지자들'의 메시지를 새롭게 해석하며 명확하게 하였으며, 토라와 선지서 가운데 핵심 계명으로서 예수의 사랑의 계명은 마태가 강조하는 '의'(마 3:15, 5:20)의 내용을 규정짓는다는 입장이다.

---

364) A. Sand, *Das Gesetz und die Propheten: Untersuchungen zur Theologie des Evangeliums nach Matthäus*(Regensburg, 1974). 또한 그의 마태복음서 주석서를 참조하시오. *Das Evangelium des Matthäus*(Regensburg, 1986).

4. 마태복음 5장 17-20절의 문맥 내의 위치

위에서 마태의 율법 이해를 둘러싼 학자들의 상이한 해석들을 살펴보았는데, 문제가 되는 핵심 구절 마태복음 5장 17-20절을 올바로 이해하기 위해서는 문맥 가운데서 살필 필요가 있다.

"17 내가 율법이나 예언서들을 없애러 온 줄로 생각하지 말라. 없애러 온 것이 아니라 오히려 완성하러 왔다. 18 왜냐 하면 진실로 내가 말한다. 천지가 없어질 때까지, 율법 가운데 일점 일획도 없어지지 않을 것이니, 모든 것이 이루어질 때까지. 19 그러므로 가장 작은 계명 중에 하나라도 어기거나, 또한 그렇게 남을 가르치는 사람은 누구나 하늘나라에서 가장 작은 사람 대접을 받을 것이다. 그러나 스스로 계명을 지키고, 남에게도 지키도록 가르치는 사람은 누구나 하늘나라에서 큰 사람 대접을 받을 것이다. 20 왜냐 하면 잘 들어라. 너희의 의가 율법학자들이나 바리새파 사람들 것보다 더 낫지 못하다면 결코 하늘나라에 들어가지 못할 것이기 때문이다."(사역)

마태복음 5장 17-20절은 이른바 "산상 수훈"(마 5-7장)의 본론을 이루고 있는 마태복음 5장 17절-7장 12절 가운데 그 머리 부분에 위치하고 있다. 5장 17절과 7장 12절("그러므로 무엇이든지 남에게 대접을 받고자 하는 대로 너희도 남을 대접하라 이것이 율법이요 선지자니라")에 나오는 두 개의 명사 '율법'과 '예언자들/예언서들'을 고려할 때, 마태는 5장 17절-7장 12절 전체가 하나로 통일된 본문으로 생각하였음을 알 수 있다.[365] 이때 우리가 다루고자 하는 본문 마태복음 5장 17-20절은 뒤이어 계속되는 본론의

---

365) 산상수훈의 본론은 3부분으로 나눌 수 있다. ① 마태복음 5장 21-48절(반명제), ② 마태복음 6장 1-18절(주기도문), ③ 마태복음 6장 19절-7장 11절(공동체 지침).

도입부를 이루고 있음을 보게 된다.

그런데 5장 17-20절을 이루는 네 절의 내용을 들여다볼 때, 그 내용이 서로 매끄럽게 연결된 것처럼 느껴지지 않는다. 우선 얼른 보기에 17절에서 찾아볼 수 있는 '율법의 완성자'로 나타난 예수의 모습이 계속되는 18-19절에 율법의 철두철미한 유효성을 강조하고 있는 사실과 상치하지 않는 듯이 들린다. 또는 제20절을 어디에 귀속시켜야 할지 좀 애매하다. γάρ란 접속사를 사용하여 형식적으로는 17-19절의 이유를 나타내고 있으나 위의 문장들과 잘 어울리는 것 같지도 않다. 20절은 18-19절의 이유가 될 수 없고, 기껏해야 17절의 이유가 될 수 있기 때문이다. 또한 20절에는 서기관들과 바리새파 사람들이 대적자들로 나오나, 17-19절에는 이들에 대하여 전혀 언급되지 않고 있다. 뿐만 아니라 17-19절에는 νόμος가 핵심어인데 비해, 20절에는 δικαιοσύνη가 핵심어로 나타나고 있다. 이러한 관찰에서 17-19절과 20절 사이에는 어느 정도의 간격이 있음을 알 수 있다. 이러한 간격이 생기게 된 까닭은 마태가 우리의 본문을 집필하는 과정에서 단번에 기록한 것이 아니고 앞선 전승에서 물려받은 것을 추후에 서로 연결시키는 편집 과정에서 비롯된 것이라고 일단 짐작해 볼 수 있다.

이러한 관찰이 무의미하지 않은 이유는 이어서 나오는 여섯 가지 '반명제(Antithesen)' 이해와 관련하여 두 가지 서로 다른 해석이 가능하기 때문이다. 즉 17-20절을 하나로 연결된 것으로 보면, 이 세 개의 절은 이어서 나오는 반명제의 도입부가 된다. 이때 17절에 나오는 동사 πληρόω의 의미는 '반명제'와 비교를 통하여 유추해 낼 수 있다. 다시 말하면 이 동사는 예수의 가르침에 적용되는 것으로 '완성하다' '마감하다' '넘어서다'라는 뜻을 갖게 된다. 이렇게 보면 18-19절은 별로 중요하지 않은 절처럼 보이고, 글자 그대로에 매달리는 유대적인 율법 이해를 가리키는 것으로 문맥에 잘 어울리지 않는다. 이와 달리 17-19절을 20절과 독립된 것으로 보고 20절만을 반명제의 제목으로 보게 되면, 동사 πληρόω의 의미는 18-19절에 의하여 드러난다. 이때 이 동사는 '실행하다' '지키다' 라는 뜻을 지니게 된다. 19절에 나타난 두 개의 동사 '어기다' 와 '지키다' 가 서로 대립하여 사용된 사실에서 그와 같은 해석이 가능하다. 이러한 사전 이해를 갖고 우리의 본문을 좀 더 자세히 살펴보자.

5. 본문 분석

1) 제17절

이 절을 두고 많은 주석가들은 마태의 편집으로 보고 있다. πληρόω(완성하다)라는 동사는 마태가 즐겨 쓰는 동사라는 데서 한 이유를 찾고 있다. 이는 마태가 즐겨 사용하는 '구약 성취 인용문(Erfüllungszitate 혹은 Reflexionszitate)' 에 나오는 도입 양식에서 알 수 있다. 뿐만 아니라 h\lqon-양식은 예수의 전체 사역을 요약하여 회고하는 표현이기 때문에 역사적 예수의 말로 볼 수 없다고 한다.[366] 그러나 이와 같은 주장은 상당히 도그마적이다. 이 말을 예수 사역에 대한 회고로서가 아니라, 그의 파송 의식과 관련된 예수의 전권을 나타내는 말로 이해할 수 있기 때문이다. 뿐만 아니라 만일 이것이 전적으로 마태의 창작이라면 다른 곳에서 몇 차례 사용한 '율법과 예언자들' (마 7:12; 22:40; cf. 11:13)이란 표현 대신에 왜 마태는 '율법 혹은 예언자들' 이란 예외적인 표현을 사용했는가 하는 것이 문제로 남기 때문이다.

따라서 17절을 마태의 전적인 창작물로 간주하는 것보다는 마태가 전승에서 물려받은 로기온에 자신의 편집 의도를 가미하여 새롭게 변형시

---

366) R. Bultmann, *Die Geschichte der synoptischen Tradition*(Göttingen, 91979), pp. 164, 166-168; J. Gnilka, *Mt I*, p. 143. 마찬가지로 E. Käsemann, "Die Anfänge christlicher Theologie," in: idem, *Exegetische Versuche und Besinnungen*, Vol. 2(Göttingen, ²1965), p. 96.

킨 것으로 파악하는 것이 옳다고 생각된다.[367] 예레미아스(J. Jeremias)는 이 로기온을 탈무드(bShab 116b)에서 그 반향을 찾아볼 수 있는 몇 안 되는 예수의 말 가운데 하나로 여기고 있다.[368] 어쨌든 이 구절은 예수의 등장과 관련된 하나의 오해, 곧 '예수는 율법이나 예언서들을 멸하러 왔다'는 오해에 대하여 방어하고 있음을 우리에게 보여 준다.

17절을 반율법주의자들을 염두에 둔 논쟁으로 파악하려는 경향도 있다. 그러나 슈트레커(G. Strecker)는 어떤 구체적인 논쟁을 염두에 둔 것이 아니라 복음서 기자의 기본 입장을 설명하는 것으로 파악하고 있다.[369] 다시 말하면 예수는 한 치의 의심도 없이 토라 위에 서 있음을 밝히려 하고, 동시에 그를 따르는 제자들에게 적용되는 기본 사항으로 파악하였다. 여기에 나오는 두 동사 kataluein과 pleroun은 구약성서를 받고 있다. 특히 pleroun은 마태가 즐겨 사용하는 단어로서 구약에 나타난 언약이 예수에 의하여 성취된 사실을 가리키고 있다. 따라서 U. Luz는 예수만이 율법을 성취시킬 수 있다는 의미에서 이 동사를 '한 배제적인 기독론적인 동사(ein exklusiv christologisches Verb)'라고 부르고 있다.[370] 19절을 고려하건대, 이 동사는 구약의 율법을 실행한다는 의미를 담고 있음을 알 수 있다. 결국 마태가 본 예수는 근본적으로 볼 때 토라와 긍정적인 관계를 맺고 있음을 알 수 있다. 구약의 율법을 긍정할 뿐만 아니라 자신의 행위 가운데에

---

367) 마찬가지로 W. D. Davies, D. C. Allison, *The Gospel according to Saint Matthew*(Edinburgh, 1988), pp. 482f.

368) J. Jeremias, *Neutestamentliche Theologie. Erster Teil: Die Verkündigung Jesu*(Gütersloh, 21973), pp. 87f. Cf. P. Stuhlmacher 역시 이 로기온을 역사적 예수의 말로 간주하는 가운데, 예수의 이와 같은 율법 이해가 유대인들의 강한 저항을 야기했고, 결국 그를 죽음으로 몰아가는 데 일조를 하였다고 본다(*Biblische Theologie des Neuen Testaments*(Göttingen), pp. 104-106).

369) *Die Bergpredigt. Ein exegetischer Kommentar*(Göttingen, 1984), p. 57.

370) U. Luz, *Mt I*, p. 236.

서 이를 실천하는 사람으로 나타나고 있는 것이다.

여기에 나오는 동사 pleroun에 대하여 좀 더 생각할 필요가 있다. 완성한다는 말은 구약의 율법을 단순히 반복하는 것을 뜻하지 않는다. 그렇다고 이를 무시하고 그 어떤 '새 법(nova lex)' 을 가져온 것을 의미하지 않는다. 이 말은 구약에 나타난 하나님의 의지를 '철저히 실현시킨다' 라는 뜻으로 파악해야 옳다. 이렇게 볼 때, 예수는 구약에 나타난 하나님의 의지에 담긴 본래적인 뜻을 계시하는 사람으로 이해해야 한다.

2) 제18절

여기에서 예수는 "아멘"이란 말로 시작하는 가운데 율법의 타당성과 정당성을 긍정하는 강한 고백을 하고 있다. 율법의 변함없는 가치를 강조하는 이 구절을 두고 흔히 신약성서 전체 가운데 나오는 가장 유대적인 본문이라고 말한다. 아마도 이 로기온은 유대 기독교적 전승에서 유래한 것으로 볼 수 있다.

이 구절은 우리의 본문 가운데 가장 오래된 것 같다. 누가복음 16장 17절("하늘과 땅은 사라져도 율법은 한 획도 없어지지 않을 것이다.")에 그 병행 구절이 있음을 미루어 보건대, 이것은 Q-전승에서 유래한 것임을 알 수 있다. 누가의 보다 짧은 본문에 마태가 몇 가지 삽입을 했음을 볼 수 있다. 즉 "아멘"("진실로")이라는 도입어와 "일 점", 또한 시간 표시("모든 것이 이루어질 때까지")를 마태가 Q-본문에 첨가하고 있다.

3) 제19절

이 절은 내용적으로 볼 때 18절과 잘 어울리지 않는다. 다시 말하면 18절의 엄한 내용이 19절에 와서는 덜 엄한 내용으로 바뀌고 있기 때문이다. 따라서 19절 역시 마태가 전승에서 물려받은 것으로 보아야 한다. 19절을 마태는 아마도 자신의 특수 자료에서 물려받은 것 같다.

18절과 마찬가지로 율법의 정당성과 관련된 이 절은 구성적으로 볼 때 '인관 관계를 나타내는 법률문'의 성격을 띠고 있다(wenn jemand …). 따라서 E. 케제만은 이를 "성스러운 법조문"("Satze heiligen Rechtes")이라 불렀다.[371] 여기에 나오는 '가장 작은 계명'은 '크고 중요한 계명'이라는 말과의 대비를 염두에 두고 사용한 표현이다. 이러한 사고 이면에는 랍비들의 구분 '가볍고 작은 것과 무겁고 큰' 율법이라는 구별이 놓여 있다고 생각된다. (참고로, 유대인들은 토라는 모두 613개의 계명 곧 '미츠보트'로 구성되어 있다고 믿고 있는데, 그 중 248개는 권고 계명이고 365개는 금지 계명으로 나눌 수 있다고 한다). 마태는 이 구절에서 가장 작은 계명도 하나님 나라와 무관하지 않음을 강조하고 있다. (참고: 19b절은 19a절과 비교할 때 별 필요 없는 말로 간주하여 많은 고대 사본들이 이 하반부를 제거하였다.)

4) 제20절

이 절을 마태의 편집으로 보는 것에 학자들의 이견이 없다(cf. 마 6:1). 여기에는 마태 특유의 문체가 나타나고 있기 때문이다. 여기에 나타난 '의' 또는 '하늘나라에 들어간다'는 표현은 마태가 즐겨 사용하는 표현들이다. 여기에서 우리는 두 가지 율법 이해를 찾아볼 수 있다. 하나는 서기관들과 바리새파 사람들이 개별 계명의 성취에 초점을 맞추고 있는 율법이해이고, 다른 하나는 예수의 사랑의 율법에 의거한 율법의 성취와 관련된 것이다. (물론 '사랑'이라는 개념이 아직 이 구절에는 나오지 않고 있으나 이어서 나오는 '반명제'를 보건대 그와 같이 파악할 수 있다). 이 구절은 제자들을 향한 일종의 경고로 볼 수 있다.

---

371) E. Käsemann, "Satze heiligen Rechtes im Neuen Testament," in: idem, *Exegetische Versuche und Besinnungen*, pp. 69-82.

여기에 나오는 "너희의 의"는 분명히 제자들의 행위와 관련되어 있다. 이 구절만 본다면 마태의 의 이해는 '인간으로서 마땅히 추구해야만 하는 의를 행함'과 관련된 것으로 보인다. 이러한 이해는 바울의 의 이해와는 정반대인 것처럼 들린다. 따라서 혹자는 바울의 의를 "은혜의 의"라고 부른다면, 마태의 의를 "행함의 의"라고 부를지도 모르겠다. 그러나 마태를 바울의 시각 아래에서만 파악하는 이러한 이해는 마태의 본래 의도와는 거리가 있다. 마태는 산상수훈에 나오는 극단적인 요구에 앞서 예수에 의한 하나님 나라 선포가 선행하고 있음을 밝히고 있기 때문이다(마 4:17, "이때부터 예수께서 비로소 전파하여 이르시대 회개하라 천국이 가까이 왔느니라 하시더라"). 뿐만 아니라 팔복 선포의 시작과 끝이(마 5:3, 10) 바로 하늘나라에 대한 약속으로 에워싸여 있고, 산상수훈의 한가운데에 위치하고 있는 '주기도문'에서도 하나님 나라의 도래를 기원하고 있는 데서(마 6:10), 모든 윤리적 노력은 그에 선행하는 하나님의 자비에 초점이 맞춰져 있음을 알 수 있다(마 18:23-35 참조).

따라서 마태는 하나님으로부터 시작된 구원에 대한 확신을 다른 원시 교회와 마찬가지로 공유하였다고 보아야 한다. 마태가 강조하는 윤리적 요구는 바로 그 구원에 근거한 것이다. 이러한 마태의 입장은 그가 구약-유대적인 사고 위에서 생각하는 유대 그리스도인이란 사실과 관련되어 있다고 생각한다. 또한 마태가 다른 누구보다도 하나님의 최후의 심판을 강조하고 있다는 사실도(마 13:42, 50, 22:13, 24:51, 25:30) 이와 관련이 있다. 하나님의 심판은 악인뿐만 아니라, 심지어 교회 내에 있는 사람에게도 향하고 있다. "주여 주여 하는 자마다 다 천국에 들어갈 것이 아니요 다만 하늘에 계신 내 아버지의 뜻대로 행하는 자라야 들어가리라"(마 7:21) 혹은 "불법을 행하는 자들"(마 13:41), '적합하지 못한 그리스도인'(마 22:11-13), '진실하지 못한 청지기'(마 24:45-51, 25:14-30), '사랑의 행위를 베풀지 않은 자들'(마 25:41-45). 여기에서 언급된 사람들은 바로 마태 자신의 공동

체에 속한 사람들이고, 마태는 이들에 대한 강한 경고를 하고 있는 셈이다.[372]

6. 나가면서

전승층과 편집층을 나눔으로써 우리의 본문 마태복음 5장 17-20절이 마태의 전적인 창작물이 아니라, 마태가 토라에 있는 온갖 계명을 용납하는 유대 기독교적인 전승을 받아들여 이를 자신의 편집 목적에 따라 자신의 신학적 의도에 맞춘 표현임을 살펴보았다. 그가 이 본문에 특별한 편집 의도를 두었다는 것은 이를 산상수훈의 핵심이 되는 위치에 놓았다는 사실에서도 알 수 있다.

17절에 율법의 완성자로 나타나는 예수의 모습을 마태는 18-19절에 나타난 토라의 계명 하나하나에 이르기까지 충실하라는 예수의 가르침과 모순된 것으로 보지 않았다. 마태는 예수의 파송 목적을 토라를 파기시키는 데서 보지 않았고, 가장 작은 계명 하나도 무시하지 않고 토라의 뜻에 따르는 자로 예수를 이해했다. 그렇다고 마태는 예수를 토라의 계명에 얽매인 자로 간주하지 않고, 오히려 토라를 완성시키는 토라의 주인으로 파악하였다. 예수를 통해 드러난 사랑의 이중 계명이 토라의 온갖 계명을 덮는 핵심 계명으로 보았기 때문이다. 마태는 이러한 이해를 우리의 본문에 뒤이어 나오는 여섯 가지 반명제를 통하여 구체적으로 드러내 보여주고 있다.

20절에서 마태는 제자들의 의가 양적인 측면에서 유대의 경건한 자들의 의보다 더욱 뛰어나야 할 것을 요청하고 있다. 여기에서 마태는 예수를 통

---

[372] G. Barth는 그리스도가 율법을 부수었다고 주장하는 가운데 믿음이 아니라 은사에 매달리는 일군의 자유주의자를 마태가 염두에 둔 적대자로 파악하였다("Das Gesetzesverständnis des Evangelisten Matthäus," p. 154).

하여 도래하기 시작한 하나님나라에 직면하여, 율법이 본래 의도한 것을 구체적으로 행동에 옮길 것을 자신의 공동체에게 요청하고 있음을 보게 된다. 다른 한편 마태는 반명제를 통하여 제자들의 의는 질적으로 다른 차원의 율법 실천을 뜻한다는 것을 우리에게 보여 주고 있다. 이 질적으로 다른 차원은 다름 아닌 사랑의 실천을 의미한다. 사랑의 실천이 곧 마태가 말하는 '보다 나은 의'를 뜻한다.

이와 같은 마태의 이해는 한마디로 예수와 토라 사이를 어떤 긴장 관계로 파악하지 않고, 오히려 예수를 토라에 놓여 있는 하나님의 본래 뜻을 밝혀내는 자로 파악하는 데 기초한 것이다. 토라에 담겨 있는 하나님의 의지가 이스라엘 지도자들의 율법 해석으로 인해 가려졌는데, 예수가 이를 다시금 드러내어 완성시켰다고 마태는 보았던 것이다.

제 12 장

누가의 성령 이해

- 선포와 선교의 영으로서의 성령 -

I. 들어가면서

우리 교계가 갖고 있는 특징이 하나 있다. 그것은 '성령의 역사'와 이를 통한 '교회 부흥'이라는 차원에 우리 교계는 남다른 관심을 보이고 있다는 사실이다. 이것은 예루살렘 초대교회를 '이상적인' 교회상으로 간주하는 대다수 교인들의 일반 표상과도 맞물려 있다. 짧은 기간에 엄청난 부흥이 성령의 역사로 말미암아 일어났다는 점에서 그와 같은 표상이 자랐다고 말할 수 있다. 그와 같은 체험의 전형을 흔히 사도행전 2장에 나오는 놀라운 오순절 사건 보도에서 찾는다. 오순절 사건을 통한 성령 체험은 원시 그리스도교의 가장 원초적인 체험임에 틀림없다. 사도행전에 따르면, 이로써 예수의 십자가 죽음으로 말미암아 겁에 질린 예수 추종자들이 그의 부활을 당당히 증언하며 복음을 담대히 선포하는 예수 그리스도의 제자로 바뀌게 된다(행 1:8, 2:14, 4:13, 19-20, 5:40-42).

그런데 특별히 오순절 운동과 관련된 교단에 속한 교인들뿐만 아니라 다른 교단에 속한 많은 교인들도 중생, 성령 세례, 신유 등으로 요약되는 체험적 신앙에 특별한 가치를 두는 가운데 이를 중시하는 성향이 있다. 이러한 성향은 개신교에 국한되지 않고 근자에 와서는 가톨릭에서도 찾아볼 수 있는 현상이다.

그런데 우리의 교계가 오순절 사건과 관련하여 이처럼 체험적 신앙을 강조하는 것과는 달리, (신)학적 관심에는 상대적으로 소홀하다고 말할 수 있다. 우리 교계가 신학적 관심이 비교적 적은 것과 달리, 오순절 사건의 성령 체험을 보도하고 있을 뿐만 아니라 성령의 역할을 강조하는 누가복음과 사도행전의 저자 누가는 실상 신약성서 기자 가운데 가장 학적이며 당시 헬라 문화에 대한 이해가 풍부했던 사람이었다. 그의 두 작품, 누가복음과 사도행전은 (히브리서와 더불어) 신약성서 가운데 가장 격조 높은 그리스어로 기록되었고, 또한 당시 헬라 시대의 문학적 관습에 따른 서문을 담고 있다는 사실에서 그와 같은 점을 알 수 있다.[373] 이로써 누가는 자신의 작품이 당시 문학적 요구에 부응한 것임을 나타내려고 했으며, 자신의 글이 수많은 사람들에게 읽히기를 원했다는 것을 보여 준다. 신약성서 기자 가운데 오직 누가만이 자신의 작품에 그와 같은 당시 문학적 관습에 따른 서문을 담았던 것이다.

---

373) 고대 종교 문헌 연구의 대가로 통하는 E. Norden은, 누가복음의 서문(눅 1:1-4)이 "전체 신약성서 가운데 가장 뛰어난" 문체라고 밝혔다(*Agnostos Theos. Untersuchungen zur Formengeschichte religiöser Rede*(Leipzig, Berlin, ²1929), p. 316, n. 1]. 또는 H. 쾨스터는 "누가는 다른 신약 기자들보다 더 과중하게 문어체 형식을 의존한다. 그는 유식한 헬라인들의 관례적이고 문자적인 언어이며 헬레니즘 시대의 역사가들이 사용한 높은 수준의 코이네 문체에 꽤 친숙했다."고 평가한다(H. Köster, 『신약성서 배경 연구』 (은성, 1996), 196쪽).

그뿐만 아니라 누가는 역사 서술을 신학적인 과제로 인식한 최초의 사람이었다.[374] 이러한 사실은 누가의 두 작품 및 그의 관심이 상당히 문학적이면서 동시에 신학적인 경향성을 지니고 있음을 예시한다. 이렇게 볼 때, 한마디로 누가는 이지적 성향이 강한 성서 기자라고 말할 수 있다.

이처럼 이지적 성향이 강하다고 말할 수 있는 누가가, 다른 한편으론 성령에 대한 남다른 관심을 가졌다는 사실은 오늘 우리의 상황에 비추어볼 때, 예상 밖이며 참으로 흥미롭기까지 하다. 본 논문에서는 누가복음과 사도행전 전체를 고려하는 가운데 이지적 성향이 강한 누가는 초월적 차원의 성령과 성령의 역사를 어떻게 이해하였는가를 다루고자 한다. 아마도 서로 어울리지 않을 것처럼 보이는 두 차원 즉, 한편으론 이지적 성향과, 다른 한편으론 초월적 차원을 동반한 성령 혹은 성령 체험이 누가에게 서로 조화되어 나타날 수 있으리라는 전망을 해 볼 수 있다. 이때 우리의 시각을, 저자 누가가 강조한 성령의 중요성을 저자의 신학적 의도에 비추어 밝히는 데 두고자 한다. 우선적으로 누가가 과연 성령을 얼마나 중요하게 간주하였는가에 대하여 살피고자 한다.

II. 누가의 작품에 나타난 성령의 중요성

누가가 다른 복음서 기자보다 성령에 관심이 많다는 것은 익히 알려진 사실이다. 이와 같은 사실은 우선적으로 어휘 빈도수를 통하여 알 수 있다.

---

374) 특별히 마르틴 헹엘이 누가의 역사 서술이 지닌 신학적 차원을 강조하였다(M. Hengel, *Zur urchristliche Geschichtsschreibung*(Stuttgart: Calwer, ²1984), pp. 54ff). G. 타이센은 누가의 중요성을 다음과 같이 말한다. "누가의 가장 위대한 성취는(사도행전의 전승처럼) 교회사를 그의 작품 속에 통합시킨 것이다."(『복음서의 교회 정치학』(대한기독교서회, 2002), 127쪽).

즉, 사복음서 기자 가운데 누가는 '영(Pneuma)' '(하나님의) 영' 혹은 '성령' 이란 단어를 가장 많이 사용하였다.

	마가	마태	요한	누가	사도행전
영(pneuma) 일반	23	19	24	36	70
영(하나님의 영)	6	12	14	17	58
성령	4	5	3	13	41

위의 표에서[375] 드러나듯이, 누가가 다른 복음서 기자보다 두드러지게 성령이란 단어를 많이 사용하고 있음을 알 수 있다. 이로써 누가가 성령을 강조하고 있다는 사실이 드러난다. 어휘 빈도수를 통해서뿐만 아니라, 누가복음과 사도행전의 구조적인 측면에서도 누가가 성령을 강조하고 있다는 사실을 알 수 있다. 예컨대, 누가복음의 앞부분에서 누가는, 예수의 삶과 공생애의 시작이 성령에 의해 인도되었다는 점을 강조한다. 마귀로부터의 시험을 끝내고 예수께서 갈릴리로 돌아가는 것과(눅 4:14, "예수께서 성령의 능력으로 갈릴리에 돌아가시니 그 소문이 사방에 퍼졌다"), 또한 나사렛에 등장하여 행하시는 첫번째 설교가 성령으로 말미암았다는 점을 누가는 마가나 마태와 달리 강조하고 있기 때문이다(눅 4:16-30, 특히 18절, "주의 성령이 내게 임하셨으니 이는 가난한 자에게 복음을 전하게 하시려고 내게 기름을 부으시고 나를 보내사 포로 된 자에게 자유를, 눈먼 자에게 다시 보게 함을 전파하며 눌린 자를 자유롭게 하고").

이것과 어울리게, 사도행전의 앞부분에 나오는 예루살렘 신앙 공동체의 탄생을 알리는 오순절 체험 역시 성령에 의한 것임을 강조한다(행 2:1-47).

---

375) 이와 같은 분포는 G. Schneider에 따른 것이다(*Die Apostelgeschichte I. Teil*, Freiburg/Basel/Wien: Herder, 1980, p. 257, n. 4).

다시 말하면, 예수가 "성령의 충만함을 입어 요단 강에서 돌아오사"(눅 4:1), 갈릴리에서 "성령의 능력으로"(눅 4:14) 자기의 사역을 시작하셨듯이, 성령 강림 사건에 이어서 베드로가 "성령이 임하여 권능을 받은"(행 1:8) 열두 제자의 대표로 "성령의 충만함"(행 2:4, 4:8) 가운데 많은 사람들 앞에서 설교를 하고 있다고 누가는 묘사한다.

한마디로 예수의 삶과 공생애의 시작, 또한 예루살렘교회의 탄생과 교회의 활동인 복음 선포의 시작이 다름 아닌 성령의 역사로 인한 것임을 누가는 강조하고 있다. 이렇게 볼 때, 예수의 시대로부터 시작하여 교회의 시대로 연결된 시간이 온전히 성령의 역사라는 점을 누가는 의도적으로 강조하였다고 말할 수 있다.

다음으로는, 이처럼 성령을 강조하고 있는 누가는 구체적으로 어떠한 성령 표상을 갖고 있는지를 해당 본문을 통하여 좀 더 자세히 살펴보기로 한다. 누가의 성령 이해를 세 가지 측면, 즉 기독론적인 측면, 교회론적인 측면 또한 구원사적인 측면에서 다루고자 한다.

III. 누가의 성령 이해

1. 성령과 예수 – 기독론적인 성령 이해

마태복음 및 마가복음과 병행하여 누가복음을 주의 깊게 읽으면, 저자 누가는 예수의 전체 삶이 성령의 인도함을 받은 삶이라는 사실을 다른 복음서 기자와 차이가 나게 부각시키고 있음을 알 수 있다. 우선적으로 예수의 시험사화 장면과 관련하여 살펴보자. 누가의 병행 구절인 마가복음 1장 12-13절과 마태복음 4장 1-2절에 따르면 예수는 단지 "성령에게 이끌리어"(마 4:1) 혹은 "성령이 예수를 광야로 몰아내신지라"(막 1:12)라는 표현으로 묘사되고 있다. 이와 달리, 누가는 "(사십 일 동안) 성령에게 이끌리시며"(눅 4:1)라는 표현 이외에도 같은 절에 "(예수께서) 성령의 충만함을 입어(pleres pneumatos hagiou)"라는 표현을 첨가하고 있다. 이 표현은 의심의 여지없는 누가 특유의 표현이다(행 6:5, 7:55, 11:24; cf. 행 6:3). 'pleres+2격'은 누가가 선호하는 구문으로서, 마가복음 8장 19절과 요한복음 1장 14절을 제외하고는 오직 신약성서 가운데 오직 누가에게만(누가복음 2회, 사도행전 8회) 나타나기 때문이다.[376] 이로써 예수께서 성령의 충만함을 입었다는 사실을 누가가 의도적으로 강조하고 있음을 알 수 있다.

또한 누가는 예수께서 사역 초기에 "성령의 권능으로" 고향 갈릴리로 돌아갔다는 점을 강조한다(눅 4:14, "예수께서 성령의 능력으로 갈릴리에 돌아가시니 그 소문이 사방에 퍼졌고"). 이것은 마가(막 1:14, "요한이 잡힌 후 예수께서 갈릴리에 오셔서")와 마태(마 4:12, "예수께서 요한이 잡혔음을 들으시고 갈릴리로 물러가셨다가")의 병행 구절과 달리, 성령의 역할을 강조하기 위해 누가가 의도적으로 첨가한 표현으로 볼 수 있다.[377]

그뿐만 아니라 예수의 나사렛 선포와 관련하여서도, 누가는 예수께서 선포 사역의 목표를 위해 "기름 부으시고" "보냄을 받은" 점을 자신의 복음서에서뿐만 아니라 사도행전에서 역시 강조한다(눅 4:18-19, "18 주의 성령이 내게 임하셨으니 이는 가난한 자에게 복음을 전하게 하시려고 내게 기름을 부으시고 나를 보내사 포로 된 자에게 자유를, 눈먼 자에게 다시 보게 함을 전파하며 눌린 자를 자유롭게 하고 19 주의 은혜의 해를 전파하게 하

---

376) 이에 관하여 J. Jeremias, *Die Sprache des Lukasevangeliums*(Göttingen, 1980), pp. 114f.
377) 예레미아스는 누가복음 1장 7절에 의거하여 이 표현을 누가가 전승에서 물려받은 표현으로 간주한다(ibid., pp. 38, 119). 물론 '성령'과 '능력'이 전승 가운데 서로 짝을 이루어 나타나기도 하지만(눅 1:17), 이 두 개념을 서로 연결시킨 '성령의 능력으로'는 누가의 표현으로 간주된다.

려 하심이라 하였더라"; 행 10:38, "하나님이 나사렛 예수에게 성령과 능력을 기름 붓듯 하셨으매 그가 두루 다니시며 선한 일을 행하시고 마귀에게 눌린 모든 사람을 고치셨으니 이는 하나님이 함께하셨음이라"). "기름 부으시고" "보냄을 받은"이라는 표현은 마가와 마태의 병행 구절에는 나타나지 않는 것으로 예수가 성령의 역사 가운데 있는 메시아라는 사실을 나타내는 표현이며, 동시에 복음을 선포하며 구원을 가져오는 자임을 나타낸다.

또한 병행 구절인 마태복음 11장 25절("그때에 예수께서 대답하여 가라사대 천지의 주재이신 아버지여 이것을 지혜롭고 슬기 있는 자들에게는 숨기시고 어린아이들에게는 나타내심을 감사하나이다")과 달리, 누가는 예수로부터 파송 받은 70명의 제자들이 돌아와 귀신들을 항복시켰다는 소식을 예수께 전하자 예수는 하나님 아버지께 다음과 같이 감사를 드린다. "그때에 예수께서 성령으로 기뻐하시며 이르시되 천지의 주재이신 아버지여 이것을 지혜롭고 슬기 있는 자들에게는 숨기시고 어린아이들에게는 나타내심을 감사하나이다 옳소이다 이렇게 된 것이 아버지의 뜻이니이다" (눅 10:21). 여기서 "성령으로 기뻐하시며"라는 표현은 누가가 첨가한 것임이 분명하다.

위의 구절들을 종합해 볼 때, 누가는 성령을 예수 사역의 근거요 원동력으로 이해하는 가운데, 마가복음 및 마태복음 기자와 달리 성령의 역할을 특별히 강조하고 있다는 사실이 드러난다.

2. 성령과 교회 – 교회론적인 성령 이해

사도행전의 첫머리에서 누가는 교회의 기둥을 이루는 사도들을 성령에 의해 선택된 사람이라고 말한다(행 1:2). 우리말 성서 "개역판"(cf. "개역개정판")은 "그의 택하신 사도들에게 성령으로 명하시고"라고 번역하고 있으나, 그것보다는 "그가 성령으로 택하신 사도들에게"라고 번역하는 것이 누가의 의도에 합당하다고 생각한다.[378] 성령에 의해 선택된 사도들은 오순절에 성령을 영접함으로 증거의 직분을 수행할 수 있게 된다(행 1:8, "오직 성령이 너희에게 임하시면 너희가 권능을 받고 예루살렘과 온 유대와 사마리아와 땅 끝까지 이르러 내 증인이 되리라 하시니라"). 열두 사도의 선택은 향후 전개될 교회의 발전과 선교 사역의 토대를 이룬다. 이런 의미에서 저자 누가는 사도행전 2장부터 전개될 성령에 의한 처음 교회의 탄생을 묘사하기에 앞서, 유다를 대신하는 충원 선거를(행 1:15-26) 보도함으로써 완전무결한 사도단이 결성되었다는 사실을 강조할 필요가 있었다.

누가는 열두 사도의 선택이 성령에 의한 것임을 강조할 뿐만 아니라, 이어서 전개되는 사도행전 2장 1-13절에 나타나는 '성령 강림 사건'은 최초의 교회를 탄생시킨 의미심장한 사건으로 묘사한다. 이때 누가가 묘사하는 성령 강림의 한 특징은, 성령 강림을 하나의 객관적인 현상으로 묘사하고 있다는 점이다.[379] 즉, 2절에서는 누구도 저항할 수 없이 밀려오는 소리 현상으로 나타내고 있으며("홀연히 하늘로부터 급하고 강한 바람 같은 소리가 있어"), 이어지는 3절에서도 "불의 혀[380]같이 갈라지는 것"에 비유함

---

378) 사도행전 1장 2절에 대한 해석이 나누어져 있다. 일군의 학자는 "성령을 통하여"가 관계문에 속하는 것으로 "선택된"을 수식하는 것으로 이해하나(Th. Zahn; E. Haenchen; J. Jervell; G. Lohfink, *Himmelfahrt*, p. 221; R. Pesch; J. Roloff; G. Schneider; A. Weiser), 다른 학자는 "명하시고"를 수식하는 것으로 해석한다(O. Bauernfeind; F. F. Bruce; H. Conzelmann). 유사한 구조 가운데 강조하고자 하는 단어나 표현을 누가는 종종 앞에 위치시키고 있다(눅 24:7; 행 1:10, 3:19, 4:33, 5:13, 7:35, 9:14, 12:25, 16:14, 19:4, 20).

379) 유상현 교수에 따르면(『사도행전 연구』(대한기독교서회, 1996), 101-102쪽), 누가는 성령에 관한 묘사를 할 때, "가시적 구상화" 기법을 사용하여 독자들로 하여금 "저자의 이야기 그림을 통한 메시지 전달의 기교를 감지하게 한다."

380) 언어를 뜻하는 '혀(glossai)'가 불로 묘사되고 있는데, 불은 하나님이 임재하심을 나타내는 표적이다. (출 19:18, "시내 산에 연기가 자욱하니 여호와께서 불 가운데서 거기 강림하심이라"; 출 3:2-3, "불타는 떨기나무"에서 모세는 하나님의 계시를 체험).

으로써 사람들이 볼 수 있는 일종의 객관적인 현상으로 서술하고 있다.

성령이 하나님의 선물로 사도들에게 선사되었듯이(행 2:4, "그들이 다 성령의 충만함을 받고 성령이 말하게 하심을 따라 다른 언어들로 말하기를 시작하니라"), 사도들의 선포를 통해 그리스도를 믿게 된 모든 사람에게 마찬가지로 하나님의 영 혹은 성령이 선물로 주어진다(행 2:17-18, "하나님이 말씀하시기를 말세에 내가 내 영을 모든 육체에 부어 주리니 너희의 자녀들은 예언할 것이요 너희의 젊은이들은 환상을 보고 너희의 늙은이들은 꿈을 꾸리라 그때에 내가 내 영을 내 남종과 여종들에게 부어 주리니 그들이 예언할 것이요"; 행 4:31, "빌기를 다하매 모인 곳이 진동하더니 무리가 다 성령이 충만하여 담대히 하나님의 말씀을 전하니라"). 즉 교회의 탄생과 부흥이 바로 성령의 역사임을 누가는 강조한다.

이와 관련하여 눈에 띄는 것은, 초창기 교회의 선교 사역 가운데 이루어지는 증거 혹은 선포가 성령의 절대적인 영향 하에 있다는 사실을 누가가 특히 부각시키고 있다는 것이다. 이에 따라 사도행전의 내용을 한마디로 요약하고 있는 사도행전 1장 8절에서 누가는, 사도들이 행하는 땅 끝까지 이르는 선교의 사역이 성령의 힘으로 이루어짐을 강조한다.

뿐만 아니라 예수의 제자들이 선교할 때, 성령이 선교 사역을 인도하며 그때그때 행동 지침을 내리는 자임을 부각시킨다[행 4:8, "베드로가 성령이 충만하여 가로되"; 행 6:10, "스데반이 지혜와 성령으로 말함"; 행 8:29, "성령이 빌립더러 이르시되"; 행 10:19, 고넬료와 관련하여 "베드로가 그 환상에 대하여 생각할 때에 성령께서 저더러 말씀하시되"; 행 11:12, "성령이 내게(베드로에게) 명하사"; 행 13:2, 4, "성령이 이르시되" 혹은 "성령의 보내심을 받아" 사울과 바나바를 선교사로 파송; 행 16:6, 바울로 하여금 "성령이 아시아에서 말씀을 전하지 못하게 하시거늘"; 행 21:4, "그 제자들이 성령의 감동으로 바울더러 예루살렘에 들어가지 말라 하더라"; 행 21:11, "성령이 말씀하시되"].

또한 교회 내의 직분(사도, 장로, 감독)이 '성령에 의한' 것이며(행 1:2, 20:17, 28), 이른바 사도회의 가운데 내린 교회의 결정 사항도 성령의 역사라고 말한다(행 15:28, "성령과 우리는 이 요긴한 것들 외에는 아무 짐도 너희에게 지우지 아니하는 것이").

이렇게 볼 때, 누가는 성령을 기적을 일으키는 놀라운 세력으로 보는 이해를 강조하지 않고, 우선적으로 예언 및 선포의 영으로 이해하였다는 사실을 알 수 있다. 성령의 역사를 통하여 누가가 강조하고자 한 것은, 다름 아닌 초창기 교회의 삶과 선포 사역 전체를 가능하게 한 것이 바로 성령이라는 점이다.

앞서 살펴본 기독론적인 성령 이해와 교회론적인 성령 이해를 요약하면, 예수의 사역뿐만 아니라, 성령으로 선택된 사도들을 중심으로 결집된 교회의 선교 사역에 이르는 전체 과정이 성령의 역사 가운데 있음을 누가가 부각시키고 있다는 사실을 알 수 있다. 이로써 누가의 이해에 따른 성령은 예수의 시간과 교회의 시간이 서로 하나로 연결된 선상에 있다는 사실을 증거한다고 말할 수 있다.

3. 성령과 구원사 — 구원사적인 성령 이해

우리는 바로 앞에서 예수의 시간과 교회의 시간이 서로 연속선상에 있다는 것을 성령이 증거한다고 말했다. 이것을 다시 말하면 예수의 시간과 교회의 시간이 서로 연속선상에 있다는 사실이 성령으로 인해 보증된다고 말할 수 있다. 동시에 예수의 시간과 교회의 시간은 성령의 시간을 뜻한다고 말할 수 있다. 이런 의미에서 누가는 예수의 시간과 교회의 시간을 서로 엄격하게 구분하지 않았다고 보아야 한다.

이렇게 볼 때, 누가 연구에 많은 영향력을 끼치고 있는 H. 콘첼만과 같이 누가의 구속사(Heilsgeschichte) 이해를 세 단계(이스라엘의 시간, '시간의 중심'을 이루는 예수의 시간, 교회의 시간)로 구분하는 것보다, [381] 크게 두 단계로 구분하는 것이 보다 바람직하다고 생각된다. 즉, 누가는 옛 시대인 이스라엘의 시간과, 이와 질적으로 구분되는 것으로서 예수의 오심으로 시작된 성령의 시간으로 전체 구속사를 양분하고 있다고 말할 수 있다. 이 두 번째 단계인 성령의 시간은 다시 세분하여 성령이 오직 예수에게만 임한 시기와, 예수 승천 후 사도들과 제자들에게도 성령이 임한 시기로 나눌 수 있다. 이런 시각에서 콘첼만이 누가의 구속사를 3단계로 나누고 있는 것을 어느 정도 이해할 수 있다.

그럼에도 불구하고 필자의 판단으로는, 누가는 예수의 시간과 교회의 시간을 질적으로 차이가 나는 경계가 분명히 구분되는 시간으로 나누지 않고, 성령의 역사에서 알 수 있듯이 하나로 연결된 시간으로 이해했다고 보아야 옳다. 다시 말하면, 누가는 예수의 시간과 교회의 시간 사이에 놓인 불연속성이 아니라, 예수의 시간과 교회의 시간이 성령의 역사로 인하여 서로 밀접히 연결되었음을 강조하는 가운데 오히려 이 두 시간 사이의 연속성을 강조했다고 보아야 한다.

이와 관련하여, 누가는 성령을 예수 승천과 재림 사이에 제자들에게 수여된 구원의 은사로 파악한다. 이 은사를 받음으로 제자들은 부활하신 예수 그리스도의 선교 명령을(행 1:8) 수행할 수 있는 능력을 갖추게 된다. 그리하여 제자들은 성령 충만함 가운데 담대히 복음을 선포하는 능력을 얻게 되며(행 4:31, "… 성령이 충만하여 담대히 하나님의 말씀을 전하니라"; 또한 행 4:8, "이에 베드로가 성령이 충만하여 이르되 백성의 관리들과 장로들아"; 행 7:55, "스데반이 성령 충만하여 하늘을 우러러 주목하여 하나님의 영광과 및 예수께서 하나님 우편에 서신 것을 보고"), 또한 제자들은

---

381) 이에 대하여 누가에 관한 편집사적 연구로 널리 알려져 있는 콘첼만(H. Conzelmann)의 저서 *Die Mitte der Zeit. Studien zur Theologie des Lukas*(Tübingen, ⁵1964)를 참조하시오.

성령을 통하여 능력을 입어 예컨대 예언 및 방언을 할 수 있는 능력을 부여 받는다. (행 11:28, 13:2, 19:6, 21:9, 10-11).

뿐만 아니라, 구원사적인 성령 이해와 관련하여 또 한 가지 중요한 사실은, 성령의 도래로 말미암아 구약성서에서 약속된 것이 성취된 것임을 누가 강조하고 있다는 점이다. 이 점은 갈릴리 선포 때, 예수가 선지자 이사야의 말(사 61:1ff)을 인용하면서 자신의 선포로 삼고 있음을 통해서 드러나며(눅 4:18, "주의 성령이 내게 임하셨으니 이는 가난한 자에게 복음을 전하게 하시려고 내게 기름을 부으시고 나를 보내사 포로 된 자에게 자유를, 눈먼 자에게 다시 보게 함을 전파하며 눌린 자를 자유롭게 하고"), 또한 이와 병행되게 예루살렘 성령 강림 사건을 베드로가 선지자 요엘의 약속이 성취된 것으로 선포하고 있는 묘사(행 2:17ff)에서 알 수 있다.

이와 관련하여, 누가는 예루살렘이 안고 있는 신학적 중요성을 상당히 강조하였다는 사실을 아울러 지적할 수 있다.[382] 누가에게 예루살렘은 "구원사의 중심이며, 예수 사역의 최종 목표이며, 종말론적 성령 체험의 장소이며, 최초 신앙 공동체가 거하는 자리이며, 그들 선교의 출발점"[383]이기 때문이다.

4. 성령과 기적

사도행전 10장 38절에 다음과 같은 말이 나온다. "하나님이 나사렛 예수에게 성령과 능력을 기름 붓듯 하셨으매 그가 두루 다니시며 선한 일을 행

---

[382] 이와 같은 사실은, 마가(막 14:28, 16:7)나 마태(마 28:10)와 달리 누가는 제자들이 갈릴리로 되돌아가라는 예수님의 명령에 대하여 알지 못하고, 그 대신 사도행전 1장 4절에서 부활하신 예수께서 제자들에게 예루살렘을 떠나지 말 것을 명령하시는 보도를 전한 것과도 관련이 있다.

[383] R. Pesch, *Die Apostelgeschichte I*(Zürich, Einsiedeln, Köln, 1986), p. 66.

하시고 마귀에게 눌린 모든 사람을 고치셨으니 이는 하나님이 함께하셨음이라" 이와 같은 누가의 표현 가운데 성령과 능력이 밀접히 연관되어 나타나고 있다는 사실에서 누가는 성령과 기적을 서로 밀접히 연관시켜 묘사할 것이라고 속단하기 쉽다. 실상 누가는 사도행전에서 다양한 기적을 반복하여 묘사하고 있다. 기적 이야기가 다양한 장르 가운데 나타난다. 감옥에서 해방시키는 이야기(행 5:17-26, 12:1-10, 16:19-34), 죽은 자를 살리는 이야기(행 9:36-42, 20:7-12), 죽음 혹은 시력 상실에 관한 심판 이야기(행 5:1-11, 12:20-23, 13:4-12), 귀신 축출 이야기(행 16:16-18), 독사에 물린 바울의 무상해 이야기(행 28:3-6), 병 고침과 관련된 기적 이야기(행 28:7-9).

그러나 우리의 기대와는 달리, 이와 같은 다양한 종류의 기적 이야기가 사도행전 가운데 나타나고 있음에도 불구하고, 저자 누가는 성령을 기적과 연결짓지 않는다.[384] 이러한 기적 묘사로써 누가가 나타내고자 하는 의도는, 원시 교회의 선교사들이 지니는 전권과 구원 선포의 행위는 다름 아닌 예수의 그것에 상응하는 능력을 지닌다는 점을 강조하는 데 있다. 다시 말하면 기적은 예수의 명령을 성취하는 것으로 보았으며, 동시에 이러한 능력이 나타난다는 것을 하나님의 구원 활동이 예전에 이스라엘에게 나타났듯이, 성령과 교회의 역사 가운데서 지속되고 완성된다고 누가는 보았던 것이다. 결국 기적 이야기는 사도들과 제자들이 예수의 명령에 따라 수행하는 복음 선포를 인증하고 뒷받침하는 선교적 기능을 갖고 있지,[385] 그 기적 가운데 나타나는 성령의 놀라운 역사 자체를 강조하기 위한 것이 아니라는 사실을 알 수 있다. 다시 말하면, 성령으로부터 나오는 뜨거운 에너지는 교회를 세우고 확장시키기 위함이지, 기적을 행하는 자의 이른바 '영

---

384) Cf. W. Rebell, *Erfüllung und Erwartung. Erfahrungen mit dem Geist im Urchristentum*(München, 1991), p. 25.
385) R. Pesch, *Die Apostelgeschichte I*, pp. 142, 146.

성'이나 영예를 자랑하기 위함이 아닌 것이다. 한마디로 누가가 이해하는 기적은 선교적 기능에 종속되어 있다고 말할 수 있다.

IV. 나가면서 – 선포와 선교의 영으로서의 성령

이제까지의 설명을 통해서 누가복음과 사도행전의 저자 누가는 다른 복음서 기자와 달리 성령에 특별한 관심을 가졌다는 사실을 살펴보았다. 예수의 사역뿐만 아니라 최초 교회의 탄생과 사역 역시 성령에 의한 것임을 누가는 특별히 강조하였다. 예루살렘 오순절 사건으로 시작된 교회의 삶 전체를 지배하고 이끄는 원동력을 다름 아닌 성령으로 보았다. 이때, 누가는 강조점을 예수 그리스도에 대한 증거와 선포를 통한 선교 사역에 두었지, 성령 체험의 신비성 자체를 강조하는 데 두지 않았다. 이와 같은 누가의 성령 이해는 성령 체험의 기적적인 차원과 신비성을 지나치게 강조하며 성령 체험에 따라 신앙의 성숙도를 평가하고자 하는 한국 교계의 경향성과 차이가 남을 알 수 있다. 한마디로, 누가는 부활하신 주님의 명령이 (행 1:8) 제자들의 선교 사역을 통하여 성취되는 것을 성령의 역사로 이해하였던 것이다.

우리는 이 글의 처음 부분에서, 한편으론 이지적 성향이 강하다고 말할 수 있는 누가가, 다른 한편으론 성령에 대한 남다른 관심을 가졌다는 사실이 오늘 우리의 상황에서 볼 때 참으로 흥미롭다고 말하면서, 아마도 이지적 성향과 비이지적인 초월적인 성령 체험이 누가에게 서로 잘 어울려 나타날 수 있을 것 같은 전망을 해 볼 수 있을 것 같다고 말했다. 누가는 성령의 역사하심을 분명 인간의 간섭이 철저히 배제된 "하늘로부터"(행 2:2), 즉 하나님이 계신 곳으로부터 비롯된 초월적인 활동으로 파악하면서도, 성령의 역사를 실제로 상당히 '이성적으로' 묘사하고 있다고 말할 수 있다. 왜냐 하면 누가의 성령에 대한 관심은, 위에서 살폈듯이 성령과 관련된 신비성 혹은 이적성 자체를 강조하려는 데 있지 않고, 구원사적인 전망 가운데 예수 그리스도의 사역과 교회의 선포 사역 전체가 온전히 성령으로 말미암았으며 또한 성령의 인도함 가운데 있다는 점을 철저히 강조한 것과 직결되어 있기 때문이다. 다시 말하면 누가는, 교회의 탄생은 성령으로 비롯되었으며 선교를 통해 복음이 선포?전파됨으로써 땅 끝까지 확장되는 교회의 역사는 철두철미 성령의 사역으로 인한 것임을 강조하고자 했던 것이다.

제 13 장

누가의 구원사

- H. 콘첼만의 구원사 이론 비판 -

1. 서론

오늘 우리가 갖고 있는 신약성서에는 누가복음과 사도행전이 서로 분리되어 마치 두 개의 서로 무관한 작품인 것처럼 나타나나, 이 두 작품은 동일한 저자의 작품일 뿐만 아니라 내용상 서로 연속된 작품으로 집필되었다는 것은 익히 알려진 사실이다.[386] 다른 복음서 기자들과 달리 복음서 집

---

386) 사도행전이 누가복음의 연속된 작품이라는 것을 오해한 나머지, 마치 본래 한 작품이었던 것이 두 부분으로 쪼개져 두 작품으로 나누어졌다고 보아서는 안 된다. 누가복음(1:1-4)과 사도행전(1:1-3)은 각각 독립된 서문을 갖고 있기 때문이다. 또한 누가복음이 일단 완성된 다음에 자료를 모아 이어서 후속 작품인 사도행전이 기록되었다고 보아서도 안 된다. 저자는 두 작품을 처음부터 연속된 작품으로 구상하여 누가복음을 기록할 때 이미 후속 작품을 고려하였기 때문이다. 이에 관하여 예컨대, R. Pesch,

필에만 그치지 않고 사도행전도 기록하였다는 점에서 저자 '누가' [387]의 독특성을 엿볼 수 있는데, 누가가 복음서에서 예수의 역사를 기록하였다면 사도행전에서는 예수 사건에 대한 증인들의 역사를 서술하고 있다. 이때 누가는 이 두 역사를 하나님의 '구원사(Heilsgeschichte)'라는 시각 아래에 서로 연결된 하나로 통일된 역사로 생각하고 서술하였다.[388] 따라서 마르틴 헹엘이 누가를 가리켜 "그리스도교 최초의 신학적 역사가"(der erste theologische Historiker des Christentums)라고 부른 것은 적절하다.[389] 혹은 한스 휘프너는 "다른 신약성서 기자 가운데 어느 누구에게도 누가의 경우

"Die Apostelgeschichte(Apg 1-12)," *EKK* V/1(Zürich, Einsiedeln, Köln, 1986), p. 24f.
387) 저자 문제에 관해서는 예컨대, 큄멜, 『신약 정경 개론』, 박익수 역(대한기독교출판사, 1999); 『신약성서 개론: 한국인을 위한 최신 연구』(대한기독교서회, 2002), 257-259쪽을 참조하시오.
388) 물론 이로써, 사도행전이 선포(Verkündigung)의 성격을 동시에 띠고 있다는 사실이 배제되는 것은 아니다. 역사서와 선포 문헌 사이에 양자택일을 강요하는 것은 부당하다. 누가는 고대의 역사 서술법을 이용하여 동시에 자신의 신학을 묘사하고 있기 때문이다. 누가의 두 작품에 나타나는 역사와 선포의 관계에 대하여 예컨대, H. 마샬, 『누가 행전』, 이한수 역(도서출판 엠마오), 64-77쪽을 참조하시오.
389) M. Hengel, *Zur urchristlichen Geschichtsschreibung*(Stuttgart, ²1984), p. 61. 또한 G. Schneider는 누가를 가리켜 "구원사의 신학자"(Theologe der Heilsgeschichte)라고 불렀으며[*Die Apostelgeschichte* I(Freiburg, Basel, Wien), 1980, p. 136], P. Stuhlmacher는 "참여적인 복음서 기자요 꼼꼼한 연대기 서술가"(ein engagierter Evangelist und sorgfältiger Chronist)라고 부른다[*Biblische Theologie des Neuen Testaments*, Vol. 2(Göttingen, 1999), p. 198]. Ch. Perrot는 사도행전을 "루가 시대에 신자들의 신앙과 선교 행위를 강화하기 위하여 성서의 역사 이야기의 노선에서 쓰여진 종교적인 역사"라고 본다[『초대 교회의 예수, 그리스도, 주님』, 백운철 역(가톨릭대학교출판부, 2001), 54-55쪽]. 그러나 W. Schmithals는 누가를 역사가로 이해하지 않고, '교양 작가'(Erbauungsschriftsteller)로 이해하고자 한다["Evangelien," in: *Theologische Realenzyklopädie* 10(1982), p. 615]. 이미 E. Lohse는 교양서적을 집필하는 데 누가의 의도가 있지 않고, 세상 가운데 복음 선포를 통하여 그리스도교의 진리를 입증하며 신앙인을 얻고자 하는 것이라고 밝힌 바 있다["Lukas als Theologe der Heilsgeschichte," in: *EvTh*(1954), pp. 256-275].

처럼 그처럼 명확하게 역사적인 사고(historisches und geschichtliches Denken)가 드러나지 않는다."[390]고 말하고 있다. 누가가 교회사에서 차지하는 중요성은 한마디로, 역사 서술을 신학적인 과제로 인식했던 최초의 사람이었다는 사실에 놓여 있다. 누가 이전에 "어느 누구도 부활절 이후에 전개된 사건들을 취급한 이야기를 기록해야 된다는 사실을 깨닫고 실행에 옮긴 사람이 없(기 때문이)다."[391]

그런데 누가의 구원사와 관련하여 지금까지도 커다란 영향력을 끼치고 있는 신학자가 있다. 그는 다름 아닌 누가의 신학 이해 및 편집 비평적 연구 일반에 걸쳐 선구자적인 역할을 한 Die Mitte der Zeit(『시간의 중간』)의 저자인 한스 콘첼만(Hans Conzelmann)이다.[392] 그는 자신의 저서에서 예수가 활동한 시간을 '이스라엘의 시간' 과 '교회의 시간' 사이에 놓인 '시간의 중간' 이라는 말로 특징지었다.[393] 이처럼 콘첼만은, 누가는 하나님의 전체 구원사를 세 단계의 시기로 나누는 가운데 자신의 두 연속된 작품, 누가복음과 사도행전을 기록하였다고 주장하였다.

이러한 그의 견해에 이의를 제기하는 학자가 간혹 있었음에도 불구하고,[394] 콘첼만의 구원사의 차원에서 본 세 단계 시대 구분은 누가의 편집 의

---

390) H. Hübner, *Biblische Theologie des Neuen Testaments*, Bd. 3(Göttingen, 1995), p. 122.
391) 유상현, 『사도행전 연구』(대한기독교서회, 1996), 46쪽. 여기서 E. Haenchen이 간접 인용되고 있다〔"The Book of Acts as Source Material for the History of Early Christianity," in: *Studies in Luke-Acts*, ed. by L.E. Keck, J.L. Martyn(London: SPCK, 1968), p. 258〕.
392) H. Conzelmann, *Die Mitte der Zeit. Studien zur Theologie des Lukas*(Tübingen, ⁵1964). 이 책의 초판은 1954년에 나왔다. 필자는 유학 당시 은퇴하신 콘첼만 교수님의 세미나에 참여할 수 있었던 기회를 감사히 회상한다.
393) 이와 같은 구분에 대하여 이미 H. von Baer가 언급한 바 있다(Der Heilige Geist in den Lukasschriften, in: *Beiträge zur Wissenschaft vom Alten und Neuen Testament*, 3. Folge H. 3, 1926).
394) 예컨대, F. Bovon, *Luc le théologien*, pp. 36f; W. G. Kümmel, " 'Das Gesetz und die

도에 대한 학계의 향후 연구에 상당한 영향력을 끼쳤고 지금도 끼치고 있다.[395] 본 논문은 이러한 그의 주장을 비판적으로 검토하는 가운데, 누가가 이해한 구원사와 관련된 전체 구조를 살피며 그의 의도를 밝히는 것을 목적으로 한다. 이때 콘첼만의 주장을 뒷받침하는 핵심 구절로 간주되고 있는 누가복음 16장 16절을 중심으로 다루고자 한다.[396]

2. H. 콘첼만의 입장 요약 – 구원사의 세 시기(drei heilsgeschichtliche Epochen)

콘첼만에 따르면, 누가는 조속히 당도하리라고 기대하였던 예수의 재림이 지연되자(Parusieverzögerung) 이에 대한 방편으로 자신의 구원사적인

Propheten gehen bis Johannes' - Lukas 16,16 im Zusammenhang der heilsgeschichtlichen Theologie der Lukasschriften," in: G. Braumann(ed.), *Das Lukasevangelium*(Darmstadt 1974), pp. 398-415 〔=in: *Heilsgeschehen und Geschichte II, Gesammelte Aufsätze 1965-1979*(Marburg, 1978), pp. 75-86〕; M. Hengel, *Zur urchristlichen Geschichtsschreibung*(Stuttgart, ²1984), p. 54f〔=『고대의 역사 기술과 사도행전』, 전경연 역(대한기독교서회, 1990), 74쪽〕; G. Schneider, *Die Apostelgeschichte I*(1980), pp. 136f.

395) 예컨대, G. Bornkamm, "Evangelien," in: ³*RGG* 2, 763ff; O. Cullmann, *Heil als Geschichte*(Tübingen, 1964); J. Gnilka, *Theologie des Neuen Testaments*(Freiburg, Basel, Wien, 1994), p. 200; E. Grässer, *Das Problem der Parusieverzögerung in den Synoptischen Evangelien und in der Apostelgeschichte*(Berlin, 1957); E. Haenchen, *Die Apostelgeschichte*(Göttingen, 1977), p. 107; H. Hübner, *Biblische Theologie des Neuen Testaments*, Vol. 3(Göttingen, 1995), p. 123; E. Käsemann, "Das Problem des historischen Jesus," in: *ZThK* 51(1954), pp. 125-163, 특히 p.p. 136-138; W. Schmithals, "Evangelien," in: *TRE* 10(1982), p. 614; S. Schulz, "Gottes Vorsehung bei Lukas," in: ZNW 54(1963), pp. 104ff; idem, *Die Stunde der Botschaft*(Hamburg, 1967), pp. 275ff; G. Strecker, *Theologie des Neuen Testaments*(Berlin, New York, 1996), pp. 417ff.

396) 콘첼만은 누가복음 16:16을 누가의 작품에 나타난 "구원사적인 장소 규명을 위한 열쇠"("den Schlüssel für die heilsgeschichtliche Ortsbestimmung")라고 부른다(*op. cit.*, p. 17).

도식을 발전시켰으며,[397] 이스라엘에서부터 시작하여 세계적인 이방인 선교에까지 이르는 전체 구원사를 세 단계로 나누는 가운데 자신의 두 작품 누가복음과 사도행전을 기록하였다고 보았다. 이 세 단계에 대하여 콘첼만은 다음과 같이 나누어 설명하고 있다.

"a) 이스라엘의 시간 (눅 16:16).
  b) 예수 사역의 시간 (그의 '삶'의 시간이 아님). 누가복음 4장 16절 이하와 사도행전 10장 38절과 같은 구절로 특징 지워져 있다.
  c) 주의 승천 이후의 시간, 곧 지상에서의 교회의 시간. 이 시간에는 인내의 미덕이 요망된다. 교회는 세상에서 박해를 받고, 이 고난은 하나님께서 정하신 것으로서 수용되고 있다 (행 14:22). 그러나 교회는 성령을 영접함으로 박해를 견디어 낼 준비를 갖추고 있다. 이 성령이 이 셋째 시기의 본래적인 특성이다."[398]

중간 단계에 위치하고 있는 '예수의 시간(Zeit Jesu)'은 미래에 있을 구원을 미리 보여 주는 시간으로, 예수의 지상 생애로부터 승천에 이르기까지의 시간을 나타내는데, 콘첼만은 이 시간을 가리켜 '시간의 중간(Die Mitte der Zeit)'이라고 명명하고 있다. 이 '시간의 중간' 단계는 첫번째 단계인 '이스라엘의 시간, 곧 율법과 예언자의 시간(Zeit Israels, des Gesetzes und der Propheten)'을 뒤이은 것이며, 세 번째 단계인 '예수의 등장과 그의 재림 사이의 시간, 즉 교회의 시간 혹은 영의 시간(Zeit zwischen Jesu Auftreten und seiner Parusie, also Zeit der Kirche, des Geistes)'보다는 앞선

---

397) H. Conzelmann, op. cit., pp. 6, 123, 127, 217. 콘첼만은, 누가는 "임박한 대망을 확고히 포기했다." ("auf das Festhalten der Naherwartung entschlossen verzichtet," p. 127)는 강한 표현을 쓴다. 또한 E. Grässer, Das Problem der Parusieverzögerung in den synoptischen Evangelien und in der Apostelgeschichte(Berlin, 1957), p. 179.
398) H. Conzelmann, op. cit., p. 9.

것이었다.[399]

콘첼만은 이 '시간의 중간'을 누가복음 4장 13절("마귀가 모든 시험을 다 한 후에 얼마 동안 떠나니라")과 22장 3절("열둘 중의 하나인 가룟인이라 부르는 유다에게 사탄이 들어가니")에 근거하여 사탄의 영향에서 벗어난 시간으로 보았다.[400] 다시 말하면, 예수가 활동하던 '시간의 중간' 단계 동안 사탄의 활동이 중단된 시기로 이해하였다. 콘첼만은 이 시기를 구원사의 전체 흐름 가운데 그야말로 독특한 시기로 이해하면서 구원사의 가장 핵심이 되는 시기로 파악하였다. 예수의 하나님나라 선포와 더불어 시작된 이 시기는 아직 종말의 시간이 아니고, 율법의 시간을 뜻하는 이스라엘의 시간과 영의 시간을 뜻하는 교회의 시간 사이에 놓인 중간 시간 영역이라는 것이다.

이와 같이 전체 구원사를 세 단계로 나누어 구분하는 자신의 주장을, 콘첼만은 누가복음에 나타나고 있는 지역을 가리키는 표현이나 복음서 기자 자신의 설명 또는 자신이 이용한 자료에 대한 편집 차원의 변형을 통하여 설명하고 있다. 이때 그는 누가복음 16장 16절을 자신의 주장을 뒷받침하는 가장 중요한 구절로 여기고 있다. 따라서 우리의 관심을 이 구절에 집중시키고자 한다.

3. 본문 분석

1) 누가복음 16장 16절(par. 마 11:12f) 분석과 Q-원형 구축

콘첼만은 자신의 저서 가운데 여러 곳에서 누가복음 16장 16절의 중요성을 강조하고 있다. 하지만 이 절의 병행 구절인 마태복음 11장 12절 이하

---

399) Ibid., p. 140.
400) Ibid., pp. 9, 22.

가 있음에도 불구하고 이 둘의 비교를 통하여 그 원형이 되는 Q-형태를 찾는 노력을 하지 않았다.[401] 이 Q-본문과 비교를 함으로써 누가의 편집 의도가 보다 잘 드러남을 알 수 있다. 누가와 마태의 본문을 나열하면 다음과 같다.

눅 16:16

ὁ νόμος καί οἱ προφῆται μέχρι Ἰωάννου. ἀπὸ τότε ἡ βασιλεία τοῦ θεοῦ εὐαγγελίζεται καί πᾶς εἰς αὐτὴν βιάζεται.
("율법과 예언자는 요한의 때까지요 그 후부터는 하나님나라의 복음이 전파되어 사람마다 그리로 침입한다.")

마 11:12f

12 ἀπὸ δὲ τῶν ἡμερῶν Ἰωάννου τοῦ βαπτιστοῦ ἕως ἄρτι ἡ βασιλεία τῶν οὐρανῶν βιάζεται καί βιασταί ἁρπάζουσιν αὐτήν. 13 πάντες γάρ οἱ προφῆται καί ὁ νόμος ἕως Ἰωάννου ἐμπροφήτευσαν
("12 세례자 요한의 날들로부터 지금까지 하늘나라는 폭행을 당해 왔으며, 폭행을 쓰는 사람들이 하늘나라를 빼앗으려고 한다. 13 모든 예언자들과 율법은 요한에게까지 예언하였기 때문이다.")

마태와 누가의 본문은 서로 다른 문맥 가운데 나타난다. 즉 마태의 본문은 세례 요한에 관한 전승 가운데 속하고 있고, 누가의 경우는 율법에 관한 전승의 문맥 가운데 위치하고 있다. 이와 같이 서로 다른 문맥 가운데 어느

---

401) 예수 어록 Q에 관해서 참조하시오. 소기천, 『예수 말씀의 전승 궤도』(대한기독교서회, 2000).

것이 본래 예수 어록 Q의 문맥인지에 관해 논란이 많으나[402] 그러한 논란은 우리에게는 중요하지 않다.

위의 두 본문을 비교해 볼 때, 누가보다는 마태가 보다 오래된 형태의 본문을 간직했다고 볼 수 있다.[403] 마태의 본문은 고답적으로 들릴 뿐만 아니라 그 내용을 이해하기도 쉽지 않다는 사실에서 그러한 추론이 가능하다. 그러나 이 구절이 담고 있는 내용의 순서는 마태보다는 누가가 본래의 모습을 갖추고 있다고 생각된다. 즉 "율법과 예언자는 요한의 때까지요"라는 내용 뒤에 "그 후부터는 하나님 나라의 복음이 전파되어 사람마다 그리로 침입한다"는 내용이 나타나는데, 이러한 순서가 Q본래의 순서에 가깝다고 보인다. 누가 본문의 순서를 역전시키고 있는 마태는 아마도 이 로기온의 의미를 잘 이해하지 못한 것 같다. 따라서 이유를 나타내는 접속사 ($\gamma\acute{\alpha}\rho$)를 사용하여 두 문장의 관계를 설명하고, 동시에 성서가 예언한 사실

---

402) 마태의 문맥을 본래적인 것으로 간주하는 학자로는, A. Harnack, *Sprüche und Reden Jesu: Beiträge zur Einleitung in das Neue Testament II*(1907), pp. 182f; R. Bultmann, *Die Geschichte der synoptischen Tradition*(1964), p. 177; D. Lührmann, *Die Redaktion der Logienquelle*(1969), pp. 27f. 반면 누가의 문맥을 본래적으로 여기는 학자로는, J. Schmid, *Matthäus und Lukas*(1930), pp. 284f; W. Trilling, "Die Täufertradition bei Matthäus," in: *BZ, NF*(1959), pp. 275f; H. Schürmann, "'Wer daher eines dieser geringsten Gebote auflöst …' Wo fand Matthäus das Logion Mt 5,19," in: *BZ NF*(1960), pp. 238-250; D. Zeller, *Kommentar zur Logienquelle*(1984), p. 43. 다른 한편 W. G. Kümmel은 두 복음서 기자의 문맥도 편집에서 비롯된 것으로 부차적이라고 간주한다〔*Verheissung und Erfüllung*(1956), p. 114〕.

403) G. Barth, "Das Gesetzesverständnis des Evangelisten Matthäus," in: G. Bornkamm, G. Barth, H.J. Held(eds.), *Überlieferung und Auslegung im Matthäusevangelium*(1965), pp. 58f; M. Dibelius, *Die urchristliche Überlieferung vom Johannes dem Täufer untersucht*(1911), p. 23; G. Friedrich, Art. "Prophetes," in: *ThWNT*, 6, 841, n. 367; A. Harnack, *Sprüche und Reden Jesu*(1907), p. 16; W.G. Kümmel, *Verheissung und Erfüllung*, pp. 114f; P. Stuhlmacher, *Das paulinische Evangelium I: Vorgeschichte*(1968), pp. 233, n. 2; P. Hoffmann, *Studien zur Theologie der Logienquelle*(1971), p. 51.

을 부각시키고자 의도했다고 볼 수 있다. 또한 개별 단어의 측면에서도 오히려 누가의 표현이 원형에 더 가깝다고 생각된다. τοῦ βαπτιστοῦ는 마태의 삽입이고, 또한 ἡ βασιλεία τῶν οὐρανῶν 역시 ἡ βασιλεία τοῦ θεοῦ 대신 마태가 즐겨 사용하는 특유의 문체임을 알 수 있기 때문이다.

위의 관찰에서 우리는 이 로기온의 원형을 대체로 다음과 같이 추정 복원해 낼 수 있다.

ὁ νόμος καί οἱ προφῆται ἕως Ἰωάννου. ἀπὸ τῶν ἡμερῶν Ἰωάννου ἕως ἄρτι ἡ βασιλεία τοῦ θεου βιάζεται καί βιασταί ἁρπάζουσιν αὐτήν. (율법과 예언자들은 요한에게까지 해당된다. 요한의 날들로부터 지금까지 하나님나라는 폭행을 당해 왔으며, 폭행을 쓰는 사람들이 이를 빼앗으려고 한다.)

이제 이 Q-본문을 누가복음 16장 16절과 비교해 보자. 그리스어에 능통한 누가는 셈어의 특징을 띠고 있는 ἀπὸ τῶν ἡμερῶν Ἰωάννου ἕως ἄρτι를 보다 매끄러운 ἀπὸ τότε로 바꾸었다고 생각된다.[404] 이때 누가는 ἕως ἄρτι를 자신의 구원사적인 구상에 배치된다고 보아 생략한 것으로 볼 수 있다. 예수의 시기인 '지금'은 하나님나라의 복음이 선포되는 시기이기 때문이다. "하늘나라가 폭행을 당한다"는 부정적으로 들리며 이해하기 어려운 표현 대신에 누가는 자신이 즐겨 쓰는 동사 εὐαγγελίζεται를 사용하여 변형시키고 있고(참조, 눅 1:19, 8:1), 또한 동사 βιάζεται를 사용하여

---

404) 이와 달리 S. Schulz는 ἀπὸ τότε를 Q-본문에 속하는 것으로 보고 있다(Q. Die Spruchquelle der Evangelisten(Zürich, 1972), p. 262). 또한 J. M. Robinson, P. Hoffmann, J. S. Kloppenborg(eds.), The Critical Edition of Q: Synopsis including the Gospel of Matthew and Luke, Mark and Thomas with English, German, and French Translations of Q and Thomas(Minneapolis: Leuven, 2000), p. 464.

모든 사람이 하나님나라에 초대를 받았다는 긍정적인 내용으로 묘사하고 있다. 즉, 누가가 이 로기온을 통하여 표현하고자 한 것은, 교회를 압박할 정도로 이방 민족들이 몰려오는 모습을 강조하고자 했던 것이다. 여기에서 '세계 선교'를 향한 누가의 관심을[405] 엿볼 수 있다.

2) 세례 요한은 어느 시기에 속하나? 혹은 ἀπὸ τότε를 어떻게 이해해야 할까?

콘첼만은 누가복음 16장 16절에 나타난 ἀπὸ τότε라는 시간적인 표현을 '배제적인(exklusiv)' 의미로 보고서, 세례 요한을 하나님나라의 시간인 예수의 시간에 속하는 인물로 보지 않고 있다. 다시 말하자면, 요한은 "구시대의 카테고리로, 곧 예언자 혹은 회개 선포자(Bussprediger)로 묘사될 수 있을 뿐이지, 새 시대의 카테고리로, 곧 '전령장'으로서, 엘리아로서, '도래'의 표징으로서 묘사될 수 없다."[406]는 것이다. 요한은 자격을 갖춘 종말론적인 인물이 아니라 단지 마지막 예언자에 불과한 인물로서, 그의 역할은 아직 하나님 나라 선포에 있지 않고 단지 하나님 나라에 대한 예수의 선포를 예비하는 데 있다.[407] 그렇기 때문에 누가는 마가와 달리(막 10:1), 요한이 세례를 베풀던 장소인 요르단 지역을 회피하는 것으로 묘사하고 있다는 것이다.[408] 결국 요한과 예수 사이에는 명백한 경계가 그어져 있다고 보고 있다.

콘첼만의 이와 같은 판단은 누가 스스로가 이해하는 세례 요한에 대한 상과 차이가 있다고 생각된다. 누가는 요한을 종말의 시대에 기대되는 엘

---

405) 이와 관련하여, 소기천, 「누가-사도행전의 선교」, in: 『하나님의 사랑과 세계 선교』(장로회신학대학교출판부, 2001), 138-169쪽을 참조하시오.
406) H. Conzelmann, op. cit., p. 18.
407) Ibid, pp. 92, 173.
408) Ibid, pp. 13f.

리아와 동일시하고 있으며(눅 1:17), 그를 단순히 예언자로서만 본 것이 아니라 예언자를 넘어서는 인물로 이해하고 있다(눅 7:26f). 물론 누가가 예수와 요한 사이에 간격이 있음을 명백히 보고 있으나 그럼에도 불구하고 요한을 단지 구시대에만 속하는 인물로서만 보는 콘첼만의 시각은 누가의 의도와는 다르다고 할 수 있다. 누가는 요한을 경계선상에 있는 인물로서 옛 시대와 새 시대에 동시에 걸치고 있는 것으로 보고 있기 때문이다.[409] 이와 같은 이해는 ἀπὸ τότε라는 표현이 배제적인 의미뿐만 아니라 '내포적인(inklusiv)' 의미도 동시에 지니고 있다는 사실과도 관련이 있다.

뿐만 아니라 누가 스스로 이 두 가지 해석을 보여 주는 표현을 자신의 복음서에 병행하여 사용하고 있다는 사실도 볼 수 있다. 곧 누가복음 3장 1절 이하에서 요한은 구원사의 시작으로 나타나고 있고, 누가복음 3장 18절("요한은 그 밖에도 많은 일을 권면하면서, 백성에게 기쁜 소식을 전하였다")은 요한의 선포를 복음의 선포로 표현하고 있다. 또한 사도행전 10장 37절 이하, 13장 24절 이하, 19장 4절에서는 예수의 등장이 "요한에 뒤이어"(μετ' αὐτὸν) 나타나는 것으로 묘사되고 있는 반면, 사도행전 1장 21절 이하에는 결정적인 구원의 시기가 "요한의 세례로부터 시작"(ἀπὸ τοῦ βαπτίσματος Ἰωάννου)된 것으로 서술하고 있다. 이러한 사항들을 미루어 보건대 콘첼만이 세례 요한을 전적으로 구시대에 속하는 인물로 본 시각은 누가의 의도와 다르다는 사실을 알 수 있다.

---

409) 이런 의미에서, G. Strecker(op. cit., p. 418)가 세례 요한을 '과도기의 인물'("eine Gestalt des Übergangs")로 규정하는 것은 설득력이 있다. Paul S. Minear는 세례 요한을 예수에게 속하는 구원사에 포함되는 인물로 보았다("Die Funktion der Kindheitsgeschichten im Werk des Lukas," in: G. Braumann(ed.), Das Lukasevangelium(Darmstadt, 1974), pp. 222f ; W.G. Kümmel, op. cit., pp. 414f).

3) 누가는 누가복음 16장 16절을 핵심 구절로 여겼는가?

콘첼만은 이스라엘의 시간과 예수의 시간을 나누는 근거를 특히 누가복음 16장 16절에서 찾고 있다. 하나님나라 선포, 곧 복음은 예수 이전에 그 어떤 전역사도 갖고 있지 않았다는 사실을 콘첼만이 이 구절에서 밝히고 있다. 이에 따라 그는 이 구절을 "구원사적인 지역 설정을 위한 열쇠"를 제공하는 것으로 파악하고 있다.[410] 그러나 이 구절을 누가 신학을 이해하기 위한 핵심 구절로 보고 있는 콘첼만의 시각은 누가복음 본문을 자세히 들여다볼 때 문제가 많음을 알 수 있다. 누가는 이 구절을 전혀 강조하고 있지도 않으며, 문맥에서의 역할도 확실하지 않기 때문이다.

누가복음 16장 16절은 누가복음 16장 1절-17장 10절에 속하는데, 이 단락의 중심 주제는 예수의 제자들이 세상의 재물과 관련하여 어떻게 처신해야 하는가에 관한 것이다. 이 주제와 관련하여, 두 개의 비유가 언급된다: 누가복음 16장 1-7절(옳지 않은 청지기의 비유)과 누가복음 16장 19-31절(부자와 거지 나사로의 비유). 첫번째 비유에 몇몇 결론적인 말씀이 첨가되는데, 9-13절은 앞서 언급한 비유를 새롭게 해석하는 예수님의 말씀으로 서로 연결되어 있다. 이어서 15-18절에 나오는 일련의 예수 말씀들은 14절에 기록된 편집자가 말하는 도입어의 도움으로, 바리새인들에 대한 예수의 답변으로 나타난다. 동시에 15-18절은 다음에 계속되는 부자와 거지 나사로 비유(눅 16:19-31)에 대한 준비의 기능도 갖고 있다.

그런데 구원 질서와 관련된 말씀인 누가복음 16장 16절에 나오는 로기온은 거짓된 바리새인들의 경건함을 비판하는 예수의 말(15절)에 이어서 나타나고 있는데, 주제가 별로 서로 연관된 것으로 보기도 어려울 뿐만 아니라, 이해하기도 쉽지 않다.[411] 한마디로 누가가 이 구절에 어떤 중요한 의

---

410) *Mitte der Theologie*, p. 17: "Den Schlüssel für die heilsgeschichtliche Ortsbestimmung."
411) 오래 전에 A. Harnack은 언급한 로기온(눅 16:16/마 11:12f)과 관련하여 다음과 같이

미를 부여하고 있다고 보기가 어렵다.[412] Paul S. Minear가 콘첼만이 누가복음 16장 16절을 중시하는 것과 관련하여 "일찍이 어떤 학자도 그처럼 어려운 로기온에 관한 문제 많은 해석에 그처럼 비중을 높이 둔 적이 없다."[413]고 비판한 것은 정당하다. 결국, 콘첼만이 이 구절을 누가의 구원사 이해와 관련된 핵심 구절로 보는 것에 무리가 있음을 알 수 있다.

4. 예수의 승천 – 예수의 시간과 교회의 시간 사이의 연결 고리

콘첼만은 중간 시간인 예수의 시간과 마지막 단계의 시간인 교회의 시간 사이의 경계를 분명히 짓고 있다. 승천은 예수가 이 땅에 체류한 시간의 경계선을 나타내고, 승천과 더불어 하늘로 올라가신 분으로서의 실존의 시간이 시작되며, 이 시간 이후로 신앙 공동체는 그의 현존을 대신할 대체가 필요한데, 바로 성령이 그 역할을 감당하게 된다고 콘첼만은 말한다.[414] 또한 예수의 승천 이후에 나타난 최초 사건은 더 이상 예수의 길과 관련된 것이 아니라, 교회와 직결된 것이라고 말한다.[415] 결국 콘첼만의 시각에 따르면, 예수의 지상 사역의 시간이 승천과 함께 끝나고, 새로운 시간인 성령

말했다: "다양한 조합 가운데 엄청난 양의 설명이 있었으나, 그것을 이해하기가 그처럼 불안하기 그지없는 예수의 말씀은 몇 없다."〔"Es gibt wenige Worte Jesu, über die sich eine solche Flut von Erklärungen in verschiedenen Kombinationen ergossen hat und deren Verständnis doch so unsicher geblieben ist"〔"Zwei Worte Jesu" (1907), pp. 947-957, 이곳 p. 947 〈U. Luz, *Das Evangelium nach Matthäus*, Vol. 2(Neukirchen-Vluyn, 1990), p. 176에서 재인용〉〕).

412) W. G. Kümmel, " 'Das Gesetz und die Propheten gehen bis Johannes' -Lukas 16,16 im Zusammenhang der heilsgeschichtlichen Theologie der Lukasschriften," in: G. Braumann (ed.), *Das Lukas-Evangelium, WdF 280*(Darmstadt, 1974), p. 404 참조.
413) Paul S. Minear, *op. cit.*, pp. 204-235, 이곳 p. 221.
414) H. Conzelmann, *op. cit.*, p. 190.
415) *Ibid*, p. 192.

의 시간, 곧 교회의 시간이 시작된다는 입장이다.

그러나 누가 자신은 그와 같이 둘 사이의 경계를 분명히 짓고 있지 않다고 보아야 한다. 예수의 시간과 교회의 시간을 명백히 구분 짓고 있는 콘첼만의 시각이 잘못되었음을 누가가 보도하고 있는 예수의 승천에서 알 수 있기 때문이다. 부활한 예수가 제자들에게 말하는 구절 누가복음 24장 47절에서("또 그의 이름으로 죄 사함을 받게 하는 회개가 … 모든 족속에게 전파될 것…") 누가는 이미 세계 선교를 염두에 두고 있고(행 1:8 참조), 또한 누가복음 24장 49절은("볼지어다 내가 내 아버지께서 약속하신 것을 너희에게 보내…") 성령 강림을 염두에 두면서 기록한 것임이 분명하다(행 1:4f, 8). 그와 더불어 사도행전의 시작(행 1:9-11)에서 저자 누가는 누가복음의 마지막 부분(눅 24:50-53)에 나오는 예수의 승천 장면을 다시 받고 있고, 이어서 예루살렘에서부터 시작되는 복음 전파의 길이 열리고 있기 때문이다. 이처럼 누가 자신은 예수 승천 사건을 예수의 시간과 교회의 시간 사이를 서로 연결시켜 주는 것으로 보고 있다. 다시 말하면, 누가는 예수 지상 사역의 시간과 승천, 그리고 성령의 시간을 자연스럽게 하나로 연속된 사건으로 묘사하고 있다.

5. 누가의 구원사 – 재림 지연(Parusieverzögerung)의 대체물?

콘첼만은 자신의 구원사적인 도식을 발전시키기에 앞서 하나의 전제를 하고 있는데, 곧 '예수 재림의 지연 문제' 이다. 이미 앞에서 언급했듯이, 콘첼만에 따르면, 누가는 조속히 오리라고 기대하였던 예수의 재림이 지연되고, 이를 문제로 여긴 누가는 그에 대한 해결책으로 자신의 구원사 도식을 발전시켰다는 것이다.[416] 자신의 『신약성서 신학』에서 콘첼만은 다음

---

416) H. Conzelmann, op. cit., pp. 6, 123, 127, 217. 또한 E. Grässer, Das Problem der

과 같이 요약하여 말한다.

"누가는, 임박한 대망이 전승될 수 없다는 사실을 깨달았다. 그가 의도적으로 작업을 했다는 것은, 임박한 대망이 단순히 사라진 것이 아니라, 구원사 도식으로 대체되었다는 점에서 드러난다."[417]

한 걸음 더 나아가, 누가는 "임박한 대망을 확고히 포기했다."고 콘첼만은 자신 있게 말한다.[418] 그러나 이러한 그의 주장은 본문에 근거했다기보다는 자신의 입장을 관철시키기 위한 무리한 표현이라고 생각된다. 누가는 다른 복음서 기자와 마찬가지로 자신의 작품 가운데 하나님나라 도래의 임박성에 대하여 분명히 말하고 있기 때문이다. 예컨대 다음과 같은 구절들에서 임박한 재림 대망을 확인할 수 있다.

"9 거기 있는 병자들을 고치고 또 말하기를 하나님의 나라가 너희에게 가까이 왔다 하라 10 어느 동네에 들어가든지 너희를 영접하지 아니하거든 그 거리로 나와서 말하되 11 너희 동네에서 우리 발에 묻은 먼지도 너희에게 떨어버리노라 그러나 하나님의 나라가 가까이 온 줄을 알라 하라 12 내가 너희에게 말하노니 그날에 소돔이 그 동네보다 견디기 쉬우리라" (눅 10:9-12)

Parusieverzögerung in den synoptischen Evangelien und in der Apostelgeschichte(Berlin, ²1960), p. 179. 그레서는 같은 책에서 재림 지연의 문제를 모든 복음서 기자에게 확대시키는 가운데 다음과 같은 결론을 내렸다: "복음서 기자의 편집 가운데 재림 지연의 문제는 확고한 자리를 차지하였다. 누가의 경우에 가장 명백하다." (p. 216).

417) H. Conzelmann, *Grundriss der Theologie des Neuen Testaments*(München, ³1976), p. 170.
418) H. Conzelmann, *Die Mitte der Zeit*, p. 127("auf das Festhalten der Naherwartung entschlossen verzichtet"). 또한 E. Haenchen 역시 사도행전 1장 7절에 근거하여 같은 주장을 하고 있다(*Die Apostelgeschichte*(Göttingen, 1977), p. 107). 그러나 사도행전 1장 7절은 임박한 종말 대망에 대해 언급하지 않고, 종말론적인 완성의 때와 관련된 것이다.

이곳 9절에서 하나님 나라가 "너희에게 가까이 왔다"(ἤγγικεν ἐφ ὑμᾶς)는 표현 가운데 하나님나라는 예수의 제자들에게 이미 도래한 것으로 생각할 수 있으나, 12절의 "그날"은 명백히 임박한 심판의 날을 가리키며, 그와 동시에 하나님 나라의 도래도 임박했음을 말하고 있다. 또한 다음의 구절에서도 인자인 예수 그리스도가 "속히(ἐν τάχει)" 오리라고 말함으로써 임박한 재림의 대망을 나타내고 있다.[419]

"7 하물며 하나님께서 그 밤낮 부르짖는 택하신 자들의 원한을 풀어 주지 아니하시겠느냐 그들에게 오래 참으시겠느냐 8 내가 너희에게 이르노니 속히 그 원한을 풀어 주시리라 그러나 인자가 올 때에 세상에서 믿음을 보겠느냐 하시니라"(눅 18:7-8)

뿐만 아니라 누가 역시 깨어 있으라는 권면을 하고 있으며, 예수 재림 시간을 미리 셈하는 것에 반대하는 가운데, 재림의 갑작스러운 도래를 강조하고 있다(눅 12:35-46, 18:1, 8, 21:36). 이렇게 볼 때, 누가가 초점을 둔 것은 재림 대망의 지연에 있지 아니하고, 언제인지는 모르나 갑작스럽게 닥칠 재림을 염두에 둔 권면(Paränese)에 누가가 초점을 두었다고 말할 수 있다.[420]

---

419) 그 밖에도 임박한 재림 대망과 관련된 구절로 예컨대, "이미 도끼가 나무 뿌리에 놓였으니 좋은 열매 맺지 아니하는 나무마다 찍혀 불에 던져지리라"(눅 3:9); "내가 진실로 너희에게 말하노니 이 세대가 지나가기 전에 모든 일이 다 이루어지리라"(눅 21:32)
420) Cf. G. Schneider, *Das Evangelium nach Lukas*, p. 358. 또한 W. W. 가스끄(Gasque), 『사도행전 비평사』(엠마오, 1991), pp. 402ff에 나오는 콘첼만 비판을 참조하시오. 누가에게서 '탈종말론화'(Enteschatologisierung)를 찾을 수 없다는 G. Strecker의 지적은 옳다(op. cit., p. 354). '권면'을 강조하는 시각과 관련하여, 누가는 일상적인 삶에서 그리스도인의 윤리의 중요성을 강조하고 있다고 본 장홍길 교수의 지적은 타당하다〔『신약성경 윤리』(장로회신학대학교출판부, 2002), 213-227쪽〕.

6. 결론

예수가 활동한 시간을 이스라엘의 시간과 교회의 시간 사이에 있는 '시간의 중간'으로 보는 만연된 콘첼만의 시각은 누가의 의도와 다르다는 것을 위에서 살펴보았다. 누가는 예수의 시간과 교회의 시간을 따로 분리시키지 않고 하나로 연결된 시간으로 보았다. 즉 누가는 예수의 사건을 예수의 지상 사역의 마감과 더불어 끝나는 것으로 보지 않고, 성령의 중계로 그 이후의 교회의 시간에까지 그침이 없는 연속된 사건으로 이해하였기 때문이다. 성령의 도움으로 예루살렘에서 시작하여 로마에까지 도달한 바울의 이방 선교가 바로 그와 같은 연속성을 보여 주는 사건인 것이다. 이렇게 볼 때, 누가의 구원사를 세 단계의 시대로 구분하여 파악한 콘첼만의 입장은 누가의 본래 의도와 같지 않다는 사실을 알 수 있다.

누가는 하나님의 전체 구원사를 세 단계가 아니라, 오히려 두 단계로 나누었다고 보는 것이 타당하다.[421] 이 두 단계 중 그 첫째 단계는 예수 이전의 옛 시대인 이스라엘의 시기를 가리키고, 둘째 단계는 세례 요한에 의해 준비되고 예수의 지상 사역을 넘어 교회에까지 하나로 연결된 새로운 시

---

421) G. Lohfink는 전체 구원사를 '율법과 예언자의 시간' 과 '신약성서적인 구원 시대("neutestamentliche Heilszeit")'의 두 시기로 나누나, 다시금 후자의 시기를 '예수의 시간' 과 '교회의 시간' 으로 세분한다[*Die Himmelfahrt Jesu Untersuchungen zu den Himmelfahrts- und Erhöhungstexten bei Lukas*(1971), p. 255]. F. Bovon 역시 누가복음 16장 16절과 관련하여 두 시대로 구분할 수 있다는 가능성을 언급한다[*Lukas in neuer Sicht*(Neukirchen-Vluyn, 1985), p. 22]. 또한 타이센은 자신의 최근 저서에서 누가의 구원사관을 크게 둘로 즉 '약속의 시대' 와 '성취의 시대' 로 양분하면서 후자를 세분하여 3부('유년 이야기 서막' '예수의 시대' '교회의 시대')로 나누고 있다 [『복음서의 교회정치학: 복음서에 대한 사회-수사학적 접근』(대한기독교서회, 2002), 124쪽{=*Gospel Writings and Church Politics: A Socio-rhetorical Approach*(Hong Kong, 2001)}].

대인 성령의 시대인 것이다.[422] 그러나 동시에 이 두 시기는 구원사적인 시각에 비추어 볼 때, 서로 긴밀히 연결되어 있음을 알 수 있다. 율법과 예언자는 바로 예수를 예언한 것이었으며(Verheissung), 이 예언은 메시아 예수의 나타남과 이방 세계에까지 전파된 교회의 복음 선포에서 그 성취를 (Erfullüng) 보았기 때문이다.[423]

이와 관련하여, 누가가 구원사라는 틀을 도입하여 자신의 작품을 기록한 의도를 예수 재림의 지연에서 오는 문제를 해결하고자 발전시켰다고 보는 콘첼만의 주장은 설득력이 없다. 누가의 의도는 예수 재림 지연의 해결에 놓여 있지 않고, 이스라엘로부터 시작된 하나님의 구원사 전체가 하나의 연속선상에 있음을 강조하는 데 두었기 때문이다.

---

422) M. 헹엘은, 콘첼만이 구분한 예수의 시간과 교회의 시간을 하나로 연결시켜 다음과 같이 부른다. "die eine Geschichte Jesu Christi, die auch die Frist zwischen Auferstehung und Parusie als die Zeit seiner Verkündigung in den 'letzten Tagen' (Apg 2,17) mit einschliesst" (op. cit., p. 54) (= "종말에 나타난 그의 선포의 시간으로서 이해된, 부활과 재림 사이의 정해진 시간을 포함하는 하나로 연결된 예수 그리스도의 역사").
423) 누가가 하나님나라 선포에 대하여 언급할 때 염두에 둔 것은, 하나님의 구원 계획과 그것의 실현을 선포하는 것이었다. 이점을 A. Prieur가 잘 밝혔다〔*Die Verkündigung der Gottesherrschaft*(Tübingen, 1996)〕.

제 14 장

요한복음의 파송 기독론

- '보냄 받은 자' 로서의 예수 그리스도 -

I. 들어가면서

요한복음은 사 복음서 중에서 특별한 위치를 차지한다. 그것은 이른바 공관복음서가 묘사하는 기독론과 차이가 나는 요한 특유의 기독론을 강조하고 있는 것과 관련이 있다. 요한 특유의 기독론 가운데 눈에 띄는 것은, 하나님 아버지로부터 파송된 예수 그리스도의 모습이 유별나게 강조되고 있다는 사실이다. 이러한 모습을 가리켜 이른바 '파송 기독론(Sendungschristologie 혹은 Gesandtenchristologie)'이라 부른다. 이것은 요한 기독론의 핵심에 속하는 중요한 표상이라고 말할 수 있다. 파송 기독론적인 표상을 통하여 요한복음 기자는 예수 그리스도를 가리켜 하나님 아버지의 뜻에 전적으로 순종하여 그 뜻을 이 땅에 성취하기 위해 아버지에 의해 "보냄 받은 자"라고 강조하여 묘사한다. 본고는 요한복음에 나타난 이러한 '파송 기독론'에 대하여 좀 더 구체적으로 살펴보는 가운데, 이를 요한 기독론의 중심으로 해석하고자 한다.

II. 요한복음에 나타난 파송 기독론

1. 파송 기독론 – 요한 기독론의 핵심

요한 신학의 중심은 기독론에 있으며, 또한 요한 기독론 전승은 원시 그리스도교 전승사 가운데 독특한 위치를 차지하고 있다는 것은 익히 알려진 사실이다. 그런데 요한복음이 담고 있는 독특한 기독론적인 표상 가운데 하나가 다름 아닌 '파송 기독론'이다. 파송 기독론이란, 예수는 하나님 아버지에 의해 이 세상에 보냄 받은 자임을 나타내는 표상을 가리킨다. 이 표상으로써 나타내고자 하는 것은 아버지와 아들이 하나라는 사실이다. 다시 말하면, 하나님 아버지와 그분의 보내심을 받은 아들 예수 그리스도는 본질적인 측면뿐만 아니라 사역의 측면에서도 하나를 이루고 있다는 것이다. 요한복음에 관한 방대한 양의 모범적인 주석서[424]를 쓴 루돌프 슈나켄부르크(Rudolf Schnackenburg)가 정확히 보았듯이, 이 파송 기독론은 요한복음에 나타나는 예수 그리스도에 대한 진술 가운데 "가장 근본적이고 포괄적인 진술"[425]로서 요한 기독론의 핵심을 이룬다.

---

424) R. Schnackenburg, *Das Johannesevangelium*, HThK 4(Freiburg, Basel, Wien, Vol. 1: 1981(5판), Vol. 2: 1980(3판), Vol. 3: 1982(4판), Vol. 4: 1984).
425) R. Schnackenburg, *Die Person Jesu Christi im Spiegel der vier Evangelien*(Freiburg, Basel, Wien: Herder, 1993), p. 277. 베커는 파송 기독론을 가리켜 "요한 기독론의 근본적인 좌표"("grundlegendes Koordinatensystem joh Christologie")라고 부르며(J.

요한복음은, 예수 그리스도가 이 세상에 출현하게 된 것은 하나님 아버지에 의한 파송에서 비롯되었다는 점을 거듭 강조한다. 예컨대, 예수를 가리켜 아버지가 "거룩하게 하사 세상에 보내진 자"(요 10:36)라고 말하는가 하면, 아버지께서 자기를 보내셨다는 것을 증거하는 것이 예수의 역할이라고 말한다(요 5:36, "내게는 요한의 증거보다 더 큰 증거가 있으니 아버지께서 내게 주사 이루게 하시는 역사 곧 내가 하는 그 역사가 아버지께서 나를 보내신 것을 나를 위하여 증거하는 것이요"). 또한 "유일하신 참 하나님과 그의 보내신 자 예수 그리스도를 아는 것"이 영생이라고 말한다(요 17:3).

그런데 요한의 파송 기독론적인 표상을 반복하여 나타내는 표현으로 "나를 보내신 아버지" 혹은 "나를(혹은, 그를) 보내신 분"이라는 어법이 특별히 눈에 띈다. 이것은 요한이 즐겨 사용하는 어법으로 마치 하나님을 가리키는 칭호처럼 사용되었다고 말할 수 있다.[426] "나를 보내신 아버지"라는

Becker, *Das Evangelium nach Johannes. Kapitel 11-21*(Gütersloh, 1991[3판)], p. 486], 또한 로제는 "요한 기독론의 중심"("Mittelpunkt der joh. Christologie")이라고 부른다[E. Lohse, *Grundriss der neutestamentlichen Theologie*(Stuttgart: Kohlhammer, 1984[3판]), p. 129]. Cf. J. Becker, "Ich bin die Auferstehung und das Leben. Eine Skizze der johanneischen Christologie," in: *ThZ* 39(1983), pp. 136-151, 이곳 p. 141; J. A. Buhner, *Der Gesandte und sein Weg im vierten Evangelium*(Tübingen, 1977); Y. Ibuki, "Die Doxa des Gesandten," in: *AJBI* 14(1988), pp. 38-81, 특히 pp. 57-68; J. Kuhl, *Die Sendung Jesu und der Kirche nach dem Johannes-Evangelium*(St. Augustin, 1967); W. Loader, *The Christology of the Fourth Gospel*(Frankfurt a.M., 1989), 특히 pp. 171-173; J. P. Miranda, *Der Vater, Der mich gesandt hat. Religionsgeschichtliche Untersuchungen zu den Sendungsformeln* (SBS 87)(Stuttgart, 1977); M. Theobald, *Die Fleischwerdung des Logos*(Münster, 1988), pp. 373-380;

426) E. Haenchen은 이 표현을 가리켜 "die johanneische Lieblingsformel"(요한이 특히 좋아하는 표현 양식)이라고 불렀다["'Der Vater, der mich gesandt hat'," in: *NTS* 9, (1962/63), pp. 208-216, 이곳 p. 208].

표현은 요한복음 가운데 모두 6회 나오며(요 5:37, 6:44, 8:16, 18, 12:49, 14:24; cf. 요 5:23, "그를 보내신 아버지"), 단순히 "나를(혹은, 그를) 보내신 분"은 모두 25회나 사용되었다(예컨대, 요 4:34, 5:24, 30, 6:38, 12:4-45; 13:20).

이때 예수 그리스도의 파송을 나타내는 동사로서 다음의 두 동사가 집중적으로 사용되고 있음이 눈에 띈다. 먼저 pempein이라는 동사를 들 수 있다. 이 동사는 예수가 직접 말하는 표현 "ho pemsas me"("나를 보내신 분")으로서 나타나며, 요한복음 가운데 모두 22회 사용되었다(요 4:34, 5:24, 30, 37, 6:38, 39, 44, 7:16, 28, 33, 8:16, 18, 26, 29, 9:4, 12:44, 45, 49; 13:20, 14:24, 15:21, 16:5). 또한 다른 두 곳에서는 3인칭 목적어를 취하는 가운데 사용된다(요 5:23, 7:18).

이 표현에서 아버지와 아들 사이의 관계를 묘사하는 '기독론적인 신 중심주의(christologische Theozentrik)'의 사고방식을 엿볼 수 있다.[427] 다시 말하면 예수 파송의 주체는 다름 아닌 하나님이라는 사실을 강조하며, 동시에 아들의 사역을 통하여 아버지의 사역이 드러나고 있음을 나타낸다. 동사 pempein 이외에도, 동사 apostellein 역시 요한의 파송 기독론 묘사에 빈번히 사용되고 있다(17회). 그밖에도 "오다" "유래하다" "나오다"(요 8:42), "세상 가운데 계시다"라는 표현이 나타나는데, 이들 표현 역시 '파송'의 차원을 담고 있다고 보아야 한다.

파송의 주체가 하나님 아버지임을 강조하는 것에 잘 어울리듯이, 예수는 스스로 왔다고 말하지 않고, 하나님으로부터 왔다고 말한다(요 8:42, "예수께서 이르시되 하나님이 너희 아버지였으면 너희가 나를 사랑하였으리니 이는 내가 하나님께로부터 나와서 왔음이라 나는 스스로 온 것이 아니요 아버지께서 나를 보내신 것이니라"; cf. 요 7:28-29, 17:8). 이와 관련하여,

---

427) H. Ritt, "pempo," in: *EWNT* 3(1983), p. 161.

요한복음 가운데 여러 차례 나타나는 다음과 같은 표현도 파송 기독론적인 사고와 밀접히 관련되어 있다: "세상에 왔다"(요 3:19, 9:39, 11:27, 12:46, 16:28, 18:37), 또는 "아버지에게서 왔다"(요 8:42, 13:3, 16:27-28, 30, 17:8), 혹은 단순히 "왔다"(요 5:43, 7:28, 8:14, 10:10, 12:47, 15:22).

또한 파송은 아들의 '선재'를 함의하고 있다. 따라서 아들은 하늘로부터 와서 되돌아간다거나(요 7:33, "예수께서 이르시되 내가 너희와 함께 조금 더 있다가 나를 보내신 이에게로 돌아가겠노라"), 아들은 파송되기에 앞서 아버지와 함께 있었다(요 7:29, "나는 아노니 이는 내가 그에게서 났고 그가 나를 보내셨음이라")는 표현도 파송 기독론적인 표상과 관련되어 있음을 알 수 있다.

예수가 하나님 아버지로부터 보냄 받았다는 파송 기독론적인 진술을 가리켜, 예수와 아버지가 서로 다른 분이라는 점을 나타내는 진술로 해석하는 것은 타당하지 않고, 이미 언급했듯이 예수와 아버지 사이의 일치를 강조하는 표현으로 보아야 한다(cf. 요 10:30, "나와 아버지는 하나이니라"; 요 14:9, 11, 20, 17:21).[428] 이 진술이 지향하는 것은 아들에 대한 신앙을 강조하는 것이다. 특히 14장 20절("그날에는 내가 아버지 안에, 너희가 내 안에, 내가 너희 안에 있는 것을 너희가 알리라")은 아들과 아버지의 관계를 "나와 계시자 하나님의 관계"로 이해한다. 다시 말하면, 아들과 아버지의 관계는 오직 예수를 믿는 신앙을 통해서만 파악할 수 있다는 뜻이며, 예수를 통하지 않고서는 하나님과의 관계를 이해할 수 없다는 사실을 나타낸다(cf. 요 17:20-23).

---

428) 이와 같은 사고는 예수 그리스도 안에 나타난 하나님의 성육신이라는 요한의 중심사상과 맞물려 있다. 성육신은 요한 서시(Prolog) 가운데 잘 나타난다(요 1:14 "말씀이 육신이 되어 우리 가운데 거하시매 우리가 그 영광을 보니 아버지의 독생자의 영광이요 은혜와 진리가 충만하더라").

2. 파송 기독론의 유래

우리는 앞에서 요한의 파송 기독론적인 표상이 원시 그리스도교 기독론에서 독특한 위치를 차지한다고 말했다. 그런데 도대체 이 표상은 어디에서 유래한 것일까 하는 질문이 일어난다. 이를 둘러싸고 학계에 많은 논란이 있었다.

1) 영지주의와의 관련성에 대하여

예전에는 요한의 파송 기독론적인 표상이 영지주의의 '구원자 신화(Erlöser-Mythos)'에서 유래한 것으로 보았다. 이러한 입장에 결정적인 영향을 끼치게 된 것은 라이첸슈타인(R. Reitzenstein)의 저서 『이란의 구원신화』(Iranisches Erlösungsmysterium, 1921)다. 여기에서 그는 영지주의적인 구원자 신화를 이른 시기에 형성된 일원화된 표상으로 묘사하였다. 그의 영향을 받은 발터 바우어(W. Bauer)는 당시까지 편집이 끝난 만데아[429] 문헌(Mandean Literature)을 요한복음 해석에 사용하였으며, 또한 불트만(R. Bultmann)은 기독교 이전의 영지주의적인 구원자 신화를 자기의 요한복음 해석의 열쇠로 삼았다.[430] 그런데 이른바 '영지주의적인 구원자 신화'

---

429) "만데이즘"(Mandeism/Mandäismus)은 "만다"(manda = 인식/지식) 혹은 "만다이아"(mandaiia = "깨달은 자")에서 유래한 개념으로, 고대 영지주의(Gnosis)와 밀접히 연관된 이란의 구원 종교를 가리킨다. 영지주의와 마찬가지로 "빛의 세상"(alma dnuhra)과 "어둠(hshuka)의 세상"이 서로 대립해 있는 이원론적인 사고가 기본을 이루고 있다. 이에 대하여 다음 문헌을 참조하시오: G. Widengren(ed.), *Der Mandäismus* [Darmstadt, 1982(WdF 167)].

430) W. Bauer, *Das Johannesevangelium*(HNT 6)〔Tübingen, 1925(2판)〕; R. Bultmann, *Das Evangelium des Johannes*(KEK 2)〔Göttingen, ²⁰1978(=1941)〕. 한 걸음 더 나아가 L. Schottroff는 "요한복음과 더불어 영지주의적 구원관이 정경에 들어왔다."고까지 말했으며〔*Der Glaubende und die feindliche Welt*(1970), p. 295〕, 또한 J. Becker는 그의 주석서에서 "(요한의) 전체 시각은 영지주의 가깝다."고 말하면서 "영지주의

라는 표상이 라이첸슈타인의 주장처럼 통일된 일원화된 형태로 실제 존재 하였다고 간주하기 어렵다는 사실이 점차 밝혀졌다. 구원자 되는 원초 인간이 하늘에서 지상으로 내려와 다시 천상의 세계(Pleroma)로 올라가는 잘 짜여진 표상은 여러 상이한 본문들로부터(예컨대, 만데아 문헌, 후기 영지주의 문헌) 구축된 것으로 보이기 때문이다.[431] 결국, '영지주의적인 구원자 신화' 란, 학자들이 만들어 낸 허상에 불과한 것으로, 이와 관련된 부분적인 표상들은 오히려 기독교의 영향을 받아 생성된 것으로 보는 입장이 현재 지배적이다.[432]

2) 구약성서 및 유대적 기원

요한의 파송 기독론의 유래와 관련하여 제기된 또 다른 입장은, 파송 기독론이 유대적인 뿌리를 갖고 있다는 것이다. 특히 구약의 예언자 파송 신학이나 지혜 전통에서 그 유래를 찾고자 한다.[433] 예컨대, 구약성서 외경 가

화된 신학이 요한 공동체를 규정짓고 있다." 고 본다 (*Das Evangelium nach Johannes*, Vol. 1(Gütersloh, ³1991), p. 70).
431) R. Schnackenburg, *Die Person Jesu Christi*, p. 278; 또한 idem, Das *Johannesevangelium*, Vol. 1(Freiburg, Basel, Wien, ⁵1981), pp. 435-447. 이와 관련하여 C. Colpe의 다음의 저서가 중요하다. *Die Religionsgeschichtliche Schule. Darstellung und Kritik ihres Bildes vom gnostischen Erlösermythus*(Göttingen, 1961); cf. H.-M. Schenke, Der Gott "Mensch" in der Gnosis(Göttingen, 1962); M. Hengel, *Der Sohn Gottes. Die Entstehung der Christologie und die jüdisch-hellenistische Religionsgeschichte*(Tübingen, 1975), pp. 53-57.
432) Cf. J.-P. Miranda, *Der Vater, der mich gesandt hat. Religionsgeschichtliche Untersuchungen zu den johanneischen Sendungsformeln*(Bern, Frankfurt a.M., 1976), pp. 203-238; idem, *Die Sendung Jesu im vierten Evangelium*(SBS 87)(Stuttgart, 1977), pp. 52-68. 초대 교회사가 막쉬스는 다음과 같이 선언한다. "기독교 이전의 영지주의가 존재했을 가능성은 적다. 그에 대한 어떠한 자료로 남아 있지 않다." (Chr. Markschies, "Gnosis/Gnostizismus," in: *NBL* 1(1991), p. 869).
433) 이에 대하여 다음 문헌을 참조하시오. J.-A. Bühner, *Der Gesandte und sein Weg im 4. Evangelium*(Tübingen, 1977). Cf. E. Schweizer, "Zum religionsgeschichtlichen

운데 하나인 『솔로몬의 지혜서』(Sapsal) 9장 10절에 다음과 같은 표현이 나온다.[434]

"당신의 거룩한 하늘에서 지혜를 빨리 내려 주시고 영광스러운 당신 왕좌로부터 보내 주소서. 그리하여 내 곁에서 나와 함께 일하게 하시고 당신을 기쁘게 해 드리는 일이 무엇인가를 깨닫게 해 주소서"(공동번역)

여기에서 지혜는 하나님이 보내는 것으로 묘사되고 있다. 또한 역시 구약 외경에 속하는 『시락서』라고도 부르는 『집회서』 24장 8절에는 다음과 같이 기록되어 있다.[435]

"온 누리의 창조주께서 나에게 명을 내리시고 나의 창조주께서 내가 살 곳을 정해 주시며, '너는 야곱의 땅에 네 집을 정하고 이스라엘에서 네 유산을 받아라' 하고 말씀하셨다"(공동번역)

여기에 나타나는 일인칭 주어는 문맥상 '지혜'를 가리킨다. 지혜가 의인화되어 나타나는 가운데, 하나님의 명에 따라 파송되는 존재로 묘사되어 있다. 또한 "고난받는 종의 노래" 가운데 나타나는 이사야 53장 10-12절에 다음과 같이 기록되어 있다.

"10 여호와께서 그에게 상함을 받게 하시기를 원하사 질고를 당하게 하

Hintergrund der Sendungsformel Gal 4,4f; Rom 8,3f; Joh 3,16f; 1Joh 4,9," in: idem, *Beiträge zur Theologie des Neuen Testaments*(Zürich, 1970), pp. 83-95[=ZNW 57, (1966), pp. 199-210].

434) 지혜서에 관해서 다음을 참조하시오. D. Georgie, *Weisheit Salomos*(Gütersloh, 1980).

435) 집회서에 관해서는 다음을 참조하시오. G. Sauer, *Jesus Sirach*(Ben Sira)(Gütersloh, 1981).

셨은즉 그의 영혼을 속건제물로 드리기에 이르면 그가 씨를 보게 되며 그의 날은 길 것이요 또 그의 손으로 여호와께서 기뻐하시는 뜻을 성취하리로다 11 그가 자기 영혼의 수고한 것을 보고 만족하게 여길 것이라 나의 의로운 종이 자기 지식으로 많은 사람을 의롭게 하며 또 그들의 죄악을 친히 담당하리로다 12 그러므로 내가 그에게 존귀한 자와 함께 몫을 받게 하며 강한 자와 함께 탈취한 것을 나누게 하리니 이는 그가 자기 영혼을 버려 사망에 이르게 하며 범죄자 중 하나로 헤아림을 받았음이니라 그러나 그가 많은 사람의 죄를 담당하며 범죄자를 위하여 기도하였느니라"

위의 인용문 11절 가운데 하나님께서 보낸 "의로운 종"(고난받는 종)을 통해 죄인을 의롭게 한다는 사고가 나타난다. 여기에도 의로운 종을 여호와께서 파송한다는 사고가 전제되어 있음을 알 수 있다.

이와 같은 구절들을 통해 살펴볼 수 있듯이, 구약의 예언자 파송 신학이나 지혜 전통에서 요한 파송 기독론의 유래를 찾고자 하는 노력이 설득력이 있다고 생각된다. 최근의 연구 경향 역시 요한의 파송 기독론을 영지주의로부터 유래한 것으로 간주하는 것보다는 구약성서 및 유대적 배경에서 유래한 것으로 본다.

3. 바울 이전의 '파송 양식문(Sendungsformel)'

요한의 파송 기독론은 바울 문서에서 찾아볼 수 있는 '파송 양식문'을 연상시킨다. 바울 서신 가운데 나타나는 "하나님이 아들을 보내셨다"는 진술은 바울이 처음 사용한 표현이 아니고, 바울보다 앞선 원시 그리스도교의 신앙 진술에서 유래한 것으로 일종의 양식화된 표현이다. 다음의 두 구절이 대표적이다.

"4 때가 차매 하나님이 그 아들을 보내사 여자에게서 나게 하시고 율법 아래에 나게 하신 것은 5 율법 아래에 있는 자들을 속량하시고 우리로 아들의 명분을 얻게 하려 하심이라"(갈 4:4-5)
"율법이 육신으로 말미암아 연약하여 할 수 없는 그것을 하나님은 하시나니 곧 죄로 말미암아 자기 아들을 죄 있는 육신의 모양으로 보내어 육신에 죄를 정하사"(롬 8:3)

위의 두 구절에서 바울은 이전의 전승에 나름대로의 해석을 덧붙이고 있다. 즉, "하나님이 아들을 파송했다"는 사실로써 그리스도의 성육신 사건에 담긴 하나님의 구원 활동을 나타내는 원시 그리스도교적인 전승에 그리스도의 대속의 죽음에 관한 표상을 바울이 첨가하였음을 알 수 있다.[436] 요한의 파송 기독론은 이와 같은 원시 그리스도교의 신앙 진술로부터 영향을 받았다.[437] 예컨대 요한복음 3장 16절과 요한일서 4장 9-10절에서 그와 같은 영향을 엿볼 수 있다. 그런데 바로 파송 기독론적인 내용을 나타내는 이 두 구절은 구원론적인 의미를 내포하고 있다.

---

436) 고린도전서 15장 3절에서 바울은 "내가 받은 것을 너희에게 전한다"고 밝히고 있는데, 그 내용은 "성경대로 그리스도께서 우리 죄를 위하여 죽으시고 장사 지냈바 되었다가 성경대로 사흘 만에 다시 살아나사 …"를 가리킨다. 여기에 예수의 대속의 죽음을 언급하는 구원론적 진술이 분명하게 나온다. 이에 대하여 필자의 논문「예수의 죽음에 대한 구원론적 해석의 기원 연구」『말씀과 교회』(1998, 여름), 112-131쪽을 참조하시오. 이 글은 이 책 제6장에도 실려 있다.
437) 공관복음서 전승 가운데 나타나는 "내가 왔다" 혹은 "나를 보내신" 등의 표현이 있다 (예, 막 1:38 par, 2:17 par, 10:45 par; 마 5:17, 10:34-36; 눅 12:49; 마 11:19=눅 7:34; 막 9:37; 눅 10:16; 마 15:24). 이 전승들의 진정성을 둘러싸고 논란이 있으나, 모두를 초대교회의 산물로 간주하기는 어렵다. 이로써 예수는 자신이 하나님께로부터 보내졌다고 확신했음을 알 수 있다.

4. 파송 기독론의 의미

1) 파송과 보편 구원

아들이 이 세상으로 왔다는 사실은 다시 아버지께로 돌아감과 밀접히 연결되었다. 요한복음 8장 14절("나는 내가 어디서 오며 어디로 가는 것을 알거니와 …")는 왔다가 다시 돌아갈 것임을 분명히 나타낸다. 아래에 언급하는 파송 기독론적인 진술을 담고 있는 구절들은 모두 아들의 선재함(Präexistenz)을 전제하고 있다.

> "16 하나님이 세상을 이처럼 사랑하사 독생자를 주셨으니 이는 그를 믿는 자마다 멸망하지 않고 영생을 얻게 하려 하심이라 17 하나님이 그 아들을 세상에 보내신 것은 세상을 심판하려 하심이 아니요 그로 말미암아 세상이 구원을 받게 하려 하심이라"(요 3:16-17)

이 본문은 기독교 구속 신앙의 내용을 한마디로 요약하는 핵심 선포로서 기독교 신앙사에 엄청난 영향력을 발휘한 본문이다. 17절의 "그로 말미암아 세상이 구원을 받게 하려 하심이라"는 표현은 예수 그리스도의 십자가상의 죽음을 염두에 두었다. 이렇게 볼 때, 파송은 죽음에까지 이르는 아들의 전체 삶을 이미 내포하고 있다고 말할 수 있다.

파송과 보편적인 구원의 밀접한 관계는[438] 또한 예수의 고별 기도 가운데

---

[438] 요한복음과 밀접한 관계에 있는 요한일서도 파송과 보편적 구원을 연결하여 강조한다. 요한일서 4장 9-10절("9 하나님의 사랑이 우리에게 이렇게 나타난 바 되었으니 하나님이 자기의 독생자를 세상에 보내심은 그로 말미암아 우리를 살리려 하심이니라 10 사랑은 여기 있으니 우리가 하나님을 사랑한 것이 아니요 하나님이 우리를 사랑하사 우리 죄를 속하기 위하여 화목 제물로 그 아들을 보내셨음이라"); 요한일서 4장 14절("아버지가 아들을 세상의 구주로 보내신 것을 우리가 보았고 또 증언하노니"). 이때, '보편 구원'이란 믿지 않는 자도 구원에 포함시킨다는 것을 뜻하지 않고, 예수를 영접하는 한 모든 사람에게 구원의 가능성이 열려 있다는 뜻으로 이해해야 한다.

에서도 찾을 수 있다.

> "21 아버지여, 아버지께서 내 안에, 내가 아버지 안에 있는 것같이 그들도 다 하나가 되어 우리 안에 있게 하사 세상으로 아버지께서 나를 보내신 것을 믿게 하옵소서 22 내게 주신 영광을 내가 그들에게 주었사오니 이는 우리가 하나가 된 것같이 그들도 하나가 되게 하려 함이니이다 23 곧 내가 그들 안에 있고 아버지께서 내 안에 계시어 그들로 온전함을 이루어 하나가 되게 하려 함은 아버지께서 나를 보내신 것과 또 나를 사랑하심같이 그들도 사랑하신 것을 세상으로 알게 하려 함이로소이다"(요 17:21-23)

하나님이 파송한 아들을 세상이 믿기를 바라는 마음 가운데 요한 공동체가 세상을 향해 가졌던 선교적 관심이 드러난다.

2) 파송과 증거

파송 받은 자는 증거하는 역할을 수행한다. 다시 말하면, 파송 받은 자 예수는 자신의 사역을 통해 하나님이 보낸 자라고 자기 자신을 증거하는 가운데 동시에 하나님을 증거한다. 즉 하나님의 증거는 아들을 통해 이루어진다는 것이다.

> "또한 나를 보내신 아버지께서 친히 나를 위하여 증언하셨느니라 너희는 아무 때에도 그 음성을 듣지 못하였고 그 형상을 보지 못하였으며"(요 5:37)

3) 종말론적 사건으로서의 파송

예수의 파송은 종말론적인 사건으로 나타난다. 이것은 예수 그리스도의 오고 되돌아감이 세상의 심판과 직결되었다는 사실에서 분명히 나타난다.

다음의 구절에 예수의 파송이 종말론적인 심판과 관련되어 있다.

"18 그를 믿는 자는 심판을 받지 아니하는 것이요 믿지 아니하는 자는 하나님의 독생자의 이름을 믿지 아니하므로 벌써 심판을 받은 것이니라 19 그 정죄는 이것이니 곧 빛이 세상에 왔으되 사람들이 자기 행위가 악하므로 빛보다 어둠을 더 사랑한 것이니라"(요 3:18-19)

"24 내가 진실로 진실로 너희에게 이르노니 내 말을 듣고 또 나 보내신 이를 믿는 자는 영생을 얻었고 심판에 이르지 아니하나니 사망에서 생명으로 옮겼느니라 25 진실로 진실로 너희에게 이르노니 죽은 자들이 하나님의 아들의 음성을 들을 때가 오나니 곧 이때라 듣는 자는 살아나리라"(요 5:24-25)

"예수께서 이르시되 내가 심판하러 이 세상에 왔으니 보지 못하는 자들은 보게 하고 보는 자들은 맹인이 되게 하려 함이라 하시니"(요 9:39)
"25 예수께서 가라사대 나는 부활이요 생명이니 나를 믿는 자는 죽어도 살겠고 26 무릇 살아서 나를 믿는 자는 영원히 죽지 아니하리니 이것을 네가 믿느냐"(요 11:25-26)

위의 예문에 잘 드러나듯이, 하나님 아버지에 의해 보냄을 받은 예수 그리스도에 대한 세상 사람들의 태도 여하에 따라 종말에 있을 심판과 생명이 이미 현재에 결정됨을 알 수 있다. 다시 말하면, 최후의 심판이 미래의 우주적인 사건으로서 일어나는 것이 아니라, 사람들이 예수의 말씀을 믿느냐 아니면 거부하느냐에 따라 지금 일어나게 된다는 뜻이다.[439]

---

439) 이를 가리켜 '현재적 종말론(präsentische Eschatologie)'이라 부른다. 현재적 종말론 표상은 요한복음의 특징에 속한다. 그렇다고 요한이 미래 종말론적인 표상을 버린 것은 아니다. 예수 그리스도의 재림을 여전히 대망하며(요 14:2-3, 14-21, 28, 16:13, 16), 죽은 자들의 종말론적인 부활을 선포한다(요 5:28-29, 6:39, 40, 44, 54).

4) 파송 기독론에 나타난 '아들'의 의미

하나님에 의해서 이 세상 가운데 보냄을 받은 자가 단순히 한 '예언자' 혹은 임의의 한 인간이라고 말하지 않고 '아들'이라고 말한다는 점에 유의해야 한다. 이때 요한의 파송 기독론에 나타나는 예수 그리스도를 가리키는 '아들'이란 개념은 절대적 용법으로 사용되었다. 즉 어떤 수식어 없이 단순히 '아들'로 나타나고 있다(요 3:17, "하나님이 그 아들을 세상에 보내신 것은 세상을 심판하려 하심이 아니요 그로 말미암아 세상이 구원을 받게 하려 하심이라").

그런데 '아들'이란 개념은 '아버지'와 관련된 개념이다. 따라서 '아들'이란 개념은 아버지로부터 오는 특별한 위엄을 담고 있는 개념임을 알 수 있다. 동시에 '아들'이란 개념은 '아버지'와 밀접한 관계를 강조하는 표현임에 틀림없다. '아들'이 절대적인 용법으로 사용되었듯이, 이에 걸맞게 '아버지' 역시 절대적 용법으로 사용되었다:

"또한 나를 보내신 아버지께서 친히 나를 위하여 증언하셨느니라 너희는 아무 때에도 그 음성을 듣지 못하였고 그 형상을 보지 못하였으며" (요 5:37)

"나를 보내신 아버지께서 이끌지 아니하시면 아무도 내게 올 수 없으니 오는 그를 내가 마지막 날에 다시 살리리라." (요 6:44)

"내가 나를 위하여 증언하는 자가 되고 나를 보내신 아버지도 나를 위하여 증언하시느니라" (요 8:18)

"내가 내 자의로 말한 것이 아니요 나를 보내신 아버지께서 내가 말할 것과 이를 것을 친히 명령하여 주셨으니" (요 12:49)

"나를 사랑하지 아니하는 자는 내 말을 지키지 아니하나니 너희가 듣는 말은 내 말이 아니요 나를 보내신 아버지의 말씀이니라" (요 14:24)

"보혜사 곧 아버지께서 내 이름으로 보내실 성령 그가 너희에게 모든 것
을 가르치고 내가 너희에게 말한 모든 것을 생각나게 하리라"(요 14:26)

이처럼 절대적인 용법으로 사용된 '아들'은 기독론적인 칭호[440] 가운데 하나인 '하나님의 아들'과 구분된다.[441] 다시 말하면 '아들'은 기독론적인 칭호가 아니라, '아버지'와의 유일무이한 관계를 강조하기 위해서 사용된 표현인 것이다.

III. 나가면서

우리는 위에서 요한복음에 강조되어 나타나는 '파송 기독론'에 대하여 살펴보았다. 하나님의 아들 예수 그리스도는 포괄적인 의미에서 하나님 아버지에 의해 보냄 받은 자라는 것이다. 아들 예수 그리스도는 하나님 아버지의 파송에 전적으로 순종하여 아버지의 뜻을 계시하는 분으로 나타난다. 전승사적으로 볼 때 구약의 예언자 파송 신학이나 지혜 전통으로부터 유래한 것으로 보이는 파송 기독론적 진술을 통하여, 요한은 육을 입고 계시자로서 이 땅에 오신 하나님의 아들 예수 그리스도의 의미를 강조하고 있다. 이때 파송 받은 자(예수 그리스도)와 파송하는 자(하나님)의 일치성이 부각되고 있는데, 이와 같은 일치성은 아들을 향한 아버지의 사랑에 근거한 것이며 동시에 아버지를 향한 아들의 순종에 근거한 것이다. 파송 기

---

440) 요한복음에 나타나는 기독론적인 칭호로는 예컨대 다음과 같은 것이 있다. '예언자' (요 4:19, 6:14, 7:40, 9:17), '메시아'(요 1:41; 20:31 등), '인자'(요 3:13, 14, 6:27, 53 등), '하나님의 아들'(요 1:34, 49 등).
441) F. Hahn은, 요한복음에서 절대적 용법으로 사용된 '아들'이란 표현은 '하나님의 아들'이란 표현과 구분되는 어법임을 강조했다〔Christologische Hoheitstitel, (Göttingen, 1963), pp. 319-333〕.

독론은 요한복음에 나타나는 기독론 가운데 가장 이른 시기에 형성된 기독론으로 간주된다.

제 15 장

'신령과 진정으로' 드리는 예배?

- 요한복음 4장 24절에 대한 올바른 이해 -

I. 들어가면서

오늘날 예배드릴 때 거의 습관적으로 인용하는 성서 말씀이 있다. 그것은 요한복음 4장 24절에 나오는 "하나님은 영이시니 예배하는 자가 영과 진리로 예배할지니라"라는 표현이다. 이 성서 인용문으로써 일반적으로 나타내고자 하는 의미는, 예배드리는 자가 갖춰야 할 경건하고 겸손하며 진실된 마음 자세, 한마디로 예배드리는 사람이 예배에 임하는 내적인 마음 상태를 나타내는 것으로 이해한다. 다시 말하면, 습관적이며 형식적인 마음 자세와 대립된 개념으로 이해하고 있다. 이 구절에 대한 이러한 '내적인 이해'는 비단 현재 우리 교계뿐만 아니라, 이미 오래 전부터 서구에서도 마찬가지로 그와 같은 이해가 만연되어 있다.

물론 이러한 경건하고 진실된 마음 자세는 예배에 임하는 사람이면 당연히 갖춰야 할 것임에는 두말할 나위가 없다. 그런데 그러한 마음 자세를 나타내기 위해서 인용하는 요한복음 4장 24절의 성서 말씀이 본래 그러한 뜻을 나타내고 있는가 하는 것이 문제이다. 우리의 생각에는 요한의 의도는 그것이 아니었다고 본다. 실제 그렇다면, 이 표현만큼 오랜 기독교 역사 가운데 본래의 의미에서 벗어나 왜곡된 의미로 사용된 성서 말씀이 없다고도 말할 수 있다. 본 글에서는 예배 때마다 언급되고 있는 이 표현의 본래 의미를 밝히는 것을 목적으로 한다. 이로써 동시에 예배의 본질에 대하여 다시 한 번 생각해 보는 기회를 갖고자 한다.

II. 내적인 혹은 영적인 하나님 섬김?

이미 언급했듯이 지금까지 대체로 요한복음 4장 24절에 나타난 표현을 인간의 내적인 마음 상태 혹은 인간 마음의 영적 상태와 관련시켜서 해석해 왔다(spiritualistisches Verständnis). 예배드리는 자가 갖춰야 할 경건한 마음자세를 가리키는 표현으로 보는 해석은 헬라적인 사고방식에 젖은 서구인들의 이해와 관련되었다고 생각된다. 헬라적인 사고방식에 따르면 영적인 것과 물질적인 것은 서로 대립되어 있다. 특별히 고대 헬라 신비주의와 스토아 사상 혹은 영지주의의 이해에 따르면, 이른바 유치한 원시 종교의 외적이며 육적인 예배 이해와 대립된 것으로 영적이고 신비적인 예배를 참된 예배로 간주하였다.[442]

온전한 예배란, 제물을 바치는 제의적인 예배가 아니라 이웃에 대한 자

---

442) 이에 관하여 E. Norden, *Agnostos Theos*(Leipzig, Berlin, ²1929); pp. 130ff; P. Wendland, *Die hellenistisch-romische Kultur*(Tübingen, ²1929), pp. 99ff를 참조하시오.

비와 선행과 정의를 실천하는 진실된 마음과 관련된 것이라는 점이 이미 구약성서 여러 구절 가운데 언급되어 있다. 예컨대, 이사야 1장 11-17절에 다음과 같은 말씀이 나온다.

"11 여호와께서 말씀하시되 너희의 무수한 제물이 내게 무엇이 유익하뇨 나는 숫양의 번제와 살진 짐승의 기름에 배불렀고 나는 수송아지나 어린 양이나 숫염소의 피를 기뻐하지 아니하노라 12 너희가 내 앞에 보이러 오니 이것을 누가 너희에게 요구하였느냐 내 마당만 밟을 뿐이니라 13 헛된 제물을 다시 가져오지 말라 분향은 내가 가증히 여기는 바요 월삭과 안식일과 대회로 모이는 것도 그러하니 성회와 아울러 악을 행하는 것을 내가 견디지 못하겠노라 14 내 마음이 너희의 월삭과 정한 절기를 싫어하나니 그것이 내게 무거운 짐이라 내가 지기에 곤비하였느니라 15 너희가 손을 펼 때에 내가 내 눈을 너희에게서 가리고 너희가 많이 기도할지라도 내가 듣지 아니하리니 이는 너희의 손에 피가 가득함이라 16 너희는 스스로 씻으며 스스로 깨끗하게 하여 내 목전에서 너희 악한 행실을 버리며 행악을 그치고 17 선행을 배우며 정의를 구하며 학대 받는 자를 도와주며 고아를 위하여 신원하며 과부를 위하여 변호하라 하셨느니라"[443]

또한 헬라 유대 종교 철학가로 통하는 알렉산드리아의 필로(Philo von Alexandria, 대략 BC 20~AD 50년경)에게서도 그러한 표상을 찾을 수 있다. "유일무이한 제물로서 진리를 바치는 마음의 섬김은 진실되다."(det. 21), 혹은 "하나님 보시기에 흡족한 마음의 경건성을 떠나 진실되며 신성한 제

---

443) 또한 이사야 29장 13절; 요엘 2장 13절; 아모스 5장 1-25절; 미가 6장 6-8절; 시편 40편 7절, 50편 7-23절, 51편 18-19절 등에도 유사한 표상이 나타난다. 또한 하나님은 특정 제의 장소에 구속되지 않는다는 점에 대하여는 열왕기상 8장 27-30절; 이사야 66장 1-2절; 말라기 1장 11절에 나타난다.

물이 있단 말인가?"(Vita Mos. Ⅱ, 108). 요한복음 4장 24절에서 언급하는 예배가 바로 이와 같은 구약/유대적인 물질주의적인 예배 표상에 대립된 영적인 예배를 뜻한다고 해석하는 가운데, 이와 같은 영적인 예배가 참된 예배라고 오랜 동안 이해해 왔다. 이러한 사고방식은 계몽주의 이래로 더욱 강하게 자리 잡았다. 그리하여 이 성서 말씀은 오랜 동안 내적으로 혹은 영적으로 하나님을 섬기는 것으로 이해되어 왔고, 오늘날 우리에게까지도 그와 같은 이해가 만연되게 된 것이다.

우리의 『개역 성서』도 그와 같은 영향을 받아 요한복음 4장 24절에서 "신령과 진정으로"라고 번역한 것으로 보인다. 여기서 '진정'이란 단어는 그리스어 '알레테이아(aletheia)'를 번역한 것인데, 인간 마음의 내적 상태를 표현한다. 또한 '으로'라는 표현은 그리스어 전치사 '엔(en)'을 우리말로 바꾼 것인데, 수단적 의미로 해석한 것이다. 이렇게 볼 때, 예배하는 자가 '신령하고 진정한 마음을 가지고서' 예배를 드려야 한다는 말로 이해된다. 즉, 『개역 성서』에 나타나는 번역은 예배를 완전히 내적인 의미로 이해한 번역임을 알 수 있다.[444] 『공동 번역』(1997/1999년)에는 그리스어 원어 '프뉴마'와 '알레테이아'가 전치사 '엔'과 합하여 완전히 부사적으로 파악하는 가운데, "예배하는 사람들은 **영적으로 참되게** 하느님께 예배드려야 한다"로 번역하였다. 이로써 영적인 의미를 더욱 강조하여 번역하고 있음을 알 수 있다.

이처럼 우리의 구절 요한복음 4장 24절을 내적 혹은 영적인 의미의 예배로 이해하는 것은 이미 서구 학자들의 주석 가운데 찾을 수 있다. 한 좋은 예가 F. 고데의 요한복음 주석에 나타난다. 고데는 요한복음 4장 23-24절과 관련하여, '영성(Geistigkeit)'과 '진정(Wahrheit)'을 미래에 있을 예배

---

444) 1993년에 나온 『표준 새 번역』과 1998년에 나온 『개역 개정판』에는 이 구절을 다 같이 "영과 진리로"로 번역하였다.

의 두 가지 특징으로 규정하면서, 이 두 단어를 다음과 같이 설명하였다. "여기서 영은 인간적인 영혼(정신)의 최고의 활동(die höchste Lebenstätigkeit der menschlichen Seele)을 가리킨다. 이로써 영혼은 신적인 세계와 관계를 맺게 된다. 곧 경건의 장소요, 영혼이 하나님과 만나는 장소이며, 진실된 예배가 이루어지는 성소이다. 이와 같은 첫번째 특징은 새로운 예배의 내적인 세력을 묘사한다. 두 번째 특징인 진정은 첫번째를 보충한다. 영혼의 내적 성소에서 거행되는 예배야말로 유일한 참된 예배이다. 왜냐하면 그것만이 하나님의 본질이라는 대상에 적합하기 때문이다. '영혼 가운데' 또한 '진정 가운데' 라는 이 두 표현은 단지 양태(die Art und Weise)와 관련된 것이다."445) 또한 하이트뮬러(W. Heitmüller)는 우리가 다루고 있는 표현을 다음과 같이 해석하였다. "영 가운데 하나님을 경배하는 것은, 시간과 공간 혹은 민족과 제의의 경계를 넘어서 특정 지역과 관습에 얽매이지 않고 그분을 경배하는 것을 뜻한다. 그것은 순수하게 내적이며 영적인, 따라서 모든 민족을 포함하는 하나님에 대한 경외이다."446) 혹은 바우어(W. Bauer)는 다음과 같이 이해하였다. "신성한 시간과 장소와 제의와 결부된 육(Sarx)의 영역에 속한 모든 멍에에 구속됨이 없이 '진실된' 기도자(wahrhaftige Anbeter)는 순수히 내적이며 '영적으로' 하나님을 경외할(geistige Gottesverehrung) 것이다."447) 그러나 이러한 영적인, 내적인 해석은 본래 요한이 의도했던 의미와는 차이가 있다.

---

445) F. Godet, *Kommentar zu dem Evangelium des Johannes*〔Giessen, 1987(=Hannover, ⁴1904)〕, pp. 192-193.

446) W. Heitmüller, "Das Johannes-Evangelium," in: J. Weiss(ed.), *Die Schriften des Neuen Testaments*, Vol. 2(Göttingen, 1908), pp. 685-861, 이곳 p. 754. 마찬가지로 H. J. Holtzmann 또는 Th. Zahn은 각기 자신들의 요한복음 주석서에서 그와 같은 입장을 취했다.

447) W. Bauer, *Das Johannesevangelium*, HNT 6(Tübingen, ²1925), p. 67.

III. 요한의 사고에 따른 이해

요한은 우리의 구절을 어떻게 이해했는가를 파악하기 위해 먼저 이 구절의 문맥을 살필 필요가 있다. 이 구절은, 요한복음 4장 1-26절에 나타나는 예수님과 한 사마리아 여인이 수가성 우물가에서 나누는 대화 장면 가운데 나오는 말이다. 이 대화가 평범한 대화가 아님을 요한은 처음서부터 강조하고 있다. 한 유대인 남성과 한 사마리아 여인 사이에 대화가 이루어지고 있기 때문이다.

1. 요한복음 4장 24절의 문맥 이해

어느 날 예수께서 사마리아에 있는 '수가'라는 동네에 이르렀다. 그곳에는 야곱의 우물이라고 옛날부터 유래한 한 우물이 있었는데, 행로에 지친 예수께서 그 우물가에 앉아 쉬고 있었다. 그런데 제6시(정오)가 되자 한 사마리아 여인이 물을 길러 그곳에 왔고, 마실 물을 청하는 예수님과 대화가 벌어지게 된다.

이 여인이 사마리아인이었다는 사실이 중요하다. 이들은 오늘날의 시리아 지방에 거주하던 사람들로서 이방인과의 혼혈족이고, 모세 오경만을 성서로 인정했던 사람들이었다. 9절에 예수께서 유대인이라는 사실이 강조되고 있다. 유대인들이 바빌론 포로로부터 돌아온 이래로, 사마리아 사람들을 정통 유대인으로 간주하지 않았고, 예수님 당시 이들에 대해 강한 거부감을 갖고 있었다.

예수께서 물을 청하자, 그 여인은 어찌 유대인이 사마리아 여인에게 물을 청하느냐고 묻는다. 그러자 예수께서는 이 질문을 받고, 두 사람 사이의 대화를 보다 높은 차원으로 올리는 가운데, 우선적으로 메시아 계시의 문제를 언급하고 있다.

10절에서, 예수님은 여자에게 말씀하시길, "내가 누군인 줄 알았더면 (역으로) 네가 나에게 생수를 구하였으리라"고 말씀하신다. 그러자 여자는 물을 기를 그릇도 없이 도대체 "생수"(샘솟고, 흐르는 물)를 어디서 얻겠는가 하고 11절에서 상당히 이성적인 질문을 한다. 아마도 예수께서 다른 물 나는 장소를 알고 있지 않나 생각한 모양이다.

그러자 예수께서는 그러한 종류의 물이 아니라, 전적으로 다른 종류의 물임을 설명한다. "이 물을 마시는 자마다 다시 목마르려니와 내가 주는 물을 마시는 자는 영원히 목마르지 아니하리니 내가 주는 물은 그 속에서 영생하도록 솟아나는 샘물이 되리라"(13-14절).

여기에서 예수님은 자신이 "하나님의 선물"이요 "생수"라고 우회적으로 말함으로써, 여인에게 물을 청하는 자기 자신이 바로 메시아라는 점을 표현하고 있다. 그러나 여인은 이를 이해하지 못하고, 모든 갈증을 해소시키는 마법의 물과도 같은 물, "영생하도록 솟아나는 샘물"(14절)을 달라고 청한다. 여기에서 우리는 여인이 예수님의 말씀을 전혀 이해하지 못하고 있음을 보게 된다.

그러자 16절에서 예수님은 다른 각도로 대화를 돌린다. 갑자기 "네 남편을 불러오라"고 말씀하신다. 그러자 이 여인은 자신의 삶의 여정을 꿰뚫고 있는 예수님의 놀라운 능력을 엿보게 된다. 여인은 남편이 없다고 말하자, 예수께서 (남편 다섯을 두었다는) 여자의 과거사를 정확히 밝히게 되자(18절), 그러자 비로소 예수님의 존재를 어느 정도 인정하고서는, 예수님을 예언자라고 고백한다(19절).

이어서 여인은, 사마리아인과 유대인 사이의 오랜 논쟁거리인, 하나님께 드리는 예배의 참된 장소가 어디인가 하는 문제를 언급한다. [유대인들이 성전을 예루살렘에 갖고 있는 것과 달리, 사마리아인들은 자신들의 성소를 그리심산에 세웠다]. 21절에서 예수는 여인에게 대답한다. "이 산에서도 말고 예루살렘에서도 말고 너희가 아버지께 예배할 때가 이르리라"고 말함으로써, 두 장소와 상관없이 하나님 아버지께 온전히 예배드릴 때가 지금 이르고 있다고 말씀하신다. 여기서 '온전히 예배드릴 때' 란, 바로 예수와 함께하는 시간을 의미한다. 예수와 함께하는 현재, 예배드리는 특별한 장소가 전혀 중요하지 않다고 말한다. 예루살렘이나 그리심이 전혀 중요하지 않다는 말이다.

23절에서 예수님은 하나님 아버지께 드리는 참된 예배가 무엇인가를 또한 그런 예배를 드릴 때가 언제인가를 말씀하신다. "아버지께 참되게 예배하는 자들은 영과 진리로 예배할 때가 오나니 곧 이때라" 참된 예배가 바로 지금 자신과 더불어 성취되고 있음을 여인에게 말씀하신다. 여기서 "이때" 란 바로 앞서 언급했듯이 예수께서 오신 때, 바로 지금을 가리킨다. "이때" 라는 단어가 헬라어 원문 성서에는 문장의 맨 앞에 놓여 강조되고 있다. 이어서 우리의 관심이 놓여 있는 24절의 말씀을 예수께서 하신다. "하나님은 영이시니 예배하는 자가 영과 진리로(영과 진리 가운데) 예배할지니라" 사마리아 여인은 이와 같은 예수님의 설명을 여전히 이해하지 못하고 모든 것을 선포할 메시아를 기다린다(25절). 그러자 예수께서 자신이 바로 그 메시아임을 계시한다(26절).

2. 요한이 의미하는 '영' 과 '진리'

요한복음 4장 24절의 말씀을 바로 이해하기 위해서는, 여기에 나타나는 두 핵심어인 '영' 과 '진리' 를 요한은 어떤 의미로 사용했는가 하는 것이 이 문장을 이해하는 데 중요하다. 요한은 이 두 개념을 인간의 심성과 관련된 영적인 차원에서 이해하지 않고, 하나님과 관련하여 이해하였다. 즉 영이란 하나님의 영을 가리키며, 진리란 예수 그리스도에 의하여 계시된 하나님의 진리를 나타낸다. 이와 같은 요한의 이해를 분명히 하기 위해 각각의 개념에 대하여 좀 더 자세히 살펴보고자 한다.

1) 요한의 '영(pneuma)' 이해

요한복음에 나타나는 '프뉴마(pneuma)'는 플라톤적인 의미에서 '혼(psyche)' '마음(nous)' '몸(soma)'과 대립된 인간학적인 개념으로 보아서는 안 된다. 요한은 프뉴마를 인간적인 영역에 속하는 개념이 아니라, 하나님의 세력을 나타내는 개념으로 이해하였기 때문이다.[448] 요한복음 3장 6절("육으로 난 것은 육이요 영으로 난 것은 영이니")에 잘 나타나듯이, 하나님의 세력으로 이해되는 '영(pneuma)'과 대립된 개념은 세상 세력을 대표하는 '육(sarx)'이다.

이와 같이 이해된 하나님의 영은, 보이지도 않으며 단지 그 활동을 통하여 인식될 수 있을 뿐이기에(요 3:8), 인간의 접근이 근본적으로 허용되지 않는다고 말한다(요 1:18). 우리의 구절 요한복음 4장 24절에 나타나는 "하나님은 영이시다"라는 말이 바로 인간에게 보여 주신 하나님의 놀라운 역사를 가리키는 의미로 사용된 것이다. 이런 의미에서 "하나님은 빛이시라"(요일 1:5) 혹은 "하나님은 사랑이심이라"(요일 4:8)라는 표현 역시 하나님의 본질을 설명하는 개념이 아니라, 요한적인 이원론의 의미에서 하나님의 활동하심을 나타내는 개념으로 이해해야 한다. 즉, "하나님은 빛이시라"는 것은, 인간에게 어둠이 아니라 빛을 비추신다 것을 뜻하며, "하나님은 사랑이심이라"는 표현은 하나님께서 인간을 사랑하신다는 사실을 가리킨다.

또한 요한의 영 이해와 관련하여 우리말로 '보혜사' 혹은 '협조자'로 번

---

448) 이와 같은 사실을 이미 오래 전에 궁켈(H. Gunkel)이 밝혔다(*Die Wirkungen des heiligen Geistes*, ³1909). 요한복음에 관한 주석서를 쓴 불트만(R. Bultmann)은 인간의 삶에 역사하시는 하나님의 세력을 나타내는 Pneuma를 다음과 같이 특징지었다(*Das Evangelium des Johannes*(Göttingen, ²⁰1978), p. 99.): ① 인간적인 영역을 초월한 놀라운 것을 나타내며("das Moment des Wunderbaren"), ② 이 놀라운 것이 인간의 영역 가운데 역사하는 작용을 나타낸다("das Moment des Wirkenden").

역하는 '파라클레토스(Parakletos)'를 빠뜨릴 수 없다. 이 단어는 신약성서 가운데 오직 요한복음(요 14:16f, 26, 15:26f, 16:7b-11, 13-15)과 요한일서 2장 1절에만 나타난다. 종교사적인 유래와 관련하여 논란이 많은 이 개념은, 그리스어 동사 '파라칼레오(parakaleo)"에서 파생된 단어로서 특별히 법정에서 변호의 역할을 수행하기 위해 '불러들인 자'를 뜻한다.[449] 이런 의미에서 누군가를 돕고 보호하는 역할을 맡은 자로 이해할 수 있다.

그러나 요한의 문맥에서 이 개념은 오직 성령과 동일한 개념으로 사용되는 가운데, '진리의 영'으로 이해된다. 요한복음 1장 16-17절에서 파라클레토스는 단지 예수께서 제자들과 이별한 뒤 하나님께서 주시기로 약속한 선물로서 나타난다. 그런데 요한복음 14장 26절은 파라클레토스의 기능에 대하여 언급한다. '가르치며'(cf. 요1 2:27) 예수님의 말씀을 '상기시키는' 것이 파라클레토스의 기능으로 나타난다. 또한 요한복음 15장 26-27절은 파라클레토스의 또 다른 기능으로서 예수님을 (세상 사람들에게) '증거하는' 기능에 대하여 말한다. 게다가 파라클레토스는 하나님의 법정에서 믿지 않는 세상을 고소하는 기능도 갖고 있다(요 16:8-11). 마지막으로 요한복음 16장 13-15절에 언급되는 파라클레토스는 신앙 공동체의 활동과 관련하여, 예수님에 의해 계시된 진리 가운데로 제자들을 인도하는 기능에 대하여 언급한다.

2) 요한의 '진리' 이해

요한은 '진리(aletheia)'라는 개념을 자기 특유의 신학적인 표현으로 이해하였다. 그가 이 단어를 공관복음서 기자와 달리 훨씬 자주 사용하였다는 점만 보더라도,[450] 이 개념을 중요하게 간주하였다는 사실을 쉽게 알 수

---

449) 이에 관하여 R. Schnackenburg, *Das Johannesevangelium. Dritter Teil*(Freiburg, Basel, Wien, ⁴1982), p. 157-159.
450) 마태는 1회, 마가는 3회, 누가 3회 사용하는데 그쳤으나, 요한은 45회나 사용하였다

있다. 요한이 어떠한 의미로 이 개념을 이해했는가를 파악하기 위해, 이 개념과 관련하여 사용된 언어 사용법에[451] 유의할 필요가 있다. 다음과 같은 세 가지 형태의 사용법이 눈에 띈다.[452]

첫째, '진리'는 다음과 같은 동사와 관련하여 사용된다. 진리를 '알다' 혹은 '보다'(요 8:32; 요일 2:21); 진리를 '말하다'(요 8:40, 45, 46, 16:7); 진리를 '증거하다'(요 5:33, 18:37); 진리를 '행하다'(요 3:21; 요일 1:6); 진리에서 '나오다'(요 18:37; 요일 3:19). 여기에서 요한이 뜻하는 '진리'는 계시를 나타내는 언어임을 알 수 있다. 이것은 곧 하나님의 계시를 가리킨다.

둘째, '진리'가 전치사 en과 함께 사용된다. 영과 진리 '안에서'(요 4:23, 24); 진리 '안에' 서다/서지 못하다(요 8:44); 진리 '안에서' 거룩하게 하다(요 17:17, 19); 행함과 진리 '가운데'(요일 3:8). 여기에서 '진리'는 전치사 en과 더불어 일종의 부사적인 표현으로 이해되지 않고, 영향력이 미치는 공간적인 개념으로 사용되었음을 알 수 있다. 이때 진리의 영역은 이와 대립된 영역을 전제한다. 이를 요한은 '어둠'(요 1:5) 혹은 '세상'(요 1:10)으로 부른다.

셋째, 진리가 마치 독립적인 존재로 나타난다. 은혜와 진리가 나타나다(요 1:17); 진리가 너희를 자유케 하리라(요 8:32); 나는 진리다(요 14:6). 여기에선 '진리'는 예수 그리스도와 동일하다는 점이 강조된다.

요한복음 1장 17절에 "은혜와 진리"라는 한 쌍의 명사 표현이 나오는데,

(요한복음 25회, 요한 서신 20회).
451) 명사 aletheia 외에도, 두 개의 형용사 alethes, alethinos에 관하여 언급할 수 있으나 이에 대하여는 생략한다.
452) 이에 관하여 R. Schnackenburg의 주석서를 참조〔*Das Johannesevangelium II. Teil*(Herder, Basel, Wien, ³1980), p. 268ff〕.

이것은 본래 구약성서적인 표현 '헤세드(חסד)' 와 '에메트(אמת)' 에 상응한다.[453] 하나님의 자비와 당신의 백성과 맺은 언약에 대한 신실함을(출 34:6) 요한은 자기 식으로 해석한 것으로 볼 수 있다. 즉, 하나님께서 아들을 파송한 것을 자기 백성과 맺은 언약의 성취로 이해하였다. 아들 파송 사건은 종말론적인 사건으로서 동시에 하나님의 계시를 뜻한다. 따라서 예수의 말씀은 곧 '하나님의 진리' 와 동일하다(요 17:17). 결국, 요한의 '진리' 가 뜻하는 것은 본질적으로 볼 때, 아들을 통해 주어진 하나님의 계시를 가리킨다고 말할 수 있다. 이 점은 위에서 언급한 첫번째 경우의 언어 사용법 가운데 특히 잘 나타난다.

이렇게 볼 때, 요한에게 나타나는 '영' 과 '진리' 란 서로 보충하는 개념으로서, 한마디로 세상적인 것 혹은 인간적인 것과 대립된 것을 가리키고 있음을 알 수 있다. 영과 진리가 서로 연결되어 나타난 이 표현은 요한 특유의 성령을 가리키는 칭호 "진리의 영"(요 14:17, 15:26, 16:13)을 연상시킨다. 또한 "진리의 영"은 다음과 같은 표현, "참 빛"(요 1:9; 요일 2:9), 혹은 "참 떡"(요 6:32) 또는 "참포도나무"(요 15:1), 또는 "선한 목자"(요 10:11, 14)와도 상응하는 표현이다.

3. 참된 예배란

이제 다시 우리의 구절 요한복음 4장 24절로 돌아가, 요한이 의미하는 참된 예배에 대하여 살펴보고자 한다. 참된 예배란 다음과 같은 특징으로 나눌 수 있다.

---

453) Idem, *Das Johannesevangelium I. Teil*(Freiburg, Basel, Wien, ⁵1981), p. 248.

1) 특정 예배 시간과 장소의 극복

참된 예배란 특정한 예배 시간과 장소에 얽매이지 않는다. 유대인들은 참된 예배는 오직 예루살렘 성전에서만 가능하다고 믿은 반면, 사마리아 여인은 오직 그리심산에서만 가능하다고 믿었는데(요 4:20), 요한은 그것을 참된 예배의 본질로 보지 않았다. 다시 말하면 유대 전통적으로 내려온 제의적 관습을 거부한다. 예배의 본질은 제의 자체에 있지 않음을 뜻한다. 앞에서 언급했듯이, 이러한 이해는 요한 특유의 사고가 아니라, 이미 오래 전부터 구약성서 및 유대 전통에서도 익히 알려져 있었던 것이다.

2) 그리스도와 함께하는 현재에 가능

긍정적으로 말하자면, 참된 예배란 요한복음 4장 23절에서 "아버지께 참되게 예배하는 자들은 영과 진리로 예배할 때가 오나니 곧 이때라" 하고 강조하듯이, 하나님의 영과 아들에게 나타난 하나님의 계시(진리)가 드러난 현재, 즉 예수 그리스도와 연결된 순간에 가능한 것이다. 곧 예배하는 사람이 예수 그리스도와 함께하는 지금의 순간을 가리킨다(요 3:19, 5:25). 예배의 '참됨'은 바로 예수 그리스도와 결부된 순간에 제한되고 있는 것이다. 바로 그때 구원의 시대에 합당한 장소가 펼쳐진다. 참된 하나님 경외는 제의적 형식을 통해서 인간이 주도가 되어 드리는 것이 아니다. 요한은 예배를 특정 시간과 공간에만 가능한 것으로 생각함으로써 가속화된 예배의 형식화를 거부한다.

3) 현재 종말론적인 예배

하나님의 구원 사역이 현재에 완성된 것으로 보는 현재적 종말론은 요한복음의 특징에 속한다(요 3:19, 5:25, 4:23; cf. 12:31, 16:11). 예수의 오심은 바로 종말론적인 현재와 관련된 것이다. 선재한 로고스요 참 빛이신 예수 그리스도께서 이 땅에 오심으로 미래 종말에 있을 사건이 바로 지금 실현되고 있다고 요한은 믿었다. 아버지께 참되게 예배할 때가 바로 지금이라는 말은(요 4:23), 참 빛이신 예수 그리스도께서 지금 함께하신다는 근거에서 가능한 말이다. 인간의 구원과 관련된 종말의 시간이 기다려야 할 미래에 나타날 것이 아니고, 예수의 운명 가운데 바로 지금 성취되고 있다는 말이다.[454] 그러나 이러한 구원의 현재성은 신앙, 즉 예수 그리스도를 믿는 신앙 가운데 적용된다. 예수 그리스도에 대한 신앙 가운데 참된 예배가 종말론적인 현재에 가능하다고 요한은 강조한다.

4) 하나님께서 허락하신 예배

요한은 그리스적인 사고보다 훨씬 더 철저한 이원론적인 사고를 하였다. 요한에게 있어 하나님은 본질적으로 이 세상적인 것을 초월한 분이시다. 따라서 이 세상에서 하나님께 경배한다는 것 자체가 불가능하다고 말할 수 있다. 이런 의미에서 요한은 하나님에 대한 정의를 할 때, 존재론적인 정의를 하지 않고 하나님께서 활동하심의 차원에서 묘사할 뿐이다. 다시 말하면 하나님이 스스로를 계시하실 때에 비로소 그분의 존재에 대하여 알 수 있다는 것이다.

예배란 이처럼 초월적인 하나님과의 만남인데, 이 만남은 하나님께서 자신을 계시하실 때에야 비로소 가능한 것이다. 요한복음 4장 23절에서 "아

---

454) 요한의 종말론과 관련하여 오래 전부터 학자들 간에 많은 논란이 있었다. R. Bultmann은 요한복음서에 나타나는 미래종말론적인 진술들을(예컨대, 요 5:28f; 6:54) 교회의 편집에서 유래한 것으로 보는 가운데, 나중에 첨가된 것으로 여긴다 ("Die Eschatologie des Johannes-Evangelims", in: *Glauben und Verstehen I*, Tübingen, 1933, pp. 134-152). G. Stählin은 "Zum Problem der johanneischen Eschatologie", in: *ZNW* 33, 1934, pp. 225-259에서 불트만에 반대하였다. J. Blank(Krisis, 1964, pp. 316ff) 역시 요한의 기독론을 경시하였다고 불트만을 비판하는 가운데, 요한복음 5:19ff에 나오는 종말론적인 진술은 그에 앞서 5:19-20에 나타난 기독론적인 전제를 통해서 가능하다고 본다.

버지께서는 자기에게 이렇게 예배하는 자들을 찾으시느니라"는 진술은 바로 이것을 가리킨다. 다시 말하면, 예배란 우리의 힘으로 가능한 것이 아니라 하나님으로 말미암아 가능하다는 말이다. 하나님을 경배하며 온전한 삶을 이루게 되는 것은 하나님께서 베푸신 자비로운 은혜에 대한 우리의 답변이라고 말할 수 있다. 다시 말하면, 요한은 하나님을 찬미한다는 것이 우리의 힘으로가 아니라, 그분의 도우심으로 가능해진 것으로 이해하였던 것이다. 예배는 우리의 인간적인 노력으로써 드리는 것이 아니라, 그 근본에 있어 하나님의 역사가 전제된 것이고 하나님께서 우리를 위해 허락해 주신 것임을 알 수 있다. 그러기에 우리는 자랑할 것이 없고 단지 베풀어 주신 은혜에 감사할 뿐이다.

V. 나가면서

오늘날 우리는 예배의 특정 시간과 특정 장소에 너무도 집착해 있다고 생각된다. 마치 하나님은 예배 시 교회 건물 안에만 임재하고 계신 듯이 말이다. 요한복음 4장 24절을 통하여, 참된 예배란 예수 그리스도가 살아 계신 주로서 바로 지금 우리와 더불어 역사하고 계신다는 믿음 가운데, 우리의 전체 삶이 하나님의 영과 하나님의 진리 가운데 이루어지는 삶을 가리키는 말임을 살펴보았다.

예수께서 이 땅에 오심으로, 모든 것은 하나님 아버지의 귀한 피조물이라는 차원에서, 성과 속(성스러운 것과 속된 것)을 더 이상 구분하지 않고 모든 것을 모든 날을 성스럽게 여기셨다. 따라서 예수께서는 당시 '경건한' 유대인들로부터 속되다고 천대받던 창녀, 세리, 어린아이들과도 사랑의 교제를 나누었던 것이다. 다시 말하면, 예수님은 주일과 평일을 더 이상 구분하지 않고 모든 날을 마치 주일처럼 귀한 날로 여기셨다고 말할 수 있다. 이것은, 주님과 함께하는 날은 바로 성스러운 주일과 다름없다는 말과 같다. 이런 의미에서 평일에 살아가는 우리의 일상의 삶이 곧 하나님께 드리는 산 예배가 되어야 함을 알 수 있다.

예배의 본질은, 예수 그리스도를 지금 나의 주로 고백하는 믿음 가운데, 장소와 시간에 구애받지 않고 하나님께서 원하시는 모습으로 우리의 삶 전체를 바치는 것으로 이해할 수 있다. 동시에 그러한 삶이 나의 노력에 달려 있지 아니하고 전적으로 하나님의 인도하심에 달려 있음을 깨닫고 하나님 앞에 두 무릎을 꿇는 삶인[455] 것이다. 참된 예배 가운데 우리는 하나님과 만나고 하나님을 체험하게 되는데, 이 체험은 우리의 힘으로 이루어지는 것이 아니라, 전능하신 분의 전적인 자비로 말미암은 것이라는 점을 분명히 깨달아야 할 것이다. 우리가 아무리 부지런히 다양한 예배 시간에 참여한다 할지라도, 이러한 점을 깨닫지 못한다면, 우리는 아직도 참된 예배를 드리지 못하고 있는 것이다. 예배는 우리의 힘으로 드리는 것이 아니라, 예수 그리스도의 살과 피를 통해 드러난 우리를 사랑하시는 하나님의 자비의 표현이요 우리를 위해 마련하신 하나님의 값진 선물인 것이다.

---

455) 우리말 '예배드리다'에 해당하는 그리스어 동사는 '프로스퀴네오(proskyneo)'이다. 어원적으로 볼 때, 신격화된 존재 앞에 땅이나, 발, 옷자락 등에 '두 무릎을 꿇고 입맞춤하다'는 뜻에서 유래한 말이다 (W. Bauer, *Wörterbuch zum Neuen Testament*(Berlin-New York, ⁶1988), p. 1435).

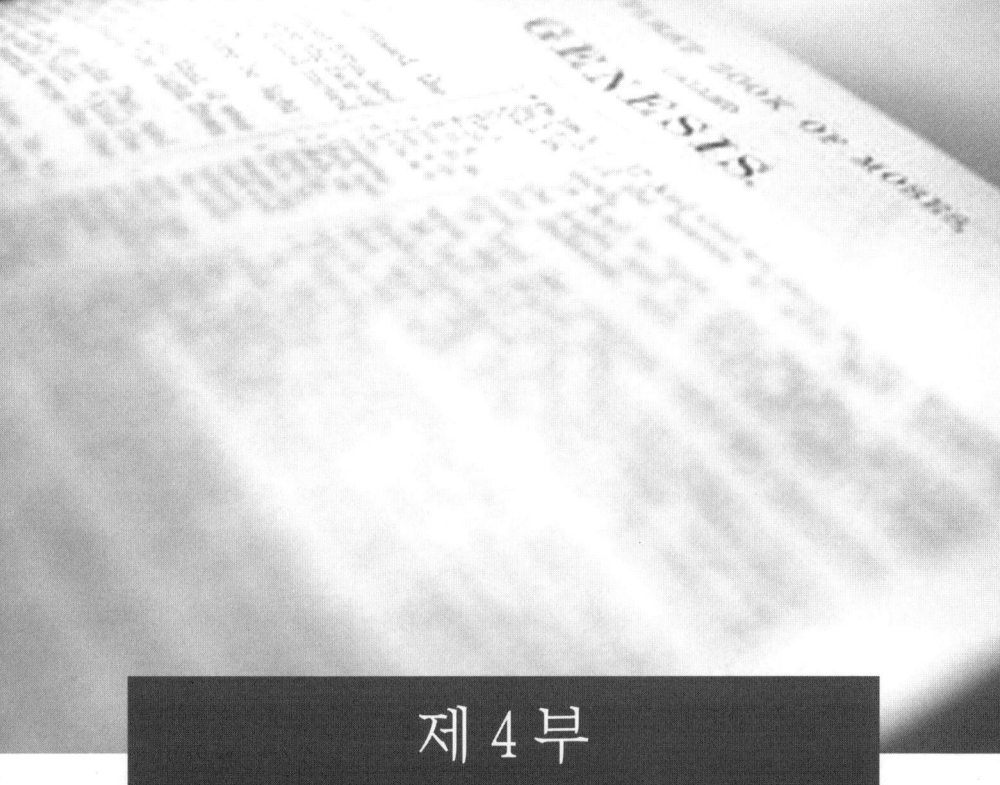

제 4 부
신약학과 쿰란 문서

제 16 장

신약학을 위한 쿰란 연구의 중요성

I. 들어가면서

1947~1956년 사이에 사해의 북서쪽에 위치한 쿰란 지역에서 상당한 양의 고대 사본들이 발견되었다. 모두 11개의 서로 다른 동굴에서 900~1,000여 개의 사본 및 사본 조각들이 발견되었다.[456] 이 발견은 실로 대단한 발견이었다. 그래서 서구 신학계는 이 발견을 가리켜 20세기 최대의 발견이라고 말한다. 그러나 우리 학계는 21세기가 동텄음에도 불구하고 이와 같은 대단한 발견에 여전히 별로 관심을 보이지 않고 있다. 쿰란 분야뿐만 아니라 이른바 '신구약 중간 시대(Intertestamental Period)' 전반에 관해서 학계

---

456) A. Lange, H. Lichtenberger, "Qumran," in: *TRE* 28(1997), p. 45.

의 관심이 소홀하다고 말할 수 있다. 우리 성서학계나 교계의 전체적인 분위기는 신구약성서를 떠나 고대 유대교가 남긴 옛 문헌에 관심을 기울이는 일에 현재로선 별 가치를 두고 있지 않다는 인상을 받게 된다.

그러나 나사렛 예수의 활동에 근원을 둔 기독교의 탄생은 구약성서 시대와 신약성서 시대 중간에 위치하며, 양 시대를 접목시켜 주는 '고대 유대교(Ancient Judaism)', 이른바 신구약 중간 시대의 유대교라는 모태에서 비롯되었다. 따라서 기독교의 탄생을 이해하기 위해서는 그 모태가 되는 고대 유대교에 대한 이해가 전제된다는 사실이 자명해진다. 다름 아닌 쿰란 문서는 고대 유대교의 실상을 오늘 우리에게 알려 주는 가장 귀한 자료라고 말할 수 있다.

본 글은 이처럼 귀한 쿰란 문서와 이를 남긴 에센파 공동체에 대해 개괄적인 설명을 하면서, 동시에 쿰란 문서가 신약성서학을 위해 갖는 중요성을 몇몇 주제에 관하여 약술하고자 한다. 지면 관계상 각 주제를 다룰 때 완벽을 기하는 것을 목표로 하지 않고, 단지 부각되는 주요 사항들을 간략히 언급하는 데 그치고자 한다.

II. 쿰란 문서의 중요성

1. 구약성서 사본학 연구에 결정적인 역할을 한다

발견된 사본 가운데 202개는 구약성서 필사본이다. 에스더서만을 제외하고는 전체 구약성서가 단편으로나마 모두 쿰란에서 발견된 셈이다.[457]

---

457) 구약의 에스더서가 발견되지 않은 것은 우연이 아니다. 에센파는 (히브리어로 전승된) 에스더서 9장에 나타나는 '부림절' 잔치를 전통적인 축제가 아니라는 이유에서 거부

현재 우리가 이용하는 히브리어 성서 본문은 중세 때 만들어진 사본에 의존하고 있기 때문에 그 본문의 신뢰성에 대해 의문의 여지가 없지 않았다.[458] 그러나 쿰란에서 발견된 가장 오래된 성서 사본은 BC 3세기에 기록된 것으로 보이며, 거의 200개의 다른 구약성서 사본들도 쿰란 거주지가 로마군에 의해 파괴되는 BC 68년 이전에 기록되었음이 분명하다. 이렇게 볼 때, 쿰란에서 발견된 성서 사본은 현재 우리가 사용하는 이른바 마소라 본문보다 대략 1,000년 이상 앞서 기록된 본문임을 알 수 있다.

기원전 3세기 중엽부터 알렉산드리아에서 만들어진『칠십인 역본』(LXX)을 현재 우리가 사용하고 있는 '마소라' 본문과 비교해 보면, 본문과 단어 이해에서 차이가 나타나는데 이 차이를 흔히 번역자 탓으로 돌렸다. 그런데 쿰란에서 발견된 성서 사본이 경우에 따라『칠십인 역본』과 동일함이 드러났다. 따라서『칠십인 역본』과 마소라 본문 사이의 차이는 근본적으로 볼 때 팔레스타인에 현존했던 다양한 본문의 차이에 근거한다고 결론지을 수 있다.

그밖에도 쿰란의 성서 사본은 히브리어 연구를 비롯하여 구약성서 본문의 역사 및 아람어 번역본인 타르굼 연구에 커다란 공헌을 하고 있다. 특히 첫번째 쿰란 동굴에서 발견된 이사야 사본(1QIsaᵃ)은 거의 완벽한 상태로 발견되었는데, 이를 마소라 본문과 비교해 볼 때, 1,000년간의 간격에도 불구하고 대체로 일치하고 있음이 밝혀졌다.[459] 이로써 유대학자들이 성서

했기 때문이다. 즉, 부림절 잔치는 비교적 후대에 새로 생긴 관습이지 본래의 순수한 전통이 아니라는 이유에서 보수성이 강한 에센파가 거부했던 것이다. 네 번째 쿰란 동굴에선 보다 이른 시기에 생성된 아람어 에스더 내용이 발견되었다(4QPreEster). 구약성서 사본 가운데 다음의 사본들이 가장 많이 발견되었다. 시편(36개), 신명기(29개), 이사야(21개), 창세기(15개).
458) 현재 남아 있는 가장 오래된 코덱스는 BC 895년에 예언서를 필사한 카이로 코덱스(Codex Cairensis)와, BC 925년경에 마무리된 알레포 코덱스(Codex Aleppo)이다.
459) 한 가지 흥미로운 이독법이 이사야 6장 3절에 나타난다. 마소라 본문은 '거룩하다'를

본문을 조심스럽게 잘 전수하였음을 알 수 있다.

2. 쿰란 문서는 예수 운동 및 신약성서의 유대적 배경을 이해하기 위한 가장 중요한 1차 자료이다

쿰란 문서가 발견되기 전, 나사렛 예수가 활동하던 시대의 배경이 되는 팔레스타인 유대교에 대해서 알 수 있는 길은 극히 제한되어 있었다. 특히 BC 1세기의 유대 역사는 쿰란 문서가 발견되기 전까지는 잘 알려져 있지 않던 시대였다. 고작 유대 역사가 요세푸스(Flavius Josephus, AD 37/8~100 이후 사망)의 작품을 통해 어느 정도 이해가 가능했을 뿐이었고, 당시 실존했던 종파가 남긴 문헌은 유감스럽게도 전혀 전해 내려오지 않았다. 사두개파는 어떠한 자료도 후대에 남기지 않고 역사에서 사라졌으며, 오늘날 우리가 알고 있는 바리새파에 대한 정보들은 바리새파 사람들이 남긴 1차 자료가 아니라 몇 세대를 거쳐 전해진 간접적인 것이다. BC 1세기 중엽에 생성된 것으로 추정되는 「솔로몬의 시편」(PsSal)을 간혹 바리새파에 속하는 문서로 간주하기도 하는데[460], 이는 아직 확정짓기 어렵다. 이러한 상황에 비추어 볼 때, 쿰란 문서는 당시 실존했던 한 종파가 남긴 원본이라는 사실에 의미가 크다. 쿰란 문서의 발견으로 말미암아 이제 우리는 예수 활동 직전 유대인의 목소리를 직접 들을 수 있게 된 것이다.[461]

세 번 반복하고 있으나, 이 쿰란 본문은 단지 두 번 반복할 뿐이다.
460) 예컨대, S. Holm-Nielsen, *Die Psalmen Salomos*, *JSHRZ IV/2*(Gütersloh, 1977), p. 59.
461) 발견된 쿰란 사본이 중세 때의 것이 아닌 옛것임을 여러 과학적 방법으로도 입증할 수 있다. ① 고문서학(Paleography): de Vaux는 3시대로 구분(archaic period 250~150 BC; Hasmonean period 150~30 BC; Herodian period 30 BC~AD 68/70), ② Accelerator Mass Spectrometry(AMS) ③ Carbon 14 technique, ④ Pottery, ⑤ Coins.

III. 쿰란 연구와 관련된 만연된 오해

쿰란 연구를 학문적으로 또 본격적으로 수행하기 위해서는 현재 만연되어 있는 에센파에 대한 그릇된 이해를 우선적으로 수정할 필요가 있다.

1. 에센파 — 기독교 탄생의 요람지(?)

쿰란 문서에 보면 '의의 교사' (מורה חצדק 혹은 מורה צדק = "der Lehrer der Gerechtigkeit")라 불리는 한 인물이 나타난다.[462] 그는 에센파 신앙 공동체를 설립한 사람이다. 다른 한편 이 사람의 대적자가 나타나는데, 그를 가리켜 '거짓말쟁이(איש הכזב)' 로 부른다. 두 사람의 실명은 발견된 쿰란 문서 어디서도 찾을 수 없고 위에 언급한 일종의 별명으로서만 등장할 뿐이다.

그런데 이 두 사람을 둘러싼 해석이 다양하다. 시어링(Barbara Thiering)은 '의의 교사' 를 세례 요한이라 보고, '거짓말쟁이' 를 다름 아닌 예수라고 주장한다. 다른 주장도 있다. 아이젠만(Robert Eisenmann)은 '의의 교사' 를 가리켜 '의인' 이라는 별명을 가진 예수의 형제 '야고보' 로 간주하는가 하면, '거짓말쟁이' 는 사도 바울이라고 주장하는 가운데, 원시 그리스도교를 경건하고 평화를 사랑하는 사람들의 모임이 아니라, 1세기 젤롯당의 한 움직임으로 이해한다. 즉 로마인들을 팔레스타인으로부터 몰아내기 위해 폭력과 테러를 동반한 정치적인 전복을 꾀한 민족주의자들의 모임으로 간주한다.[463]

---

462) 에센파의 최고 지도자를 가리키는 이 칭호는 CD 1:11, 20:1; cf. 20:28(여기에는, 단지 מורה); 1QpHab 1:13, 2:2, 5:10, 7:4, 11:5; 1QpMic Frags. 8-10 6; 4QpPs^a 3:15, 19, 4:27; 4QpPs^b 1:4, 2:2 등에 나타난다. '의의 교사' 에 대하여 G. Jeremias, *Der Lehrer der Gerechtigkeit*(Göttingen, 1963); P. Schulz, *Der Autoritätsanspruch des Lehrers der Gerechtigkeit in Qumran*(Meisenheim am Glan, 1974)를 참조하시오.

463) 이와 같은 Eisenmann의 주장에 의지하여 미국의 두 언론인 M. Baigent, R. Leigh는 단

이 두 사람의 주장에 따르면, 쿰란 본문 가운데 의의 교사와 그의 대적자인 '거짓말쟁이'가 활동하는 시대가 다름 아닌 예수 시대 내지는 그 직후의 시대라고 보는 것이다. 그러나 이들의 주장은 전혀 설득력이 없다. 문제가 되고 있는 쿰란 문서들은 한결같이 기원전 시대의 산물로서 예수 운동 혹은 원시 그리스도교와 시간적으로 전혀 중복될 수 없다. 해당 본문은 예수 시대가 아닌 기원전 150년경의 시대 상황을 반영하고 있다는 것이 밝혀졌기 때문이다. 예컨대, 에센파가 남긴 문헌 가운데 대략 기원전 100년경에 기록된 것으로 간주되는 '다메섹 문서'(CD)라는 것이 있는데, 이 문서는 이미 의의 교사가 죽었음을 전제하고 있다.

2. 에센파(위상과 관련하여) - 고대 유대교의 하찮은 '섹트' 인가?

그러면 실제 쿰란 공동체의 역사는 어떻게 이루어졌는가? 그 동안 학계에서 많은 논의가 있었으나, 이제 거의 정설로 자리 잡은 입장을 다음과 같이 요약할 수 있다. 아마도 대제사장으로 간주되는[464] '의의 교사'는 BC

행본 The Dead Sea Scrolls Deception(1992)[=『예수의 비밀-사해 사본에 나타난 기독교의 뿌리』, 서울대학교 성서 연구 모임 역(세기문화사, 1992)]을 출판하여 대중적인 인기를 얻었다. 그러나 이 책은 전혀 학적 신빙성이 없는 일종의 추리소설과 같은 책이다. R. Eisenmann은 M. Wise와 더불어 1992년에 The Dead Sea Scrolls Uncovered라는 제목으로 쿰란 문서의 원문 및 영역을 담은 책을 출판했으나, 성급하게 편집된 결과 오류가 많아서 학문적으로 사용하기에는 부적합하다.

464) H. Stegemann(Die Essener, Qumran, Johannes der Täufer und Jesus(Freiburg, Basel, Wien, 1993), pp. 205f)은 '의의 교사'라는 명칭 자체가, 그가 당시 실제로 활동했던 대제사장임을 보여 주는 강력한 증거라고 말한다. 그것은 곧 이스라엘에서 최고 교사의 권리를 갖고 있다고 간주되는 대제사장에 대한 전통적으로 전해 내려온 공식 명칭 가운데 하나라는 것이다. 의의 교사가 대제사장이었을 것이라는 추측은 쿰란 문서 가운데 나타나는 '의의 교사'를 지칭하는 다른 표현들을 고려할 때 보다 분명해진다. 예컨대, CD 20:1에 מורה היחיד('공동체의 교사')라는 표현이 나오는데, 의심의 여지없이 '의의 교사'를 가리킨다. 또는 CD 7장 18절 혹은 4Q Florilegium 1장 11절에 התורה

150년경 '경건한 사람들'이라는 뜻을 담고 있는 이른바 '에센파'라 불리는 신앙 공동체를 설립하였다. 이 공동체는 엄격한 가입 규정이 있으며 확고한 조직을 갖춘 유대 종파인 것이다. 에센파는 BC 100년경에 사해 근처에 한 거주지를 설립하였고, 이 거주지는 대략 150~200명 정도의 사람만이 거주할 수 있는 공간으로서 성서를 연구하며 필사본 제작을 수행하는 장소였는데, AD 68년 로마군의 공격으로 인해 파괴되었다.

유대 역사가 요세푸스는 자신의 작품 가운데 예수 시대에 존재한 여러 유대 당파를 언급하면서 에센파의 수에 대한 언급을 하는데, 4,000명 정도의 성원을 지닌 종파라고 말하고 있다.[465] 이는 그가 바리새파의 성원 수를 6,000명이라고 추산하는 것과 비교해 볼 때, 에센파의 조직 규모가 바리새파보다는 좀 작으나 그에 견줄 만한 종파로 이해했다는 사실을 알 수 있다. 이와 같은 요세푸스의 언급만을 고려하더라도, 에센파를 유대교의 주류에서 이탈한 보잘것없는 하나의 작은 '섹트(sect)'로 부른다는 것은 부당하다.[466] 섹트가 존재한다는 말은 역으로 '정통(orthodoxy)'이 존재한다는 것을 전제한다. 그러나 고대 유대교에는 '정통 유대교'라는 것이 아직 확정되지 않았다. 현재 이스라엘 중심의 쿰란 연구가들은 바리새파를 정통으로 간주하는 추세라, 바리새파 이외의 다른 종파들을 가리켜 '섹트'로 부르는 경향이 강하다고 말할 수 있다. 그러나 이와 같은 시각은 잘못된 것이다. AD 2세기 이후에야 '정통'으로 자리 잡은 이른바 '랍비 · 바리새적인

דורש ('토라 연구가'), 혹은 4QpPs37 2장 18절에서는 단순하게 הכוהן ('그 제사장')이라는 표현이 나타나고 있는데, 이들은 모두 '의의 교사'를 가리키는 표현들이다. 특별히 아무런 수식어 없이 הכוהן이라고 부른 것은 예루살렘 성전 제식의 수장을 가리킨다고 보아야 한다.

465) Josephus, Antiquitates 18,20; Philo, Quod omnis probus liber sit 75.
466) 그러나 최근까지도 그러한 경향이 남아 있다. G. Martines, J. T. Barrera, *The People of the Dead Sea Scrolls*, transl. by W. G. E. Watson(Leiden-New York-Koeln: Brill, 1995), p. 11.

유대교'의 시각을[467] 고대 유대교 시대로까지 소급시킨 결과이다. 고대 유대교는 바리새파를 비롯하여 에센파, 사두개파, 젤롯당 등 여러 파벌이 공존했던 시기로 보아야 한다. 에센파는 당시 유대교의 주류에 속했던 종파였다.[468]

3. 에센파(거주 지역과 관련하여) – 황량한 지역에 위치한 '금욕주의적인 유대 종교 집단' (?)

초창기 쿰란 연구가들은 발견된 쿰란 거주지를 에센파의 중심이라고 간주하였다.[469] 그러나 이러한 이해는 그릇된 것이다. BC 150년경에 결성된 에센파 연합체의 중심 센터가 어디에 설립되었는지에 대해서는 알 길이 없다. 에센파가 설립된 후 50년 정도가 지나서 쿰란 거주지가 만들어졌기에 쿰란이 아니었음은 명백하다. 쿰란 거주지는 에센파의 한 거주지에 불과하다.[470]

---

467) 이에 대하여 G. Stemberger, *Einleitung in Talmud und Mirdasch*(München: C.H. Beck, 1992)(8판). 제7판에서 번역한 영어역이 있다. H. L. Strack, G. Stemberger, *Introduction to the Talmud and Midrash*(Minneapolis: Fortress, 1992).
468) H. Stegemann은 에센파를 가리켜, '당시 유대교의 엘리트 모임(Elitegruppe des damaligen Judentums)'으로서 "예수 시대뿐만 아니라, 랍비 시대에 이르기까지 그들은 팔레스타인 유대교의 대표자였다."(= "Nicht nur zur Zeit Jesu, sondern bis weit hinein in die rabbinische Epoche waren sie die Hauptrepräsentanten des palästinischen Judentums"(Die Essener, p. 364)라고 말하는 것은 전적으로 옳다.
469) 예컨대, J. Jeremias, *Die theologische Bedeutung der Funde am Toten Meer*(Göttingen 1962), p. 10; J. A. Fitzmyer, "Jewish Christianity in Acts in Light of the Qumran Scrolls," in: L. E. Keck, J. L. Martyn(eds.), *Studies in Luke-Acts, FS Paul Schubert*(New York, 1966), p. 233.
470) 그러므로 쿰란 거주지를 에센파 거주지 전체와 동일시하고 있는 만연된 이해는 잘못이다. 이와 관련하여 '쿰란 거주지'의 설립 목적에 대한 질문을 할 수 있다. 아래에 3가지 가설을 소개한다. ① N. Golb는, 쿰란 거주지를 쿰란 문서와 관계가 없는 것으로

그러나 이와 달리, 에센파에 대한 설명과 관련하여 오랫동안 내려오는 판에 박힌 설명이 있다. 그것은 에센파는 사해 근처의 황량한 사막에 위치한 종파로서 마치 중세 때의 수도원과 같이 외부 세계에 절단된 채 금욕주의적인 수행을 하는 유대 수도승들이라는 설명이다.[471] 이와 같이 에센파를 금욕주의를 지향하는 수도원으로 보는 해석은 그 뿌리가 깊다.

그 뿌리는 로마 역사가인 '플리니우스'(Plinius the Elder, AD 23/24~79)가 쓴 에센파 사람들에 대한 짤막한 보도에서 시작된다. 이 보도를 인용하면 다음과 같다.

"에센파 사람들은 (사해) 해안으로부터 떨어진 서쪽에 살고 있었다. 이들은 외롭고 온 세상 중에 다른 모든 종족들과는 달리 유별난 종족으로서, 아내도 갖지 않고 성적 희구도 없고 돈도 없으며 단지 종려나무의 사회 안에서만 지내고 있었다. 이 부족은 매일 매일 몰려드는 상당한 수의 신참자들로 인하여 같은 정도의 수를 유지해 나가고 있었다. 많은 사람들이 노도와 같은 인생의 피로에 밀려 그들의 풍습을 받아들이고자 그리로 몰려들기 때문이다. 그리하여 아무도 태어나지 않는 한 부족이 수천 년 동안이나

여기면서 유대 전쟁 직전에 군사적 목적으로 건축된 일종의 방어용 성곽으로 보고 있다("The Qumran Plateau," in: idem, *Who Wrote the Dead Sea Scrolls? The Search for the Secret of Qumran*(New York: Scriber, 1995), pp. 3-41]. ② 식당을 갖춘 별장으로 여기는 사람도 있다[P. Donceel-Voute, *Coenaculum-La salle a l'étage du locus a Khirbet Qumran sur la mer morte*(Banquets d' Orient, 1993)(Res Orientales 4), pp. 61-84]. ③ H. Stegemann은 쿰란 거주민 및 근처 En Feshkha에서 발견된 상업용의 건축물이 사본용 가죽 생산 작업을 포함한 사본 생산에 적합한 것으로 보고자 한다. 즉, 에센파의 종교 활동에 필요한 문서 생산에 목적을 둔 것으로 여기고 있다[*Die Essener, Qumran, Johannes der Täufer und Jesus*(Freiburg, Basel, Wien), pp. 77-82].
471) 2001년 11월 17일자 《국민일보》에 사해 사본과 관련하여 소개하는 '에세네파' 에 대한 설명 역시 판에 박힌(또한 잘못된) 내용을 반복하고 있다. "사해 사본은 대체로 BC 2세기부터 AD 2세기까지 약 400년 동안 존재했던 금욕주의적인 유대 종교 집단인 에세네파에 의해 필사된 것으로 전해지고 있다."

존속해 왔다. 이는 믿을 수 없을 정도이다. 다른 사람들의 삶의 고뇌가 그
들에게 상당한 유익함을 주었던 것이다. 그들의 아래쪽에 엔게디 시가 위
치하고 있는데, 이 도시는 예루살렘에 뒤이어서 두 번째로 땅이 기름질뿐
만 아니라 종려나무가 많이 있었으나 지금은(예루살렘과) 마찬가지로 먼
지 덩어리에 불과한 상태이다. 그 위에 마사다 요새가 세워졌는데, 이는
아스팔트호(사해)로부터 멀지 않다."(Plinius, Naturalis historiae V,73)[472]

사해 지역을 직접 경험해 보지 못한 플리니우스는 이 모든 정보를 아마
도 소문을 통해 들었을 것으로 짐작된다. 플리니우스의 이 짤막한 보도는
오늘날까지 계속되는 쿰란 연구에 지대한 영향력을 행사하였다. 그리하여
1898년(제3판)에 출판된 방대한 양의 전문 신학 사전『신학과 교회를 위한
개신교 대백과 사전』"(Realencyclopädie für protestantische Theologie und
Kirche)에 실린 에센파에 관한 설명에도 영향을 끼쳤다. 여기에 다음과 같
은 표현이 나온다. "예루살렘 성전 접근을 금지당한 에센파 사람들은 제의
공동체라기보다는 오히려 수도원과 비교될 수 있는 하나의 확고한 공동체
를 형성하였다."[473] 이러한 설명을 이어받아 쿰란 문서 연구의 시조 가운데
한 사람인 수케닉(E. L. Sukenik) 역시 에센파의 활동 무대를 쿰란 거주지
에 국한시키게 되었다. 결국, 많은 학자들은 에센파의 활동 구역을 오로지
발굴된 쿰란 지역에만 한정시키는 가운데, 에센파를 지극히 보잘것없는
수로 구성된, 사해 곁의 황량한 사막에 자리 잡아 일종의 수도원을 형성한
하나의 유별난 종파로만 파악하였던 것이다.

이러한 입장이 관철된 것은 아마 또 다른 요인과도 관련이 있는 것 같다.

---

472) 라틴어 원문을 보려면: H. Rackham, Vol. 2(London, Cambridge Mass., 1961), p. 276.
473) *Realencyclopädie für protestantische Theologie und Kirche*, Vol. 5(Leipzig, 1898)(3
판), pp. 525ff("…Vom Tempel in Jerusalem ausgeschlossen, bildeten die Essener
eine festgeschlossene Gemeinschaft, die man eher einem Mönchsorden als einer
Kultusgemeinde vergleichen kann.").

즉 신약성서는 바리새파와 사두개파는 물론이고 젤롯당원이었던 예수의 제자에 대하여 언급하고 있으나, 에센파에 관해서는 한 마디 언급도 하지 않고 있다는 사실이다.[474] 이런 이유로 많은 학자들은 에센파가 예수 당시 유대 사회에서 아무런 중요한 역할도 하지 못했다고 판단하는 것 같다.

그러나 이러한 쿰란 공동체에 대한 이러한 보편화된 견해는 더 이상 받아들일 수 없다. 고고학적 발굴에 따르면, 쿰란 언덕에 있는 옛 묘지의 무덤들 안에서 여자들뿐만 아니라 아이들의 유골이 함께 발굴되었다.[475] 이들이 공동체 내에 함께 살았음이 의심의 여지가 없다. 더욱이 정착지 안에서 당시 사용되었던 많은 주화며 심지어 돈으로 가득 찬 단지들도 발견되었다. 이러한 고고학적 증거들은 플리니우스의 보도와는 정반대의 모습을 보여 주고 있는 셈이다. 그의 왜곡된 보도는 아마도 이국 지역의 진풍경을 로마인들에게 소개한다는 차원에서 이해할 수도 있을 것 같다. 그러나 에센파의 정체를 이해하는 데 더 이상 출발 자료로 이용해서는 안 될 것이다.

4. 쿰란에서 마가복음의 단편이 발견되었는가?

7Q5에서 50년경에 기록된 마가복음의 단편(막 6:52-53)이 발견되었다는

---

474) 이와 관련하여 H. Stegemann은 근자에 들어와서 한 흥미로운 가설을 제시하고 있다. 즉, 복음서는 '서기관'의 무리를 종종 바리새파 사람들과 구분하여 부르고 있으며(막 7:1, 5; 마 5:20, 12:38, 15:1, 23:2; 눅 5:21, 6:7, 11:53, 15:2; 요 8:3), 또한 '헤롯의 무리' (막 3:6, 12:13; cf. 8:15, 22:16)를 독자적인 그룹으로 부르고 있다는 사실에서 이들이 에센파와 관련이 있을 것이라고 추측하고 있다(*Die Essener*, pp. 363f).
475) 이에 대해서는 다음을 참조하시오. S. H. Steckoll, "Prelimlnary excavation report in the Qumran cemetery," in: *RdQ* 6(1967~1969), pp. 323-344; "Marginal notes on the Qumran excavations," in: *RdQ* 7(1969~1971), pp. 33-44; R. de Vaux, *Archaeology and the Dead Sea Scrolls. The Schweich Lectures, Revised Edition in an English translation*(London 1973); Ph. R. Davies, *Qumran. Cities of the Biblical World*(Guildford, 1982).

주장이 있다.[476] 이와 같은 주장은 한마디로 근거가 없다. 발견된 사본 조각은 너무도 작은 단편일 뿐만 아니라(2.7cm×3.9cm), 그 안에 담긴 10개의 철자만 확인 가능하고 나머지는 글씨 흔적만 남아있어 이 작품의 성격을 규명하기 힘들다. 성서 본문을 담은 것 같지는 않고, 기독교 이전 시대의 유대 작품에서 유래한 계보와 관련된 것으로 짐작하기도 한다.[477] 쿰란에서 발견된 어떠한 사본도 그리스도교 시대에 생성된 것은 없다고 말할 수 있다. 에센파가 남긴 가장 뒤늦은 작품은 BC 1세기 말경 혹은 AD 1세기 초에 나온 것이다.

IV. 신약학과 관련된 주요 쿰란 주제

1. 세례 요한과 쿰란과의 관계

'세례 요한은 에센파의 일원이었는가? 아니면 적어도 에센파와 친교를 나누었는가? 혹은 요한의 세례는 쿰란 공동체로부터 유래한 것인가? 한마디로 요한은 어느 정도로 쿰란 공동체와 관련이 있는가?' 하는 질문은 쿰란 거주지와 관련된 사해 사본 발견 초창기서부터 커다란 관심을 불러일으켰고, 지금까지도 적지 않은 사람들은 이들 질문에 대해 어느 정도 긍정적으로 생각하고 있는 듯이 보인다. 예컨대, 에센파의 가르침이 초기 그리

---

476) 예컨대, Jose O' Callaghan, Papiros neotestamentarios en la cueva 7 de Qumran?, in: *Biblica* 53(1972), pp. 91-100; Carsten Peter Thiede, *Die älteste Evangelien-Handschrift?*(Wuppertal, 1986); F. Rohrhirsch, *Markus in Qumran?*(Wuppertal, 1990).
477) 이와 같이 H. Stegemann, *Die Essener*, p. 360. H.-U. Rosenbaum이 7Q5를 마가복음의 단편으로 보려는 시도를 비판하는 것은 정당하다. "Cave 7Q5! Gegen die erneute Inanspruchnahme des Qumran-Fragments 7Q5 als Bruchstück der ältesten Evangelien Handschrift," in: *BZ* 31(1987), pp. 189-205.

스도교의 여러 표상과 관습에 영향을 주었다고 간주하는 야딘(Yigael Yadin)은 "(세례) 요한은 에센파 사람들을 알았을 뿐만 아니라, 심지어 한동안 이 종파의 회원이었다."고 주장했다.[478] 또는 슈베르트(Kurt Schubert)는 "세례 요한은 아마도 쿰란-에센파의 가르침과 특히 친밀한 접촉을 가졌을 것이다."라고 말하고 있다.[479]

다음과 같은 몇 가지 사항들을 염두에 두는 가운데 그러한 주장이 비롯되었다고 생각된다. 첫째, 사해의 북서쪽에서 발견된 쿰란 거주지에서 제식용 침례탕이 발견되었는데, 이곳은 세례 요한이 활동했던 요단강 하부의 세례 지역에서 단지 십여 킬로미터 정도 떨어져 있을 뿐이라는 사실이다. 둘째, 세례 요한은 "낙타털 옷을 입고 허리에 가죽띠를 띠고 메뚜기와 석청을 먹었다"(막 1:6; 마 3:4)는 복음서의 설명은 쫓겨난 에센파 사람을 가리킨다고 볼 수도 있다는 것이다. 요세푸스의 보도에 따르면 그러한 에센파 사람은 다른 사람이 만든 음식 먹는 것이 금지되었기 때문이다(Bell II,143). 셋째, 요한은 어릴 때부터 공사역 시작 때까지 "광야에서" 살았다는 누가복음 1장 80절의 보도와, 에센파 사람들이 다른 사람들의 아이들을 키웠다는 요세푸스의 보도(Bell II,120)가 서로 잘 어울린다고 간주하는 가운데, 쿰란 거주지야말로 요한의 교육 장소로 잘 들어맞는다고 생각할 수도 있다. 그 밖에도 요한과 쿰란 공동체는 둘 다 임박한 종말론을 믿었다는 사실과 더불어 양자가 예루살렘 성전 제의를 거부하였다는 사실을 들 수 있다. 또한 복음서에 나오는 "광야에서 길을 준비하며 외치는 자"(막 1:2-3; 마 3:3; 눅 1:76, 3:4-6)로서의 요한의 모습과 쿰란 문서 가운데 역시 "광야로 가서 길을 예비한다"(1QS 8:12-16)는 진술을 통해 양자는 한결같이

---

478) Y. Tadin, Die Tempelrolle: Die verborgene Thora vom Toten Meer(München, Hamburg, 1985), 265f.
479) J. Maier, K. Schubert, Die Qumran-Essener: Texte der Schriftrollen und Lebensbild der Gemeinde(München, Basel, 1982), p. 109.

이사야 40장 3절을 자신들에게 적용시키고 있다는 사실이다. 이러한 시각에 따라서 세례 요한은 쿰란 공동체와 어떤 식으로든 관계를 맺었을 것이라고 쉽게 추정하는 경향이 있어 왔다.[480] 가장 황당한 주장은 시어링(Babara Thiering)에 의해 제기되었다. 그녀는 세례 요한을 쿰란/에센파 공동체의 설립자인 '의의 교사'와 동일시하였다.

그러나 세례 요한을 에센파와 밀접히 연결시키고 있는 이러한 주장들은 거의 설득력이 없는 주장에 불과하다. 다음과 같은 이유를 댈 수 있다. 첫째, 세례를 주는 요한의 행위와 달리, 쿰란 공동체뿐만 아니라 기타 고대 유대교는 세례를 주는 자에 대하여 전혀 알지 못한다는 사실이다. 즉, 정결례는 이를 원하는 자가 침수탕에 들어가 스스로 행하는 것이지, 세례를 주는 자를 필요로 하지 않는다는 것이다. 게다가 쿰란의 정결례는 단지 제식(Ritus)의 의미만 지니나, 이와 달리 요한의 세례는 죄의 용서와 관련된 성례전(Sakrament)의 의미를 갖고 있다는 사실이다. 둘째, 요한의 세례는 일회적인 것으로서 미래에 있을 종말 심판 시 죄 용서를 보증하는 반면, 쿰란의 정결례는 이러한 차원과 아무런 관련이 없을 뿐만 아니라 반복적으로 수행된다. 셋째, 쿰란의 정결례는 단지 정회원에게만 허락된 것과 달리 요한의 세례는 종파 소속과 무관하게 원하는 자 누구에게나 베풀었다. 이렇게 볼 때, 요한의 세례는 쿰란의 정결례와 아무런 관련이 없음이 명백하다. 넷째, 요한이 세례를 주던 장소는 요단강 서편이 아니라, 베뢰아 지방의 요단강 동편(요 1:28)으로서 예루살렘에서 여리고를 지나 요단강 동쪽으로 나 있는 옛 무역 길과 마주치는 곳이다.[481] 이곳은 헤롯 안티파스의 통치 영역에 속하므로 그는 자기를 비판하는(막 6:17-29; 마 14:3-12; 눅 3:19-20) 요

---

480) 예컨대 쿨만(O. Cullmann)은 "요한이 이 종파와 접촉이 없이 그곳에 머무를 수 있다고 생각하는 것은 불가능하다."고 말했다.
481) H. Stegemann, *Die Essener, Qumran, Johannes der Täufer und Jesus*, p. 295.

한을 붙잡아 처형시킬 수 있었다. 요한이 여리고를 정면으로 마주보는 장소를 세례 장소로 선택한 것은 성서의 전통에 따른 것이다. 즉 여호수아가 이스라엘 백성을 요단강을 건너 젖과 꿀이 흐르는 약속의 땅으로 인도한 바로 그 장소였다(수 4:13, 19). 고로 요단강 동편을 활동 무대로 선택한 것은 곧 이 강을 건너던 당시 이스라엘의 상황과 일치한다. 따라서 요한의 요단강 동편에서의 세례 행위는 마치 옛 이스라엘의 광야 세대가 다가올 구원의 시기로 넘어가는 것을 상징적이며 예언자적으로 나타낸 행위였다. 이렇게 볼 때, 요한이 활동하던 광야는 '유대 광야'를 가리키지 않고 여호수아의 인도에 따라 이스라엘이 40년간 머물렀던 '이방인의 광야'를 가리킨다. 결국, 세례 요한과 쿰란 사이에 어떠한 밀접한 접촉점도 찾을 수 없기에 세례 요한을 쿰란 공동체의 멤버로 보는 시각은 마땅히 거부되어야 할 것이다.[482]

2. 예수와 쿰란과의 관계

예수 선포의 핵심 주제를 한마디로 표현하자면 "하나님의 나라" 혹은 "하나님의 통치"(basileia tou theou)가 가까이 왔음에 대한 선포라고 말할 수 있다(예컨대, 막 1:14-15; 마 4:17; 눅 4:43, 8:1, 9:11). 쿰란 문서를 통해 우리는 예수의 하나님나라 선포가 어떠한 문맥에 놓여 있었는가를 알 수 있게 되었다. 예수가 선포한 하나님의 바실레이아(Basileia)는 이방 정치 세력, 구체적으로 로마인들의 통치에 대립된 개념이 아니고, 이 세상 가운데 있는 '악의 세력'에 대립된 것이다. 쿰란 문서의 발견을 통해 하나님의

---

482) Cf. H. Lichtenberger, "Johannes der Täufer und die Texte von Qumran," in: Z. J. Kapera(ed.)(Mogilany, 1989): *Papers on the Dead Sea Scrolls offered in memory of Jean Carmignac*(Krakow, 1993), pp. 139-152. 특히 p. 151.

권세에 도전하는 악의 세력에 대한 명확한 표상을 얻게 되었다. 악의 세력이란 어떤 추상적인 개념을 가리키지 않고, 의인화된 개념(personifizierter Begriff)으로 사용되었다는 사실을 알 수 있다. 최고의 악령인 벨리알(사탄)의 권세 아래에 수많은 악령들이 이 세상 가운데 활동하는데, 악의 세력이란 인간으로 하여금 죄를 짓게 만들고, 인간에게 질병과 굶주림, 고난과 죽음을 가져오는 세력으로서 구원하시는 하나님의 권세에 도전하는 세력을 뜻한다는 사실이 쿰란 문서를 통해 분명해졌다. 에센파 사람들은 이러한 악령의 세력 가운데 자신들이 처해 있다고 보았으며 이들의 세력을 물리쳐 달라고 하나님께 간구하였다.

그런데 예수는 자신의 사역과 더불어 악령의 세력이 물러나고 하나님의 권세가 도래하기 시작했다고 믿었다. 예수의 악령(귀신) 축출 행위는 특히 "내가 하나님의 성령을 힘입어 귀신을 쫓아내는 것이면 하나님의 나라가 이미 너희에게 임하였느니라"(마 12:28; cf. 눅 11:20)는 진술에서 분명히 나타난다(cf. 막 1:21-28, 5:1-20, 9:14-29). 에센파가 악령 축출을 미래에 일어날 것으로 기대한 것과 달리 예수는 자신의 현존 가운데 이미 일어나기 시작했다고 믿었다. 바로 이 점에서 예수의 독특성을 확인할 수 있다.

3. 종말론적인 신앙 공동체

신약학의 고전적인 합의 사항 가운데 하나는, 예수와 초대 그리스도교는 강한 종말 의식을 갖고 있었다는 것이다. 그리스도인들은 나사렛 예수의 등장과 더불어 유대인들이 미래 종말에 기대하던 것이 현재에 성취되기 시작했다고 말한다. 이런 문맥에서 우리는 흔히 현재 종말론적 사고는 유대교에 속하는 사고가 아니라, 기독교만의 전유물로 생각하는 경향이 있다. 이와 같은 이해가 잘못되었다는 사실이 쿰란 문서의 발견으로 드러났다. 예수와 더불어 원시 교회가 종말론적 사고를 한 것과 마찬가지로, 에센파 역시 자기들이 처해 있는 현재를 강한 종말론적인 문맥 가운데 이해하였다.

그리하여 에센파는 자신들의 신앙 공동체(하-야하드, היחד)[483]를 전체 이스라엘을 대표하는 지상에 하나밖에 없는 하나님의 언약 공동체로 이해했다. 따라서 그들은 자신들의 공동체를 가리켜 "하나님의 백성"(עם אל, 1QM I,5, III,13) 혹은 "이스라엘 공동체"(דעת ישראל, 1QSa I,1, I,20, II,12) 등으로 불렀다. 이와 같이 에센파가 자신들의 공동체를 이스라엘 전체를 대표하는 유일한 종말론적인 구원 공동체로 보았다는 점에서 초기 기독교인들이 가졌던 '에클레시아(Ekklesia)' 이해와 비교할 때 유사한 모습을 보여 주고 있음을 간과할 수 없다.

4. 종말론적 성서 해석 — 페샤림(Pesharim)

에센파는 구약성서의 선지자들이 선포한 예언이 바로 자신들의 실존에 관련된 것으로 믿었다(예컨대, 1QS 8:4-16; 1QpHab 7:1-8:3). 다시 말하면 에센파가 실재하는 시간이 바로 구약에서 예언된 종말의 시간이라고 믿었다. 이것은 구약의 예언이 바로 자신들의 시간에 성취되었다는 것을 뜻한다. 이와 같은 종말론적인 성서 해석은 그 형식적인 면에서 볼 때 초대 기독교인들이 가졌던 성서 이해와 일치하고 있다. 이와 같은 에센파의 종말론적인 성서 해석은 앞서 언급했듯이 자신들의 공동체를 전체 이스라엘을 대표하는 지상에 단 하나 뿐인 하나님의 언약 공동체라고 믿은 확신과 밀

---

483) '하-야하드' (היחד)에 대해서는 특히 H. Stegemann, "The Qumran-Essenes-Local Members of the Main Jwish Union in Late Second Temple Times," in: J. T. Barrera, L. V. Montaner(eds.), *The Madrid Qumran Congress*, Vol. 1(Leiden, New York, Köln, 1992), pp. 108-114를 참조하시오. cf. J. C. VanderKam, *The Dead Sea Scrolls Today*(Michigan, 1994), pp. 71-98.

접히 연관되어 있다.

이러한 확신을 갖고 있던 에센파는 종말과 관련된 하나님의 뜻을 다름 아닌 성서 연구를[484] 통하여 알 수 있다고 믿었다. 따라서 그들은 그 누구보다도 열심히 성서 연구에 매진하여 많은 주석서를 남겼다. 이때 이들의 특이한 점은 하나님의 비밀스런 계시가 담겨 있는 성서는 아무나 해석할 수 있다고 보지 않고, 오직 에센파의 설립자요 정신적 지도자인 '의의 교사'의 중개를 거쳐야만 바른 성서 해석이 가능하다고 믿었던 것이다.

종말론적 성서 해석의 시작을 알리는 전형적인 표현이 있다. 그것은 על פשרו(피쉬로 알)이란 표현으로 시작한다. 이때 '페셔(פשר)'라는 명사는 '해석' 혹은 '주석'을 뜻하고, '알(על)'이라는 전치사는 '…에 관한'이란 뜻을 나타낸다. 결국 지시대명사ㅣ를 동반한 על פשר이란 표현은 '그 구절의 해석은 전치사 על 이하의 사실에 해당된다'라는 의미를 가리키고 있다. 연속되는 여러 절로 되어 있는 구약 예언서의 특정 본문을 마디마디 순서대로 주석해 나가는 주석법이 하나의 문학적 방법을 형성하게 되었으니, 이를 흔히 '페셔 방법(Pesher-Method)'이라 부르고 있다. 이 페셔 방법에 따라서 주석한 작품들을 '페샤림(Pesharim, '주석서')'이라 부른다. 에센파 사람들은 페셔 방법에 따라 주석한 작품들을 8개나 남겼다.[485]

---

484) 쿰란 문서 가운데에는 '페샤림'과 구별되는 것으로 성서 속의 특정 주제들을 다룬 『주제에 따른 주석들』(Thematische Midraschim)도 발견되었다: 4Q 174(Florilegium); 4Q 175(Testimonium); 11Q Melch(Melchisedek-Text); 1Q 252(Genesis-Kommentar).
485) 이들 작품을 다음과 같은 약자로 표기하고 있다. 이사야 주석: 3QpIs(=3Q4), 4QpIsa-e(=4Q161-165); 호세아 주석: 4QpHos^a-b(=4Q166-167); 미가 주석: 1QpMic(=1Q14), 4QpMic(?)(=4Q168); 나훔 주석: 4QpNah(=4Q169); 하박국 주석: 1QpHab; 제파냐서 주석: 1QpZeph(=1Q15), 4QpZeph(=4Q170); 말라기 주석: 5QpMal(?)(=5Q10); 시편 주석: 4QpPs^a(=4Q171), 1QpPs(=4Q16), 4QpPs^b(=4Q173) (쿰란 사람들은 시편을 다윗의 예언서로 이해했다. Cf. 11QPs^a XXVII,4-11; 또한 행 2:29-31).

5. 성령론

유대인들은 대체로 이스라엘의 마지막 예언자가 죽은 후 이스라엘을 향한 하나님의 영인 성령의 활동이 끝났고, 종말에나 다시 도래한다고 믿었다(예컨대, bJoma 21b; tSota 3:2).[486] 그런데 그리스도인들은 성령이 예수 그리스도의 오심으로 말미암아 다시 활동하기 시작했다고 믿는다. 따라서 흔히 성령 체험은 기독교의 특징에 속한다고 간주하는 경향이 있다. 그러나 성령 체험이 기독교 특유의 현상이 아니고, 이미 에센파 사람들도 유사한 표상을 가졌었다는 것을 쿰란 문서를 통해 알 수 있게 되었다. 즉, 에센파 역시 성령의 현재 활동에 대하여 언급한다(예컨대, 1QH 7:6-7 "주여, 당신을 찬송하옵나니, 당신께서는 당신의 강직함으로 나를 붙잡으셨고, 당신의 성령을 내게 부으셨기에 동요하지 않습니다"). 이는 자신들이 처한 시대를 종말의 시작이라고 본 것과 밀접히 연관된 것이다.[487]

6. 메시아론

예수 당시 유대인들이 기다렸던 메시아상은 대략 다음의 2가지 기능을 갖고 있다. 첫째는 이스라엘의 모든 적대 세력을 물리치는 '군사적 기능(militärische Fuhrer-Funktion)'이고, 다른 하나는 불의한 자들을 하나님의 공의로 다스리는 '심판 기능(Richter-Funtion)'이다. 다시 말하면 메시아란, 막강한 군사적 힘과 왕적 권세를 지닌 한 인간으로 다윗 가문에서 나타나

---

486) bJoma 21b는 성령을 두 번째 성전에서는 찾아볼 수 없고, 단지 첫번째 성전에만 귀속되었던 다섯 가지 가운데 하나로 꼽고 있으며, tSota 3장 2절은 "마지막 예언자들인 학개, 스가랴 그리고 말라기의 죽음과 더불어 성령이 이스라엘로부터 사라졌다"고 말한다.
487) 에센파의 성령 이해에 대해서는 필자의 논문 「쿰란 시편(1QH)에 나타난 성령 연구」, 『기독교 사상』 422호(1994년 2월), 132-152쪽을 참조하시오.

이스라엘의 모든 원수를 섬멸시키고 이 땅에 하나님의 평화와 공의를 실현하는 한 인물인 것이다.[488] 이와 같은 메시아상은 에센파 이전 시대에는 아직 찾아볼 수 없었고, 아마도 의의 교사가 살았을 당시에 비로소 생겨난 것으로 간주된다. 쿰란 문서를 통해 이와 같은 추측이 가능해진다.

이른바 '제2 성전 시대("the period of the Second Temple")'에 형성된 대다수의 유대 문서 가운데에 '메시아'라는 개념이 나타나지 않는 것과 달리, 쿰란 문서에서는 종말론적인 문맥과 관련하여 다양한 종류의 메시아 상을 찾아볼 수 있다. 그 중에서도 익히 알려진 이른바 '왕적 메시아 ("Royal Messiah")' 뿐만 아니라, 또한 '제사장적 메시아("Priestly Messiah")'에 대한 기대도 나타난다.[489] 에센파의 메시아 상은 이 공동체의 최고 지도자인 대제사장 출신의 '의의 교사(der Lehrer der Gerechtigkeit)'의 역할과 밀접히 관련되었다. 의의 교사의 삶과 죽음이 메시아 상 발전에 중대한 영향을 끼쳤다. 뿐만 아니라 그의 대적자였던 당시 유대인 가운데 최고 정치 세도가로 군림하였던 마카비 가문 출신의 '요나단(Jonathan)'의 역할 역시 쿰란 사람들의 메시아 상 발전에 영향을 끼친 것으로 보인다.

이러한 시각 아래에서 쿰란 문서 가운데 나타나는 메시아 상과 관련하

---

488) 이와 같은 유대 전형적인 메시아 상은 BC 1세기경에 생성된 『솔로몬의 시편』(Psalms of Solomon/Psalmen Salomos) 제17편 가운데 잘 나타난다.

489) 많은 학자들이 쿰란 문서에 나타난 이중의 메시아 상에 대해 관심을 보였다. 예컨대, H.-W. Kuhn, "Die beiden Messias in den Qumrantexten und die Messiasvorstellung in der rabbinischen Literatur," in: ZAW 70(1958), pp. 200-208; K. G. Kuhn, "The Two Messiahs of Aaron and Israel," in: K. Stendahl (ed.), The Scrolls and the New Testament(New York, 1992), pp. 54-64, 256-59; F. G. Martinez, "Two Messianic Figures in the Qumran Texts," in: D. W. Parry, S. D. Ricks (ed.), Current Researchand Theological Developments on the Dead Sea Scrolls(Leiden: Brill, 1996), pp. 14-40; J. T. Milik, Ten Years of Discovery in the Wilderness of Judaea(Naperville, 1959), pp. 123-28; K. Schubert, "Die Messiaslehre in den Texten von Chirbet Qumran," in: BZ 1(1957), pp. 177-97.

여 3단계의 발전과정을 추측해 낼 수 있다.[490] 첫번째 단계는 BC 2세기 중엽까지로 본다. 다시 말하면, 에센파가 형성되기 이전 시대까지를 뜻한다. 이때까지만 해도 사람들은 메시아를 한 특정 인물로 생각하지 않고, 이스라엘 백성을 대표하는 집합적인 개념으로 보았다(단 7:13; 1QM 11:6f).

둘째 단계는, 의의 교사가 사망하기 전 대략 BC 112년 이전까지의 시기를 가리킨다. 둘째 단계의 특징은 개인으로서의 왕적 메시아 상은 존재하나, 아직 제사장적 메시아 상으로까지는 발전되지 않았다는 점이다. 대제사장인 의의 교사가 아직 생존하고 있는 동안에는 제사장적인 메시아를 대망할 필요가 없었으나, 의의 교사가 요나단에게 핍박을 받게 되자, 그는 요나단에게 부여된 모든 정치적 능력을 거부하고 그 대신에 다윗 왕가 출신의 미래에 있을 왕적 메시아 상을 발전시켰을 것이라는 추측이 가능하다. 이와 같은 추측이 1QSa 2:11-22와 1QSb 5:20-29를[491] 통하여 가능하다.

마지막 세 번째 단계는 BC 100년 이후의 시기를 가리킨다. 위에서 언급한 본문들 가운데에서는 오직 하나의 메시아 곧 다윗 왕 가문의 '왕적 메시아'에 대해 언급하고 있는 것과 달리, 이 셋째 단계에서 다루고자 하는 본문에는 다양한 종류의 메시아('아론의 메시아' '이스라엘의 메시아', 모세와 같은 메시아적인 '예언자')에 대한 언급이 나오고 있다(1QS 9:9b-11; 4QTestimonia = 4Q175; CD 19:33-20:1).

---

490) 이와 같은 추측은 슈테게만에 따른 것이다. H. Stegemann, "Some Remarks to 1QSa, to 1QSb, and to Qumran Messianism," in: *RdQ* 17(1996), pp. 479-505. 이 논문에 앞서 슈테게만은 이미 그의 저서인 Die Essener, pp. 284ff에서 자신의 논지를 밝힌 바 있다.

491) 1QSa는 1QS의 12-13번째 칼럼(Column)에 위치하는 것으로 '가장 오래된 에센파 규칙'을 담고 있다[1QS("공동체 규율서")는 첫번째 쿰란 동굴에서 발견된 사본으로 BC 100년경에 기록된 것으로, 다양한 에센파 규칙들을 포함하고 있는 일종의 모음집이다]. 또한 1QSb는 한때 1QS의 14-20번째 칼럼에 속했던 것으로, '축도 규칙'을 담고 있다.

7. 요한복음과 쿰란 비교

1) 이원론과 관련하여

강한 이원론적인 사고를 담고 있는 요한복음에는 빛과 어둠, 진리와 거짓, 생명과 죽음이 서로 대립되어 나타난다. 예전에는 이를 영지주의와 관련하여 해석하였다(예컨대, 불트만). 그러나 쿰란 문서가 발견된 이후로 요한복음에 담겨 있는 이원론적인 표상을 영지주의보다는 유대적인 이해와 관련시켜 해석하고자 하는 노력이 많다.

이와 관련하여 1QS 3:13-4:26을 많이 다루었다. 이 본문을 가리켜 보통 '이중 영설("Zwei-Geister-Lehre")' 이라고 부른다. '진리/공의-거짓(불의)', '빛-어둠' 이 서로 대립되어 나타난다. 그런데 이 대립 관계는 영역/세력과 관련되어 있다. 빛의 영역과 어둠의 영역이 서로 맞서 있다. 각 영역의 최고자리에 일종의 천사 혹은 영들이 있는데, 빛의 영과 어둠의 영들로 갈라져 인간들을 자기 수중에 넣기 위해 서로 각축전을 벌인다. 에센파 사람들은 이러한 대립 구조를 자신들의 공동체와 관련하여 구체적으로 이해하였다. 즉, 에센파 공동체에 속한 사람들은 '빛의 자녀' 인 반면, 이에 속하지 않은 그 밖의 사람들은 '어둠의 자녀' 로 보았다. 이와 관련하여 한 가지 흥미로운 사실은, 에센파의 이원론은 엄격한 단일신론적(monotheistisch) 성격을 지닌다. 다시 말하면, 서로 대립된 진리의 영과 거짓의 영을 다 같이 창조주 하나님의 창조 영역에 속한다는 점이다(1QS 3:25).

그러나 요한에게서는 그와 같은 표상을 찾을 수 없다. 요한이 말하는 '빛' 혹은 '진리' 는 하나님(요일 1:5) 내지는 예수 그리스도(요 9:5)를 가리키며, '어둠' 이란 예수 그리스도를 영접하기 거부하는 세상을 가리킨다. 또한 요한에게 나타나는 '영-육(Geist-Fleisch)' 의 이원론은 쿰란 문서 가운데 나타나지 않는다.

결국 요한과 에센파의 이원론은 유사성에도 불구하고 서로 차이가 남을 알 수 있다. 아마도 요한의 이원론과 쿰란의 이원론은 페르시아의 영향을 받아 나름대로 발전한 것으로 보인다. 이와 관련하여 누가복음 16장 8절에서 그리스도인을 가리키는 "빛의 자녀"라는 표현과, 고린도후서 6장 14절-7장 1절에서 바울이 언급하는 "빛과 어둠"이란 표현 역시 에센파의 표상으로부터 영향을 받은 것으로 간주할 수 있다.

이원론적인 사고가 잘 나타나는 문서로서 「공동체 문서」(1QS) 외에도 「하박국 주석서」(1QpHab), 「다메섹 문서」(CD), 「쿰란 찬송 시편」(1QH) 등이 있고, 에센파가 앞선 전승에서 물려받은 문서 가운데 「전쟁 문서」(1QM)가 있다.

2) '영과 진리 가운데 드리는 예배'

요한복음 4장 23-24에 나오는 이 표현이 나타내는 것은, 하나님과 인간의 진정한 만남은 하나님의 은혜와 성령으로 말미암아 가능하다는 뜻이다. 쿰란 본문을 통해 요한의 표현이 뜻하는 의미를 더욱 분명히 알 수 있다. 에센파 사람들은 진리 가운데 거하는 공동체의 성령을 통하여 모든 죄가 사해졌다(1QS 3:6ff)고 확신했고, 성령을 부어 줌으로 정결된 마음을 갖게 되었다고 하나님을 찬송한다(1QH 17:26). 한마디로 에센파 성원들이 하나님을 찬송하며 온전한 삶을 영위해 갈 수 있는 것은 성령의 은사를 통해서라는 뜻이다. 바로 이와 같은 이해가 요한복음 4장 23-24절에 나오는 '영과 진리 가운데 드리는 예배'의 유대적 배경으로 간주된다.

8. 바울과 쿰란 비교

몇몇 학자들은 바울이 쿰란에 의존하고 있다고 주장하나, 직접적인 의존의 가능성은 적고, 바울 사고의 유대적 전제를 쿰란 문서를 통해 이해할 수 있다고 말할 수 있다.

1) 칭의론과 관련하여

바울은 자신의 인간론에서 출발하여 이른바 칭의론을 강조한다(롬 3:21-26, 5:1-11). 즉, 죄인 된 인간이 의로워질 수 있는 유일한 길은 예수 그리스도에 대한 믿음을 통해서 가능하다는 입장을 강조한다. 인간을 전적으로 타락한 죄인으로 보는 바울의 인간 이해와 유사한 것을 쿰란 문서에서도 찾을 수 있다(예컨대, 1QS 11:9f[492]; 1QH 3:23f; 1QH 4:30f). 그러나 에센파의 구원관은 바울의 것과 유사해 보이나 완전히 다르다는 것을 알 수 있다. 보잘것없는 미물에 불과한 인간이 구원받을 수 있는 길은, 에센파 신앙 공동체에 가입한 가운데 하나님께서 원하는 공의를 실천함으로써, 즉 율법에 합당한 삶을 영위함으로써 가능하다는 입장이다. 결국 예수 그리스도에 대한 신앙을 통한 칭의론을 강조하는 바울의 이해와 상반됨을 알 수 있다. 쿰란 문서 연구를 통해 바울의 칭의론이 지닌 독특성을 확인할 수 있다.

2) '새 창조'와 관련하여

쿰란 문서를 통해 바울이 강조하는 그리스도인의 새로워진 실존을 뜻하는 '새 창조'(고후 5:17; 롬 6)에 대한 유대적 배경을 알 수 있다. 에센파의 인간관에 따르면, 하나님은 인간을 '죄인(악인)과 의인' 두 부류로 구분한다(1QS 4:15-26; 1QH 4:38). 그런데 100% 온전한 의인이란 없고 가장 의로운 인간도 부분적으로는 죄인이라고 본다(4QHoroscope=4Q186). 하나님은 최후 심판 때 죄인들을 섬멸하고, 부분적인 죄를 지닌 의인들을 성령의 도움으로 말미암아 완벽한 의인으로 만든다는 것이다. 이를 가리켜 "새 창조"라고 부른다.

---

492) 1QS 11:9f, "9 그런데 나는 악한 인간(אדם רשעה)에, 사악한 육신의 무리(סוד בשר עול)에 속하네. 나의 악행, 나의 불법, 나의 죄 또한 나의 못된 마음이 10 벌레와 어둠 속에서 거니는 자들의 공동체에 속하네. 왜냐 하면 나의 길은 인간에게 속해 있기 때문이네."

3) '새 언약' 과 관련하여

고린도후서 3장 6절에서 바울은 '새 언약'에 대하여 말한다. 이는 예수의 파송과 대속의 죽음으로 말미암아 인간들에게 구원을 가져다주기 위해 하나님이 세우신 언약을 가리킨다. 그런데 쿰란 문서 가운데 "다메섹 땅에 있는 새 언약"(CD 6:19; 8:21; 19:33; cf. 20:12)이란 표현이 나온다. 이것은 에센파의 모체가 되는 경건한 유대인의 모임으로서 다니엘과 마카비서의 배경이 되는 BC 170~164년경에 팔레스타인에 불어 닥친 반유대 정책의 소용돌이를 피해 유대를 떠나 시리아로 피신한 사람들이 세운 새로운 신앙 공동체를 가리킨다. 이들은 훗날 BC 150년경 전체 이스라엘을 대표하는 연합체의 한 부류로 들어온다. 이 연합체가 다름 아닌 에센파이다. 이들은 자신의 공동체를 예레미아와 에스겔이 예언했던 하나님의 언약을 대표하는 유일한 신앙 공동체라고 이해했다. 바울이 구약의 선지자들이 예언한 '새 언약'이 그리스도교에서 성취되었다고 본 것보다 앞서, 에센파 사람들은 같은 표상으로써 자신들의 공동체를 하나님의 새 언약으로 이해했음을 알 수 있다.

9. 에베소서와 쿰란 비교

칼 게오르크 쿤(Karl Georg Kuhn)에 따르면,[493] 에베소서에 나오는 히브리적인 성격을 띤 권면의 언어와 문체가 전승사적으로 볼 때 에센파 내지는 그와 유사한 유대교 전통과 밀접히 연관되었다고 한다.

---

493) K. G. Kuhn, "Der Epheserbrief im Lichte der Qumrantexte," in: *NTS* 7(1960/61), pp. 334-46. 또한 F. Mussner, "Beiträge aus Qumran zum Verständnis des Epheserbriefes," in: *Neutestamentliche Aufsätze*(FS J. Schmid)(Regensburg, 1963), pp. 185-198.

10. 마태복음과 쿰란 비교

마태복음 18장 15-17절에 교회의 성도가 죄를 범할 경우를 위한 '교회의 내규' (마 18:15-17)가 나타나는데, 이는 에센파의 규칙과 유사하다(1QS 6:24-7:25; cf. 행 5:1-11).[494] 또는 마태복음 16장 8절에 베드로를 가리켜 "반석"이라 부르고 그 위에 "교회"가 세워지리라는 표현이 나온다. 1QH 6장 25-29절에 (에센파) 신앙 공동체를 "반석 위에 놓여 있는 흔들리지 않는 강력한 건축물"에 비유되고 있다.

V. 나가면서

블랙(Matthew Black)은 기독교가 유대교의 에센파 형태로부터 유래하였다고 주장하였다.[495] 또한 베르거(Klaus Berger)는 쿰란 문서를 가리켜 "예수 시대 유대교의 심장"("das Herz des Judentums zur Zeit Jesu")이라고 부르면서 그러한 유의 유대교로부터 예수가 나왔다고 말한다.[496] 이와 같은 주장은 일면 타당성이 있으나, 오해의 여지가 있는 주장이다. 종교사적으로 볼 때, 에센파와 예수/원시 그리스도교 사이에 직접적인 연관성이 있음을 뒷받침하는 정보가 없기 때문이다. 위에서 언급했듯이 세례 요한이나 예수가 에센파와 직결되었다는 주장은 모두 근거가 없는 것으로 드러났다.

---

494) U. Luz는 양자 사이에 개별적으로 일치하는 점은 있으나, 직접적인 연관성은 없다고 본다〔*Das Evangelium nach Matthäus*, Vol. 3(Zurich, Düsseldorf, 1997), p. 45f〕.
495) "The Dead Sea Scrolls and Christian Origins", in: *The Scrolls and Christianity: Historical and Theological Significance*, ed. M. Black(Theological Collections 11; London: SPCK, 1969), 97-106, 특히 p. 99.
496) K. Berger, *Qumran und Jesus, Wahrheit unter Verschluss?*(Stuttgart, 1993), p. 133.

그럼에도 불구하고 예수와 원시 그리스도교가 처했던 유대적 배경을 이해하는 데 쿰란 문서보다 더 귀중한 자료는 없다. 예수와 원시 그리스도교 활동의 배경이 되는 유대 지방의 종교적, 사회적, 법적 세계에 대한 우리의 이해를 넓히는 데 쿰란 문서는 많은 공헌을 하고 있기 때문이다. 이로써 기독교가 모태인 유대교로부터 넘겨받은 유산이 무엇이며, 또한 양자 사이에 놓인 분명한 경계와 차이가 어디에 있는가를 이해하는 데 커다란 기여를 하고 있다. 쿰란 문서가 담고 있는 이러한 가치를 깨달은 서구 신학계가 쿰란 분야를 중요하게 여겨 활발하게 연구하고 있는 것과 달리, 유감스럽게도 우리 신학계는 아직 이 분야에 그리 관심이 많지 않은 것 같다. 쿰란 분야에 관심을 갖는 일이 결국 기독교 이해와 무관하지 않고 직결되었다는 사실을 우리 신학계도 이제는 진지하게 여길 때가 되었다고 생각한다.

〈출판된 Qumran-Text 소개〉

1. 원문/번역문

　　* *Discoveries in the Judean Desert*(Oxford, 1955ff). 현재 37권의 책이 간행되었다. 추가로 15권 정도가 더 발간될 예정이다.

　　* K. Beyer, *Die aramäischen Texte vom Toten Meer, samt den Inschriften aus Palästina, dem Testament Levis aus der Kairoer Genisa, der Fastenrolle und den alten talmudischen Zitaten: Aramäische Einleitung, Text, Übersetzung, Deutung, Grammatik, Wörterbuch, Deutsch-aramäische Wortliste, Register*(Göttingen, 1984; Ergänzungsband Göttingen, 1994).

　　* J. H. Charlesworth(ed.), *The Dead Sea Scrolls: Hebrew, Aramaic, and Greek Texts with English Translation*, Vol. 1ff(Tübingen, Louisville, 1994ff) [*The Princeton Theological Seminary Dead Sea Scrolls Project.* (전체 10권으로 기획되었는데, 현재 일부만 출판되었

다: Vol. 1: *The Rule of the Community, and Related Documents*, 1994; Vol. 2: *Damascus Document, War Scroll, and Related Documents*, 1995; Vol. 4a: *Pseudepigraphic and Non-Masoretic Psalms and Prayers*; Vol. 4b: *Angelic liturgy, Songs of the Sabbath Sacrifice*.]
* E. Lohse, *Die Texte aus Qumran. Hebräisch/Deutsch. Mit masoretischer Punktation* ⋯(München, 1971; Darmstadt, ³1983).
* J. Maier, *Die Qumran-Essener: Die Texte vom Toten Meer*, 2 Vols. (München, 1995(UTB 1862/1863)]; *Die Tempelrolle vom Toten Meer und das Neue Jerusalem*(München(UTB 829), ³1997].
* F. G. Martinez, E. J. C. Tigchelaar(eds.), *The Dead Sea Scrolls Study Edition*, 2 Vols.(Leiden, New York, Koln: Brill, 1997-1998) (여기에는 영어역과 더불어 히브리어/아람어 본문이 함께 나온다).
* G. Vermes, *Complete Dead Sea Scrolls in English*(New York: Penguin Press, 1997).
* M. Wise, M. Abegg, Jr., E. Cook, *The Dead Sea Scrolls: A New Translation*(1996).

2. 대표적인 쿰란 전문 학술지
   * *Revue de Qumran*[=RdQ]: 1957년 이래로 Paris에서 출판되고 있는 최초의 쿰란 전문 학술지.
   * *Dead Sea Discoveries*[=DSD]: 1994년 이래로 순전히 영어로 출판되고 있는 학술지.

3. 우리말 개론서
   * 김창선, 『쿰란 문서와 유대교: 중요 유대 문헌을 중심으로 한 유대학 입문』(한국성서학연구소, 2002).

제 17 장

쿰란 공동체와 예수
— 도대체 무슨 관계가 있나?

I. 들어가면서

1992년에 튀빙겐대학의 마르틴 헹엘(Martin Hengel) 교수는 "새로운 쿰란의 봄"("ein neuer Qumranfrühling")[497]의 시대가 도래했다고 보았다. 이것은 1947~1953년 사이에 쿰란 문서가 발견된 직후 1950~1960년대에 불었던 쿰란 연구의 열기가 오랜 동안 식었다가 다시 일어난 쿰란 열기를 가리켜 한 말이다. 1990년대 초엽 당시 수십 년 동안 베일에 가려져 있던 쿰란 텍스트가 최소한 사진 형태로나마 모두 공개되었으며,[498] 그 동안 비교적

---

497) M. Hengel, "Die Qumranrolle und der Umgang mit der Wahrheit", in: *ThBeitr* 23 (1992), pp. 233-237. 이곳 p. 235.
498) R. Eisenman/J. M. Robinson, *A Facsimile Edition of the Dead Sea Scrolls, Prepared*

느린 속도로 쿰란 문서의 공식 출판을 담당해 왔던 *Discoveries in the Judean Desert(DJD)* 시리즈가 1990년대에 들어와 출판에 박차를 가하면서 현재 상당 부분 출판되었으며, 또한 프린스턴대학의 찰스워즈(J. H. Charlesworth) 교수의 지휘 아래에 총 10권으로 기획된 Princeton Theological Seminary Dead Sea Scrolls Project가 1994년부터 시작하여 현재 여러 권이 그 모습을 드러내었다.[499] 또한 쿰란 텍스트를 현대어로 완역한 책들이 출판되어 있는 상태라 누구나 손쉽게 쿰란 본문에 접할 수 있게 되었다.[500]

1990년대부터 일어난 이와 같은 새로운 쿰란 열기는 기독교의 기원이

---

with an Introduction and Index, Vol. 1-2, Washington, 1991); E. Tov(ed.), *The Dead Sea Scrolls on Microfiche: A Comprehensive Facsimile Edition of the Texts from the Judean Desert*(Leiden/New York/Köln, 1993).

499) Vol. 1: *The Rule of the Community, and Related Documents*(1994); Vol. 2: *Damascus Document, War Scroll, and Related Documents*(1995); Vol. 4a: *Pseudepigraphic and Non-Masoretic Psalms and Prayers*; Vol. 4b: *Angelic Liturgy, Songs of Sabbat Sacrifice*(1999); Vol 6b: *Pesharim, Other Commentaries, and Related Documents*(2002).

500) F. G. Martinez, E. J. C. Tigchelaar(eds.), *The Dead Sea Scrolls Study Edition*, 2 Vols.(Leiden-New York-Koln: Brill, 1997-1998)(여기에는 영어역과 더불어 히브리어, 아람어 본문이 함께 나온다.); G. Vermes, *Complete Dead Sea Scrolls in English*(New York: Penguin Press, 1997); M. Wise, M. Abegg, Jr., E. Cook, *The Dead Sea Scrolls: A New Translation*(1996); J. Maier, *Die Qumran-Essener: Die Texte vom Toten Meer*, 3 Vols.(München, 1995)(UTB, 1862/1863)[본문 번역은 1-2권에 담겨 있고, 제3권은 개론적인 설명과 함께, 상관 색인 및 쿰란 문헌 정보 등을 담고 있다]; K. Beyer, *Die aramäischen Texte vom Toten Meer, samt den Inschriften aus Palästina, dem Testament Levis aus der Kairoer Genisa, der Fastenrolle und den alten talmudischen Zitaten: Aramäische Einleitung, Text, Übersetzung, Deutung, Grammatik, Wörterbuch, Deutsch-aramäische Wortliste, Register*(Göttingen, 1984; Ergänzungsband Göttingen, 1994)[아람어로 기록된 쿰란 본문을 독일어로 번역하였다]; *Die Texte aus Qumran, Hebräisch und Deutsch*, ed. by E. Lohse(Darmstadt, 1981(3판)); *Die Texte aus Qumran II, Hebräisch/Aramäisch und Deutsch*, ed. by A. Steudel(Darmstadt, 2001).

쿰란에 있다는 '흥미롭게' 혹은 '터무니없게' 들리는 주장으로 말미암아 대중의 폭넓은 관심을 불러일으킨 현상과 관련이 있다. 1991년에 대중을 겨냥한 한 책이 비전문가에 의해 출판되었다. 그것은 미국의 두 언론인 베이전트(M. Baigent)와 레이(R. Leigh)의 공저인 The Dead Sea Scrolls Deception(『예수의 비밀-사해 사본에 나타난 기독교의 뿌리』, 서울대학교 성서 연구 모임 역(세기문화사, 1992)]이다. 이들은 여기에서 쿰란 문서를 가리켜 "기독교의 가르침과 신앙의 전체 건축물을 무너뜨릴 수 있는 종교적 폭탄"이라고 선언한다. 이듬해 다른 한 권이 출판되었다. 그것은 호주의 종교학자 시어링(B. Thiering)의 저서이다: *Jesus and the Riddle of the Dead Sea Scrolls: Unlocking the Secrets of His Story*(1992) [『인간 예수. 사해 사본에 대한 새로운 해석 上』, 정성호 역(신천지, 1994)]. 이 두 저서는 서구에서 상당히 잘 팔린 베스트셀러였다. 베이전트·레이의 책은 예컨대 독일에서만 당시 80만 부 이상 판매될 정도였다(독어 역: Verschlusssache Jesus. Die Qumranrollen und die Wahrheit über das fruhe Christentum).

이 두 책은 즉각 한국어로도 번역되었으나, 문화와 종교의 풍토가 다를 뿐만 아니라 쿰란 자체에 별 관심이 없는 우리나라에서는 거의 반응이 없었다. 어쨌든 이 두 저서는 쿰란 문서와 기독교 사이에 직접적인 관계가 있다고 표방하는 가운데, 베일에 가려져 있는 기독교의 역사적 뿌리를 쿰란 문서를 통해 해명할 수 있다는 놀라운 주장을 폈다. 예컨대, 베이전트·레이는 원시 그리스도인들을 로마의 점령에 항거하던 유대 해방 운동자로 이해하는 가운데 쿰란 문서에 나오는 '의의 교사(der Lehrer der Gerechtigkeit)'를 주의 형제 야고보와 동일시하였으며, 쿰란에 거주한 해방 운동의 주동자인 야고보의 대적자로 나타나는 '위선자(der Lügenmann)'를 바울이라고 주장한다.[501] 또한 바울은 로마와 원시 그리

---

501) 이것은 이미 1980년대에 미국의 종교학자 Robert Eisenman이 주장한 것이었다. 그는

스도교 해방 운동의 이중간첩의 역할을 하는 가운데 혁명가 예수의 죽음을 종교적인 속죄의 죽음으로 가장하여 예수를 신으로 포장해 팔았다고 주장한다.

오늘날 쿰란 전문가 사이에 이들의 황당한 주장을 액면 그대로 믿는 사람은 아마도 없을 것이다. 쿰란 공동체가 남긴 쿰란 문서는 의심의 여지없이 기원전 시대의 산물이라는 사실이 밝혀졌기 때문이다.[502] 그럼에도 불구하고 세례 요한과 예수를 포함하여 원시 그리스도교의 유대적 배경을 파악하기 위해 쿰란 문서야말로 우리가 접할 수 있는 가장 귀중한 1차 자료라고 필자는 확신한다.[503] 이런 의미에서 쿰란 문서는 예수와 원시 그리

원시 기독교를 당시 팔레스타인을 점령한 로마인들을 쫓아내기 위하여 결성된 민족주의자들의 모임이었던 젤롯당원들의 움직임으로 간주한다(Eisenman은 M. Wise와 더불어 1992년에 The Dead Sea Scrolls Uncovered라는 제목으로 쿰란 문서의 원문 및 영역을 담은 책을 출판했으나, 성급하게 편찬된 결과 오류가 많아 학문적으로 사용하기에는 부적합하다).

502) 이와 같은 사실은 여러 과학적인 방법을 통하여 입증될 수 있다. ① 고문서학(Paleography): de Vaux는 3시대로 구분한다(archaic period 250~150 BC; Hasmonean period 150~30 BC; Herodian period 30 BC~AD 68/70), ② Accelerator Mass Spectrometry(AMS), ③ Carbon-14-Method, 4. Pottery, 5. Coins.

503) M. Burrows는 이미 그의 저서 The Dead Sea Scrolls(New York, 1955)에서 "사해 사본은 기독교 탄생시의 유대교 이해를 확장시킴으로써 신약성서와 원시 그리스도교를 보다 잘 이해할 수 있도록 우리에게 자료를 제공하였다."고 말한 것은 전적으로 타당하다(독일어 역: Die Schriftrollen vom Toten Meer, München 1958, p. 270). 쿰란 문서에 관한 개론서로 다음을 참조하시오: H. Stegemann, Die Essener, Qumran, Johannes der Täufer und Jesus(Freiburg, Basel, Wien, 1993)〔=The Library of Qumran. On the Essenes, Qumran, John the Baptist, and Jesus(Cambridge, Leiden, 1998)〕; J. C. VanderKam, The Dead Sea Scrolls Today(Michigan, 1994); 김창선,『쿰란 문서와 유대교: 중요 유대 문헌을 중심으로 한 유대학 입문』(한국성서학연구소, 2002). 근자에 이루어지고 있는 쿰란 연구의 경향을 보려면 다음의 책을 참조하시오: J. T. Barrera, L. V. Montaner(eds.), The Madrid Qumran Congress. Proceedings of the International Congress on the Dead Sea Scrolls Madrid 18-21 March,, 1991, 2 Vols.(Leiden, New York, Koln: E.J. Brill, 1992)(StTDJ 11/1-2); D. Dimant, U. Rappaport(eds.), The Dead Sea Scrolls: Forty Years Research(Leiden, New York,

스도교의 삶이 토대로 삼았던 고대 유대교를 파악하는 데 그 무엇보다도 중요한 문헌이며, 따라서 나사렛 예수와도 관련이 있다고 말할 수밖에 없다. 문제는 그 관련성을 우리가 어떻게 이해하고 해석하느냐에 달려 있다. 본고는 쿰란 문서를 통해 쿰란 공동체의 신앙과 삶이 역사적 예수와 어떠한 연결점과 차이점이 보여 주고 있는가를 개괄적으로 다루고자 한다. 이러한 이해는 궁극적으로 나사렛 예수에 대한 우리의 이해를 보다 객관화시키고 심화시키는 데 기여할 수 있다고 생각한다.

II. 에센파 및 쿰란 거주지에 대한 개론적 이해

나사렛 예수를 쿰란 공동체와 비교하기에 앞서 쿰란 공동체에 대해 아직 낯선 우리 독자들을 위해 먼저 쿰란 공동체가 어떠한 공동체였는가에 대해 그 특징을 간략히 다루는 것이 유익하리라고 생각된다. 필자는 발견된 쿰란 거주지에 살았던 쿰란 공동체를 에센파에 속하는 무리로 간주하기에,[504] 쿰란 공동체와 에센파를 같은 개념으로 사용하고자 한다.[505] 쿰란/

Köln: E.J. Brill, 1992)(StTDJ 10); P. W. Flint, J. C. Vanderkam(eds.), *The Dead Sea Scrolls after Fifty Years: A Comprehensive Assessment*, Vol. 1(Leiden, Boston, Köln, 1998).

504) 쿰란 공동체를 에센파에 속하는 무리로 보는 필자의 입장에 대해: 김창선, 『쿰란 문서와 유대교』, 68-75쪽을 참조하시오.

505) 쿰란 사람들을 에센파로 보는 학계의 대세와 달리 몇몇 학자들은 쿰란 문서의 많은 할라카가 사두개적이라는 이유에서 쿰란 공동체를 사두개파로 간주하고자 한다: Lawrence. H. Schiffman, *The Halakhah at Qumran*(Leiden, 1975); idem, "Qumran and Rabbinic Halakhah," in: Sh. Talmon(ed.), *Jewish Civilisation in the Hellenistic-Roman Period*(Sheffield, 1991), pp. 138-146; Joseph M. Baumgarten, "The Pharisaic-Sadducean Controversies about Purity and the Qumran Texts," in: *JJS* 31(1980), pp. 157-170; idem, "Recent Qumran Discoveries and Halakhah in the Hellenistic Roman Period," in: Sh Talmon(ed.), *op. cit.*, pp. 147-158; Yaakov Sussman, "The history of

에센파의 역사에 관해서는 독일 괴팅겐대학의 신약학 교수이면서 쿰란 문서 전문가인 하르트무트 슈테게만(Hartmut Stegemann)의 입장이 현재 정설로 자리 잡고 있는데, 그의 입장을 요약하면 다음과 같다.[506]

에센파의 기본 성격은 BC 2세기 초반 팔레스타인에 밀려오던 헬라화의 물결에 저항하는 가운데 옛 전통을 고수하기 위해 애썼던 움직임이라고 말할 수 있다. 헬라화의 물결은 BC 167년 안티오쿠스 4세의 명령에 따라 예루살렘 성전에 야훼를 대신하는 제우스 올림피우스 신전이 설립됨으로써 극에 달한다(cf. "멸망하게 하는 가증한 것": 단 11:31, 12:11). 성전에 대한 이러한 신성 모독으로 인해 대다수 경건한 유대인들은 마치 BC 587년 바벨론 포로기에 첫번째 성전이 파괴되는 대재앙과 유사한 참담한 상황에 처하게 된다.

에센파가 탄생하게 되는 직접적인 발단은 마카비 가문(Maccabees)의 요나단(Jonathan)이 팔레스타인의 실질적인 통치자가 되면서 BC 152년 유대교의 대제사장 직분을 불법적으로 찬탈한 사건과 관련되었다. 요나단은 사독 가문이 아니기에 대제사장의 직분을 맡을 수 없는 사람이었음에도 불구하고 정치적인 술수를 사용하여 불법적으로 예루살렘 성전의 대제사장 자리를 차지한 것이다. 당시 쫓겨난 대제사장의 이름은 전해지지 않고 '쿰란 문서'를 통해 "의의 교사"[507]라고 불렸다는 사실을 알 수 있다. 의의

---

halakhah and the Dead Sea Scrolls: Preliminary observations on Miqsat Ma' ase ha-Torah(4QMMT)," in *Tarbiz* 59(1989-1990), Summaries, pp. 1-2. BC 2세기 중엽 유대 제사장 계층이 적대적인 그룹으로 서로 분리되기 전에는 사두개파와 에센파는 공통의 할라카를 갖고 있었을 것이다. 따라서 에센파의 소유물인 쿰란 문서에서 사두개적인 할라카를 발견하는 것은 당연하다.

506) Cf. H. Stegemann, "The Qumran Essenes-Local Members of the Main Jewish union in Late Second Temple Times", in: J. T. Barrera, L. V. Montaner(eds.), *The Madrid Qumran Congress*, pp. 83-166, 특히 138f. 또한 H. Stegemann, *Die Entstehung der Qumrangemeinde*, Diss. theol.(Bonn, 1971); idem, *Die Essener*, pp. 198ff; 김창선, 『쿰란 문서와 유대교』, 79-86쪽("쿰란/에센파 기원의 역사적 배경").

507) '의의 교사'가 대제사장이었을 것이라는 사실은 그를 가리키는 명칭에 드러난다.

교사는 요나단의 살해 음모를 피해 예루살렘을 탈출하여 시리아의 다메섹으로 망명을 가서(CD 7:18-20), 그곳에 이미 있던 '새 언약 공동체(the New Covenant)' [508]의 수장이 된 이 공동체가 에센파의 모체가 되었다.

BC 152년에 일어난 이 사건을 체험하면서 의의 교사는 종말의 시대가 시작되었다고 믿었다. 시리아에서 '새 언약 공동체'의 지휘권을 넘겨받은 의의 교사는 이 새 언약 공동체의 대다수 구성원을 포함하여 다른 중요 유대 그룹을〔시나고그 아시다이온(synagoge Asidaion), 성전 기득권자들 가운데 일부〕 자신의 연합체에 합류시킴으로써 당시 유대교 내에서 영향력이 큰 에센파 연합체를 BC 150년경에 설립하게 된다.[509] 이 연합체를 가리켜 '하 야하드' (ha-yahad= "the Union")라 불렀는데, 이는 당시 현존한 모든 경건한 유대 그룹의 연합체를 뜻하는 말로서 온 이스라엘 대표하는 종교 조직이었다. 이 에센파 연합체의 설립이 어디에서 이루어졌는지는 알려져 있지 않다. 다만 발굴된 쿰란 거주지는 에센파 설립이 있은 뒤 대략 50년이 지나서 BC 2세기 말경 의의 교사가 죽은 뒤에 설립된 것으로 추정되기에 쿰란이 에센파 연합체의 중심 본부가 될 수 없다.

시내산으로부터 이스라엘에게 주어진 하나님의 언약을 자신이 대표한다고 믿은 의의 교사는 많은 사람들을 자신의 연합체에 합류시키는 데 성공하였으나, 일부 그룹은 의의 교사의 연합체 조직에 반발하게 되었다. 의

'מורה הצדק' 이란 칭호는 '토라에 합당하게 가르치는 유일한 선생' 이라는 뜻을 갖고 있고, 그것은 대자사장의 전통적인 직분이다. 또한 'מה היחיד(유일한 선생)' התורה שורד((최고의) 토라 해석가)' 'הכוהן(그 제사장)' 과 같은 표현들은 '의의 교사' 가 예루살렘 성전 제식의 수장이었다는 사실을 나타낸다.
508) '다메섹' 을 쿰란을 가리키는 영적인 개념으로 해석하는 가운데 이 그룹을 '쿰란 에센파'로 파악하려는 경향이 있는데, 이는 잘못이다. CD 8:21/19:33-20:1에 잘 나타나듯이, 이 그룹의 멤버들은 아직 에센파에 가입한 사람들이 아니다. 이 그룹은 170~167년의 종교적 혼란기에 다메섹 주변으로 피신하여 정착한 팔레스타인 유대인들로서 평신도 중심의 엘리트 그룹이었다.
509) 에센파 연합체의 설립은, 172년에 대제사장직을 매수로 차지한 메넬라오스(Menelaos)가 시리아에 망명간 대제사장 오니아스 III세를 살해한 BC 170년으로부터

의 교사는 자신을 다시 대제사장으로 복귀시킴으로써 모든 문제가 해결되리라고 당시 마카비 가문의 대제사장과 성전 기득권 세력을 설득시키고자 하였으나 수포로 돌아갔다. 결국 하스몬 통치자들을 포함한 성전 기득권자들은 일명 사두개파로 불리게 되고, 에센파 연합체 가입을 거부한 핵심 분파는 '분리주의자', 즉 바리새파로 불리게 되었다. 에센파 연합체는 정치적인 권력을 상실하게 되고 당시 정치적 권력을 쥔 하스몬 일파가 '공적인 유대교(official Judaism)'를 대표하면서 하스몬 왕가로부터 헤롯 대왕의 통치 때까지 반체제 조직이라는 비난을 받게 되었다.

에센파 사람들은 자기들이 종말의 시대에 살고 있으며, 자신들의 공동체는 전체 이스라엘을 대표한다는 자의식을 갖고 있었다. 다시 말하면, 에센파란 종말의 구원에 앞서 하나님이 예비하신 이스라엘의 유일한 언약 공동체[510]라는 높은 자의식을 갖고 있던 고대 유대교의 종파였다. 이들은 쿰란에만 국한된 보잘것없는 수로 구성된 당시 유대교의 주류에서 일탈한 작은 '섹트'가 아니라, 당시 유대교를 대표하는 영향력이 큰 주류에 속한 종파였다.[511] 이렇게 볼 때, 에센파를 '사해 연변에 자리 잡은 수도원과 같

20년이 지나 이루어진다(CD 1:9-11). 따라서 대략 BC 150년경에 설립되었다는 사실을 알 수 있다.
510) 따라서 그들은 자신들의 공동체를 '하나님의 백성'(עם אל, 1QM I,5; III,13) 혹은 '이스라엘 공동체'(עדת ישראל, 1QSa I,1; I,20; II,12) 등으로 불렀다.
511) Cf. H. Stegemann, *Die Essener*, p. 364: "예수 시대뿐만 아니라, 훨씬 넘어 랍비 시대에 이르기까지 그들은(에센파) 팔레스타인 유대교의 대표자들이었다."("Nicht nur zur Zeit Jesu, sondern bis weit hinein in die rabbinische Epoche waren sie die Hauptrepräsentanten des palästinischen Judentums."). 또는 K. Berger가 "쿰란 텍스트를 한 고립된 '섹트'의 산물로 간주할 것이 아니라, 당시 유대교의 보편적 흐름의 전형적인 대표자로 평가하는 것이 타당하다."고 말하는 것은 정당하다(*Qumran und Jesus: Wahrheit unter Verschluss*(Stuttgart, 1993), pp. 84f]. 쿰란/에센파 공동체를 결혼 금지와 엄격한 수도 규칙을 갖춘 일종의 '수도원'으로 보는 옛 시각은 더 이상 수용될 수 없다. 쿰란 거주지 근처에서 발견된 여인들과 아이들의 무덤과, 결혼 예식에 관한 본문으로 보이는 쿰란 문서(4Q 502)의 발견 역시 쿰란 공동체를 수도원적인 공

은 공동체'로 이해하는 가운데, 세상의 불결함을 피해 정결함을 찾아 황량한 언덕으로 이주한 사람들로 보는 아직까지도 만연되어 있는 시각은[512] 우리의 '낭만적인' 선입관에 따른 것이지 역사적 사실에 가까운 보도라고 말하기 어렵다. H. 슈테게만은 이처럼 수도원적인 환경 가운데 경건한 삶을 고양할 목적으로 쿰란 거주지가 세워진 것으로 여기지 않고, 완전히 새롭고 독특한 가설을 내놓았다.

그에 따르면, 쿰란 거주지는 수많은 에센파 회원들의 연구와 종교 활동 및 경건성 고양을 위해 필요한 사본들을 조달하는 두루마리 사본 제작장으로서 오늘날의 개념으로 말하면 특정 종교 단체를 위한 일종의 출판사의 역할을 수행했다고 말한다.[513] 이러한 그의 주장은, 쿰란 거주지가 있는 키르벳 쿰란으로부터 남쪽으로 2~3km 내려오면 '엔 페쉬카(En Feshka)'라는 지역이 있는데, 여기에서 상업용 목적의 건축물 시설이 발굴된 것과 연계하여 내린 결론이다. '엔' 이란 히브리-아랍어로 '샘' 이란 뜻이고 '페쉬카' 란 이 샘의 이름을 나타낸다. 몇몇 수로가 산 중턱에서 이 지역으로 연결되어 있는데, 이러한 관개용수를 이용해 이 곳에 여러 식물과 야채를 심을 수 있었다. 슈테게만은 엔 페쉬카 시설[514]을 상업 활동과 더불어 천연

동체로 보는 시각과 대립된다. 에센파를 수도원으로 보는 입장은 로마 역사가인 Plinius(AD 23/24~79년)의 에센파 보도(Naturalis historiae V,73)에서 유래한 것이며, 독일의 고전적인 사전 *Realencyclopädie für protestantische Theologie und Kirche*에 나오는 에센파 설명이 커다란 영향을 끼쳤다(Vol. 5, Leipzig, 1898, pp. 525f: "예루살렘 성전으로부터 배제된 채, 에센파는 제식 공동체(Kultusgemeinde)라기보다는 오히려 수도원(Mönchsorden)에 비교할 수 있는 전적으로 폐쇄된 공동체를 이루었다").

512) 이와 같이 예컨대, J. Neusner, *Judentum in frühchristlicher Zeit*(Stuttgart, 1988), p. 26 (= *Judaism in the Beginning of Christianity*(Philadelphia, 1984)).
513) 이에 관하여 H. Stegemann, *Die Essener*, pp. 53-82를 참조하시오. 그런데 슈테게만은 앞서 쓴 글에서, 한적한 장소에 위치한 쿰란 거주지가 에센파 구성원들을 위한 묵상 및 학습 장소로서의 역할을 했을 것이라고 말했었다("The Qumran Essenes-Local Members of the Main Jewish union in Late Second Temple Times," p. 162).
514) 여기서 발견된 동전, 토기 조각, 돌 화분 등은 쿰란 거주지와 동 시대(BC 100~AD 68)

가죽 생산을 함으로써 쿰란 거주민들이 사본 제작을 하는 데 직간접으로 도움을 준 시설로 간주한다.

이어서 발견된 쿰란 문서의 중요성에 대하여 간단히 지적하고자 한다.

III. 쿰란 문서는 예수 시대 유대 종파가 남긴 거의 유일무이한 1차 자료이다

발견된 쿰란 문서는 예수 및 원시 그리스도교 탄생의 배경이요 모태인 당시 유대교에 관한 이해를 넓히는 데 현재 우리가 접근할 수 있는 가장 소중한 문서라고 말할 수 있다. 예수 당시 혹은 그 직전 시대에 살았던 유대 종파의 사고방식과 신앙 세계를 이해하는 데 이보다 더 중요한 문서가 없기 때문이다. 물론 AD 1세기의 유대인인 요세푸스와 필로의 저술도 중요하다.[515] 그러나 비록 요세푸스가 바리새파에 속했었지만 로마군에 투항한 뒤 기록한 그의 작품은 어떤 종파적 입장을 담은 것이 아니라 한 개인으로서 헬라 독자들을 염두에 두고 기록한 작품이라는 점에서 에센파의 작품인 쿰란 문서와 차이가 나며, 또한 필로는 팔레스타인 사람이 아니라 알렉산드리아 디아스포라에서 활동한 헬라 유대인이기에 그의 작품은 팔레스타인 유대교의 산물인 쿰란 문서와 다르다. BC 1세기 중엽에 기록된 것으

의 것으로 판명되었다. 동전과 무게를 잴 때 사용한 돌멩이가 발견된 것으로 보아 이곳에선 물건을 생산했을 뿐만 아니라 매매도 이루어졌다는 사실을 알 수 있다. 당시 고가로 매매되었던 귀한 물건 가운데 하나는 바닥재였는데, 이것의 조각이 쿰란 폐허에서 발견되기도 하였다(cf. H. Stegemann, *Die Essener*, pp. 55-58).

515) 이에 관하여 필자의 저서, 『쿰란 문서와 유대교』("제10장: 요세푸스와 필로"), 244-275쪽을 참조하시오. 또한 S. 메이슨, 『요세푸스와 신약성서』, 유태엽 역(대한기독교서회, 2002); S. 샌드멜, 『유대의 종교철학자 알렉산드리아의 필로』, 박영희 역(도서출판 엠마오, 1989).

로 짐작되는 『솔로몬의 시편』(PsSal)이 바리새파의 작품일 것으로 추정하는 사람도 있으나,[516] 이는 아직 확실하지 않다. 이렇게 볼 때, 고대 유대교에 살았던 한 종파가 남긴 문헌으로서 오늘날까지 전해 내려오는 것은 오직 쿰란 문서뿐이라고 말할 수 있다. 앞서 언급했듯이 쿰란 문서는 고대 유대교의 대표적인 종파에 속하는 에센파가 남긴 현재 우리가 소장하고 있는 유일무이한 1차 자료라는 데 그 중요성이 있다. 예수 및 초기 예수 운동은 고대 유대교라는 모태에서 탄생했으며, 따라서 고대 유대교에 속한 에센파가 남긴 쿰란 문서는 어떤 식으로든 예수 및 예수 운동과 관련이 있을 것이라고 쉽게 짐작할 수 있다.

IV. 예수와 쿰란 공동체는 어떤 관계에 있는가?

예수가 에센파와 관련되었다는 주장은 쿰란 문서가 발견된 근자의 경우에서뿐만 아니라, 이미 1713년 요한 고트프리트 바흐터(Johann Gottfried Wachter)의 저서 『기독교의 기원』(De primordiis Christianae)에서 제기한 것이었다.[517] 여기에서 그는, 예수가 에센파에서 훈련을 받아 이적 행위자로서의 능력을 키웠다고 말했다. 진정 예수는 쿰란 · 에센파의 일원이었나?

1. 예수는 쿰란 · 에센파의 일원이 아니었다

미국인 저널리스트인 윌슨(Edmund Wilson)은 1955년 The New Yorker

---

516) 예컨대, S. Holm-Nielsen, *Die Psalmen Salomos*, JSHRZ IV/2(Gütersloh, 1977), p. 59. PsSal 외에도 4Esra와 Fastenrolle(Megillat Taanit=금식을 금하는 36일에 대한 내용을 담은 마카비 시대의 아람어 목록)가 바리새파의 유산일 가능성에 대해 논란이 있다.
517) H. Stegemann, *Die Essener*, p. 314.

라는 잡지에 한 글을 발표했는데, 이 글을 확대하여 같은 해에 단행본으로 출판하였다. 여기에서 윌슨은 거의 모든 핵심 기독교의 가르침이 이미 쿰란에 나타났는데 대체로 기독교인들인 쿰란 연구가들이 이 사실을 의도적으로 감추고 있다는 주장을 하였다.[518] 또한 프랑스의 훨씬 진지한 학자라고 말할 수 있는 뒤퐁 솜머(A. Dupont-Sommer)는 윌슨에 앞서 쿰란 공동체의 최고 지도자인 '의의 교사'가 십자가형을 당했으며 추종자들이 그의 부활과 재림을 기대했을 것이라는 내용이 쿰란 문서 가운데 담겨있다는 놀라운 주장을 폈다. 이와 유사한 주장들은 그 이후에도 지속되었다.

앞서 언급했듯이, 시어링(Barbara Thiering)은 1992년에 "예수와 사해 사본의 수수께끼"라는 세상 사람들의 관심을 불러 모으는 상당히 흥미로운 제목의 책을 출판하였다. 여기에서 저자는 쿰란 문서를 기독교 탄생 이전의 산물로 간주하고 있는 학계의 정설과 완전히 다른 주장을 전개시키는 가운데, 이들 문서의 기원을 훨씬 뒤로 잡아 세례 요한과 예수 시대의 산물로 간주한다. 그래서 BC 2세기 중엽 시대의 인물인 '의의 교사'를 세례 요한이라 보고, 그의 대적자였던 '사악한 제사장'을 가리켜 다름 아닌 나사렛 예수라고 주장하며, 이 예수는 에센파에 속했으며 주로 유대 광야에 머물렀다고 주장한다. 심지어 AD 30년 9월에 이 예수는 막달라 마리아와 결혼했으며, 33년에는 시몬 마구스(Simon Magus)와 젤롯당원 유다와 함께 십자가형에 처해졌으나, 최후의 순간 무의식 상태에서 탈출하는 데 성공하여, 그 후 60년대에 로마로 가서 70살까지 살았다고 주장한다. 이와 같은 주장은 한마디로 황당하다. 그녀의 주장이 사실이라면 참으로 놀라운 정보가 아닐 수 없다. 그러나 이러한 주장은 성급한 본문 읽기를 통한 근거 없는 주장이라고밖에 말할 수 없다. 왜냐 하면 발견된 (에센파의 창작품에

---

518) E. Wilson은 키르벳 쿰란을 가리켜 "베들레헴이나 나사렛 이상으로 기독교의 요람"이라고 말했다〔*The Scrolls from the Dead Sea Scrolls*(1955), p. 129〕.

속하는) 쿰란 문서는 기독교 탄생 시기와는 아무 상관이 없는 BC 2~1세기 때의 산물임이 명백히 드러났기 때문이다. 따라서 쿰란 문서는 예수 시대에 관한 어떠한 정보도 담고 있지 않으며, 예수가 쿰란 공동체의 일원이었다는 주장은 전혀 근거가 없다. 그러나 쿰란 문서는 예수를 이해하는 데 여러 모로 도움이 된다는 사실이 점차 밝혀지고 있다.

2. 쿰란 공동체와 예수는 다 같이 종말론적인 문맥에서 사고했다

1892년 요한네스 바이스(Johannes Weiss)의 『하나님나라에 대한 예수의 선포』〔Die Predigt Jesu vom Reiche Gottes(Göttingen, 1892)〕라는 기념비적인 책이 발표된 후 서구 신학계 특히 독일 신학계는 예수와 원시 그리스도교가 종말론적으로 사고했다는 사실을 지금까지 정설로 삼고 있다. 그러나 근자에 들어와 특히 비 독일어권에서 활동하는 성서학자들 가운데 예수를 새롭게 이해하고자 하는 여러 시도들이 있다. 그래서 예수를 랍비 힐렐과 같이 바리새파 성향의 현자의 유형으로 파악하는가 하면(James M. Robinson; Marcus J. Borg), 당시 헬라 견유학파와 관련지어 예수를 유대 견유철학자(J. D. Crossan; Burton Mack)로 간주하려는 경향이 강하게 일고 있다. 이들은 역사적 예수를 종말론적인 문맥에 가두어 두는 전통적인 해석에 이의를 제기하면서 자신들의 주장을 정당화시키고 있다. 이와 같은 이른바 '새로운' [519] 비 종말론적인 예수 해석이 고대 유대교와는 전적으로 다른 현대 상황 가운데, 다시 말하면 종말론적인 사고를 거부하는 '세속화된' 현대인들에게 일면 설득력을 지닐 수 있다. 그러나 당시 실제 예

---

519) 예수 선포에 담긴 미래 종말론적인 진술을(상징적으로 해석함으로써) 약화시키거나 제거하려는 시도는 앞선 시대에도 있었다. 예컨대, C.H. Dodd, *The Apostolic Preaching and its Developments*, 1936. Appendix: Eschatology and History, pp. 193ff; A.N. Wilder, *Eschatology and Ethics in the Teaching of Jesus*(1950), pp. 53ff.

수의 모습에 얼마나 부합할까 하는 질문을 하지 않을 수 없다. 왜냐 하면 예수 및 원시 그리스도교 운동은 종말론의 문맥을 떠나서는 올바로 이해하기 어렵기 때문이다. 예수 및 원시 그리스도교 운동과 마찬가지로 쿰란 공동체 역시 종말론적인 문맥에서 사고했다는 사실이 쿰란 문서의 발견으로 명백히 드러났다. 종말론은 예수와 쿰란 공동체가 공유했던 중심 사고에 속한다. 쿰란 공동체가 가졌던 종말론의 특징을 다음과 같이 정리할 수 있다.

1) 종말론적인 성서 해석

히브리어 성서, 즉 구약성서의 예언이 자신들의 시대를 위한 것이라고 믿었다. 다시 말하면 쿰란 공동체가 존재하는 현재가 바로 구약성서가 예언한 종말의 시간으로 믿었다. 이것은 구약의 예언이 자기들의 시대에 성취되고 있다고 본 것이다. 이에 따라 자신들의 현주소를 올바로 파악하기 위해 여러 예언서에 관한 주석서를 남겼다. 이때 예언서의 특정 본문을 에센파의 현재와 관련시켜 마디마디 순서대로 주석해 나가는 해석이 하나의 독특한 방법을 이루게 된다. 이와 같은 주석 방법을 가리켜 '페셔 방법(Pesher-Method)'이라 부르고, 이에 따라 주석한 주석서를 가리켜 『페샤림』(Pesharim=주석들)이라 부른다.[520]

---

520) 주석을 시작할 때마다 "פשר"(pesher)라는 말로 시작하고 있는 것에서 유래한다. על אשר / (1QpHab II,1) פשר הדבר על / (1QpHab IV,1) פשרו אשר / (1QpHab I,12) פשרו / פשר הדבר (1QpHab V,3). 이와 같은 방식으로 주석이 시작된다. 에센파 사람들은 이 페셔 방법에 따라서 주석한 작품들을 8개나 남겼다. 이들 작품을 다음과 같은 약자로 표시하고 있다. 이사야 주석: 3QpIsa(=3Q4), 4QpIsa^{a-e}(=4Q161-165); 호세아 주석: 4QpHos^{a,b}(=4Q166-167); 미가 주석: 1QpMic(=1Q14), 4QpMic(?)(=4Q168); 나훔 주석: 4QpNah(=4Q169); 하박국 주석: 1QpHab; 스바냐 주석: 1QpZeph(=1Q15), 4QpZeph(=4Q170); 말라기 주석: 5QpMal(?)(=5Q10); 시편 주석: 4QpPsa(=4Q171), 1QpPs(=4Q16), 4QpPsb(=4Q173). 구약의 구절을 연속적으로 인용하며 주석하는 '페샤림'과 달리, 주제에 따른 주석서도 있다. 이를 가리켜 흔히 "Thematic Midrashim"

예컨대 4번째 쿰란 동굴에서 발견된 『나훔 주석서』(4QpNah)에 다음과 같은 말이 나온다. "'6 내가 또 가증하고 더러운 것들을 네 위에 던져 능욕하여 너를 구경거리가 되게 하리니 7 그때에 너를 보는 자가 다 네게서 도망하며'(나훔 3:6-7a) 이 구절의 해석은 매끄러운 것을 구하는 자들에게 해당된다. 그들의 사악한 행위는 종말의 시간에 온 이스라엘에게 드러나게 될 것이다. 또한 많은 사람들은 자기들의 죄를 깨달을 것이며 그들을 저주하며 그들의 죄에 찬 자만심으로 인해 그들을 배척하게 될 것이다. 그리고 유다에게 명예가 계시되면, 에브라임의 단순한 자들은 그들의 모임 한가운데로부터 달아날 것이며 그들을 유혹한 자들을 떠나 이스라엘에 속하게 될 것이다. 그리하여 그들은 (이렇게) 말할 것이다. '니느웨가 황폐하였도다 누가 그것을 위하여 애곡하며 내가 어디서 너를 위로할 자를 구하리요'(나훔 3:7b)이 구절의 해석은 매끄러운 것들을 구하는 자들에게 해당된다. 그들의 모임은 멸망할 것이며 그들의 공동체는 파괴될 것이다. 그리하여 그들은 계속하여 그 모임을 유혹하지 못할 것이다"(4QpNah 3:1-8a).

본래 구약성서에 나오는 선지자 나훔의 예언은 BC 6세기 말경에 유래한 것이나, 쿰란 공동체는 나훔의 예언을 자신의 현재에 적용시켜 해석하고 있다. 그래서 위 본문에 언급된 "매끄러운 것들을 구하는 자들" 혹은 "에브라임의 단순한 자들"이란 쿰란 공동체가 바리새파를 부정적으로 부를 때 사용한 은유적인 표현이다. 『나훔 주석서』는 대제사장이면서 왕으로 군림했던 아리스토불(Aristobul II, BC 67~63년)이 죽은 직후에 기록된 것으로 당시 유대 정치 지도자들과 사두개파이며 바리새파에 대한 비판을 담고 있다.

또한 페샤림 가운데 가장 뒤늦게 기록된 것으로 보이는, 첫번째 쿰란 동

이라 부른다〔Eschatological Midrash(4Q174 MidrEschata; 4Q177 MidrEschatb); Melchchedek-Midrash(11QMelch=11Q13); Genesis-Midrash(4Q252)〕.

굴에서 발견된 『하박국 주석서』(1QpHab)가 있다. 이 주석서의 생성 연대는, 1QpHab 9:2-7에 로마인들이 BC 54년에 예루살렘 성전 약탈 사건이 언급되고 있다는 점에서 BC 54년 직후로 잡을 수 있다. 『하박국 주석서』 Column 2에 구약의 하박국 1장 5절절에 대한 해석이 나온다. "1 이 말(합 1:5)에 대한 해석은 거짓의 사람과 함께 하는 그 변절자들(הבוגדים)에게 해당된다. 2 왜냐 하면 그들은 하나님의 입에서 나오는 의의 교사의 말을 듣지 않기 때문이다. 3 또한 새 언약 공동체의 변절자들(ברית החדשה הבוגדים)에게도 해당된다. 왜냐 하면 4 그들은 하나님의 언약을 신뢰하지 않고 그분의 성스러운 이름을 더럽혔기 때문이다. 5 또한 마찬가지로 이 말의 해석은 종말의 모든 변절자들에게 해당된다. 6 그들은 언약에 폭행을 가하는 자들(עריצי הברית)로서 그 제사장(הכוהן)의 입으로부터 마지막 세대에 일어날 모든 것을 들었음에도 믿지 않았다. 그의 마음 가운데 하나님은 당신의 종 예언자들을 통해 당신의 백성과 당신의 땅에 대해 다가올 모든 것을 선포하신 예언자들의 모든 말을 해석할 수 있도록 통찰을 주셨다."(1QpHab 2:1-8)

여기에서 쿰란 공동체의 멤버인 주석자는 BC 650~600년경에 살았던 하박국 선지자의 예언을 쿰란 공동체가 활동하던 당시 존재했던 다른 종파들에게 적용시키고 있다. 제1열에 나오는 "변절자들(הבוגדים)"은 바리새파를 가리키며, 3열의 시리아 다메섹에 남아 있던 "새 언약 공동체의 변절자들(הבוגדים ברית החדשה)"은 시리아 다메섹에 남아 있던 새 언약 공동체의 남은 멤버들을 가리키며, 그리고 6열 이하에 "언약에 폭행을 가하는 자들(עריצי הברית)"이 나오는데, 이들은 의의 교사를 뜻하는 "그 제사장(הכוהן)"의 예언서 해석의 말씀을 믿지 않는 당시 사두개파를 가리키는 표현이다. 이처럼 '하박국 주석'의 해석자는 구약의 하박국 예언을 쿰란 공동체가 현존하는 시대와 관련시켜 주석하고 있음을 볼 수 있다.

2) 종말 드라마의 현재적 적용

BC 100년경에 기록된 것으로 추정되는[521] 『다메섹 문서』(CD)에 다음과 같은 말이 나온다. "그들 모두는 각자의 영에 합당하게 성스러운 모임 가운데 심판 받아야만 하며, 또한 언약 공동체에 들어온 모든 자들도 (심판받아야만 한다.) 하지만 율법의 경계를 부순 자들은 하나님의 영광이 이스라엘에게 계시될 때 진영으로부터 멸절되어야만 한다."(CD 20:24-26). 여기에서 "언약 공동체"는 에센파를 가리키며, "언약 공동체에 들어온 모든 자들"은 곧 에센파 멤버들을 가리킨다. "하나님의 영광", 곧 하나님이 이스라엘에게 계시하실 때 에센파에 속한 사람들은 구원을 받으나, "율법의 경계를 부순 자들" 곧 에센파에 가담하지 않은 모든 자들은 멸절되리라고 말한다.

에센파 사람들은 기본적으로 자신들의 종파에 속한 사람만이 무시무시한 종말의 심판으로부터 살아남을 수 있다고 믿었고, 이방인뿐만 아니라 에센파와 적대 관계에 있던 바리새파 사람들 또한 그릇된 길로 빠져든 비에센파 사람들을 포함한 나머지 사람들은 모두 종말 심판으로 인해 멸망하게 될 것이라고 믿었다. 에센파 사람들이 자신들의 공동체인 에센파 연합체에 가입한 멤버들만 종말의 심판에서 살아남을 것이라고 말하는 것과 달리, 예수는 종말의 심판에서 누가 살아남을 가를 결정하는 권한은 오직 하나님에게만 속한 하나님의 전권이라고 말한다. 당시 유대인들의 미래 종말론과 전적으로 달리, 오직 예수의 종말론은 현재와 미래의 차원을 동시에 담았다는 W. G. 큄멜의 주장은[522] 이제 쿰란 종말론을 연구함으로써 더 이상 유지될 수 없다는 사실이 드러났다.

---

521) 의의 교사가 죽은 뒤 40년 정도 지나갔음을 언급하는 구절(CD 20:14-15)로 미루어 그와 같이 추정할 수 있다.
522) W. G. Kümmel, *Verheissung und Erfüllung. Untersuchungen zur eschatologischen Verkündigung Jesu*(Zürich, 1956).

3) 성령의 현재적 체험

당시 유대인들 사이에 만연되어 있던 생각, 즉 "마지막 예언자들인 학개, 스가랴 그리고 말라기의 죽음과 더불어 성령이 이스라엘로부터 사라졌다."(tSota 3:2)는 생각과 달리, 쿰란 공동체는 성령의 현재적인 활동에 대해 말한다. 예컨대 1QH 7:6-25에서 시편 기자는 "당신의 성령을 내게 부어 주셨기에 동요하지 않습니다."(6-7열)라고 진술한다. 이러한 성령 체험에 관한 진술은 당시 유대인 사회에서는 이례적인 진술이다.[523]

나사렛 예수 역시 성령 체험을 하였던 것으로 보인다. 이에 대하여 마가복음 기자는 "(예수가) 곧 물에서 올라오실새 하늘이 갈라짐과 성령이 비둘기같이 자기에게 내려오심을 보시더니"(막 1:10)라고 말함으로써 예수의 사적인 체험으로 보도하고 있다. 이 본문을 참조한 마태와 누가는 예수의 이 같은 성령 체험을 보다 공공성을 띤 것으로 보도한다. 즉 마태는 "하늘로부터 소리가 있어 말씀하시되 이는 내 사랑하는 아들이요 내 기뻐하는 자라 하시니라"(마 3:17)고 말하고, 누가는 보다 구체적으로 "성령이 비둘기 같은 형체로 그의 위에 강림하시더니 하늘로부터 소리가 나기를 너는 내 사랑하는 아들이라 내가 너를 기뻐하노라 하시니라"(눅 3:22)고 전하고 있다.

4) 종말 심판에 대한 분명한 표상

쿰란 문서의 발견으로 종말 심판에 대한 보다 구체적인 표상을 얻게 되었다. 불법이 지배하는 현재로부터 구원의 시대로 넘어가는 과정이란 하룻밤 사이에 갑자기 일어나는 사건이 아니라, 비교적 긴 시간의 과정이며

---

523) F. F. Bruce는 구약이나 외경 가운데 거의 사용되지 않는 '성령'이라는 개념 혹은 진술이 신약과 쿰란 문서에 자주 사용되었다는 것은 "놀랄 만하다"고 말했다("Holy Spirit in the Qumran Texts", in: *The Annual of Leeds University Oriental Society* 6(1969), pp. 49-55].

모든 악의 세력이 멸망한 뒤에 비로소 영원한 구원의 시대가 열리리라는 표상이 분명해졌다. "멜기세덱 미드라쉬"(11QMelch 2:4-14)에 따르면,[524] 종말 심판의 '날'은 7년 동안 지속되는 것으로 나온다. 또한 『전쟁 문서』(1QM 2:6; 2:9)에 따르면, 선악간에 벌어지는 종말의 드라마는 전체 40년 동안 걸리는 것으로 나온다.[525] 이 기간 동안 이스라엘은 나머지 세상 세력을 무찌르게 되고 이로써 구원의 시대가 열리게 된다는 것이다. 종말의 드라마가 전개되는 기간 동안 악의 세력이 점진적으로 줄어드는 것과 상응하게 선의 세력이 점차 증가하는 것으로 묘사된다. 위의 두 경우에 나타나듯이, 종말 전쟁 가운데 이루어지는 종말 심판이란 일련의 긴 기간으로서 생각하였다는 사실이 쿰란 문서의 발견으로 더욱 분명해졌다.

3. 예수와 의의 교사의 가르침에 놓인 유사점

쿰란 문서가 발견된 직후 흥분된 상태에 있던 쿰란 연구 초창기에 몇몇 사람들은 나사렛 예수를 쿰란?에센파의 설립자인 '의의 교사'의 화신으로 간주하기도 했다. 그래서 1950년에 뒤퐁 솜머(A. Dupont-Sommer)는 "갈릴리의 선생은 … 여러 가지 면에서 의의 교사가 다시 성육신한 것에 불과하다."고 주장했으며, 또한 1956년에 알레그로(J. Allegro)는 원시 교회의 예수 그리스도의 재림 대망은 "제사장적 메시아로서 고난당하고 십자가에 못 박히며 다시 부활한 것으로 생각한 의의 교사에 관한 쿰란 공동체의 기

---

524) 하늘의 대제사장이며 종말의 해방자요 심판가로 나타나는 멜기세덱을 중심 주제로 하고 있는 '멜기세덱 미드라쉬' (11QMelch =11Q13)는 쿰란에서 발견된 가장 이른 시기에 기록된 순수한 주석서로 간주된다. 발견된 사본은 고문서학적으로 볼 때 BC 1세기 중엽에 기록된 것으로 보이나, 본래 작품은 이미 BC 2세기 후반에 기록되었을 것으로 짐작한다.

525) H. Stegemann, Die Essener, p. 331.

대와 같다."고 말했다.[526] 이러한 주장은 정확한 본문 해석에 근거한 것으로 볼 수 없기에[527] 마땅히 거부되었다. 하지만 전체 이스라엘을 대표하는 종말의 언약 공동체를 세웠다고 말하는 에센파의 설립자 의의 교사는 고대 유대교의 문맥에서 볼 때 대단한 지도자였다고 말할 수 있다. 그는 대단한 권위를 지닌 인물이었음에 틀림없다. 하나님의 계시의 비밀이 오직 자기에게만 열려 있으며 이에 따라 성서 해석의 전권이 자기에게만 주어졌다고 확신했다. 이러한 당시 유대교의 문맥에서 볼 때 놀라운 권위를 지녔던 의의 교사는 몇몇 측면의 경우 역사적 예수와 유사한 면을 가졌다고 말할 수 있다.[528]

첫째, 의의 교사와 예수는 둘 다 자신을 권세 있는 종교 지도자며 교사로 이해했다. '의의 교사'라는 칭호에 이미 암시되었듯이 그의 권세는 무엇보다도 대제사장으로서의 자의식에 뿌리를 두고 있다. 비록 당시 정치적 소용돌이 가운데 자신의 자리를 불법적으로 빼앗겼으나, 이스라엘의 유일한 적법한 대제사장이라는 신념 가운데 하나님이 자신을 통해 종말의 유일한 구원 공동체(쿰란·에센파)를 예비하셨다는 확신을 갖고 있었다. 이러한 공동체를 설립한 그는 동시에 엄청난 권세 있는 교사로서의 자의식을 갖고 있었다. 그리하여 의의 교사는 하나님이 토라를 자신의 마음 가운데 묻었다고 믿었으며(1QH 4:10, "나의 마음 가운데 파묻은 당신의 토

---

526) F. F. 브루스, 『사해 사본』, 신성종 역(총신대출판부, 1982), 212쪽에서 재인용.
527) 뒤퐁 솜머의 주장은 1QpHab9:1-2를, 또한 알레그로의 주장은 1QpNah 1:6-8을 자의적으로 해석하는 가운데 유추된 것이다.
528) Cf. G. Jeremias, *Der Lehrer der Gerechtigkeit*(Göttingen, 1963), pp. 319-353; H. Stegemann, "The Teacher Righteousness and Jesus: Two Types of Religious Leadership in Judaism at the Turn of the Era," in: Sh. Talmon(ed.), *Jewish Civilization in the Hellenistic-Roman Period*(Sheffield, 1991), pp. 196-213; H. Charlesworth, "The Dead Sea Scrolls and the Historical Jesus," in: idem(ed.), *Jesus and the Dead Sea Scrolls*(New York: Doubleday, 1992), pp. 1-74.

라"), 자신의 공동체에게 하나님이 계시하신 구원의 가르침을 전하는 과제를 하나님으로부터 부여받았다고 확신했다(1QH 2:10; 8:16). 예수 역시 권세 있는 가르침으로 선포하였으며(마 7:29, "이는 그 가르치시는 것이 권세 있는 자와 같고 그들의 서기관들과 같지 아니함일러라"), 현재 적용되는 하나님의 계명을 직접적으로 선포하는 놀라운 권세를 가졌다(막 10:21 par). 이러한 권세에 근거하여 두 사람 다 자신들의 가르침에 순종할 것을 역설했다. 이러한 권세 있는 두 사람의 가르침은 당시 유대교의 보편적인 틀을 벗어난 것이었고, 따라서 두 사람 모두 당시 유대교와 충돌할 수밖에 없었다. 예수는 십자가형의 죽임을 당했고, 의의 교사는 살해의 위험으로부터 피신하는 처지에 빠지게 된다.

둘째, 의의 교사와 예수는 기본적으로 토라를 신앙의 중심에 놓았고, 토라의 권위를 신앙을 위한 핵심적이며 결정적인 것으로 인정했다는 점에서 일치한다.[529] 토라의 중요성을 부각시키는 의의 교사의 가르침은 예컨대 CD 15:8-9에 보존되었다고 보인다. 이에 따르면, 에센파에 가입하려는 자는 "온 마음과 온 생명을 다하여 모세의 토라로 돌아가야 한다"(cf. CD 16:1-2; 1QS 5:7-9). 예수 역시 "율법의 한 획이 떨어짐보다 천지가 없어짐이 쉬우리라"(눅 16:17; cf. 마 5:18)고 말함으로써 토라의 영원성을 강조하였다.

셋째, 둘 다 현재를 빛과 어두움 혹은 선과 악 사이의 결단의 시기로 여기는 가운데, 인간을 향한 하나님의 요구를 진지하게 받아들일 것을 요청하였다. 의의 교사의 작품으로 간주되는 찬송시 가운데 다음과 같은 진술이 나온다. "나의 모든 적대자를 당신께선 법정에서 죄 있다 선언하시니,

---

529) Cf. H. Stegemann, "Some Aspects of Eschatology in Texts from the Qumran Community and in the Teachings of Jesus," in: *Biblical Archaeology Today: Proceedings of the International Congress on Biblical Archaeology*(Jerusalem, April 1984), ed. J. Amitai(Jerusalem, 1985) pp. 408-26, 이곳 p. 418.

나를 통하여 의와 악을 구분하십니다."(1QH 7:12)[530] 즉 현재 의의 교사를 따르느냐 따르지 않느냐에 따라 종말에 일어날 구원과 심판이 결정될 것이라고 한다. 이처럼 현재를 결단의 시기로 여긴 의의 교사는 백성들에게 듣기 좋은 것만 선포함으로써 하나님의 요구를 경시하는 거짓 선포자들과 적대 관계에 있었다(1QH 4:7-10). 예수 역시 '랍비'라 칭함 받기를 좋아하는 당시 서기관들과 바리새인들을 향해 이들의 신학적 지식을 오용과 외식적인 경건을 비난하였으며(마 13장), 제자들을 향해서는 모든 것을 버리고 따르라고 말하였다(막 10:28 par).

넷째, 둘 다 예언자적인 자의식이 있었다. 의의 교사는 하나님의 계시의 비밀이 오직 자기에게만 열려 있다고 믿었으며 이에 따라 성서 해석의 전권이 자기에게만 주어졌다고 확신했다(1QH 2:13, 17f; 4:10; 5:11f; 5:25f; 7:10; 8:35). 예수 역시 예언자로 통했다. 백성들뿐만 아니라(막 6:15; 마 8:28 par; 마 21:11), 예수의 대적자들도 예수를 예언자로 이해했으며(눅 7:39; 막 14:65), 예수의 제자들도 그와 같이 보았다(눅 24:19). 예수 스스로도 자신을 예언자로 여겼다(눅 13:33; 막 6:4).

다섯째, 둘 다 자신을 영의 소유자로 이해한다. "내가 하나님의 성령을 힘입어 귀신을 쫓아내는 것이면 하나님의 나라가 이미 너희에게 임하였느니라"(마 12:28)는 말에서 영의 소유자로서의 예수의 모습을 잘 엿볼 수 있다.[531] 마찬가지로 의의 교사는 자신이 지은 찬송시에서(1QH 7:6f) "당신의 성령을 내게 부어주셨기에 동요하지 않습니다."라고 말하는 가운데 현재

---

530) 1QH의 Columns 2-8은 '의의 교사'의 작품으로 간주된다. 이에 관하여: G. Jeremias, *Der Lehrer der Gerechtigkeit*(Göttingen, 1963), pp. 168-177; J. Becker, *Das Heil Gottes*(Göttingen, 1964), pp. 50-56; H.-W. Kuhn, *Enterwartung und gegenwärtiges Heil*(Göttingen, 1966), pp. 21-24를 참조하시오.

531) M. J. Borg는 영의 세계와 밀접한 관계를 맺었던 '영의 사람'으로서의 예수를 강조하나, 세상의 임박한 종말을 기대했던 '종말론적 예언자'로 보는 시각에 반대한다(『예수 새로 보기: 영, 문화 그리고 제자 됨』, 김기석 역(한국신학연구소, 1997)).

성령을 체험하고 있다는 사실을 증거한다.

4. 하나님나라에 대한 예수 선포의 독특성

나사렛 예수는 유대인이었고 최초의 예수 운동은 유대교 내적인 운동이었다는 사실은 의심의 여지가 없다. 그럼에도 불구하고 기독교의 탄생은 예수 시대 유대교의 기반을 넘어서는 것으로부터 발전하였는데, 그것은 다름 아닌 예수가 선포한 하나님 나라와 관련된 것이다. 예수가 '하나님 나라(basileia tou theou)'를 선포의 중심 내용으로 삼았다는 사실은 나사렛 예수에 관한 연구에서 의심하지 않는 합의 사항에 속한다.[532] 예수는 자신의 선포 중심에 놓았던 하나님나라 선포를 에센파로부터 배운 것이 아니라는 사실이 쿰란 문서를 통해 드러났다.

구약성서의 경우와 마찬가지로(cf. Ps 103:19; 145:10ff), 쿰란 문서에도 '하나님 나라'라는 개념이 별로 나타나지 않는다(cf. 1QM 6:6; 12:7). 나타나는 경우에도 이 개념은 대체로 천상이나 지상에서 일어나는 어떤 구체적인 사건과 관련됨이 없이, 세상이 창조된 이후 '영원토록 있을 하나님의 권세'를 가리키는 뜻으로 사용된다. 예컨대, 다니엘에서는 현재 이스라엘을 박해하는 세상 정치 세력을 대체할 미래에 나타날 하나님 나라를 대망하고 있다(단 7:13-14, 27).

이러한 이해는 예수의 하나님나라 이해와 차이가 난다. 예수가 선포한 하나님나라는 두 가지 특징을 지닌다. 첫째, 하나님나라는 이 세상을 지배하는 사탄의 권세를 제거한다는 것이고(눅 10:18, "예수께서 이르시되 사탄이 하늘로부터 번개같이 떨어지는 것을 내가 보았노라"; cf. 요 12:31; 계

---

[532] 예컨대, J. Jeremias, *Neutestamentliche Theologie*(Gütersloh, 1971), p. 99("예수의 공적 선포의 중심 주제는 하나님의 나라 · 하나님의 통치였다").

12:7-12), 둘째, 하나님나라는 이미 현재에 드러나기 시작했다는 것이다(눅 11:20, "내가 만일 하나님의 손을 힘입어 귀신을 쫓아낸다면 하나님의 나라가 이미 너희에게 임하였느니라"; 눅 17:21, "또 여기 있다 저기 있다고도 못 하리니 하나님의 나라는 너희 안에 있느니라"). 하나님나라에 대한 이와 같은 예수의 이해는 쿰란 문서를 포함하여 기독교 이전 시대의 유대 문헌 어디에서도 찾아볼 수 없는 예수 특유의 표상이라는 사실이 더욱 분명해졌다.[533]

V. 나가면서

역사적으로 볼 때, 예수와 원시 그리스도교 운동이 유대교라는 모태에서 자라났다는 사실은 의심의 여지가 없다. 예수 당시 내지는 직전 시대의 '고대 유대교(Ancient Judaism)'는 바리새파의 독무대가 아니라, 바리새파와 더불어 에센파 역시 많은 사람들에게 영향을 주었던 당시 유대교의 주류에 속하였던 종파였다. 에센파는 BC 2세기 중엽부터 AD 68년까지 존속했던 영향력이 비교적 큰 유대 종파였기에, 예수 역시 이들과 접촉하였을 것이며 경우에 따라 이들로부터 영향을 받았을 것이라고 짐작할 수 있다. 예컨대 찰스워즈(James H. Charlesworth)가 추정하듯이, 에센파의 주석 방법이 예수에게 영향을 끼쳤을 수도 있고, 혹은 에센파의 언약신학(1QS 5:8; 10:10)으로부터 예수가 영향을 받았을 수도 있다.[534] 혹은 예수에 대해 관심이 많은 유대인 학자 플루서(D. Flusser)가 주장하듯이, 예수는 호다욧을 알았을 수도 있다.[535] 또한 예수의 복 선언과 유사한 진술이 나타나는 4번

---

533) 예수와 달리 세례 요한 역시 '하나님나라'라는 개념을 전혀 사용하지 않았다.
534) J. H. Charlesworth, "The Dead Sea Scrolls and the Historical Jesus," p. 12.
535) D. Flusser in: *Jewish Writings of the Second Temple Period*, ed. Stone, p. 567; idem,

째 쿰란 동굴에서 발견된 4Q525(=4QBeatitudes)를 통해 예수의 가르침의 내용과 양식이 유대 지혜 전승과 밀접히 연관되었다는 점을 확인할 수도 있다.[536]

그러나 예수가 에센파에 속했었다고 주장하는 것은 전혀 근거가 없고, 또한 예수가 에센파의 멤버는 아니었을지라도 에센파로부터 상당한 정도의 영향을 받았다고 말하는 것도 여전히 문제가 있다. 하지만 넓은 의미에서 볼 때 예수의 사고와 진술 가운데 에센파와 관련된 사항이 전혀 없었을 것이라고 가정하는 것보다 어떻게든 관련이 있을 것이라고 보는 시각이 역사적으로 볼 때 더욱 신빙성이 크다고 생각된다. 양자 사이의 관계 규명을 어떻게 밝히느냐가 남은 과제이다.

독일의 권위 있는 대표적인 시사 주간지 《슈피겔》(Der Spiegel)은 1998년 1월호에 쿰란을 한 특집으로 다루면서 다음과 같은 제목을 사용했다. "Gab es Christen vor Jesus?" ("예수에 앞서 그리스도인이 존재했던가?"). 부제목은 다음과 같은 진술을 담고 있다. "Die Botschaft der antiken Texte von Qumran an die Christenheit: 'Ihr seid judischer, als ihr denkt'." ("고대의 쿰란 텍스트가 기독교 세계에 주는 메시지: 너희는 너희가 생각하는 것보다 더욱 유대적이다."). 물론 《슈피겔》지가 말하는 제목은 독자들의 관심을 끌기 위해 의도적으로 자극적이며 아이러니하게 표현했음에 틀림없다. 그러나 부제목이 전제하고 있듯이 기독교의 뿌리가 되는 예수와 초기

Die rabbinischen Gleichnisse und der Gleichniserzahler Jesu(Bern, 1981), pp. 265-281.

536) "그들의 규정을 지키고 불의의 길을 따르지 않는 자는 복이 있나니 …, 깨끗한 손으로 그것들을 건드며 거짓의 마음으로 그것들을 추구하지 않는 자는 복이 있나니, … 지혜를 취하고 지고하신 분의 토라 가운데 거니는 … 자는 복이 있나니 …"(4QBeat 2:1-7). Cf. C. A. Evans, "Jesus and the Dead Sea Scrolls from Qumran Cave 4," in: C. A. Evans, P. W. Flint(eds.), *Eschatology, Messianism, and the Dead Sea Scrolls*(Michigan, 1997), pp. 91-100. 여기 pp. 95-96.

예수 운동은 의심의 여지없이 당시 유대교를 모태로 하고 있었다. 따라서 역사적으로 볼 때 최초의 예수 운동은 유대교로부터 다양한 표상을 물려받았을 것이라고 쉽게 짐작할 수 있다. 이런 시각에서, 예수 및 초기 교회의 삶을 담은 신약성서는 당시 유대교와 긍정적인 방식이든 혹은 부정적인 방식이든 어떻게든 관련을 맺었을 것으로 볼 수 있다.

이렇게 볼 때, 쿰란 문서를 통해 당시 유대인의 삶과 신앙 세계를 이해함으로써 예수 및 신약성서의 진술을 보다 잘 이해할 수 있을 것이다. 서구 신학계는 예수 및 신약성서와의 관계를 밝히기 위해 현재 활발히 연구 중이다. 예컨대, 독일 뮌헨대학 교수 하인츠 볼프강 쿤(Heinz-Wolfgang Kuhn)은 쿰란 본문의 진술과 신약성서의 진술을 비교하는 가운데 오래 전에 편찬된 랍비 문서와 신약성서를 비교한 빌러벡(Paul Billerbeck)의 노작[537]과 유사한 작품을 준비 중에 있다. 우리 역시 쿰란 분야에 관심을 가져야 할 것이다. 기독교의 토대요 근간이 되는 예수를 유대 토양 위에서 정당하게 이해하기 위해서는 현재 쿰란 문서보다 더 유용하며 중요한 다른 문서가 없기 때문이다. 쿰란 문서의 중요성은, 현재 우리가 접할 수 있는 제2 성전 말기에 존재했던 중요한 유대 종파가 남긴 거의 유일무이한 문헌이라는 사실에 있다.

---

537) H. L. Strack, P. Billerbeck, *Kommentar zum Neuen Testament aus Talmud und Midrasch*, 4 Vols. (München, 1924-1928).